交通工程学

于德新　主　编
常丽君　魏　丹　副主编

北京理工大学出版社
BEIJING INSTITUTE OF TECHNOLOGY PRESS

内容简介

本书系统地介绍了交通工程的基本概念和基础理论，共分14章，内容包括绪论、交通要素特性、交通流参数、交通调查与分析、交通流理论、道路通行能力、交通规划、交通管理与控制、道路交通安全、停车场规划与设计、道路交通环境保护、城市交通系统、交通系统仿真、智能运输系统。

本书可作为高等院校交通工程专业、交通运输专业、土木工程专业教材，也可作为从事交通工程研究的专业技术人员的参考用书，还可作为城市交通规划、公路交通、城市规划等领域规划、设计与管理部门技术人员的参考用书。

版权专有　侵权必究

图书在版编目（CIP）数据

交通工程学 / 于德新主编. --北京：北京理工大学出版社，2019.1（2024.8 重印）
　ISBN 978-7-5682-6630-7

Ⅰ．①交… Ⅱ．①于… Ⅲ．①交通工程学 Ⅳ．①U491

中国版本图书馆 CIP 数据核字（2019）第 008003 号

责任编辑：张鑫星　　**文案编辑**：张鑫星
责任校对：周瑞红　　**责任印制**：李志强

出版发行 / 北京理工大学出版社有限责任公司
社　　址 / 北京市丰台区四合庄路6号
邮　　编 / 100070
电　　话 / （010）68914026（教材售后服务热线）
　　　　　　（010）68944437（课件资源服务热线）
网　　址 / http://www.bitpress.com.cn

版 印 次 / 2024年8月第1版第3次印刷
印　　刷 / 三河市天利华印刷装订有限公司
开　　本 / 787 mm×1092 mm　1/16
印　　张 / 24
字　　数 / 565 千字
定　　价 / 63.00 元

图书出现印装质量问题，请拨打售后服务热线，负责调换

前 言

交通工程学是研究交通规律及其应用的一门技术科学，是一门发展中的交叉学科，它与运输工程学、道路工程学、汽车工程学、电子工程学、系统工程学、工效学、心理学和经济学等学科密切相关，其内容包含自然科学和社会科学的成分。

本书总结与吸取了国内外近年来交通工程领域内的最新研究成果和实践经验，在编者多年教学与研究工作的基础上编写完成。考虑交通工程学科综合性、系统性、交叉性、动态性的特点，本书注重交通工程基本概念、基本理论及基本方法的阐述。

通过对本书的学习，期望交通工程专业的学生对交通工程学科能有系统、全面的理解，为毕业后工作储备知识，为进一步学习打下基础。本书在内容的选择上，着眼于学科的系统性、完整性，结合老师的教学经验，多方听取意见，注重内容的逻辑性，这些都有助于学生对这门课程的理解。

由于编者学识有限，书中疏漏和不足之处在所难免，恳请读者批评指正。

编 者

目 录

第1章　绪论 ··· 1
　1.1　交通运输系统 ·· 1
　　1.1.1　交通运输系统的定义 ··· 1
　　1.1.2　交通运输方式的比较 ··· 1
　　1.1.3　交通运输工程学 ·· 2
　　1.1.4　道路交通系统 ··· 2
　1.2　交通工程学的定义 ·· 3
　1.3　交通工程学的产生与发展 ·· 4
　　1.3.1　交通工程学的产生 ·· 4
　　1.3.2　交通工程学的发展 ·· 5
　　1.3.3　交通工程学在我国的发展 ··· 6
　1.4　交通工程学的研究内容和学科体系 ··· 8
　　1.4.1　交通工程学的研究内容 ··· 8
　　1.4.2　交通工程学的主要贡献 ··· 10
　　1.4.3　交通工程学的相关学科 ··· 10
　小结 ·· 11
　练习题 ·· 11

第2章　交通要素特性 ·· 12
　2.1　人的交通特性 ··· 12
　　2.1.1　驾驶员的交通特性 ·· 12
　　2.1.2　行人的交通特性 ·· 26
　　2.1.3　乘客的交通特性 ·· 26
　2.2　车辆的交通特性 ·· 27
　　2.2.1　机动车的分类 ··· 27
　　2.2.2　车辆的设计外廓尺寸 ·· 29
　　2.2.3　机动车的主要特性 ·· 29

	2.2.4 自行车的交通特性	34
2.3	道路的交通特性	35
	2.3.1 道路的类别与等级	36
	2.3.2 路网密度	38
	2.3.3 路网布局	39
	2.3.4 公路主线的几何特征	40
	2.3.5 城市道路的特性	47
	2.3.6 道路交叉	49
小结		55
练习题		55

第3章 交通流参数 ... 57

3.1	概述	57
3.2	交通量	57
	3.2.1 交通量和交通流率	57
	3.2.2 交通量的表达式	58
	3.2.3 交通量在时间上的变化特性	62
	3.2.4 交通量的空间分布特性	67
3.3	速度	68
	3.3.1 行车速度的定义	68
	3.3.2 时间平均车速与区间平均车速	69
	3.3.3 行车速度的统计分布特性	70
3.4	交通流密度和车道占有率	71
	3.4.1 交通流密度	71
	3.4.2 车道占有率	72
3.5	车头间距和车头时距	73
小结		73
练习题		74

第4章 交通调查与分析 ... 75

4.1	概述	75
	4.1.1 交通调查的定义和对象	75
	4.1.2 交通调查的类别	76
4.2	交通量调查	77
	4.2.1 交通量调查的目的和意义	77
	4.2.2 交通量调查的种类	78
	4.2.3 交通量调查的方法	79
	4.2.4 调查资料整理与分析	83

4.3 速度调查 ··· 87
　　4.3.1 车速调查的目的和意义 ·· 87
　　4.3.2 地点车速调查 ··· 88
　　4.3.3 区间车速调查分析 ··· 92
4.4 密度调查 ··· 95
　　4.4.1 密度特性与调查必要性 ·· 95
　　4.4.2 调查方法 ··· 95
4.5 行车延误调查 ·· 100
　　4.5.1 行车延误 ··· 100
　　4.5.2 影响行车延误的因素 ··· 101
　　4.5.3 延误资料的应用 ·· 102
　　4.5.4 路段行车延误调查 ··· 103
　　4.5.5 交叉口延误调查 ·· 104
4.6 起讫点调查 ·· 106
　　4.6.1 基本定义与术语 ·· 106
　　4.6.2 OD 调查目的 ·· 109
　　4.6.3 OD 调查类别与方法 ·· 109
　　4.6.4 OD 调查实施步骤 ··· 111
　　4.6.5 OD 调查精度检验 ··· 113
4.7 交通事故调查 ·· 114
　　4.7.1 交通事故调查内容 ··· 114
　　4.7.2 现场勘查测绘工作 ··· 116
4.8 停车调查 ··· 117
　　4.8.1 停车调查内容 ·· 117
　　4.8.2 停车指标及计算方法 ··· 118
　　4.8.3 调查方法 ··· 119
小结 ·· 119
练习题 ·· 119

第 5 章 交通流理论 ··· 121

5.1 概述 ·· 121
5.2 交通流特性 ·· 122
　　5.2.1 连续流特性 ··· 122
　　5.2.2 间断流特性 ··· 127
5.3 概率统计模型 ·· 129
　　5.3.1 离散型分布 ··· 129
　　5.3.2 连续型分布 ··· 133
5.4 跟驰理论 ··· 137
　　5.4.1 车辆跟驰特性分析 ··· 137

5.4.2　线性跟驰模型 ·· 138
5.5　排队论 ·· 142
　　5.5.1　基本概念 ·· 142
　　5.5.2　M/M/1系统 ··· 144
　　5.5.3　M/M/N系统 ·· 146
5.6　流体力学模拟理论 ·· 148
　　5.6.1　车流连续性方程的建立 ······································ 148
　　5.6.2　车流波动理论 ·· 149
5.7　可插车间隙理论 ·· 153
小结 ·· 154
练习题 ··· 154

第6章　道路通行能力 ·· 156

6.1　概述 ·· 156
　　6.1.1　道路通行能力概述 ·· 156
　　6.1.2　服务水平 ·· 160
6.2　高速公路通行能力分析 ·· 163
　　6.2.1　高速公路的定义及其组成 ···································· 163
　　6.2.2　高速公路基本路段的通行能力 ······························ 163
　　6.2.3　高速公路交织区的通行能力 ·································· 168
　　6.2.4　高速公路匝道的通行能力 ···································· 179
6.3　双车道公路路段通行能力分析 ······································ 188
　　6.3.1　双车道公路路段车流运行特性 ······························ 188
　　6.3.2　双车道公路服务水平 ·· 188
　　6.3.3　双车道公路路段通行能力 ···································· 189
　　6.3.4　通行能力的修正系数 ·· 189
6.4　平面交叉口通行能力分析 ·· 191
　　6.4.1　平面交叉口通行能力概述 ···································· 191
　　6.4.2　无信号交叉口通行能力分析 ·································· 191
　　6.4.3　环形交叉口通行能力分析 ···································· 194
　　6.4.4　信号交叉口通行能力分析 ···································· 196
6.5　城市干道通行能力分析 ·· 205
　　6.5.1　基本通行能力的确定 ·· 205
　　6.5.2　可能通行能力的确定 ·· 206
　　6.5.3　设计通行能力的确定 ·· 207
小结 ·· 207
练习题 ··· 208

第 7 章 交通规划 … 209

7.1 概述 … 209
7.1.1 交通规划的定义 … 209
7.1.2 交通规划的分类 … 209
7.1.3 交通规划的研究内容 … 209
7.1.4 交通规划的总体设计 … 210

7.2 交通需求预测 … 212
7.2.1 交通生成预测 … 212
7.2.2 交通分布预测 … 217
7.2.3 交通方式划分 … 224
7.2.4 交通分配 … 226

7.3 城市道路网布局规划 … 231
7.3.1 城市道路网布局影响因素 … 231
7.3.2 城市道路网络布局结构 … 231
7.3.3 城市道路网布局规划方法 … 234

7.4 交通规划软件 TransCAD 简介 … 236
7.4.1 TransCAD 软件概述 … 236
7.4.2 软件的主要组成部分 … 237
7.4.3 软件功能 … 238
7.4.4 软件特点 … 240

小结 … 241
练习题 … 241

第 8 章 交通管理与控制 … 243

8.1 概述 … 243
8.1.1 交通管理的概念 … 243
8.1.2 交通管理的内容 … 243

8.2 道路交通法规 … 244
8.2.1 道路交通法规的内涵 … 244
8.2.2 交通法规的内容 … 244
8.2.3 交通法规的执行 … 244

8.3 道路交通标志和标线 … 245
8.3.1 道路交通标志 … 245
8.3.2 道路交通标线 … 248

8.4 平面交叉口交通管理 … 251
8.4.1 交叉口交通管理的原则 … 251
8.4.2 无控制交叉口 … 252
8.4.3 主路优先控制交叉口 … 253

　　　　8.4.4　现代环形交叉口 …………………………………………………… 253
　8.5　城市道路交通组织管理 …………………………………………………… 254
　8.6　道路交通信号控制 ………………………………………………………… 257
　　　　8.6.1　交通信号控制基本概念 …………………………………………… 257
　　　　8.6.2　单个交叉口交通信号控制 ………………………………………… 259
　　　　8.6.3　线、面控制系统 …………………………………………………… 262
　8.7　快速道路的交通控制 ……………………………………………………… 263
　　　　8.7.1　主线控制系统 ……………………………………………………… 263
　　　　8.7.2　入口匝道控制系统 ………………………………………………… 264
　　　　8.7.3　出口匝道控制系统 ………………………………………………… 265
　　　　8.7.4　快速道路控制管理系统 …………………………………………… 265
　小结 ……………………………………………………………………………… 266
　练习题 …………………………………………………………………………… 266

第9章　道路交通安全 …………………………………………………………… 267

　9.1　概述 ………………………………………………………………………… 267
　　　　9.1.1　交通事故的定义、构成要素与现象 ……………………………… 267
　　　　9.1.2　交通事故的分类 …………………………………………………… 268
　　　　9.1.3　交通事故的特点 …………………………………………………… 269
　9.2　交通事故分析 ……………………………………………………………… 270
　　　　9.2.1　交通事故统计分析 ………………………………………………… 270
　　　　9.2.2　交通事故成因分析 ………………………………………………… 272
　9.3　交通事故预测与交通安全评价 …………………………………………… 274
　　　　9.3.1　交通事故预测概述 ………………………………………………… 274
　　　　9.3.2　事故预测程序 ……………………………………………………… 276
　　　　9.3.3　交通事故预测技术 ………………………………………………… 277
　　　　9.3.4　交通安全评价 ……………………………………………………… 277
　9.4　交通事故的预防 …………………………………………………………… 283
　　　　9.4.1　健全交通法制 ……………………………………………………… 283
　　　　9.4.2　加强交通安全宣传与教育 ………………………………………… 283
　　　　9.4.3　提高车辆安全性能，保持良好车况 ……………………………… 283
　　　　9.4.4　加强道路及其交通安全设施建设 ………………………………… 284
　小结 ……………………………………………………………………………… 285
　练习题 …………………………………………………………………………… 285

第10章　停车场规划与设计 ……………………………………………………… 286

　10.1　城市停车问题概述 ………………………………………………………… 286
　10.2　停车设施的分类 …………………………………………………………… 286
　10.3　停车需求分析与预测及停车场规划 ……………………………………… 287

   10.3.1 停车需求分析与预测························287
   10.3.2 停车场规划····································291
  10.4 停车场设计··297
  小结···303
  练习题··303

第11章 道路交通环境保护····································304

  11.1 概述··304
   11.1.1 道路交通环境································304
   11.1.2 道路交通污染的种类与危害·············305
  11.2 大气污染··306
   11.2.1 大气污染的含义、来源和类型··········306
   11.2.2 道路交通大气污染物的产生危害·······307
   11.2.3 道路交通大气污染的控制方法··········308
  11.3 噪声污染··309
   11.3.1 道路交通噪声的含义、特性及危害····309
   11.3.2 道路交通噪声的控制························311
  11.4 振动污染··313
   11.4.1 道路交通振动的产生及危害·············313
   11.4.2 道路交通振动的感觉························313
   11.4.3 道路交通振动的防治措施·················314
  小结···315
  练习题··315

第12章 城市交通系统···316

  12.1 概述··316
   12.1.1 城市客运交通································316
   12.1.2 城市客运交通结构类型····················317
   12.1.3 不同类型城市交通方式优先发展次序·····319
   12.1.4 客运交通结构的影响因素·················320
   12.1.5 中国城市交通结构发展方向·············321
  12.2 行人交通··322
   12.2.1 行人交通概述································322
   12.2.2 行人设施······································322
  12.3 自行车交通··323
   12.3.1 自行车交通概述·····························323
   12.3.2 自行车交通发展策略························325
  12.4 小汽车交通··325
   12.4.1 小汽车交通概述·····························325

  12.4.2 小汽车发展的利与弊·································325
  12.4.3 小汽车发展策略·····································326
 12.5 城市公共交通···328
  12.5.1 城市公共交通概述·································328
  12.5.2 常规公交···331
  12.5.3 轨道交通···333
  12.5.4 快速公交···339
 小结···343
 练习题···343

第 13 章 交通系统仿真···344

 13.1 概述···344
  13.1.1 交通系统仿真的定义和作用·················344
  13.1.2 交通系统仿真的分类·····························344
 13.2 交通仿真的方法和一般步骤························346
 13.3 交通仿真软件简介·······································350
  13.3.1 常用软件简介·······································350
  13.3.2 VISSIM 仿真软件·································352
 小结···353
 练习题···354

第 14 章 智能运输系统···355

 14.1 概述···355
  14.1.1 ITS 的概念···355
  14.1.2 ITS 的产生与发展·································355
 14.2 ITS 的组成···359
  14.2.1 先进的交通管理系统·····························359
  14.2.2 先进的交通信息系统·····························361
  14.2.3 先进的车辆控制系统·····························362
  14.2.4 先进的公共交通系统·····························364
  14.2.5 先进的商用车辆运营系统·····················365
  14.2.6 先进的乡村运输系统·····························365
 14.3 ITS 中应用的关键技术·································365
 14.4 ITS 的发展趋势···367
  14.4.1 国外 ITS 的发展趋势·····························367
  14.4.2 国内 ITS 的发展趋势·····························368
 小结···370
 练习题···370

参考文献···371

第1章 绪 论

1.1 交通运输系统

1.1.1 交通运输系统的定义

交通运输系统（Transportation System）是由铁路、道路、水路、航空和管道五种运输方式（子系统）组成的一个综合系统。各种交通运输方式均具有自身的特点，各自组成独立的系统。它们在综合系统内既发挥各自的作用，又相互补充和相互依存，通过统筹规划、合理分工、扬长避短、协调发展，以提高综合系统的运输能力，适应国民经济可持续发展的需要。

完成交通运输任务有三个必要的物质条件：

1. 路线（Links）

（1）实有路线，如轨道、道路、管道、运输带、索道等。
（2）虚有路线，如航海路线、航空路线等。

2. 载运工具（Means of Moving Persons and Goods）

（1）轮船、飞机、汽车和火车等。
（2）传送带、缆车、管道等。

3. 枢纽站（Terminals）

枢纽站主要包括出行和运货的起、终点，转换运输方式的中间站点，载运工具的停放地点等。

（1）大型站：包括飞机场、港口、火车站、公共汽车端点站、停车设施等。
（2）小型站：包括装卸货码头、公共汽车停车站、居住区的车库等。
（3）非正式站：包括路边的停车带和装卸货区等。

1.1.2 交通运输方式的比较

按载运工具和运输方式的不同，运输系统可分为下列五种基本类型：
（1）道路运输：由汽车在城市间的公路和城市内的道路上行驶的运输系统。

（2）轨道运输：由内燃机、电力或蒸汽机车牵引的列车在固定的重型或轻型钢轨上行驶的运输系统，可分为城市间的铁路运输系统及区域内和市区内的有轨运输系统两种。

（3）水路运输：由船舶在内河、沿海或远洋航行的运输系统。

（4）航空运输：由飞机利用空中航线飞行的运输系统。

（5）管道运输：利用管道连续输送原材料的运输系统。

交通运输的五种方式之间是彼此互补和竞争的关系。当某种方式用先进技术装备起来时，该方式便占有较大的市场份额。各种运输方式可用三个指标来评价：

便捷程度：系统的受制约性、路线的可达性、处理交通需求的适应性。

服务水平：处理运量的能力（载运能力）和敏捷性（速度）。

成本效益：系统的生产率、直接费用与间接费用之间的关系。投资和运营是直接费用（如成本、能耗），间接费用是反映对环境的不利影响和不可定量的费用（如安全性）。

1.1.3 交通运输工程学

随着社会的发展，人们对交通运输需求的迅速增长，铁路运输、公路运输、水路运输、航空运输和管道运输成为现代社会中交通运输的主要方式。信息、电子、材料、现代控制和环境工程等现代工程技术和高新技术又为交通运输的发展注入了新的活力，推动和促进了现代交通运输业的迅速发展。在此过程中交通运输工程（Transportation Engineering）形成了一个独立的学科门类。

美国交通工程师协会（Institute of Transportation Engineers，ITE）指出：交通运输工程学是为了能安全、迅速、舒适、方便、经济和与环境相协调地运送旅客和货物，运用现代技术和科学原理，对各种运输方式中的运输设施进行规划、功能设计、运营和管理的科学。

交通运输是国民经济的基础产业，也是一个面向全社会的服务系统，该系统将无数个产生社会活动的地点连接起来。这些地点可以是组成社会有机整体的部分，如居民点、商业中心、工矿区、农业区、旅游区等，也可以是一个地区、国家的组成部分。

1.1.4 道路交通系统

道路交通系统是一个由人、车、路、环境（含交通控制装置）组成的整体，每个组成部分都有其独立的功能或特性，按照特定的方式有规律地运行着，由此实现安全通畅的目标。

图 1-1 所示为道路交通系统的概念模型，图中表明了人、车、路、环境四者之间的关系，是道路交通工程学研究的中心内容。这个概念模型反映了交通系统组成要素的实质内容，所以能系统、明确地以动态的观点为交通工程技术的应用指明方向，并提出解决问题的可靠途径。

道路交通系统的研究对象是交通流，目标是安全、通畅。道路交通的主要特点：

（1）系统性：所谓系统，是由相互作用和相互依赖的若干部分构成的、具有特定功能的有机整体。人、车、路、环境这几个互不相同的要素，在构成道路交通这个具有特定功能的整体时，它们之间就产生了相互依赖、相互作用的特定的不可分割的联系，因而具有系统性。系统中任何一个要素的行为或性质的变化都不再具有独立性，都会对道路交通整体产生影响。

（2）动态性：在交通过程中，随着时间、空间的推移和交通环境的改变，行人和驾驶员会随时产生心理和生理状态的变化；交通量、车速、密度等是随时都在变化的；人、车、路、环境之间的协调、配合关系也随时处于变化调整之中。这种道路交通状态随时间、空间变化的特性，说明它不仅是一个系统，而且是一个动态系统。

（3）复杂性：不仅道路交通系统内部人、车、路、环境相互联系密切，它们之间的关系错综复杂，不确定因素很多，而且系统本身还受国家政策，人民生活方式、文化水平、经济条件等的影响。因此，道路系统不仅是一个动态系统，更是一个复杂的系统。

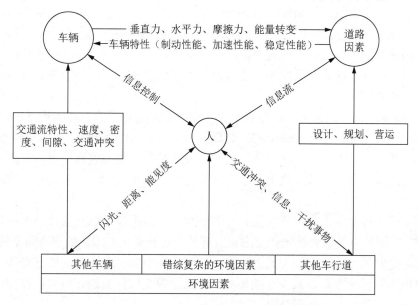

图1-1 道路交通系统的概念模型

1.2 交通工程学的定义

交通工程学（Traffic Engineering）是随着道路工程、汽车制造、交通控制、信息采集、数据传输，自动化、智能化等有关公路交通的科学技术发展而产生的一门新兴学科，目前仍在发展完善中，发展前景广阔，对提高公路和道路交通性能至关重要。

由于世界各国学者认识问题的角度、观点和研究方法不同，对交通工程学的定义也有多种提法，因此目前尚无世界公认的统一定义。

1983年，美国交通工程师协会指出：交通工程学是交通运输工程学的一个分支。它涉及规划、几何设计、交通管理、道路网、终点站、毗邻用地，以及道路交通与其他交通方式的关系。

英国学者的定义：道路工程学中研究交通运营与控制、交通规划、线形设计的那一部分称为交通工程学。

日本学者的定义：交通工程学考虑客、货运输的安全、便利与经济，综合探讨公路、城市道路及相邻链接地带的整体用地规划、几何线形设计和运营管理等问题，属于工程上的分支学科。

我国的交通工程学者认为：交通工程学是研究道路交通规律及其应用的一门技术科学。

以上几种定义，有的从学科的研究目的考虑，有的从学科的研究内容考虑，有的从学科的研究对象考虑，都具有一定的根据。但由于交通工程学是一门发展中的交叉学科，近几十年来，研究内容日趋广泛，因此，这些定义均受到当时社会与时代条件的限制，现在看来上述定义就不是那么全面、确切了。

交通工程学应是研究道路交通中各种交通现象的基本规律及其应用的一门边缘学科，而不是原有其他学科分支的汇集和取代，具体研究内容尚在发展中，不可能也不必要完全罗列在定义中。在我国《交通工程手册》中提出如下定义："交通工程学是研究道路交通中人、车、路、环境之间的关系，探讨道路交通规律，建立交通规划、设计、控制和管理的理论和方法及有关的设施、装备、法律和法规等，使道路交通更加安全、高效、快捷、舒适的一门技术学科。"

20世纪70年代以来，国外一些专家明确指出：交通工程学只有将工程（Engineering）、教育（Education）、法规（Enforcement）、环境（Environment）和能源（Energy）五个方面综合起来考虑，才能保证人、车、路和环境之间合理的时间和空间关系。因为工程、教育、法规、环境和能源这五个英语单词的第一个字母都是E，所以，人们常称交通工程学为"五E"学科。

总之，交通工程学是以人（驾驶员、行人和乘客）为主体，以交通流为中心，以道路为基础，将这三方面的有关内容统一在交通系统环境中进行研究，综合处理道路交通中人、车、路、环境四者之间的时间和空间关系的学科，通过交通规划、设计、运营管理等方法，提高道路的通行能力和运输效率，减少交通事故，降低能源及机件损耗、公害程度与运输费用，从而达到安全、迅速、经济和低公害的目的。

1.3 交通工程学的产生与发展

1.3.1 交通工程学的产生

汽车的出现，使道路交通产生了第二次飞跃，由人力和畜力的低速交通时代进入了汽车的高速交通时代。从1885年德国人卡尔·本茨制造了第一辆用内燃机作为动力的三轮汽车，到1892年奥托发明了四冲程内燃机汽油汽车，完成了汽车由实验型向实用型的转变，形成了现代汽车的雏形。1908年，美国人亨利·福特采用标准化、专业化生产方式，大大降低了汽车的成本，使汽车成为大众普及型的交通工具。

汽车运输以其机动灵活、速度高、投资少、适应性强、可达性好等优点，得到了迅速的发展。美国是汽车运输发展最快的国家。1920年，美国已有800多万辆汽车，300多万公里道路，而到1930年美国的汽车拥有量已达3 000多万辆，道路400多万公里，平均每1 000居民拥有180辆汽车。小汽车已成为美国人生活中不可缺少的交通工具，大城市汽车交通已相当繁忙。汽车运输的发展除了繁荣经济、方便生活外，同时也带来了交通事故、交通拥挤、车速降低、停车困难和环境污染等交通问题。为解决这些问题，人们开始重视对交通工程方面的研究工作。1921年，美国任命了第一位交通工程师；1926年，在哈佛大学设立了交通工程专修科。这一时期交通工程主要研究交通法规的制定、交通管理，设置交通信号灯及交通标志标线等方面的问题。随着交通需求研究的发展，1930年，美国成立了世界上第一个交通工程师协会,并正式提出了交通工程学的名称,这标志着交通工程学作为一门独立的工程技术学科的诞生。

1.3.2 交通工程学的发展

交通工程学自 20 世纪 30 年代诞生起,经过 80 多年的不断研究、应用和发展,得到了充实、扩展和完善。其主要发展阶段为:

20 世纪 30 年代,主要研究车辆到达分布特性、单点自动信号控制,通过交通管理如何使道路适应汽车行驶及如何减少交叉口阻塞。

20 世纪 40 年代,主要研究交通调查、交通规划,并根据交通调查及远景交通量的预测进行合理交通设计,研究提高路面质量及交叉口通行能力的计算。

20 世纪 50 年代,主要研究高速道路线形设计、通行能力计算、立体交叉设计、停车存放问题。

20 世纪 60 年代,主要研究车流特性、城市综合调查与交通渠化、交通规划及使用计算机控制交通。

20 世纪 70 年代,重点研究并拟定合理的交通规划,减少不必要的人流和车流,缩短行程,倡导步行,恢复并优先发展公共交通,给汽车选择最佳运行路线,从根本上改变交通组成,从而降低交通拥挤程度和交通事故,同时加强交通对环境污染的防治力度。

20 世纪 80 年代,重点研究驾驶员交通特性、驾驶员心理和生理对公路线形设计的影响,经济发展对交通的定量需求和交通对经济发展的影响,主要干线和主要街道上自动控制系统的设置,按照交通工程学原理进行交通法规的制定、公害防治和环境保护等。

20 世纪 90 年代至 21 世纪初,重点研究智能交通系统,主要服务领域包括先进的交通管理系统、先进的出行者信息系统、先进的公共交通系统、先进的车辆控制系统、营运车辆调度管理系统、电子收费系统、应急管理系统等。

世界各工业发达国家均集中大量人力、物力、财力,采用各种高、新技术,研究智能运输系统(Intelligent Transportation Systems,ITS),或称智能车路系统(Intelligent Vehicle Highway Systems,IVHS)。日本和欧洲各国在这方面起步较早,从 20 世纪 80 年代后期即开始进行这方面的研究。美国在 1991 年"多方式地面运输效率法案"(Intermodal Surface Transportation Efficiency Act of 1991,ISTEA)通过后,IVHS 才得到联邦政府的重视和支持。在该法案的第六章中,明确规定了 IVHS 的研究工作。关于 IVHS 的研究已形成北美(美国、加拿大),欧洲(有十几个国家)和日本三大研究基地,每个基地均组织了跨部门的上百个企业、高校和科研机构,积极进行子系统的开发研究。各研究基地开发的项目很多,但概括起来主要有先进的汽车控制系统(Advanced Vehicle Control System,AVCS),或称智能汽车控制系统;先进的交通管理系统(Advanced Traffic Management System,ATMS),或称自动高速公路系统;先进的驾驶员信息系统(Advanced Driver Information System,ADIS)。另外,还有先进的公共运输系统、先进的公路运输系统及商用车辆运营系统等针对各个运输部门和企业的子系统。

随着现代城市的发展,人们的活动半径越来越大。城间的公路运输,其经济运距已延长到数百公里,可与其他运输方式相抗衡。这些都必将引起交通规划、交通方式、交通政策、交通组织管理等各方面的变革,推动交通工程的理论与实践不断地向前发展。当前交通工程学中如下的方面值得深入研究:

(1) 研究交通供给管理和交通需求管理，力求减少交通需求，增大交通供给，缓解交通紧张状况。

(2) 对各种运输方式综合运用的研究。主要是研究各种运输方式的功能与适用条件，尽量发挥各自的优势。另外，还要研究各种运输方式的衔接，以便形成有效的交通系统。在城市交通中，要研究向立体空间发展的"新交通体系"。

总之，在交通工程学发展的过程中，其研究内容正不断拓宽。随着计算机科学的普及，系统科学、信息科学、控制论等现代科学的发展，交通工程学理论必将得到进一步丰富和发展。

1.3.3 交通工程学在我国的发展

在我国，交通工程学的研究始于20世纪70年代初。1973年，交通部公路科学研究所设置了交通工程研究室。20世纪70年代末，交通、城建和公安交通管理等有关部门开展了交通工程学的理论学习和交通调查工作。1978年以来，以美籍华人交通工程专家张秋先生为代表的美、日、英、加等国的交通工程专家，先后在上海、北京、西安、南京、哈尔滨等城市讲学，系统地介绍西方发达国家在交通规划、交通管理、交通控制及交通安全方面的建设与管理经验。我国也派出了多个代表团出国参加由英、美、日、澳、德等国举办的国际交通工程学术会议，这些活动推动了我国交通工程学科的产生和发展。1980年，上海市率先在国内成立了交通工程学会；1981年，中国交通工程学会宣告成立，标志着我国的交通工程学进入正规、全面、系统的科学研究阶段。我国交通工程学从无到有，已经在交通规划、交通设计、交通管理、交通监控、交通安全等领域取得了较大的发展，形成了一个独立的学科体系。

交通工程学在我国目前的发展状况，可概括为以下几个主要方面。

1. 建立学术和研究机构，培养专业人才

自中国交通工程学会成立以来，全国很多省、市、自治区成立了交通工程学会。交通、公安及城建部门成立了交通工程研究所/室，现在已有了一支相当有规模的专门从事交通工程研究和设计的专业队伍，独自完成了高速公路安全、监控、通信、收费系统的设计；研制开发了我国第一个实时自适应区域交通控制系统。

2. 开展了基础数据的调查

自1979年开始，按交通部的统一部署，各地公安部门在所有国道和主要省道上设置了交通调查站，构成了全国公路交通调查网，对分车型的交通量、车速、运量、起讫点等动态数据进行了长期观测调查，取得了大量的统计资料，基本上掌握了国家干线路网的交通负荷与运行状况，并定期汇编《全国交通量手册》，为公路规划、交通构成、交通量变化规律等分析提供了基础资料。2005年年底，全国拥有国道交通量观测站点4 688个，其中连续式观测站点383个，间隙式及其他观测站点4 305个，观测里程10.93万公里，占国道总里程的82.3%。大中城市也于1982年开始了居民出行调查、道路交通调查，掌握了大量的城市客、货运出行资料，这些资料给道路与交通的规划、设计、管理和领导部门的决策等提供了可靠的数据。

3. 城市交通规划与公路网规划

天津、上海、广州、北京、南京等城市均先后开展了城市交通规划和公交线网规划的研究。"六五"期间，在全国公路交通普查的基础上，规划了放射与纵横相结合的国家干线公路网，共 70 条 10 多万公里。"七五"期间，又规划了由 12 条国道，2.5 万公里高速公路和汽车专用公路组成的快速、安全、高效的全国主骨架公路网。"十五"期间，公路建设以"五横七纵"国道主干线和西部地区公路建设为重点，进一步完善省际高等级公路网，强化路网建设与改造，提高技术水平，充分发挥公路运输的基础性和主通道作用。在此期间，全国公路新增公路通车里程 20 万公里，其中高速公路 1 万公里。截止到 2015 年年底，全国公路总里程达到 457.73 万公里。其中，高速公路达到 12.35 万公里，二级及二级以上高等级公路比例达到 12.6%，通达乡（镇）和行政村的公路比例分别达到 99.99% 和 99.87% 左右。

实践证明，干线公路网规划对全国公路建设与规划起到了指导性作用。在我国京津塘、沈大、沪宁、广佛、广深珠、济青、贵黄、杭甬等高速公路和汽车专用公路系统的规划、设计中，解决了工程实际中的许多问题，并摸索出一套我国高等级公路系统规划、设计的原理、方法和经验。

4. 制定交通法规

运用交通工程学与法学原理，制定了一系列交通法规，1987 年，国务院颁布了《中华人民共和国公路管理条例》；1988 年，国务院颁布了《中华人民共和国道路交通管理条例》；1994 年，公安部发布了《高速公路交通管理办法》；1996 年，国务院颁布了《城市道路管理条例》；1999 年，颁布了国家标准《道路交通标志和标线》（GB 5768—1999）；2003 年，颁布了《中华人民共和国道路交通安全法》（以下简称《道路交通安全法》），并于 2004 年 5 月 1 日开始实施。公安部 2012 年 10 月 8 日公布了最新修订的《机动车驾驶证申领和使用规定》，新交通规则严格了对驾驶员的管理，最新交通法规扣分细则也更为严格。

5. 交通管理与交通控制

在城市道路和干线公路实施路面划线或隔离措施，使车辆各行其道；实施人行横道线，设置行人交通信号灯，并在大城市行人集中的地方修建人行过街天桥或地道。

现在，我国已研究出单点定时自动控制信号机和感应式自动控制信号机，北京、上海、天津、深圳等地引进了联动线控系统和区域自动控制系统。交通部、公安部与南京市共同完成了"七五"攻关项目，建成了我国第一个实时自适应城市交通控制系统——南京城市交通控制系统 HT-UTCS，结合工程实际，独立完成了高速公路安全、监控、通信、收费系统的设计并投入运营使用，开发了一些硬件设备和控制通信软件，为我国高等级公路的现代化交通管理迈出了可喜的一步。

6. 交通安全设施与交通检测仪器的研制

我国研制了多种汽车、自行车流量自动检测记录装置，雷达测速仪、驾驶员职业适应性检测装置等，还试制了反光标志、标线、隔离、防炫、防撞、诱导等交通安全设施。这些仪器和设施对于提高交通管理水平和通行能力，保障交通安全，提供交通信息和舒适美观的交通环境等均起着重要的作用。

7. 交通工程学基本原理在道路交通实践中的应用

（1）交通流特性常作为道路交通管理控制的具体措施和警力配置的主要依据。
（2）大城市中心区交通系统管理（Traffic Systems Management，TSM）技术的应用。
（3）城市道路平面交叉口的系统分析与综合治理。
（4）公路增设汽车专用车道，或设慢车道，或硬化路肩，实行分道行驶的依据。
（5）实施公路标准化、规范化和环境美化的 GBM 工程。

8. 计算机技术在交通工程中的应用

目前，我国自行开发的交通工程计算机应用软件主要有交通模拟软件、交通调查数据处理分析系统、交通图形信息处理软件、交通工程辅助设计软件、交通规划设计软件、交通信号配时优化软件、交通事故分析软件、车辆与驾驶员档案管理系统、道路情况数据库及交通信息管理系统等。

9. 新理论、新技术的研究

在进行交通工程基础理论研究的同时，我国已开始将相关学科的新理论、新技术与交通工程理论和我国交通实际相结合，以发展和完善交通工程学。例如，系统工程方法运用于交通运输、交通冲突技术的提出、交通量及交通事故的灰色预测、交通工程的系统模糊分析和决策等。另外，我国已经着手开发以专家知识、人工智能为基础的智能系统、知识工程、人机工程领域的新技术和新方法。

1.4 交通工程学的研究内容和学科体系

1.4.1 交通工程学的研究内容

随着科学技术的进步和人们对交通需求的增加，交通工程学科作为交通运输学科的一个重要分支得到了迅速发展，学科的领域不断扩大，学科的内容也日趋丰富。交通工程学的主要研究内容包括以下几个方面：

1. 交通特性（Traffic Characteristics）

交通工程中的人包括驾驶员、行人和乘客，人的交通特性主要研究驾驶员的视距特性、反应特性，酒精对驾驶的危害性，驾驶员的职业适应性，以及疲劳、情绪、意志、注意力等对行车的影响；行人和乘客的交通需求、心理特性和习惯等。

交通工程中的车辆包括机动车和非机动车。车辆的交通特性主要研究车辆的几何尺寸、质量等外部特征；车辆的动力性、制动性、通过性、稳定性、机动性等运动特性；车辆拥有量及其增长规律和对需求量的适应性；车辆组成对车辆运行的影响等。

交通工程中的道路包括公路、城市道路、交叉口及交通枢纽。道路的交通特性主要研究道路网的布局、结构如何适应交通的发展，道路线形如何满足安全行车的要求，道路与环境如何协调等。

交通流的交通特性主要研究交通流的三个参数——流量、速度、密度的特性及其在时间与空间环境中相互作用的关系，同时对车头时距分布、延误等进行研究。

2. 交通调查（Traffic Studies）

交通调查包括交通量、交通速度、交通流密度、交通延误调查，居民、车辆出行调查，道路及交叉口的通行能力调查，交通事故及违章调查，公共交通及停车场调查，交通污染（大气、噪声）调查等。

3. 交通流理论（Traffic Flow Theory）

交通流理论研究各种不同状态的交通流特性，从宏观和微观的角度研究连续车流、间断车流和混合车流的变化规律，寻求最适合交通状态的理论模型。目前，已经较为成熟的模型有概率论、排队论、流体力学理论等。

4. 道路的通行能力和服务水平（Capacity and Level-of-Service）

道路的通行能力和服务水平包括城市道路、一般公路、高速公路通行能力的分析方法，交叉口（无信号控制交叉口、环形交叉口、信号控制交叉口、立体交叉口）通行能力的分析方法，公共交通线路（常规公交线、地铁、轻轨线等）通行能力及线网运输能力的分析方法，服务水平的分级及划分标准等。

5. 交通规划（Transportation Planning）

交通规划包括城市交通需求、区域综合运输需求、公路交通需求的预测方法，网络交通流的动态、静态分配模型，城市道路网络、公共交通网络、公路网络的规划方法，道路交通规划的评价技术。

6. 交通事故与安全（Traffic Accident and Safety）

交通事故与安全主要研究交通事故发生的统计分布规律、交通事故的各种影响因素分析、交通安全评价、安全改善及其效益分析与评价、交通事故预测及事故现场勘查等。

7. 交通管理与控制（Traffic Management and Control）

交通管理与控制包括道路交通法规制定，交通系统管理策略，交通需求管理（Transportation Demand Management，TDM）策略，交通运行组织管理，交叉口交通控制，干线交通控制，区域交通控制，交通管理策略的计算机模拟及定量化评价技术等。

8. 停车场及服务设施（Parking and Service Facilities）

停车场及服务设施研究停车需求，对停车场进行规划、设计和管理，讨论交通服务设施的布点、规模和经营等。

9. 公共交通（Public Transportation）

公共交通讨论各种公共交通工具的特点、适用条件及各种交通方式的相互配合，并探索新的交通方式，为居民提供方便的公共交通系统。

10. 交通系统的可持续发展规划（Persistent Development Planning）

交通系统的可持续发展规划研究交通合理结构的规划，交通环境污染（大气污染、噪声污染、振动等）的预测、评价及预防，交通能耗的预测与评价，交通系统中其他资源消耗的预测与评价，交通系统可持续发展的保障体系等。

11. 交通工程学的新理论、新方法、新技术（New Theory and Technology）

交通工程学是一门新学科，它随着科学技术的发展而发展。目前，交通工程学的新理论、新方法、新技术主要集中在 ITS 方面，包括现代通信技术、计算机技术、信息技术、管理技术、控制技术在交通管理中的应用，如车辆卫星导航技术、高速公路自动收费技术、自动高速公路等都是 ITS 的核心内容。

1.4.2 交通工程学的主要贡献

交通工程学研究的内容涉及道路运输及运输工程的各个方面。总结国内外研究和运用交通工程学的实践及交通工程学在发展过程中所取得的成果，可以概括为以下几点：

（1）促进道路交通综合治理方案的形成和实施，促使交通事故率下降。

（2）有效地减少和避免交通拥挤、混乱状况，提高交通运输效率和运输企业的经济效益。

（3）通过改善道路交通环境，达到既提高道路通行能力又减轻驾驶员劳动强度的效果。通过对驾驶员交通心理及生理特性的研究和运用，实施对驾驶员的科学管理，提高安全驾驶率。

（4）促使车辆和道路在质量和数量上协调发展，提高交通规划和公路网规划水平及道路的整体设计和施工水平。

（5）增进汽车驾驶员、乘客、行人、骑自行车者等道路使用者的安全感和舒适感，减少道路运输中的货物损失。

（6）减少空气污染、交通噪声等交通公害。

（7）提高各项交通工作（含车辆运行管理、公路运输行业和企业管理）的管理水平、服务水平和法制教育水平等。

1.4.3 交通工程学的相关学科

交通工程学研究的内容非常广泛，几乎涉及道路交通系统的各个方面。就交通工程学这门学科的体系来说，其基础理论是交通流理论、交通统计学、交通心理学、汽车动力学、交通经济学。与交通工程密切相关的主要学科有汽车工程、运输工程、人体工程、道路工程、交通规划学、环境工程、自动控制、应用数学、电子计算机等。因此，交通工程学是一门多种学科相互渗透的新兴边缘学科。

小 结

本章首先介绍了交通运输系统的相关知识,然后重点介绍了各国学者对交通工程学定义的认识、交通工程学的产生与发展,最后阐述了交通工程学的主要研究内容和学科体系。

练 习 题

1. 交通工程学的定义是什么?
2. 交通工程学的主要研究内容有哪些?
3. 什么是道路交通系统?
4. 简单叙述交通工程学产生与发展的历史条件及今后发展趋势。

第 2 章

交通要素特性

2.1 人的交通特性

2.1.1 驾驶员的交通特性

道路交通系统中的人包括（机动车和非机动车）驾驶员、乘客和行人，他们都是道路的使用者。其中，机动车驾驶员交通特性（Critical Characteristics of Driver）是研究的主要对象。道路交通系统中的各种要素都是围绕着这个"特殊的"要素进行设计和运作的。随着科学技术的发展，学科的交叉渗透，以及对交通系统中这一最复杂因素的深入研究，改变了交通工程纯技术学科的性质。

1. 驾驶员的任务（Driver Tasks）

驾驶员是道路交通系统中"会思考"的部分，其主要任务：

（1）沿着选定的路线驾驶车辆，完成从起点到终点的运输过程，以实现人员和货物在空间上的转移。

（2）遵守交通法规，正确理解信号、标志、标线的含义，服从交通警察的指挥，自觉维护交通秩序以保证交通的安全和通畅。

（3）遇到不利情况及时调整车速或改变车辆的位置和方向，甚至停车，以避免交通事故的发生。

以上三项任务中，后两项任务决定着车辆运行的可靠性和安全程度。

2. 驾驶员的信息处理过程（The Process of Information Disposal）

人的感觉器官可以接收各种各样的刺激，如驾驶员的眼睛可以看见车内的仪表，车外的道路、车辆、行人、交通信号和标志，耳朵可以听见发动机和扬声器的声音，鼻子可以闻到异常气味，手脚可以感觉到振动等。所有这些可以被人直接或间接感知到的各种刺激，就是这里所说的信息。

车辆在行驶过程中，驾驶员通过视、听、触觉器官从交通环境中获取信息，经过大脑进行处理，做出判断和反应，再支配手脚（运动器官）操纵汽车，使其按驾驶员的意志在道路上行进，这就是信息处理过程，如图 2-1 所示。在这一过程中，驾驶员要受到自身一系列生理、心理因素的制约和外部条件的影响,如果在信息的采集、判断和处理的任何一个环节上发生差错,都会危及交通的安全和通畅。因此,有必要对信息处理和各个环节(阶段),以及它们之间的联系做简要的介绍。

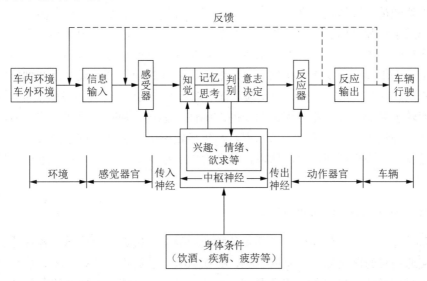

图 2-1 驾驶员的信息处理过程

1) 信息感知阶段(The Phrase of Information Perception)

信息感知阶段也就是收集并理解信息的阶段。所谓感知就是感觉器官获取的信息在头脑中的反应。其具体过程:信息先由感觉器官接收,再经传入神经传到大脑皮层,产生相应的映像。一般来说,这一过程的速度是极快的。如果因某种原因使这一过程变慢,就会造成感知迟缓;如果在大脑中产生的映像出现错误,就会造成感知错误。由于感知方面的原因造成的事故约占驾驶员责任事故的一半以上。在信息感知阶段,最重要的是要敏捷而准确。

发生感知迟缓或感知错误的原因,除了刺激方面的原因(如有些信息过于突然、过于隐蔽、刺激强度过于微弱等)以外,主要是驾驶员心理和生理方面的原因。心理方面的原因主要是注意力不集中、注意的范围过小、注意力转移和分配能力差等。生理方面的原因主要是感觉器官和大脑机能不健全或不正常,如有视觉障碍(色盲、近视),酒精中毒,驾驶疲劳等。这两方面的原因都会造成感官和大脑迟钝,使感知缓慢甚至错误。尤其酒后感知能力比正常时明显降低,此时驾车极易造成重大事故,所以要绝对禁止酒后开车。

2) 分析判断阶段(The Phrase of Anaiysis and Judgement)

信息被感知以后,驾驶员把感知到的情况与自己的知识经验进行对照、分析,判断出道路的宽窄、软硬,前后车的速度、意图,行人的年龄、动向等,并根据自驾车辆的技术情况、本人的健康状况及心理机能等,决定采取相应的措施。这些判断项目中,任何一项判断不准,都容易导致行车事故。

在驾驶员的判断中,对距离的判断非常重要。在驾驶过程中,经常进行超车、会车。会车时要判断两车侧向间隙的大小,超车时要判断前车的车速、本车与前车的距离。当对面有来车时,还要判断与对面来车的距离及来车的车速等。如果低估了车速和距离,就会给行车安全带来危险。

3）操作反应阶段（The Phrase of Operation and Reaction）

驾驶员处理信息的最后阶段，是肢体的操作反应阶段，即手脚按大脑决策后的指令进行具体操作，并产生效果。尽管由于操作错误造成的事故不多，但常常是一些比较严重的事故。因此，要求驾驶员的操作技能必须熟练，以保证在紧急情况下不致出现失误。

以上介绍了驾驶员信息处理过程的各个阶段。在实际驾驶过程中，感知、判断、操作是有机地结合在一起的。感知是判断的前提，为判断提供材料，是分析判断的源泉。分析判断又为操作反应提供指令。操作是感知、判断的结果，同时操作的结果又反馈到感觉器官，对操作进行修正、调整。如果没有这一反馈，就不知道操作的结果，好像蒙上眼睛转动转向盘，不知道角度转了多少一样，难以保证动作的准确性。感知、判断、操作三位一体，构成了驾驶员的信息处理过程，其中任何一项错误，都将导致整个信息处理过程的失败。这一信息处理过程通过反馈，进行循环往复。所以，整个驾驶过程实质上就是不断地进行信息处理的循环过程。

3. 视觉特性（Vision Characteristics）

在行车过程中，驾驶员需要及时感知各种交通信息。根据统计分析，各种感觉器官给驾驶员提供交通信息的比例如下：视觉80%、听觉10%、触觉4%、味觉4%、嗅觉2%。可见，视觉是驾驶员信息输入最重要的感觉器官。因此，对视觉机能的考核和研究是驾驶员特性研究的重要内容。

人的眼睛注视目标时，由目标反射来的信息经过眼中晶状体的屈折，投射到眼睛的黄斑中心凹，结成物像，再由视神经经过视路传至大脑的枕叶视中枢，激起心理反应，形成视觉。也就是说，所谓视觉，就是外界光线经过刺激视觉器官在大脑中所引起的生理反应。视觉在辨别外界物体的明暗、颜色、形状等物理特性，以及区分物体的大小、远近等空间属性上都起着重要的作用。

1）视力（Eyesight）

视力就是眼睛分辨两物点之间最小距离的能力。根据眼睛所处的状态和时间不同，又有静视力、动视力和夜间视力之分。

（1）静视力。

静视力是站在视力表前5 m处，依次辨认视标测定的视力，视力共分12级。我国驾驶员的体检视力标准如下：申请大型客车、牵引车、城市公交车、中型客车、大型货车、无轨电车或有轨电车准驾车型的，两眼裸视力或矫正视力达到对数视力表 5.0 以上；申请其他准驾车型的，两眼裸视力或矫正视力达到对数视力表4.9以上；无红绿色盲。

（2）动视力。

动视力是处在运动中观察物体的视力。动视力与汽车行驶的速度有关，随着车速的提高，视力明显下降。此外，动视力还随着驾驶员年龄的不同而有所差异，年龄越大，动视力下降的幅度越大。

（3）夜间视力。

夜间视力受光照度、背景亮度等诸多因素的影响。若光照度增加，则视力增加，光照度在 0.1~1 000 lx 范围内时，光照度与视力近乎呈直线关系。黄昏时间对驾驶员行车最为不利，原因是在黄昏时刻，前灯的照度正与周围景物的光亮度相近，难以看清周围的车辆和行人，容易发生事故。

2）视觉适应（Ocular Adaptability）

视觉适应是视觉器官对于光亮程度突然变化而引起的感受性适应过程。由明亮处进入黑暗处，眼睛习惯后，视力恢复，称为暗适应；由黑暗处到明亮处，眼睛习惯后，视力恢复，称为明适应。暗适应时间较长，通常要 3～6 min 才能基本适应，30～40 min 才能完全适应，而明适应则可在 1 min 内达到完全适应。

一般由隧道外进入没有照明条件的隧道内，约发生 10s 的视觉障碍；夜晚在城区和郊区交界处，由于照明条件的改变也会使驾驶员产生视觉障碍，从而影响行车安全。设置照明设施时应予考虑。

此外，黄昏时路面的明亮度急速降低（特别是秋天的黄昏），但天空还较明亮，视觉的暗适应较困难，而此时正值驾驶员和行人都感到疲劳的时候，事故发生率较高，应从多方面予以重视。对于不同年龄的驾驶员来说，暗适应能力也有明显不同，研究结果表明，20～30 岁暗适应能力是不断提高的，40 岁以后开始逐渐下降，60 岁时暗适应能力仅为 20 岁人的 1/8。了解驾驶员暗适应的变化特点，对预防交通事故的发生是十分必要的。

3）炫目（Dazzle）

视野内有强光照射，颜色不均匀，使人的眼睛产生不舒适感，形成视觉障碍，这就是炫目。夜间行车，来车的前灯强光照射最易使驾驶员产生炫目现象。这种现象有连续与间断之分。夜间行车多半是间断性的炫目。当受到对向车灯强烈照射时，不禁要闭目或移开视线，这种现象称为生理性炫目。若由于路灯照明反射所产生的眩光使驾驶员有不愉快的感觉，这种现象为心理性炫目。炫目是由眩光产生的。眩光会使人的视力下降，下降的程度取决于光源的强度、视线与影响光之间的夹角、光源周围的亮度、眼的适应性等多种因素。

强光照射中断以后，视力从眩光影响中恢复过来需要的时间，从亮处到暗处约需 6 s，从暗处到亮处约需 3 s，视力恢复时间的长短与刺激的亮度、持续时间、受刺激人的年龄有关。

为了避免眩光影响，可采取交通工程措施，如改善道路照明，设道路中央分隔带并种植树木遮蔽迎面来车的灯光，前灯用偏振玻璃做灯罩，使用双光束前照灯，戴防炫眼镜，驾驶员内服药物等。

与眩光有关的另一种现象是消失现象，即当某一物体（如行人）因同时受到对向车的车灯照射，而在某一相对距离内完全看不清该物，呈消失状态。一般对于站在路中心线的行人，当双向车距行人约 50 m 时，呈现消失现象，将辨认不出行人。为此在夜间横过马路时，站在中心处是很危险的。

4）立体视觉（Three-Dimensional Vision）

立体视觉是人对三维空间各种物体远近、前后、高低、深浅和凸凹的一种感知能力。现代视差信息理论认为，双眼注视景物时，会在视网膜上产生视差，这是深度知觉的基础。当深度信息传到大脑枕区再经加工处理后，便产生了深度立体感知。这种把两眼视差所产生的二维物像融合为一个单一完整的具有三维立体感的三维物像的能力称为双眼视觉。立体视觉的生理基础是双眼视觉功能必须正常，立体盲患者在视差的传递或中枢信息处理时会发生断路或紊乱，从而导致对深度距离的判断不准或反应迟钝。

立体视觉良好是安全行车的重要条件。美国等一些工业发达国家早已把立体视觉列入选择汽车驾驶员的必查项目。而我国选用汽车驾驶员时，不进行立体视觉的测试，以致造成了一些不应有的交通事故隐患。

立体盲是一种比夜盲、色盲更为有害的眼疾。据统计，国外立体盲的发病率为2.6%，我国有1 000多万人是立体盲，立体视觉异常者高达30%。研究表明，患立体盲的驾驶员的肇事率明显高于正常驾驶员，如表2-1所示。

表2-1 视功能异常与肇事的关系

视功能	调查人数/人	肇事人数/人	肇事率/%
正常	1 844	274	14.86
立体视觉异常	97	37	38.14

1985年2月，我国出版了《立体视觉检查图》。《立体视觉检查图》的出版为进行驾驶员立体视觉测定创造了条件。《立体视觉检查图》的调查项目包括立体视锐度、立体视范围、红绿互补等项。检查标准如下：

立体视锐度定量测定：正常立体视锐度阈值≤60″；若阈值≥100″，或识别时间超过10 min，即为异常。

立体视范围：正常交叉视差阈值差≥100′，若阈值差<80′，则为异常；正常非交叉视差阈值差≥100′，若阈值差<80′则为异常。这两项检查要求在5 min内通过。

红绿互补：正常者能分辨检查图的立体层次顺序，异常者不能分辨。

在以上的检查中，如果立体视锐度、交叉视差和非交叉视差三项中有一项异常即为立体视觉异常，如果立体视锐度异常则为立体盲。

5）视野（Field of Vision）

在静止状态下，头部不动两眼注视前方时，眼睛两侧可以看到的范围称为静视野。头部不动，但眼球可以转动时，所能看见的范围称为动视野。静视野和动视野可以用角度来衡量。通常，正常人双眼同时注视一个目标时，视野有120°左右是重叠的，双眼视野比单眼视野的范围大，如图2-2所示。正常人的视野每只眼睛上下（垂直视野）达135°～140°，左右（水平视野）达150°～160°；两眼视野约为180°，动视野比静视野大，左右约宽15°，上方约宽10°，下方无明显变化。人眼的视野可用视野计进行测定，如果驾驶员的双眼视野过小，则不利于行车安全。

驾驶员的视野与行车速度有密切的关系。当汽车行驶时，视野的深度、宽度，视野内的画面都在不断变化，驾驶员就是根据视野的内容操作车辆的。随着汽车行驶速度的提高，注视点前移，视野变窄，周界感减少，如图2-3所示。

由图2-3可见，行车速度越高，驾驶员越注视远方，视野越窄，注意力越集中于景象的中心而置两侧于不顾，结果形成所谓的"山洞视"，容易引起驾驶员产生疲劳、瞌睡。因此，在设计道路时，应在平面线形中限制道路直线段的长度，强制地促使驾驶员变换注视点的方向，避免打盹肇事。

此外，汽车静止时有视野死角。汽车在行驶过程中，也会存在视野死角。当驾驶员驾驶汽车高速行驶时，会感到车外的树木、房屋及固定物不断向后移动。越近的物体移动的速度越快，近到一定限度时物体无法辨认。这是因为这些物体的映像在人眼视网膜上停留的时间太短，人眼来不及仔细分辨物体的细节。因此，路侧交通标志的设置应与驾驶员有一定的距离。根据实验，当车速为64 km/h时，能看清车辆两侧24 m以外的物体；当车速为90 km/h

时，仅能看清 33 m 以外的物体，小于这个距离的物体无法辨认。

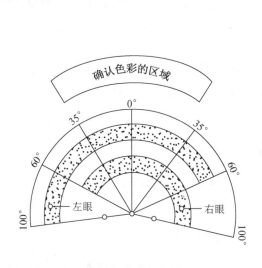

图 2-2 人的视野图

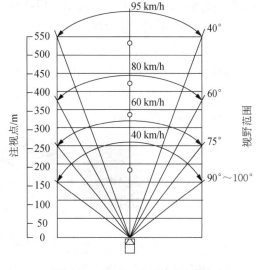

图 2-3 视野随车速的变化图

驾驶员随着年龄的增大，周边视力减退，识别能力下降，视野变窄。戴眼镜的驾驶员的视野也略窄些。与视野有关的特性是视野独立性和视野依赖性。视野独立性是指人们感知目标时，不受目标所处的环境影响；视觉依赖性是指人们感知目标时，受目标所处环境和位置的影响。有些驾驶员对物体的感知属视野独立型，有些则属视野依赖型。已有多项研究证明，视野依赖型驾驶员的肇事率明显高于视野独立型驾驶员。他们之所以发生较多的事故，是因为开车时易受无关信息的影响，而不能很快地发觉正在出现的危险情况，对隐现的交通标志（这些标志周围有许多其他信息）的辨认较慢。用眼动摄像仪测定表明，越是视野依赖型的驾驶员，他们注视目标的时间越长，说明他们需要更多时间来提取有用信息。有人认为通过训练，视野依赖型的人可转变成为视野独立型的人，但尚无有力证据说明这一点是可行的。

6) 色视觉 (Colorvision)

色视觉在可见光波长范围内，不同波长的感觉阈值不同。可见光的波长为 400~760 nm，可见的颜色是从波长短的紫色到波长长的红色之间的颜色。

颜色有三个属性：色相、明度、彩度。

色相反应各种具体色彩面貌的属性。色相取决于物体反射光的波长，是物体颜色在质方面的特性。红、黄、蓝为彩色的基本色。

明度指彩色的明暗程度。就视觉反应而言，可将明度理解为反射光引起视觉刺激的程度，如浅红、深红、暗红、灰红等明度变化。

彩度指彩色的纯度。当一种颜色的色素含量达到极限时，正好发挥其色彩的固有特色，即该色相的标准色。

不同的颜色对驾驶员产生不同的心理作用，如红色显近，青色显远；明亮度高的物体视之似大，显轻；明亮度低者，视之似小，显重等。

我国交通标志使用六种颜色：红、黄、蓝、绿、黑、白。红色波长最长，传播最远，使人产生"火"和"血"的联想，对人的视觉和心理有一种危险警示和强烈刺激，多用于禁令标志。黄色给人以明亮和警戒的感觉，用于注意危险的警告类标志。蓝色和绿色使人产生宁静和平与舒适的感觉，多用于指示、指路标志。夜间人眼的识别能力降低，对白色的识别能力最好，对黑色的识别能力最差。

7) 视差（Parallex）

视差（错觉）是对外界事物的不正确的知觉。错觉可能是生理和心理原因引起的。当前的知觉与过去的经验相矛盾，或思维推理上的错误，都是造成错觉的原因。例如，对于图 2-4 中的图形人们会产生错觉。

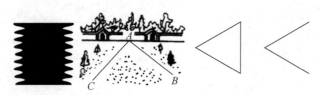

图 2-4 产生错觉的图例

在改建道路时，往往将路幅宽度一分为二，一半进行改建，一半留着通车，可是坐在车上，人们总觉得翻修的那半宽一些，维持行车的这半窄一些。驾驶员行经凹形路段时，位于下坡段看对面的上坡段，容易产生错觉，把上坡段的坡度看得比实际坡度大。在下坡路段上行车，驾驶员觉察不出自己是在下坡。

有一些错觉会重复出现，不易克服；还有一些错觉经过实践活动，可以慢慢改正，不再形成错觉。无论能否克服，驾驶员都应知道有这种客观现象存在，观察中应注意避免，错觉的产生常常会造成交通事故。人们可以从错觉产生的机理出发，变不利为有利，利用错觉为提高道路交通安全服务。下面举例加以说明。

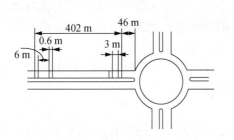

图 2-5 与高速公路相接的环形交叉口前的路面标示

高速行车时，多数驾驶员除反应迟缓之外，对自己车辆速度的判断比实际车速要低，如从高等级公路驶入一般公路的环形交叉口前，往往减速不足，容易发生交通事故；若在进入环形交叉口前 400 m 内，在环形交叉口的路面涂上由疏到密间隔不等的黄色横线，距环形交叉口越近横线间隔越小，如图 2-5 所示，则当驾驶员看到这些黄线后，首先产生警觉刺激随后降低车速，并适应路面标线的视觉变化情况，把车速降到合理水平。

在弯道前 100 m 的路面上涂 V 形标线，在弯道上使 V 形标线的夹角逐渐加大，经直线后，再使 V 形标线的夹角逐渐减小，使驾驶员行车时有道路变窄的错觉，从而降低车速，如图 2-6 所示。

人行横道 15 m 范围内画上波形折线，可以提醒驾驶员减速，保证行人安全。

图 2-6 车道上画 V 形标线

4. 反应特性（Reaction Characteristics）

反应特性是驾驶员重要的特性之一。

从实验心理学的定义来分析，反应特性的含义是从表露于外的事物引起反应到开始动作所需的时间，它不是反应的延续时间，而是从刺激到反应动作之间的时距。反应时间又称反应潜伏期，包括感觉器官感知的时间、大脑加工的时间、神经传导的时间，以及肌肉反应的时间。

就驾驶车辆而言，对一个特定刺激产生感知并对它做出反应，应包括以下四个性质截然不同的心理活动。

（1）感知：对需要做出反应的刺激的再认识和了解。

（2）识别：对刺激的辨别和解释。

（3）判断：对刺激做出反应的决策。

（4）反应：由决策引起的肢体反应。

这一系列连续活动所用的总时间称为感知反应时间，它实际上是信息处理过程的灵敏程度。

在实验室里将反应时间分为简单反应时间与复杂反应时间。前者是以预先知道可能要出现的信号为条件（如红灯一亮就按电钮），视觉刺激为 0.25～0.3 s，听觉刺激为 0.2 s，触觉刺激为 0.2 s，时间都比较短。后者是从几种刺激中选择出一种刺激做出反应（如在红、黄、绿三色灯中，当红灯亮时按电钮，其他灯亮时不按），条件越复杂，反应时间越长，刺激的数目越多，反应时间也越长，如图 2-7 所示。

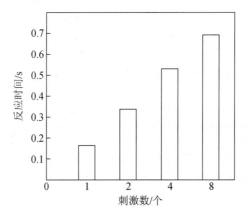

图 2-7 刺激数和反应时间

对于驾驶员来说，特别重要的是制动反应时间，现以紧急制动为例来说明。在图 2-8 中驾驶员从发现紧急情况到把右脚移到制动踏板上所需的时间，称为制动反应时间；从开始踩制动踏板到出现最大制动力的时间（包括制动系统传递的延滞时间和制动力增长的时间），称为制动器作用时间；从出现最大制动力到使车辆完全停住的时间，称为持续制动时间。这三个时间内汽车驶过的距离，称为汽车制动非安全区。

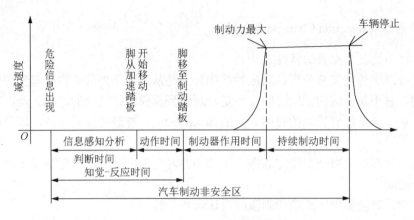

图 2-8　制动动作和制动减速度

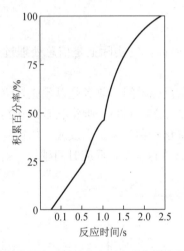

图 2-9　制动反应时间的分布（市内街道上行驶时）

对于制动反应时间，实验室里的假定是，确认危险（反射时间）约 0.4 s，将脚从加速踏板移到制动踏板约 0.2 s，脚接触到制动踏板和将踏板踩下约 0.1 s，共计 0.7 s。实际的情况是，外界刺激进入眼中，眼睛转动需要时间，人的思维判断是否危险也需要时间。这些活动的必要时间，随着条件不同而有所不同。

在实际行车中，制动反应时间的分布（市内街道上行驶时）如图 2-9 所示。

国外曾有人对驾驶员的制动反应时间与事故次数的关系进行调查，结果如表 2-2 所示。

表 2-2　事故次数与反应时间长短的关系

9 个月中的事故次数	平均制动反应时间/s
0~1 次组	0.57
2~3 次组	0.70
4~7 次组	0.72
8~9 次组	0.86
10~12 次组	0.86
13~17 次组	0.89

从表 2-2 中可以看出，驾驶员的制动反应时间与事故次数呈正比关系，即制动反应时间长的人，事故次数多。反应时间的长短取决于驾驶员自身的生理-心理素质、年龄、性别、对反应的准备程度，信息的强弱、刺激时间的长短、刺激次数的多少等。

5. 疲劳与饮酒（Tiredness and Drinking）

1）疲劳的原因和种类

驾驶员在连续驾驶车辆后，产生生理、心理机能下降和驾驶员操作效能下降的现象称为驾驶疲劳。

驾驶员长时间坐在固定的座位上,要从复杂的环境中不断获取交通信息并迅速处理,这种紧张状况时刻都在增加驾驶员的心理负担。驾驶工作具体连续性,且在行车中常常因遇到交通阻塞或红灯信号而停车,以致驾驶员心情烦躁,加重其心理负担,因而容易疲劳。另外,在一些景物单调的道路上长距离行车,也易产生疲劳。

驾驶疲劳的原因可以从驾驶员本身和驾驶的客观条件中寻找。导致驾驶疲劳的因素可以大致归纳成表 2-3。

表 2-3 导致驾驶疲劳的各种因素

驾驶员生活情况	睡眠	睡眠时刻——几点钟开始睡眠 睡眠时间——几小时睡眠 睡眠环境——能否熟睡	行车情况	车外环境	行车时间——白天、黄昏、夜间 天气——晴、雨、雪、雾 道路条件——道路线形、坡度及位于市区、郊区、山区等 交通条件——通畅或拥挤 道路安全设施——完善或不完善
	生活环境	居住环境——上班路程远近 家庭环境——婚否、家庭和睦情况 业余时间——下班后时间的利用		行驶条件	运行条件——长距离行车或短距离行车 时间限制——到达目的地的时间是否充裕
行车情况	车内环境	车内温度——温度是否合适 车内湿度——湿度是否合适 噪声及振动——是否过大 车内仪表——是否易于观察 座椅——乘坐是否舒适 与同乘者的关系——融洽或紧张		驾驶员本人情况	身体条件——体力与健康状况 经验条件——技术是否熟练 年龄——青年、中年、老年 性别——男、女 性格——内向或外向

疲劳不是病态,而是一种正常的生理状态。多数专家认为:一般性疲劳,休息一天便可解除,驾驶员的体力和工作能力可以完全复原。过度疲劳则由多次疲劳的影响积聚而成,可能突然以某种病态表现出来。如果说疲劳是劳动过程中的产物,那么过度疲劳则是疲劳得不到休息补偿的结果。

疲劳一般可以分为身体疲劳和精神疲劳两种。前者由于体力劳动所致,表现在身体方面;后者由于脑力劳动所致,表现在精神方面。因为汽车驾驶作业是脑力劳动与体力劳动的结合,所以驾驶员的疲劳是这两种疲劳的综合体现。

从疲劳恢复的时间来看,可以把疲劳分为一次性疲劳、积蓄疲劳和慢性疲劳。一次性疲劳是经过短期的休息,如睡一觉就可以恢复的疲劳。这是一种日常劳动所引起的疲劳,正常驾驶疲劳就是属于这一种。积蓄疲劳不能用短时间的睡眠来恢复,其是长时间积累起来的疲劳。要恢复这种疲劳必须长时间修养和保持十分充足的睡眠。否则,这种积蓄疲劳会发展成为慢性疲劳。慢性疲劳是一种病态疲劳,一般来说是由于长时期处于疲劳状态而引起的,这种疲劳使劳动质量下降,影响身心健康。积蓄疲劳严重者和慢性疲劳者相似,都不宜驾驶车辆。

2)疲劳对安全行车的影响

疲劳会使驾驶员的驾驶机能失调、下降,对安全行车带来不利的影响。

(1)反应时间显著增长。

据国外研究表明,工作一天以后,不同年龄的驾驶员,对红色信号的反应时间都增长了,如表 2-4 所示。

表 2-4　不同年龄的驾驶员疲劳前后的反应时间

年龄/岁	疲劳前的反应时间/s	疲劳后的反应时间/s
18~22	0.48~0.56	0.60~0.63
22~45	0.58~0.75	0.53~0.82
45~60	0.78~0.80	0.64~0.89

另外，驾驶员疲劳后对复杂刺激（同时给红色和声音的刺激）的反应时间也增长了，有的甚至增长 2 倍以上。

（2）操作能力下降。

疲劳之后，动作准确性下降，甚至发生反常的反应（对于较强的刺激出现弱反应，对于较弱的刺激出现强反应）。另外，动作的协调性也受到破坏，以致反应不及时，如有的动作过分急促，有的动作过分迟缓。有时，驾驶员做出的动作并没有错误，但时机存在偏差。这种情况在制动、转向方面表现得最为明显。

（3）判断失误增多。

疲劳以后，判断错误和驾驶错误均比平时多。判断错误多为对道路的通畅情况、潜在事故的可能性及应付方法考虑不周到，降雨时速度不当等。驾驶错误多为掌握转向盘、制动、换挡不当。严重者可能发生手足发抖、脚步不稳、动作失调、肌肉痉挛，对驾驶产生严重影响。

当然，因为疲劳的过程是渐进的，所以上述驾驶机能也是逐步下降的。不同疲劳状态对驾驶行为的影响可以归纳成表 2-5。

表 2-5　不同疲劳状态的驾驶行为

状态＼行为	正常状态	疲劳状态	瞌睡状态
控制车速	加速、减速敏捷	加速减速时间较长，速度较慢	速度变换很慢，甚至不变
行车方向控制	能迅速、正确地做出判断、并不断地调节操作动作	不能及时迅速地做出调节性操作动作，甚至产生错误操作	停止操作
身体动作	操作姿势正常，无多余动作	较多的身体动作，如揉搓颈或头、伸懒腰、吸烟、眨眼	睡眠、身体摇晃

3）饮酒对行车安全的影响

饮酒后不宜驾驶车辆。酒的主要成分是酒精（化学名称为乙醇），酒的烈性程度是指所含酒精浓度的大小。人饮酒后，酒精被胃肠黏膜迅速吸收，溶解于血液中，通过血液循环流遍全身，渗透到各组织内部。由于酒精与水有融合性，因此体内含水量高的组织和器官，如大脑和肝脏等，酒精含量也高。

酒精具有麻醉作用。它作用于高级神经中枢，最初使人有些轻松，减弱了对运动神经的约束，四肢活动敏捷。随着脑与其他神经组织内酒精浓度的增高，中枢神经活动逐渐迟钝，先使人的判断力发生障碍，而后四肢活动也变得迟缓。

饮酒对精神和心理的影响比身体的影响更大，其表现：①情绪不稳定；②理性被麻痹，对各种事物的注意力下降；③意识面变窄；④信息处理能力下降，影响其选择面；⑤预测的正确度和自制能力下降；⑥危机感被麻痹，脾气变大，喜欢超速和超车等，安全程度显著变坏；⑦记忆力下降等。

由于饮酒能对人的生理和心理产生上述影响，因此饮酒后驾驶员的驾驶机能会不同程度地下降。实验证明，体内酒精浓度为 8%时，驾驶能力有所下降；浓度为 10%，下降 15%；浓度为 15%时，下降 39%。

6. 注意（Attention）

注意是心理活动对一定事物的指向和集中。由于这种指向和集中，人才能清晰地反映周围现实中的特定事物，而离开其他事物，如驾驶员在行车过程中只盯着与行车安全有关的车辆、行人、信号及路面状况等。这些集中注意的对象便是注意的中心。注意是心理活动的一种积极状态，使心理活动具有一定的方向。该心理过程是感觉、知觉、思维等心理过程的综合，是比较复杂的，人在注意的时候，也在感知、记忆、思考。例如，有的驾驶员对自己经常行驶的路线特别熟悉，对在不同路段采取驾驶操作已了然于心，保证了多年行车无事故，这就是长期注意的结果。

人的注意可分为无意注意和有意注意。一般情况下，人在注意某一事物的时候是随意的，既无自觉的注意也未加任何努力，这种注意是无意注意。例如，驾驶员在行车过程中，突然听到汽笛声所引起的注意，即属于此类。有意注意是自觉的，有预定目的的注意。例如，报考驾驶员的人，在考试前要注意阅读和记忆车辆结构及性能的有关知识。有意注意往往需要一定的努力，人要积极主动地去观察某种事物或完成某种任务。引起有意注意的事物并不一定是强烈而富有刺激性的。有意注意是人所特有的一种心理现象，是由于所承担的任务而确定的对某些事物的指向和集中。

注意的范围又称注意的广度，是指在同一时间内所能清楚掌握的对象的数量。驾驶员的注意范围是有限的，对于范围以外的事物会感到模糊。某些交通中的危险因素，往往处于注意范围之外，因此驾驶员应从如下方面提高注意的广度，以防事故的发生：

（1）不断学习驾驶知识，积累经验，扩大注意的广度。

（2）研究注意对象的特征，提高自己感知事物的能力。

注意的稳定性是指注意长时间地保持在感受某种事物或从事某种活动上。注意的集中是间歇地加强和减弱的，不能长时间保持固定状态，这种周期性的变化是注意的一种基本规律，称为注意的起伏现象。注意的稳定性的好坏与人的主体状态有关，当身体健康、精力充沛时，注意的稳定性好，反之注意的稳定性差。注意的分散与注意的稳定性相反，是由其他刺激物的干扰或由单调的刺激引起的。例如，长时间在高速公路上行车的驾驶员感到幻影，就是由于单调环境所引起的注意分散。

在同时进行两种或多种活动时，把注意指向不同的对象，称为注意的分配。例如，驾驶员在行车过程中既要注意前方路面的情况，又要转动转向盘等。注意转移是根据新的任务，主动地把注意从一个对象转移到另一个对象，每一次注意转移都必然带来注意的重新分配，使原来的注意中心及注意图景发生变化，呈现新的注意分配情况。例如，汽车驾驶员在行车中，注意前方的交通状况，当发现路侧有标志时，就会立刻把注意转移到交通标志上，辨认标志内容。若是限速标志，则立即把注意转移到调整车速的驾驶操作上。注意转移和分配能力，对于驾驶员行车是尤为重要的。

7. 动态判断（Dynamic Judgement）

动态条件下对距离和速度的知觉，随经验增加而逐渐提高。正确估计超车的距离、被超车的速度和对面来车速度，可提高超车效率。时间和距离知觉对驾驶汽车很重要。为了防止撞到前导车上，尾随车的驾驶员应能正确估计两车之间的距离和前导车速度的变化。

判断距离的能力使驾驶员可以正确估计道路宽度、超车距离、选择可插间隙等。空间知觉在很大程度上取决于驾驶员的经验。新驾驶员通过狭窄的通道或门时，会怀疑自己的汽车不能通过。一些有经验的驾驶员，当由驾驶小汽车换为驾驶公共汽车或大型货车时，开始也会遇到同样情况。经过一段时间以后，他们才能达到以前判断距离的能力。

一般有经验的驾驶员不看速度表，即能相当准确地判断汽车的速度。但是，持续高速度行车之后，驾驶员对速度的适时降低会估计不足。例如，在从城外干道驶入城市入口的道路上，很多驾驶员不能及时根据变化了的交通条件改变速度，从而造成交通事故。

此外，周围条件对判断速度也有影响。例如，有经验的驾驶员在四车道的道路上行车，车速为 100～110 km/h，其感受却与在路边有树的双车道道路上行车，车速为 60～70 km/h 时的感觉相同。

对运动速度和方向的知觉是动态目测的基本功。动态目测可以帮助驾驶员正确估计驶向交叉口的其他汽车的行进速度、距交叉口的距离。基于这种估计，驾驶员或让横向车通过，或为自己优先安全地通过交叉口选择正确速度。

8. 驾驶员的差异（Difference among Drivers）

在拟定道路设计标准、汽车结构尺寸时，以及在对事故进行分析并采取安全措施时，要考虑驾驶员的各种特点，如性别、年龄、气质、知识水平、驾驶技术熟练程度、精神状态等。设计取值一般以满足 85%驾驶员的需要为度，并对其余 15%驾驶员的变化予以适当考虑。

下面简单叙述驾驶员的几点差异：

1）性别差异

一般而言，男性为外倾型（心理活动表现在外向、开朗、活跃、善交际、积极、富有正义感和意志决定能力），女性为内倾型（深沉、文静、反应迟缓、顺应困难、直观、情绪不定）。具体表现：

（1）开车时男驾驶员多带酒气，强行超车，东张西望，女驾驶员这种现象较少。

（2）男驾驶员对超速行车往往采取不在乎的态度，女驾驶员则很慎重。

（3）连续行车时间较短时女性的肇事率低，若时间较长则相反。

（4）遇到紧急情况时，差别更大。例如，在遇到正面冲撞之前的一刹那，多数男性想方设法摆脱，而女驾驶员则陷入恐慌，手脚失措。

（5）从驾驶形态看，女性在超速车道上用低速，充分表现出本位性，一旦发生事故，又以为对方可给予某种协助，表现为依赖型。

（6）男驾驶员反应时间短，女驾驶员反应时间长。

（7）达到领驾驶证标准的时间，女性驾驶员比男性长 26%。

（8）女驾驶员的身高、体重、坐高均不如男驾驶员。

由于驾驶员在性别上的差异，在管理中就应注意男、女驾驶员的心理、生理特点；培训驾驶员时，应适当延长女学员训练时间；在安排任务时，让女驾驶员操纵轻便车。这样，有利于交通运输，保证交通安全。

2）年龄差异

科研人员曾对 326 名驾驶员进行一般情况和紧急情况下的驾驶考试。结果表明：一般情况下驾驶随年龄增高（不超过 45 岁）得分多，事故少；在紧急情况下驾驶，年龄在 20~25 岁者得分高，事故少，年龄大者成绩差。22~25 岁的驾驶员，反应时间最短。对于夜间眩光后的恢复时间，年龄越小，恢复时间越快。青年驾驶员视力恢复时间需 2~3 s，超过 55 岁，恢复时间大约为 10 s。

违章、超速、冒险行车者青年居多。老年人对交通标志、弯道、障碍判断不清，反应迟钝、易肇事。因此，对青年驾驶员应加强教育，对老年驾驶员不应安排夜间行车，中年驾驶员的驾驶效果比较好。

3）气质差异

气质是人典型的稳定的心理特点，表现在各种各样活动中因人而异的心理活动的动力上，不以活动的内容、目的和动机为转移。

古希腊著名医生希波克拉底观察到不同人有不同的气质。他认为人体内有四种体液：血液、黏液、黄胆汁和黑胆汁，机体的状态决定于四种体液的混合比例，分别由某种体液占优势而产生四种气质。

多血质（血液占优势）：其特征是活泼、好动、敏感、反应迅速、喜欢与人交往、注意力容易转移、兴趣容易变换等。

胆汁质（黄胆汁占优势）：其特征是直率、热情、精力旺盛、情绪易于冲动、心境变换剧烈等。

黏液质（黏液质占优势）：其特征是安静、稳重、反应缓慢，沉默寡言、情绪不易外露、注意稳定且难以转移、善于忍耐等。

抑郁质（黑胆汁占优势）：其特征是孤僻、行动迟缓、体验深刻、善于察觉别人不易察觉到的细小事物等。

了解人的气质对于安全教育、驾驶员培训、组织交通运输业务都有重要意义。例如，针对多血质驾驶员的特点，着重进行踏实、专一、不开快车等方面的教育；针对胆汁质驾驶员，注意进行耐力、细心方面的教育，但对其缺点、错误不要当众批评，不要用"激将"法；针对黏液质驾驶员，多给予指导，注意培养机动灵活的思维方式；针对抑郁质驾驶员，要多鼓励，培养自信心。总之，只有针对不同的特点进行工作，才能收到良好的效果。

9. 外界因素对驾驶员的影响（Influencing Factors）

驾驶员的上述有关交通特性除受自身生理-心理素质、婚姻状况、精神状态等条件的影响外，还受道路条件、车辆状况、交通环境等外界因素的影响。现简要叙述如下：

（1）道路线形设计欠妥，可能使视线失去诱导，使驾驶员产生错觉，增加驾驶员的心理紧张程度和驾驶疲劳。

（2）车辆的结构尺寸、仪表位置、操纵系统、安全设备等都对驾驶有影响。

（3）环境的影响：交通标志的布设会约束驾驶员的行为；道路周围若有吸引人注意的干扰点，驾驶员的注意会分散；若沿途播放轻音乐，可加快车速；路上行人过多，会增加驾驶员的心理紧张程度等。

10. 驾驶员应具备的职业特点

综上所述，汽车驾驶员应具备下述职业特点：身体健康，能从危险之中选择最危险的情况，正确、冷静、迅速而恒定地做出反应，在黄昏时有必要的视力，对眩光不敏感，有判断速度、距离的能力，对转向盘和踏板能施加不同力，能辨别不同颜色，准确行车，技术机敏，对工作有兴趣，对同志态度和蔼，遵守交通法规等。

2.1.2 行人的交通特性

行人的交通特性（Pedestrian Characteristics）表现在行人的速度、对个人空间的要求、步行注意力等方面。其与行人的年龄、性别、出行目的、文化素养、心境、体制等因素有关，也与行人生活的区域、周围环境、街景、交通状况等有关，如表2-6所示。

表2-6 行人的交通特性及相关因素分析

因素	行人速度	个人空间	行人注意力
年龄	成年人正常的步行速度为1.0～1.3 m/s，儿童的步行速度随机性较大，老年人较慢	成年人步行时个人空间要求为0.9～2.5 m²/人，儿童个人空间要求比较小，老年人则要求比较大	成年人比较重视交通安全，注意根据环境调整步伐和视线，儿童喜欢任意穿梭
性别	一般男性比女性快	男性大、女性小	大致相当
出行目的	工作、事务性出行，步行速度较快；生活性出行，步行速度较慢		工作、事务性出行，注意力比较集中；生活性出行，注意力分散
文化素养		受教育程度高的人一般要求高，反之，则要求低，也不太顾忌他人	受教育程度高的人一般对个人空间要求高，也比较注意文明走路和交通安全
心境	心情闲暇时速度正常，心情紧张、烦恼时速度较快	心情闲暇时个人空间要求正常，心情紧张时要求较小，烦恼时要求较大	心情闲暇时注意力分散，紧张时比较集中
街景	街景丰富时速度放慢，单调时速度加快	街景丰富时个人空间小，单调时个人空间大	街景丰富时注意力分散，单调时集中
交通状况	拥挤时，速度放慢	拥挤时，个人空间变小	拥挤时，注意力集中
生活的区域	城市生活节奏快，步行速度高；乡村生活节奏慢，步行速度慢		城市里步行时注意力比较集中，乡村步行时注意力比较分散

2.1.3 乘客的交通特性

乘客交通特性（Passenger Characteristics）的共同要求是安全、迅速、舒适。因此，线形设计、交通工具配备、交通设施布设都应考虑这些要求。

当汽车在曲线上行驶，横向力系数大于0.2时，乘客有不稳定感；横向力系数大于0.4时，乘客站立不住，有倾倒的危险。所以，在线形设计标准中对平曲线的最小半径有相关规定。

汽车由直线经缓和曲线进入圆曲线时，其离心力逐渐增加，当离心力增加很快时，乘客感到不舒服，为了使乘客感觉不到转弯，所以要限制离心加速度 a。这样，便对缓和曲线的长度提出了要求。

在山区道路上或在陡边坡高填土道路上行车,乘客看不到坡脚,会产生害怕心理。如果在这种路段的路肩上设置护栏或放缓边坡,会消除乘客的不安心理。

道路美学与交通安全之间存在着微妙的关系。采用顺畅连续的线形、宽阔的带弧形的边沟、平缓的边坡等都有助于道路美化和增加交通安全。这样,道路本身比较安全,驾驶员和乘客看起来也比较安全。无论道路多么优美,如果没有安全感就不能认为在美学上是令人满意的。

乘客都希望缩短出行时间,尽快到达目的地。人们经常见到的挤车现象,就是这种心理状态的具体表现。对于已在车上的乘客,希望中途不停车,直达目的地。对于要乘车的旅客,希望出门就有车站,每辆车都停靠,来车即可上车。一般来说,乘车时间越长,越容易产生疲劳,从而使劳动效率降低。

乘客的舒适对减轻疲劳有重大作用。调查表明,工人乘坐电力列车到郊区上班时,坐着乘行 60 min 以上,与在市里上班,需要换乘,站着乘行小于 60 min 相比,前者生产指标好。为了减轻乘客疲劳可采取一些有效的措施,具体如下:

市内公共交通规划应明确规定职工上下班出行时间,配备适量的交通工具,规定车辆满员率。一般而言,市内工作出行时间不宜超过 45 min;郊区工作出行时间不宜大于 70 min。

乘客长时间保持一个坐姿容易疲劳,所以车辆的座位设计应考虑如何减轻疲劳,如用软垫,座位靠背可改变倾斜角度。同时,应注意调节车厢内的温度、湿度、空气并防尘。

坐车时间过长,容易产生烦躁情绪。为此,路线的布设应考虑美学要求,尽量利用名胜古迹、自然景物组成优美的道路交通环境,使乘客在旅途中能观赏风光,感到心旷神怡。同时,沿线布设一些休息场地,使需要停驻的车辆稍停片刻,以便乘客下车活动、伸展肌肉、减轻疲劳。

乘客在长途旅行中会产生了解沿途情况的心情。例如,沿途经过哪些地方,各有什么特点,前方到达哪个车站,已走了旅途的多少里程,距目的地还有多远等。因此,沿路应设一些指示标志和里程碑,以解乘客的疑惑。

2.2 车辆的交通特性

2.2.1 机动车的分类

车辆是道路交通的基本要素之一。根据《中华人民共和国道路交通安全法》所述,车辆是指机动车和非机动车。

(1)机动车是指以动力装置驱动或牵引,在道路上行驶的供人员乘用或用于运送物品,以及进行工程专项作业的轮式车辆。

(2)非机动车是指人力或畜力驱动,在道路上行驶的交通工具,以及虽有动力装置驱动但设计最高时速、空车质量、外形尺寸符合有关国家标准的残疾人机动轮椅车、电动自行车等交通工具。

在机动车的管理中常按下述类型进行分类统计:

(1)座位数≤9 的载客汽车。

(2) 其他总质量≤4.5 t的汽车。
(3) 其他汽车、汽车列车及无轨电车。
(4) 四轮农用运输车。
(5) 三轮农用运输车。
(6) 两轮摩托车。
(7) 边三轮摩托车。
(8) 正三轮摩托车。
(9) 轻便摩托车。
(10) 轮式拖拉机车组。
(11) 手扶变型运输机。

由于汽车在机动车中占有支配地位，下面将主要介绍它们的分类知识。

根据相关国家标准，可将汽车分为八类，即载货汽车、越野汽车、自卸汽车、牵引汽车、专用汽车、客车、轿车和半挂车及专用半挂车。通常按所担负的运输任务将汽车划分为三大类。

1) 轿车

轿车乘坐2~9人（包括驾驶员），主要供个人使用。轿车按发动机排量分为以下几种：

(1) 微型轿车：发动机排量在1 L以下。
(2) 普通轿车：发动机排量为1.0~1.6 L。
(3) 中级轿车：发动机排量为1.6~2.5 L。
(4) 中高级轿车：发动机排量为2.5~4.0 L。
(5) 高级轿车：发动机排量在4 L以上。

2) 客车

客车乘坐9人以上，主要供公共服务用。按车身长度，客车分为以下几级：

(1) 微型客车：车身长度在3.5 m以下。
(2) 轻型客车：车身长度在3.5~7.0 m。
(3) 中型客车：车身长度在7~10 m。
(4) 大型客车：车身长度为10~12 m。
(5) 特大型客车：包括铰链式客车（车身长度大于12 m）和双层客车（车身长10~12 m）两种。

3) 载货汽车

载货汽车主要用于载运各种货物，其驾驶室内可容纳2~6名乘员。货车按其总质量分级：

(1) 微型货车：总质量小于1.8 t。
(2) 轻型货车：总质量为1.8~6 t。
(3) 中型货车：总质量为6~14 t。
(4) 重型货车：总质量大于14 t。
(5) 汽车列车：由专门的牵引车牵引的为半挂列车，由普通货车牵引的为全挂列车。

此外，还有根据特殊的使用要求设计或改装的车辆，主要执行运输任务以外的特种作业，如公安消防车、市政工程作业车、环卫环保作业车、医疗救护车、商业售货车等。

2.2.2 车辆的设计外廓尺寸

车辆尺寸与道路设计、交通工程有密切关系。例如,制定公共交通规划时要用到公共汽车额定载客量的参数,研究道路通行能力时要使用车辆长度等数据,车辆宽度影响着车行道宽度设计等。在我国《公路工程技术标准》(JTG B01—2014)和《城市道路工程设计规范》(CJJ 37—2012)中都规定了机动车外廓尺寸(Design Vehicles),如表2-7和表2-8所示。

表2-7 《公路工程技术标准》规定的设计车辆外廓尺寸

车辆类型	总长/m	总宽/m	总高/m	前悬/m	轴距/m	后悬/m
小客车	6	1.8	2	0.8	3.8	1.4
大型客车	13.7	2.55	4	2.6	6.5+1.5	3.1
铰接客车	18	2.5	4	1.7	5.8+6.7	3.8
载重汽车	12	2.5	4	1.5	6.5	4
铰接列车	18.1	2.55	4	1.5	3.3+11	2.3

注:铰接列车的轴距(3.3+11)m:3.3 m为第一轴至铰接点的距离,11 m为铰接点至最后轴的距离。

表2-8 《城市道路工程设计规范》规定的设计车辆外廓尺寸

车辆类型	总长/m	总宽/m	总高/m	前悬/m	轴距/m	后悬/m
小客车	6	1.8	2.0	0.8	3.8	1.4
大型车	12	2.5	4.0	1.5	6.5	4.0
铰接车	18	2.5	4.0	1.7	5.8+6.7	3.8

2.2.3 机动车的主要特性

在现代交通系统中,道路的修筑、桥梁的架设、交通事故的分析无不与车辆的性能有关。因此,在设计和分析交通设施时必须充分地考虑机动车的主要特性(Critical Characteristics of Vehicles)。

1. 动力性能(Driving Characteristics)

简单地看牵引力的大小并不能说明两辆车之间动力性能的好坏,为了对动力性能做进一步探讨,特引进动力因数的概念。根据机动车行驶方程式,可得到

$$P_\mathrm{t} - P_\mathrm{w} = P_\mathrm{f} \pm P_\mathrm{i} + P_\mathrm{j} = W(f \pm i) + \delta \frac{W}{g} a \tag{2-1}$$

或

$$(P_\mathrm{t} - P_\mathrm{w})/W = (f \pm i) + \frac{\delta}{g} a$$

式中:P_t——牵引力(kN);

P_w——空气阻力(kN);

P_f——滚动阻力(kN);

P_i——坡道阻力,上坡时取"+",下坡时取"−"号;

P_j——加速阻力(kN);

W——车辆的重力(kN);

f——滚动阻力系数;

i——道路的纵向坡度，上坡时取"+"号，下坡时取"-"号；
a——加速度（m/s²）；
δ——传动系统的回转质量换算系数；
g——重力加速度（m/s²）。

上式等号右边与汽车行驶时的道路阻力系数 $\psi=f\pm i$ 及加速度 a 与 δ/g 的乘积有关。等号左边是机动车的牵引力 P_t 和空气阻力 P_w 之差除以车辆重力 W，它表征机动车本身具有的参数。我们将 $\dfrac{P_t-P_w}{W}$ 称为动力因数，并用符号 D 表示，于是：

$$D = \psi + \frac{\delta}{g}a \qquad (2\text{-}2)$$

由式（2-2）可知，无论机动车的自重等参数有什么不同，只要其动力因数相同，便能克服同样的坡度，产生同样的加速度。目前，常把动力因数作为表征车辆动力特性的指标。表示 $D\text{-}v$ 关系的图称为动力特性图，如图 2-10 和图 2-11 所示。

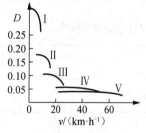

图 2-10　CA10B 动力特性图

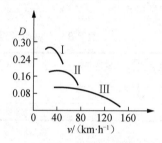

图 2-11　某轿车动力特性图

利用式（2-2）和动力特性图可以确定机动车行驶的最高行驶速度、加速能力和爬坡能力。

1）汽车的最高行驶速度

根据最高行驶速度的定义可知，这时无加速度，即 $a=0$，又因是在水平路段上行驶，即 $i=0$，所以道路的阻力系数中 $\psi=f$，由式（2-2）可知 $D=f$。在图 2-10 或图 2-11 的 D 轴上取数值等于 f 的点，然后由该点作平行于 v 轴的平行线，与特性曲线交与某点，此点所对应的速度就是最高行驶速度。

2）加速能力

在确定机动车的加速能力时，应在良好的水平路面上进行试验，因此 $i=0$，故有 $D=f+\dfrac{\delta}{g}a$，则有

$$a = \frac{g}{\delta}(D-f) \qquad (2\text{-}3)$$

由式（2-3）可知，动力因数 D 曲线的纵坐标与 f 之差的 g/δ 倍，就是汽车各挡的加速度。

在公路和城市道路的设计和交通事故分析中，车辆的加速性能是关键性因素之一，它影响变速车道长度、最大纵坡度、最小超车视距等技术指标的选定。车辆加速度的大小取决于车辆的自重、发动机功率、各挡传动比及滚动阻力、坡道阻力、空气阻力等诸多因素。可以把各种车辆分成三大类，它们的最大加速度 $a_{\max}$ 如表 2-9 所示。

表 2-9 各类车辆的最大加速度

车辆类型	低挡		高挡	
	$a_{max}/(m·s^{-2})$	$a_{max}/[(km·h^{-1})·s^{-1}]$	$a_{max}/(m·s^{-2})$	$a_{max}/[(km·h^{-1})·s^{-1}]$
轿车	2.0~2.5	7.2~9.0	0.8~1.2	2.9~4.3
货车	1.7~2.0	6.1~7.2	0.25~0.5	0.9~1.8
客车	1.8~2.3	6.5~8.3	0.4~0.8	1.45~2.9

表 2-9 中分低挡和高挡两种情况。低挡时变速器的传动比大，牵引力大，所以加速度大。高挡时传动比小，牵引力小，而且此时速度高，空气阻力大，所以加速度小。

表 2-9 中最大加速度的单位又分两种情况，这是因为加速度是指单位时间内速度的变化率，而速度常用两种单位：一种是每秒行驶多少米（即 m/s）；另一种是每小时行驶多少千米（km/h）。这样，每秒速度的变化（加速度）也就有两种单位，即表 2-9 中的 m/s^2 和（km/h）/s。

可以简单建立这样一种比例关系：

$$\frac{a_1}{a_2} = \frac{t_2}{t_1} = \frac{S_2}{S_1}$$

这就表明，加速度单位采用（km/h）/s 时，不同车辆加速到同样的速度所需的时间和距离，与它们的加速度成反比。载货车加速度小，其起步所需的时间和距离就长。在车速较高的高挡阶段，载货车的最大加速度比轿车小得更多，所以载货车的变速能力比轿车差很多，这就导致在混合交通中，载货车之间出现很长的空挡，大大降低了道路的运行效率。

3）爬坡能力

机动车处于最大爬坡度时，加速度 $a=0$ 或 $D=\psi+\frac{\delta}{g}a=f+i$。所以，有 $i=D-f$。于是，可以根据 D 曲线与 f 曲线间的距离来确定机动车的爬坡能力。I 挡的最大动力因数 D_{1max} 与 f 之差就是机动车的最大爬坡度 i_{max}。

机动车的上坡能力用满载时在良好路面上的最大爬坡度 i_{max} 表示。最大爬坡度是指机动车在变速器挂 I 挡时的最大爬坡度。轿车最高车速大，加速时间短，又经常行驶在较好的路面上，所以一般不强调其爬坡能力。然而，由于轿车的 I 挡加速能力大，因此其一般 i_{max} 在 30%，即 16.7°左右。越野车要在条件较差路面或无路条件下行驶，因此其爬坡能力是一项重要指标，它的最大爬坡度可达 60%，即 30°左右，甚至更高。

2. 制动性能（Braking Performance of Vehicles）

在车辆的安全设计中，最重要的操纵特性是制动和减速，而在实际交通系统的设计和运行中，制动时间和制动距离是首先要考虑的两个因素，在实验室中可以通过测定制动减速度和制定力来反映制动性能的优劣。

制动性能与许多因素有关，包括车辆制动系统、轮胎系统和状况、路面种类和状况等。一般来说，车辆从某一速度 v（km/h）开始制动减速到另一速度 u（km/h）所走过的距离可以表示为

$$S = \frac{v^2 - u^2}{2g(f \pm i) \times 3.6^2} \tag{2-4}$$

式中：S——制动距离（m）；

v——初速度（km/h）；

u——末速度（km/h）；

f——滚动阻力系数；

i——路面的纵向坡度。

制动距离指的是从踏着制动踏板开始到汽车停住（$u=0$）为止车辆所驶过的距离，它不包括驾驶员的知觉-反应距离。下坡时，式（2-4）中的 i 应取负号。因此，与水平路面相比制动距离在上坡时减小，下坡时增大。式（2-4）中所计算的制动距离是假定路况能提供最大减速度时取得的，而日常行驶中，很少有驾驶员能在这种状态下制动。在紧急情况下，此值的计算是保守的，实际上大多数车辆能在小于计算距离时停车。

现代交通对制动性能的稳定性提出了更高的要求。所谓稳定性是指制动性能不因制动器摩擦条件的改变而恶化的性能，可分为热稳定性和水稳定性。

热稳定性（抗热衰退性）是指因连续制动使制动器温度升高后仍能保持冷态制动效应的能力。它主要由制动器的容量、结构和摩擦衬片的材质决定。制动热稳定性在车辆下长坡和高速紧急制动时显得尤为重要。

水稳定性是指不因制动器浸水而使制动效能减退的能力。较差的水稳定性是雨天交通事故的重要诱发因素之一。

制动性能还表现在制动时车辆的方向稳定上，即制动时车辆保持按给定轨迹行驶的能力。各车轮上的制动力大小分配不均匀、比例不当将导致制动跑偏、侧滑，使车辆失去控制，从而破坏其方向稳定性。

3. 通过性（Passing Characteristics）

通过性是指机动车不用其他辅助措施能以足够高的平均速度通过各种路面（潮湿、冰、雪），无路地段和越过各种自然障碍的能力。通过性主要取决于车辆的支承-牵引参数及几何参数，也与动力性、平顺性、稳定性、视野等密切相关。车辆通过性可分轮廓通过性和支承通过性。

1）轮廓通过性

通常把机动车的最小离地间隙、接近角和离去角、纵向和横向通过半径、车辆所能通过的最大横坡作为车辆轮廓通过性的评价指标。

（1）最小离地间隙。

最小离地间隙是车辆的最低点（除车轮外）与路面间的距离。它可用来表征机动车无碰撞越过障碍物的能力。该间隙不足，会使车辆被地面托住而无法通过时，称为间隙失效。由于车辆底部零件碰到地面而被顶住时，称为顶住失效。

（2）接近角和离去角。

接近角和离去角是指从车身前、后突出点向前、后轮引切线，该切线与路面间的夹角。接近角或离去角过小，将发生车辆前端或尾部触及地面而不能通过，则分别称为触头失效或托尾失效。

（3）纵向通过半径。

纵向通过半径是在机动车侧视图上所作的与前、后车轮及两轴间轮廓线最低点相切的圆

的半径 R_1，如图 2-12 所示。它可以表征汽车无碰撞通过弧形凸起障碍（小丘、拱桥等）的能力。

（4）横向通过半径。

横向通过半径是在机动车正视图上所作的与驱动桥两车轮及桥壳最低点相切的圆的半径 R_2，如图 2-13 所示。

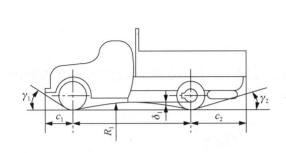

图 2-12　汽车的轮廓通过性

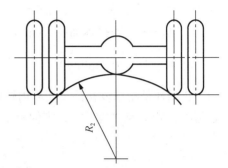

图 2-13　汽车的横向通过半径

γ_1—接近角；γ_2—离去角；c_1—前悬；c_2—后悬；R_1—纵向通过半径；
δ—最小离地间隙

（5）车辆所能通过的最大横坡。

车辆所能通过的最大横坡是指车辆重力通过一侧车轮中心，而另一侧车轮的地面法向反作用力等于零时路面的横向坡度。此时，车辆即将发生侧翻。车辆发生侧翻的极限坡度（β）取决于车辆的轮距和质心高度，即

$$\tan\beta = \frac{B}{2h_g} \tag{2-5}$$

式中：B——轮距；

　　　　h_g——车辆质心高度。

2）支承通过性

通常把附着质量和附着质量系数，以及车轮接地比压（车轮对地面的单位压力）作为机动车通过性的评价指标。

（1）附着质量和附着质量系数。

附着质量是指驱动轮承载的质量（G_ψ），附着质量对总质量（G_a）的比值即为附着质量系数（K_ψ）。

根据机动车行驶的附着条件，应满足：

$$G_\psi \varphi \geq G_a \psi$$

式中：φ——轮胎与路面的附着系数；

　　　　ψ——道路阻力系数（$\psi=f+i$）。

将 $\psi=f+i$ 代入上式得

$$\frac{G_\psi}{G_a} = K_\psi \geq \frac{f+i}{\varphi} \tag{2-6}$$

式（2-6）表明，驱动轮的附着质量和附着质量系数越大，机动车在条件差的路面上丧失

通过性的概率越小。

（2）车轮接地比压 P（MPa）为

$$P = \frac{G_k}{A_0} \times 10^{-2} \tag{2-7}$$

式中：G_k——车轮上的法向轴荷（N）；

A_0——车轮接地面积（cm^2）。

4. 机动性（Flexibility）

机动性是指车辆在最小面积内转向和转弯的能力。机动性的主要评价指标有前外轮最小转弯半径 R_H、转弯宽度 A、突伸距 a 和 b，如图 2-14 所示。

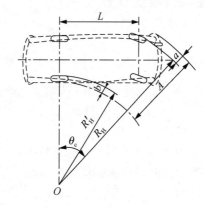

图 2-14 汽车的机动性

5. 稳定性（Stability）

行驶稳定性是指机动车根据驾驶员的意愿按照规定的方向行驶，且不产生侧滑或倾翻的能力。影响汽车稳定性的主要因素有：

（1）轴距和轮距。

（2）质心位置。

（3）汽车绕过质心垂线的转动惯量。

（4）轮胎特性。

（5）转向系的结构与性能。

（6）车身的空气动力学性能。

此外，机动车的性能还包括汽车的燃油经济性、舒适性、可靠性及排放污染、噪声污染、辐射污染等。

2.2.4 自行车的交通特性

自行车交通是我国城市交通的一大特点，除个别城市自行车不多外，大、中、小不同规格城市的出行方式构成中，自行车出行均占有很大比例。因此，研究自行车的交通特性（Critical Characteristics of Bicycles），对于治理城市交通，保障交通安全具有重要的意义。

自行车有如下基本特性：

1）短程性

自行车靠骑车人用自己的体力转动车轮，因此其行驶速度直接受骑车人的体力、心情和意志的控制，行、止、减速与制动亦取决于骑车人的操纵。同时，其也受路线纵坡度、平面线形、车道宽度、车道划分、气候条件与交通状况的直接影响。个人的体力虽有强、弱之分，但总是很有限的。因此，只适应于短距离出行，一般在 5~6 km（或 20 min 左右）。

2）行进稳定性

自行车静态时直立不稳，当以一定速度前进时，可保持行进的稳定性，只要不受突然出现的过大横向力的干扰，是可以稳定向前而不致侧向倾倒的。

3）动态平衡

自行车骑行过程中重心较高，因此，存在如何保持平衡的问题，特别是在自行车转向或通过小半径弯道时，必须借助于人体的变位或重心倾斜以维持运行中的动态平衡。

4）动力递减性

自行车前进的原动力是人的体力，即两脚蹬踏之力，一般成年男子，10 min 以上可能产生的功率约为 220.6 W，成年女子约为 147.7 W，儿童更小，约为 73.5 W。持续时间越长，可能产生的功率越小，车速亦随之减小。这就是动力递减的结果，一般自行车出行不宜超过 10 km。

5）爬坡性能

由于自行车的动力递减，因此对于普通无变速装置的自行车，不能爬升大坡、长坡，也不宜爬陡坡，否则易酿成危险。通常规定短坡道的坡度不大于 5%，长坡道的坡度不大于 3%；对于纵坡 3%、4% 与 5% 的坡道，其坡长限制为 500 m、200 m 和 100 m。当然，对于北方冰雪地区，其坡度与坡长更应减小，否则冬天无法骑车。

6）制动性能

自动车的制动性能对于行车安全与通行能力具有重要意义，它与反应时间一起决定纵向安全间距，即纵向动态净空（$L_{净}$）。纵向动态净空如表 2-10 所示。

表 2-10 纵向动态净空

自行车速度/(km·h^{-1})	5	10	15	20	25	30
$0.14 V_{max}$	0.7	1.40	2.1	2.8	3.5	4.2
$0.0092 V_{min}^2$	0.23	0.92	2.07	3.68	5.75	8.28
$L_{净} = 1.9 + 0.14 V_{max} + 0.0092 V_{min}^2$ /m	2.83	4.22	6.07	8.38	11.15	14.38

注：自行车常见速度为 10~20 km/h。

2.3 道路的交通特性

道路是供行人步行和车辆行驶的设施的统称。道路按照其所处的地区不同可以分为公路、城市道路、厂矿道路、林区道路、乡村道路等。通常把位于城市及其郊区以外的道路称为公路；把位于城市范围以内的道路称为城市道路。

2.3.1 道路的类别与等级

1. 公路的类别与分级（Types and Grades of Highways）

在公路网中，由于每条道路在国民经济中的作用不同、自然条件的复杂程度不同、车辆种类和速度及运量不同，其技术完善程度和管理方法也就不同。从规划、设计和管理的要求出发，需要对公路网中的道路进行分类。

1）公路的技术等级

在交通运输部《公路工程技术标准》（JTG B01—2014）（以下简称《标准》）中，把公路按其交通量、任务及性质分为高速公路、一级公路、二级公路、三级公路、四级公路五个技术等级。

高速公路为专供汽车分方向、分车道行驶，并全部控制出入的多车道公路。高速公路的年平均日设计交通量宜在 15 000 辆小客车以上。

一级公路为专供汽车分方向、分车道行驶，可根据需要控制出入的多车道公路。一级公路的年平均日设计交通量宜在 15 000 辆小客车以上。

二级公路为供汽车行驶的双车道公路。二级公路的年平均日设计交通量宜为 5 000～15 000 辆小客车。

三级公路为供汽车、非汽车交通混合行驶的双车道公路。三级公路的年平均日设计交通量宜为 2 000～6 000 辆小客车。

四级公路为供汽车、非汽车交通混合行驶的双车道或单车道公路。双车道四级公路年平均日设计交通量宜在 2 000 辆小客车以下，单车道四级公路年平均日设计交通量宜在 400 辆小客车以下。

各级公路的主要技术指标如表 2-11 所示。表 2-11 中的计算行车速度又称设计车速，是指在通常的道路、交通与气候条件下，在保证一定行驶舒适度的情况下，车辆能够安全行驶的最高车速。计算行车速度是确定公路几何线形设计的主要依据。

表 2-11 各级公路的主要技术指标

公路等级		高速公路			一级公路			二级公路		三级公路		四级公路	
设计速度/（km·h^{-1}）		120	100	80	100	80	60	80	60	40	30	30	20
车道宽度/m		3.75	3.75	3.75	3.75	3.75	3.50	3.75	3.50	3.50	3.25	3.25	3.00
车道数		≥4						2		2		2（1）	
左侧路缘带宽度/m		0.75	0.75	0.50	0.75	0.50	0.50						
右侧硬路肩宽度/m	一般值	3.00（2.50）	3.00（2.50）	3.00（2.50）	3.00(2.50)	3.00（2.50）	0.75	1.50	0.75				
	最小值	1.50	1.50	1.50	1.50	1.50	0.25	0.75	0.25				
土路肩宽度/m	一般值	0.75	0.75	0.75	0.75	0.75	0.75	0.75	0.75				0.25（单车道）0.50（双车道）
	最小值	0.75	0.75	0.75	0.75	0.75	0.50	0.50	0.50	0.75	0.50	0.50	

续表

公路等级	高速公路			一级公路			二级公路		三级公路		四级公路	
行车视距/m	停车视距	210	160	110	160	110	75	110	75	40	30	30	20
	超车视距							550	350	200	150	150	100
	会车视距							220	150	80	60	60	40
圆曲线最小半径/m	最大超高 10%	570	360	220	360	220	115	220	115				
	8%	650	400	250	400	250	125	250	125	60	30	30	15
	6%	710	440	270	440	270	135	270	135	60	35	35	15
	4%	810	500	300	500	300	150	300	150	65	40	40	20
	不设超高 路拱≤2.0%	5 500	4 000	25 000	4 000	2 500	1500	2500	1500	600	350	350	150
	路拱>2.0%	7 500	5 250	3 350	5 250	3 350	1900	3350	1900	800	450	450	200
最大纵坡/%		3	4	5	4	5	6	5	6	7	8	8	9

注：1）四级公路应采用双车道，交通量小或困难路段可采用单车道。

2）正常情况下，应采用"一般值"；在设爬坡车道、变速车道及超车道路段，受地形、地物等条件限制路段及多车道公路特大桥，可论证采用"最小值"。

3）高速公路和作为干线的一级公路以通行小客车为主时，右侧硬路肩宽度可采用括号内数值。

2）公路的行政等级

国家《公路管理条例实施细则》规定：公路分为国家干线公路（简称国道），省、自治区、直辖市干线道路（简称省道），县公路（简称县道），乡公路（简称乡道）和专用公路五个行政等级。

国道是指具有全国性政治、经济意义的主要干线公路，包括重要的国际公路、国防公路、连接首都与各省、自治区首府和直辖市的公路，连接各大经济中心、港站、枢纽、商品生产基地和战略要地的公路。

省道是指具有全省（自治区、直辖市）性政治、经济意义，连接省内中心城市和主要经济区的公路，以及不属于国道的省际的重要公路。

县道是指具有全县（旗、县级市）性政治、经济意义，连接县城和县内主要乡（镇）、主要商品生产和集散地的公路，以及不属于国道、省道的县际的公路。

乡道是指主要为乡（镇）内经济、文化、行政服务的公路，以及不属于县道的乡与乡之间及乡与外部联络的公路。

专用公路是指专供或主要供厂矿、林区、油田、农场、旅游区、军事要地等与外部联络的公路。

显然，公路的技术等级与行政等级之间，既有联系，也有区别。

2. 城市道路的类别与等级（Types and Grades of Streets）

1）城市道路的类别

城市道路应按道路在道路网中的地位、交通功能及对沿线的服务功能等，分为快速路、主干路、次干路和支路四个等级，并应符合下列规定：

（1）快速路应中央分隔、全部控制出入、控制出入口间距及形式，应实现交通连续通行，单向设置应不少于两条车道，并应设有配套的交通安全与管理设施。快速路两侧不应设置吸引大量车流、人流的公共建筑物出入口。

(2) 主干路应连接城市各主要分区，以交通功能为主。主干路两侧不宜设置吸引大量车流、人流的公共建筑物出入口。

(3) 次干路应与主干路结合组成干路网，以集散交通的功能为主，兼有服务功能。

(4) 支路宜与次干路和居住区、工业区、交通设施等内部道路相连接，解决局部地区交通，以服务功能为主。

2) 城市道路的等级

我国幅员辽阔，人口众多，城市星罗棋布。各个城市在人口数量、地理位置、政治经济发展、人口密度、土地开发利用、演变历史、交通状况等方面各具特点，对城市道路交通的要求也就有所不同。

城市规模的大小是按城市人口规模划分的。2014 年 11 月 21 日，国务院印发《关于调整城市规模划分标准的通知》（以下简称《通知》），对原有城市规模划分标准进行了调整，明确了新的城市规模划分标准。《通知》明确新的城市规模划分标准以城区常住人口为统计口径，将城市划分为五类七挡：①城区常住人口 50 万以下的城市为小城市，其中 20 万以上 50 万以下的城市为 I 型小城市，20 万以下的城市为 II 型小城市；②城区常住人口 50 万以上 100 万以下的城市为中等城市；③城区常住人口 100 万以上 500 万以下的城市为大城市，其中 300 万以上 500 万以下的城市为 I 型大城市，100 万以上 300 万以下的城市为 II 型大城市；④城区常住人口 500 万以上 1 000 万以下的城市为特大城市；⑤城区常住人口 1 000 万以上的城市为超大城市。

除快速路外，每类道路按照所在城市的规模、设计交通量、地形等分为 I、II、III 级。特大城市及大城市应采用各类道路中的 I 级标准，中等城市应采用 II 级标准，小城市应采用 III 级标准。各类各级城市道路的主要技术指标如表 2-12 所示。

表 2-12 各类各级城市道路的主要技术指标

项目 类别	级别	设计车速 /(km·h⁻¹)	双向机动车道 数/条	机动车道宽度/m	分隔带设置	横断面采用形式
快速路		60	≥4	3.75~4	必须设	双、四幅路
主干路	I	50~60	≥4	3.75	应设	单、双、三、四幅路
	II	40~50	3~4	3.5~3.75	应设	单、双、三幅路
	III	30~40	2~4	3.5~3.75	可设	单、双、三幅路
次干道	I	40~50	2~4	3.5~3.75	可设	单、双、三幅路
	II	30~40	2~4	3.5~3.75	不设	单幅路
	III	20~30	2	3.5	不设	单幅路
支路	I	30~40	2	3.5	不设	单幅路
	II	20~30	2	3.25~3.5	不设	单幅路
	III	20	2	3.0~3.5	不设	单幅路

有特殊情况需要更换级别时，应做技术经济论证报规划审批部门批准。

2.3.2 路网密度

要完成一定的客、货运输任务，必须有足够的道路设施。路网密度（Density of Road Networks）是衡量道路设施数量的一个基本指标。一个区域的路网密度等于该区域内道路总长与该区域的总面积之比。一般来讲，路网密度越高，路网总的容量、服务能力越大。但是，路网的密度也不是越大越好，道路网密度的大小应与经济发展水平相适应，与所在区域内的交通需求相适应，应使道路建设的经济性和服务水平及道路系统的社会效益、经济效益、环境效益得到兼顾和平衡，既要适当超前，也要节约投资。在我国《城市道路交通规划设计规范》(GB 50220—1995)中，给出了不同规模城市的道路网密度等规划指标，可供实际应用时参考。

2.3.3 路网布局

道路的规划、设计不能仅仅局限于一个点、一条线，而应着眼于整个路网系统。路网布局（Layout of Road Networks）的好坏对整个运输系统的效率有很大影响，良好的路网布局可以大大提高运输系统的效率，增加路网的可达性，节约大量的投资，节省运输时间和运输费用，取得良好的经济效益、社会效益与环境效益。

对于不同的区域、不同的城市，不存在统一的路网布局模式。路网布局必须根据所在区域的自然、社会、经济情况等来选取。

1. 公路网的布局模式（Layout of Highway Networks）

典型的公路网布局有三角形、并列形、放射形、树权形等。这些布局形式的特点、性能如表2-13所示。

表2-13 典型公路网布局形式及其特点与性能

图式	特点与性能
放射形路网	放射形路网一般用于中心城市与外围郊区、周围城镇间的交通联系，对于发挥大城市的经济、政治、科技、文化中心作用，以及促进中心城市政治、经济、科技、文化对周围地区的辐射和影响有重要作用
三角形路网	三角形路网一般用于规模相当的重要城镇间的直达交通联系。这种布局形式通达性好，运输效率高，但建设量大
并列形路网	平行的几条干线分别联系着一系列城镇，而处于两条线上的城镇之间缺少便捷道路连接，是一种不完善的路网布局
树权形路网	树权形的路网一般是公路网中的最后一级，是从干线公路上分出的支线公路，将乡镇、自然村寨与市、县政府连接起来

我国公路网按行政体制由国道、省道、县道和乡道组成。其中，国道网方案于1964年开始编制，1981年由国家经济贸易委员会、国家计划委员会和交通部颁发试行。该方案共有国家干线公路70条，全长109 200 km，布局分三类：

第一类由首都向四周各省放射，共12条，编号为101，102，…，112。
第二类由南北走向的纵线组成，共28条，编号为201，202，…，228。
第三类由东西走向的横线组成，共30条，编号为301，302，…，330。
省道由各省（自治区）交通部门根据国道网进行规划、负责建设、养护和管理。
县、乡道由各县规划建设、养护和管理。

2. 城市道路网的布局模式（Layout of Streets Networks）

典型的城市道路网布局有棋盘形（方格形）、带形、放射形、放射环形等。我国古代城市道路以方格形最为常见，近现代城市发展了许多其他形式的道路布局，典型城市道路网布局及其特点与性能如表2-14所示。

表2-14　典型城市道路网布局及其特点与性能

图式	特点与性能
棋盘形	布局严整、简洁，有利于建筑布置，方向性好，网上交通分布均匀，交叉口交通组织容易，但非直线系数大，通达性差，过境交通不易分流，对大城市进一步扩展不利
带形	建筑物沿交通轴线两侧铺开，公共交通布置在主要交通干道范围内，横向靠步行或非机动车，有利于公共交通布线和组织，但容易造成纵向主干道交通压力过大，不易形成市中心
放射形	交通干线以市中心为形心向外辐射，城市沿对外交通干线两侧发展，形成"指状"城市，这种布局具有带形布局的优点，同时缩短了到市中心的距离。其缺点是中心区交通压力过大，边缘区相互间交通联系不便，过境交通无法分流
放射环形	这种布局具有通达性好、非直线系数小、有利于城市扩展和过境交通分流等优点，一般用于大城市，但不宜将过多的放射线引向市中心，以免造成市中心交通过分集中

2.3.4　公路主线的几何特征

公路是建筑在大地表面上供各种车辆行驶的空间线状结构物。它的组成包括几何线形、路基路面、桥梁隧道、排水系统、防护工程、附属设施等。

除交叉口以外的公路路段（又称主线）的几何线形分为平面线形、纵断面线形、横断面线形三方面进行设计。

1. 平面线形（Horizontal Alignment）

将公路的中心线投影在大地水平面上所得线形称为平面线形，它由直线和曲线组成，其中，曲线包括圆曲线及缓和曲线。

1）直线

两点之间用直线连接时，距离最短，视线最好，这是直线的优点。但是，直线过长不利于行车安全，驾驶员容易思想麻痹，产生单调疲劳，且容易出现超速行驶，所以对直线长度有所限制。一般规定，在公路上直线行驶的最长时间为 70 s 左右，或者说直线的最长距离 S_{max}（m）为

$$S_{max}=20v$$

式中：v——计算行车速度（km/h）。

例如，高速公路 v=120 km/h，则 S_{max}=20×120=2 400（km）。

考虑直线不容易与周围地形相配合，所以在现代高等级公路设计中，直线部分所占的比例越来越少。据统计，国外高速公路直线只占30%左右，其余70%都是平顺圆滑，与周围环境相协调的空间曲线，以使公路达到最佳的视觉效果。

2）圆曲线

平面曲线中最简单的是圆曲线，设其半径为 R，弧长为 S，则其曲线的转角 α（等于其中心角）为

$$\alpha = \frac{S}{R} \tag{2-8}$$

单位弧长的转角称为曲率 K（rad/m），即

$$K = \frac{\alpha}{R} = \frac{1}{R} \tag{2-9}$$

将弧度用度表示为

$$K = \frac{1}{R} \cdot \frac{180°}{\pi} = \frac{57.296}{R}$$

例如，设半径 R=100 m，其曲率为

$$K = \frac{57.296}{100} \approx 0.573(°/m)$$

即在半径为 100 m 的弯道驶过 1 m 距离，切线方向转过 0.573°。显然，半径越小，曲率越大，方向变化越快，车辆越可能产生横向失稳。

为了确保行车安全及乘客的舒适性，圆曲线半径不能太小，所以在《公路工程技术标准》（JTG B01—2014）中对最小半径做了规定。根据车辆在弯道上横向受力的平衡条件，可得最小半径 R_{min}（m）为

$$R_{min} = \frac{v^2}{127(\mu + i)} \tag{2-10}$$

式中：v——计算行车速度（km/h）；

μ——横向力系数；

i——路面外侧超高的横向坡度。

考虑乘客的舒适性，要求横向力系数$\mu \leqslant 0.15$，而且μ越小，转弯时越平稳舒适。针对各级公路不同的计算行车速度，选取相应的μ和i，代入式（2-10），便得各级公路相应的圆曲线最小半径。例如，高速公路$v=120$ km/h，取最大横向力系数$\mu=0.08$，最大超高横向坡度$i=0.1$，代入式（2-10）得极限最小半径：

$$R_{\min} = \frac{(120)^2}{127 \times (0.08+0.1)} \approx 630 (\mathrm{m})$$

标准中规定高速公路极限最小半径为650 m，见表2-11。

3）缓和曲线

在直线与圆曲线之间还应插入缓和曲线，原因如下：

（1）直线段曲率为零，曲率半径为无穷大，而圆曲线的曲率半径R为常数。从直线到圆曲线（或相反）需要有一段曲率和曲率半径逐渐变化的路段，使离心力逐渐变化，满足舒适性的要求。

（2）从直线到圆曲线（或相反），车辆前轮需要转过相当的角度，此时驾驶员转动转向盘需要逐步进行，与此相对应的车轮轨迹的曲率是逐渐变化的。

（3）在圆曲线上，路面需要横向外侧超高，而直线段不需要超高，因此，在直线与圆曲线之间需要有超高的过渡段。

以上三点都说明在直线和圆曲线之间需要有一段过渡曲线，这就是缓和曲线。这样平面曲线的基本形式应为直线—缓和曲线—圆曲线—缓和曲线—直线，如图2-15所示。

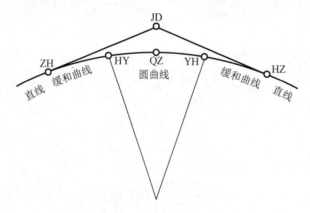

图2-15 平面曲线线形

《公路工程技术标准》（JTG B01—2014）规定各级公路的缓和曲线一律采用回旋线，因为它比较简单、实用。

如果圆曲线的半径很大，超过《公路工程技术标准》（JTG B01—2014）规定的不设超高的最小半径时，也可以不需要缓和曲线。

2. 纵断面线形（Vertical Alignment）

沿公路中线作竖直剖面，并将此空间曲面展成平面，便得到公路的纵断面。纵断面由直线和曲线（称为竖曲线）组成。

1）最大纵向坡度

纵断面上直线斜率称为纵向坡度 i，即

$$i = \frac{h}{d} \tag{2-11}$$

式中：h——两点间高度差；
　　　d——两点间水平距离。

纵向坡度大，有利于克服高差，并可使山区路线缩短，工程量减少。但是，纵向坡度太大会影响车辆的加速性能及爬坡能力，且下坡时制动距离不能保证，甚至产生侧滑现象。因此，对于纵向坡度必须加以限制。各级公路的最大纵向坡度如表 2-11 所示。

对于纵坡长度也要有一定限制，既不能太长，也不能太短。《公路工程技术标准》（JTG B01—2014）中对各级公路的最大坡长和最小坡长都有具体规定。当二、三、四级公路连续纵向坡度大于 5% 时，应在最大坡长处设置缓和坡段。缓和坡段的坡度应不大于 3%，长度不小于 100 m，但四级公路可减至 60 m。

2）竖曲线

在纵坡变化的地方不能突然俯仰，必须逐步过渡，这就需要设置竖曲线。竖曲线一般采用圆曲线，也可采用抛物线。

设纵向坡度由 i_1 变为 i_2，则变坡角 ω 的弧度近似为

$$\omega = i_1 - i_2 \tag{2-12}$$

纵向坡度 i 以上坡为正，下坡为负，故变坡角 ω 也为代数量。当 $\omega>0$ 时，竖曲线向上凸称为凸曲线，如图 2-16（a）所示。反之，当 $\omega<0$ 时，竖曲线向下凹，称为凹曲线，如图 2-16（b）所示。

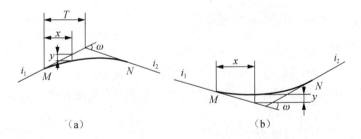

图 2-16　凸、凹两种竖曲线

（a）凸曲线；（b）凹曲线

竖曲线的最小半径主要取决于停车视距的需要。对于凸形竖曲线［图 2-17（a）］，其最小半径 R_+ 为

$$R_+ = \frac{S_T^2}{2\left(\sqrt{d_1}+\sqrt{d_2}\right)^2} \tag{2-13}$$

式中：S_T——停车视距（见表 2-11）；
　　　d_1——驾驶员视线高度（m）；
　　　d_2——障碍物或危险物的最低高度（m）。

通常，取 $d_1=1.2$ m，$d_2=0.1$ m，则

$$R_+ = \frac{S_T^2}{3.98} \quad (2\text{-}14)$$

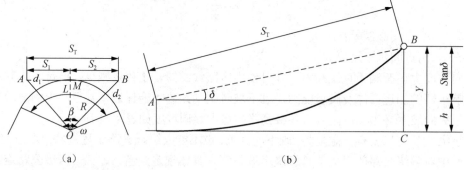

图 2-17 凸曲线与凹曲线的视距保证

对于凹形竖曲线［图 2-17（b）］根据车辆前灯光束与竖曲线相交的视距，可得最小半径为 R_- 为

$$R_- = \frac{S_T^2}{2(h + S_T \tan \delta)} \quad (2\text{-}15)$$

式中：h——前车灯离地高度；

δ——前灯边界光束的放射角。

通常，取 $h=0.75$ m，$\delta=1°$，则

$$R_- = S_T^2 / (1.5 + 0.0349 S_T) \quad (2\text{-}16)$$

3. 横断面线形（Cross-Sectional Design）

公路横断面由车行道、路肩、中间分隔带、边坡、边沟等组成。对于高速公路和一级公路，还设有变速车道、爬坡车道、紧急停车带及路上设施等。二、三级公路只有双车道，不能分道单向行驶，中间不设分隔带。四级公路为单车道，当路基宽度只有 4.5 m 时需要设置错车道。

1）路基、路面及车行道宽度

公路横断面线形如图 2-18 所示。

车行道宽度 b 等于车道的宽度乘车道数。车道的宽度根据车速不同分为两种情况，当计算行车速度 $v>60$ km/h 时，车道宽度采用 3.5～3.75 m；当 $v \leq 60$ km/h 时，采用 3.0～3.5 m。

路面宽度包括车行道、路缘带、硬路肩及变速车道、爬坡车道、紧急停车带等，但对于二级以下的一般公路，路面宽度也就是车行道宽度。

一般公路的路基宽度 B 等于车行道与两侧路肩宽度之和，但对于高速公路和一级公路，还应包括中间分隔带、变速车道、爬坡车道、紧急停车带的宽度等。

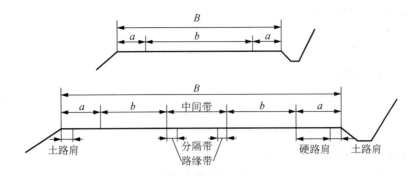

图 2-18　公路横断面线形

2）弯道的外侧超高

在直线路段为了横向排水，将路面铺筑成中间高两侧低，形成路拱。向两侧倾斜的路拱坡度一般为 1%～2%。当车辆行驶在弯道路段时，如果路面仍然向两侧倾斜，弯道外侧的路面向外倾斜，则重力横向分力的方向与离心力方向一致，加大了侧翻与侧滑的危险性。为了利用重力的横向分力抵消离心力的作用，弯道上的路面需整体向内侧倾斜，这就是外侧超高。超高横向坡度的大小主要取决于计算行车速度和弯道的曲率半径，这三者的关系应满足式（2-10），将它移项整理即得超高横向坡度 i 为

$$i = \frac{v^2}{127R} - \mu \tag{2-17}$$

式中：v——计算行车速度（km/h）；

R——弯道的曲率半径（m）；

μ——横向力系数，$\mu \leqslant 0.15$。

由于车辆速度并不一定等于计算行车速度，有时甚至在弯道上临时停车，因此，超高横向坡度不能太大。《公路工程技术标准》（JTG B01—2014）规定：积雪冰冻地区不能超过 6%；其他地区高速公路和一级公路不超过 10%，其他各级公路不超过 8%。

3）弯道的内侧加宽

弯道路段不仅需要外侧超高，而且需要内侧加宽，这是因为前轮转向，后轮不能转向，使前后轮在弯道上的轨迹不重合，所需要宽度比直线行驶时要宽一些，如图 2-19 所示。

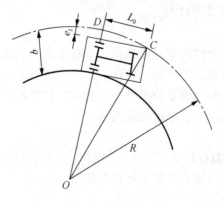

图 2-19　平曲线上的弯道加宽

单车道需增加的宽度 e_1 为

$$e_1 = \frac{l_0^2}{2R} \tag{2-18}$$

双车道需增加的宽度 e 为

$$e = 2e_1 = \frac{l_0^2}{R}$$

式中：R ——弯道的曲率半径（m）；
l_0 ——汽车的轴距加前悬（m）。

由式（2-18）可见，内侧加宽主要决定于弯道的曲率半径。《公路工程技术标准》（JTG B01—2014）中对半径小于 250 m 的弯道的加宽做了具体规定。当半径大于 250 m 时，可以不必加宽，利用路宽的富余部分就够了。

4. 行车视距

行车视距包括停车视距、会车视距及超车视距，其中主要的是停车视距。

1）停车视距

当驾驶员突然发现前方路上有障碍不能绕过，而能安全地停止在障碍物前所需的距离，称为停车视距。停车视距 S_T 由三部分组成，如图 2-20 所示。

$$S_T = S_1 + S_2 + S_3 \tag{2-19}$$

式中：S_1 ——驾驶员知觉反应时间内车辆行驶的距离（m）；
S_2 ——驾驶员开始制动到完全停车过程中车辆行驶的距离（m）；
S_3 ——车辆停止位置距障碍物的安全距离，通常取 5 m 左右。

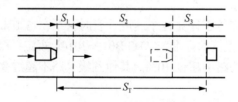

图 2-20　停车视距

各级公路的停车视距如表 2-11 所示。

2）会车视距

会车视距是指两辆对向行驶汽车，能在同一车道上及时制动而不碰撞所需的最小距离，它近似地等于一辆汽车停车视距的两倍。所以，在《公路工程技术标准》（JTG B01—2014）中规定：高速公路、一级公路应满足停车视距的要求；其他各级公路一般应满足会车视距的要求，会车视距的长度不应小于停车视距的两倍。

3）超车视距

《公路工程技术标准》（JTG B01—2014）中规定：对向行驶的双车道公路，应根据需要并结合地形，在适当的距离内设置具有超车视距的路段。超车视距是为了超越前车，借用对向车道而不至于与对向来车相撞所需的最小距离。高速公路和一级公路由于单向行驶，不存在超车视距问题。其他各级公路的超车视距如表 2-11 所示。

5. 平面视距的保证

车辆在平曲线或交叉口上转弯时,曲线内侧的树木、建筑物及路堑边坡等可能会妨碍驾驶员所需要的视距。图2-21所示内侧车道的行车轨迹上,从 A 到 B 的曲线弧长等于视距,它的中点到 AB 连线的最大距离 Z 称为横净距。行车轨迹上不同的 AB 段有不同的横净距,依次把各段横净距的内端点连起来称为横净距的包络线。横净距包络线内高于1.2 m的障碍物必须清除,以确保行车视距。

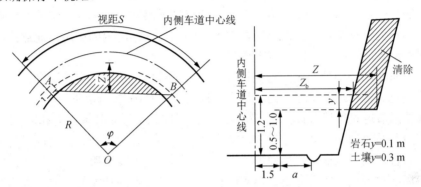

图2-21 弯道平面视距障碍的清除

2.3.5 城市道路的特性

1. 城市道路的功能和特点（Functions and Charateristics of Streets）

道路在城市生活中具有它独特的重要作用。城市中不同功能的组成部分,例如,市中心区、工业区、居住区、机场、港口、码头、车站、仓库、公园、体育场等,都必须通过道路来连接,城市的四大活动（工作、学习、生活、旅游）也都离不开道路交通运输。实践证明,没有良好的城市道路和完善的城市道路网,将在很大程度上影响城市的建设和发展。所以,在制定城市总体规划时,必须妥善考虑道路网的规划布局和建设问题。

城市用地紧凑、居民集中、建筑鳞次栉比,它要求既要有合理的空间结合,又要有一定的空间距离,以保证良好的城市环境,公共卫生（适当的日照、空气的流畅、气温和温度的调节等）和防火安全。城市道路应该广泛地与城市的绿化结合起来,成为城市各个分区的区界和卫生与防护空间,并利用这个空间作为城市排水和布置地上、地下管线的通道。

城市的各个功能组成部分,通过道路的连接构成统一的有机体,并配合道路表现城市建筑各个方位的立面,以及建筑群体之间组合的艺术。因为人在道路上的视点是移动的,并随道路的转向而转移视点方位,由此可以使人获得丰富而生动的环境景象。因此,城市道路在承担最基本的交通运输任务的同时,还成为反映城市面貌与建筑风格的手段之一。

与公路相比较,城市道路具有如下特点:①功能多样性;②组成复杂;③行人交通量大;④车辆多、类型杂、车速差异大;⑤交叉口多;⑥沿路两侧建筑密集;⑦道路交通量分布不均衡;⑧政策性强。

2. 城市道路系统及其组成（Street System and its Components）

道路系统是由城市辖区范围内各种不同功能的道路（包括附属设施）有机组成的道路体系。城市道路网通常是指城市中各种道路在城市的总平面图中的布局。城市道路系统的功能不仅是把城市中各个组成部分有机地连接起来，使城市各部分之间有便捷、安全、经济的交通联系，同时它也是城市总平面的骨架，对城市建设发展是否经济合理起着重要作用。

城市道路系统一般包括城市各个组成部分之间相互联系、贯通的交通干道系统和各分区内部的生活服务性道路系统。城市道路系统还应包括道路网结构形式、组成及路幅宽度和停车场等。凡属不为过境交通服务的小区内部道路，如居住小区内的街坊连通道路，以及位于街坊内供居民出入的道路均不计入城市道路网。

城市道路系统，特别是干道网的规划合理与否，直接影响城市交通运输、生产与生活，同时也影响建筑布置和战备工作。由于城市干道走向一旦确定，路网一经形成，所有地上、地下管线都将沿着道路用地敷设，沿街建筑均将沿道路用地控制线两侧兴建，事后很难改变。因此，城市道路系统规划是城市建设的百年大计。规划中必须结合城市的性质与规模、用地功能的分区布置、交通运输、自然地形、城市现状，以及工程地质、水文条件、城市环境保护和建筑布局要求等进行综合分析，反复比较来确定，使不同功能的干道、支路组成一个系统完整、功能明确、线形平顺、交通便捷通畅、布局经济合理的城市道路网。

在城市中，沿街两侧建筑红线之间的空间范围为城市道路用地，该用地由以下各个不同功能部分组成：

（1）供各种车辆行驶的车行道。
（2）专供行人步行用的人行道。
（3）起卫生、防护与美化作用的绿带。
（4）用于排除地面水的排水系统，如街沟或边沟、雨水口、窨井、雨水管等。
（5）为组织交通、保证交通安全的辅助性交通设备，如交通信号灯、交通标志、交通岛、防护栏等。
（6）交叉口和交通广场。
（7）停车场和公共汽车停靠站台。
（8）沿街的地上设备，如照明灯柱、架空电线杆、给水栓、邮筒、清洁箱、接线柜等。
（9）地下的各种管线，如电缆、煤气管、给水管、污水管等。
（10）在交通高度发达的现代城市，还建有高架高速路、人行过街天桥、地下通道、地下人行道、轻轨交通和地下铁道等。

3. 城市道路横断面布置的四种形式（Four types of Streets Cross-Section）

1）单幅路（一块板）

图2-22（a）所示为单幅路上机动车与非机动车混合行驶，适用于支路和次干路。机动车在中间，非机动车在两侧。有条件时用分道线将它们分成快车道（机动车道）和慢车道（非机动车道），在不影响交通安全的条件下，允许临时超越分道线，调剂使用。

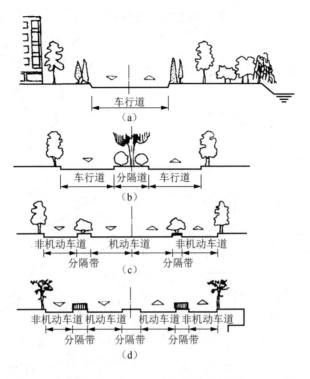

图 2-22 一、二、三、四幅路断面

(a) 单幅路；(b) 双幅路；(c) 三幅路；(d) 四幅路

2) 双幅路（两块板）

双幅路利用中央分隔带把车行道一分为二，分向行驶，适用于次干路或主干路。每一侧车行道上可以再用分道线划分出快车道和慢车道。当旁侧有辅道可供非机动车行驶时，双幅路可作为快速路。例如，特大城市的高架路就是双幅路，专供机动车快速行驶。

3) 三幅路（三块板）

三幅路中间一幅为双向行驶的机动车道，两侧为单向行驶的非机动车道。三幅路用于非机动车多、交通量大、车速高的主干路，它要求红线宽度≥40 m，否则，横断面布置有困难。

4) 四幅路（四块板）

四幅路不仅两侧非机动车道单向行驶，而且中间机动车也单向行驶，适用于交通量大，机动车速度高的主干路和快速路。

2.3.6 道路交叉

道路与道路相交的部位称为道路交叉口（Crossway）。根据相交道路的主线标高是否相等，首先可以把交叉口分为平面交叉和立体交叉两大类。

1. 平面交叉（Grade Crossing）

1) 平面交叉的形式

当相交道路的主线标高相等时，称为平面交叉。平面交叉的形式有三路交叉的 T 字形和 Y 字形 [图 2-23 (a) 和图 2-23 (b)]、四路交叉的十字形和 X 字形 [图 2-23 (c) 和图 2-23 (d)]、错位交叉［图 2-23（e）］、多路交叉［图 2-23（f）］。

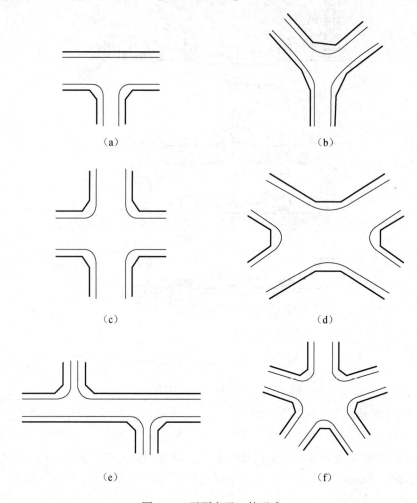

图 2-23　平面交叉口的形式

（a）T 字形交叉口；（b）Y 字形交叉口；（c）十字形交叉口；（d）X 字形交叉口；（e）错位交叉口；（f）多路交叉口

2）平面交叉的交错点及减少冲突点的措施

进入交叉口的车辆，由于行驶的方向不同，交错点有以下三种：

（1）分流点——来自同一方向的车辆向不同方向行驶时的分叉点。

（2）交汇点——来自不同方向的车辆向同一方向行驶时的汇合点。

（3）冲突点——来自不同方向的车辆向不同方向行驶时的交叉点。

这三种交错点中，以冲突点最危险，交织的交汇点其次。冲突点包括直行与直行的冲突点、直行与左转的冲突点、左转与左转的冲突点。冲突点的数目随着交叉口道路条数的增加而迅速增加。如图 2-24 所示，三路交叉口只有 3 个冲突点［图 2-24（a）］，四路交叉口增加到 16 个［图 2-24（b）］，五路交叉口增加到 50 个［图 2-24（c）］。

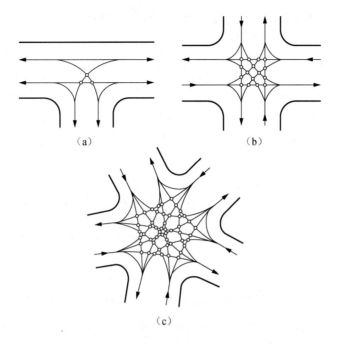

图 2-24 没有交通管制的交叉口的冲突点

(a) 三条道路交叉（冲突点 3 个）；(b) 四条道路交叉（冲突点 16 个）；(c) 五条道路交叉（冲突点 50 个）

为了减少以至消除冲突点，可采用以下三种途径：

（1）在交叉口实行交通管制，也就是用交通信号灯或由交警手势指挥，控制来自不同方向的左转车和直行车，使它们在时间上错开通行。这样就能大大减少冲突点的个数，如表 2-15 所示。

表 2-15 交叉口的交错点

交错点类型	无信号控制			有信号控制		
	相交道路的条数			相交道路的条数		
	3 条	4 条	5 条	3 条	4 条	5 条
△交叉点	3	8	10	2 或 1	4	4
□汇合点	3	8	10	2 或 1	4	6
○左转车流冲突点	3	12	45	1 或 0	2	4
⬡直行车流冲突点	0	4	5	0 或 0	0	0
交错点总数	9	32	70	5 或 2	10	14

（2）对交叉口实行渠化交通，即在交叉口布设交通岛、分隔带或划上分道线，使车辆按规定的车道行驶，尽可能地将冲突点转变为交汇点。

（3）改用立体交叉，即将不同方向道路的主线标高错开，一上一下，各行其道，互不干扰，这就从根本上消除了冲突点。

3）交叉口的交通组织方式及调整

（1）左转车辆的交通组织。

交叉口左转车辆是产生冲突点及影响直行车通行能力的主要因素，因此合理地组织左转车辆的行驶路线是提高交叉口通行能力，保证交通安全的关键所在。交叉口左转车辆的交通组织有以下几种途径，如图 2-25 所示。

① 信号灯（色灯）管制。在设置定周期自动信号灯的路口，实行绿灯信号车辆左转，在有条件的地方，应把左转信号灯与直行信号灯分开，以便完全消除冲突点。

② 环形交通。在四路以上的交叉口中央设置交通岛，使进入交叉口的车辆不受色灯控制而一律绕中心岛单向行驶，它把所有的冲突点转变为交织的交汇点。

③ 变左转为右转。这里又可分两种情况：图 2-25（c）所示为街坊绕行，图 2-25（d）所示为远引式交叉。

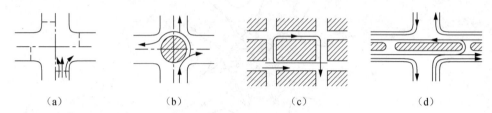

图 2-25　交叉口左转弯车辆的组织

(a) 信号灯管制；(b) 环形交通；(c) 街坊绕行；(d) 远引式交叉

（2）渠化交通。

在道路上划分道线或用分隔带、交通岛来分隔车道，使不同方向的车辆顺着规定的车道行驶，称为渠化交通，如图 2-26 所示。这样做可以达到以下目的：

① 使行人和驾驶员都容易辨明相互行驶的方向，以利于有秩序地通过。

② 控制车辆的行驶方向，使斜交对冲的车流变为直角或同方向的锐角交织，变冲突点为交汇点。

③ 利用交通岛限制车道宽度，控制车速，防止超车，并在其上设置交通标志。同时，交通岛还可用于行人过街时避车用的安全岛。

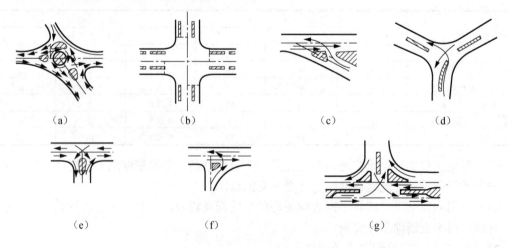

图 2-26　交通渠化措施

（3）拓宽交叉口。

为了提高通行能力，划分左转、直行及右转车道，往往需要增加交叉口附近的车道数，为此应在交叉口的一定范围内拓宽道路,使每个方向增加 1~2 个车道,如图 2-27 所示。

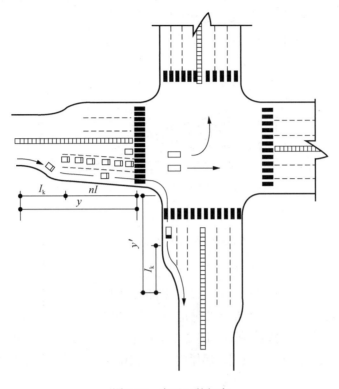

图 2-27 交叉口的拓宽

(4)调整交通组织。

当交通量过大,道路系统改建很困难时,可以采取调整交通线路、控制车辆行驶、组织单向交通等措施。例如,在混合交通量很大的路段,白天禁止兽力车、载货车行驶,甚至把局部繁华地段改成步行街。又如,封闭某些小的支路,以减少交叉口的数目,保证干路畅通。

2. 立体交叉

当相交道路的主线标高不相同时,称为立体交叉。立体交叉在空间上下错开,交叉口没有冲突点,行车畅通无阻,大大提高了交叉口的通行能力,这就是高速公路沿线全部采用立体交叉的主要原因。但是,立体交叉与平面交叉相比,占地面积大,建筑成本高。

1)立体交叉的分类

立体交叉根据有无匝道连接上下道路,可分为分离式立体交叉与互通式立体交叉两种。

(1)分离式立体交叉。

分离式立体交叉只能供车辆直行,不能在交叉口转弯到另一条道路上去。它既可以用于道路间交叉,又可广泛用于道路与铁路、渠道、管线等的交叉。

(2)互通式立体交叉。

互通式立体交叉除跨线桥外,还用匝道将上下道路连通,能使车辆从一条道路转弯行驶到另一条道路上去。

如图 2-28 所示，互通式立体交叉包括跨线桥（上跨或下穿）、右转外侧匝道、左转环形匝道、定向式穿线匝道、出口减速车道、入口加速车道等。

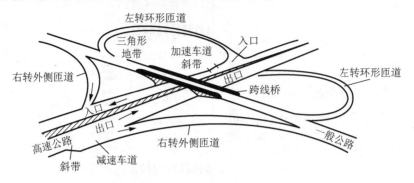

图 2-28　互通式立体交叉的组成

2）互通式立体交叉的基本形式

互通式立体交叉有三种基本形式：三路连接的喇叭形［图 2-29（a）和（b）］、三路连接的半定向形［图 2-29（c）］、三路连接的全定向形［图 2-29（d）］。

四路连接有六种基本形式：菱形［图 2-29（e）］、苜蓿叶形［图 2-29（f）］、半苜蓿叶形［图 2-29（g）］、环形［图 2-29（h）］、涡轮定向形［图 2-29（i）］、半定向形［图 2-29（j）］。

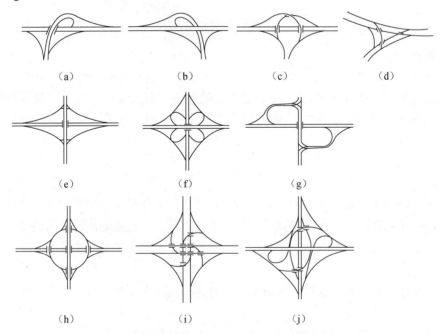

图 2-29　互通式立体交叉的基本形式

(a)、(b) 喇叭形；(c) 三路连接半定向形；(d) 全定向形；(e) 菱形；(f) 苜蓿叶形；(g) 半苜蓿叶形；
(h) 环形；(i) 涡轮定向形；(j) 四路连接半定向形

3）互通式立体交叉之间及其他设施之间的距离

互通式立体交叉之间的距离，在大城市周围一般为 5～10 km；在平原地区的小城市一般为 5～25 km；为了便于公路维修、救援等执行任务的需要，即使在人口稀少的山区，最大间距一般也不大于 30 km。

由于互通式立体交叉连接的为高速公路或城市的快速路、主干路行车速度高，因此互通式立体交叉之间的距离不能太小。互通式立体交叉之间的最小间距应能保证前一立体交叉从匝道驶入的交汇点到下一立体交叉驶向匝道的分流点之间交织行驶的需要，以及为驾驶员及时提供情报而需在到达互通式立体交叉（或其他设施）之前设置一系列前置标志所需的距离。互通式立体交叉相互间及同其他设施的间距如表 2-16 所示。

表 2-16　互通式立体交叉相互间及同其他设施的间距

设施名称	最小间距/km		设施名称	最小间距/km	
	一般值	低限值		一般值	低限值
互通式立体交叉相互之间	5	3	互通式立体交叉与公共汽车停靠站	4	1.5
互通式立体交叉与停车场或服务区			互通式立体交叉与隧道		

小　结

本章详细论述了道路交通系统中人、车、路的交通特性。在人的交通特性中，主要论述了驾驶员、行人、乘客的交通特性，并着重论述了驾驶员的交通特性。在车辆的交通特性中，介绍了机动车的分类、设计外廓尺寸及动力性、制动性、通过性等车辆的性能指标，并对自行车的交通特性做了一般性介绍。在道路的交通特性中，主要介绍了道路的分类、路网密度、路网布局及道路的几何线形、城市道路的特性、道路交叉等。通过本章的学习，对交通道路中人、车、路各要素的交通特性能有一个全面、基本的了解和掌握。

练　习　题

1. 驾驶员的交通特性主要表现在哪几个方面？它与交通安全有何关系？
2. 疲劳驾驶的影响因素有哪些？疲劳驾驶与肇事的关系是什么？
3. 根据驾驶员的交通特性分析，为什么黄昏时最易发生事故？
4. 根据行人的交通特性，结合自己的亲身体会谈谈对行人如何进行管理。
5. 汽车的行驶方程式是什么？满足汽车行驶的条件有哪些？
6. 汽车的动力性能指的是什么？
7. 汽车的制动性能包括哪些方面？制动距离和停车距离有何不同？

8. 汽车的制动性能对交通安全有何影响？
9. 城市道路横断面形式分几种？它们的优缺点及适用条件是什么？
10. 什么是道路的平面线形？其构成要素是什么？如何保证？
11. 为什么要设置平曲线的超高和加宽？如何设置？
12. 什么是视距？分几种？如何保证视距？它对交通安全有何影响？
13. 结合当地事故多发地点的情况，谈谈道路条件与交通安全的关系。

第 3 章

交通流参数

3.1 概 述

在道路上通行的大量行人和车辆整体上具有类似流体的特点和特性,在交通工程中把在道路上通行的人流和车流统称为交通流(Traffic Stream 或 Traffic Flow)。一般在交通工程学中讨论的交通流主要指车流。

1. 交通流的分类

按交通设施对交通流的影响,交通流可以分为非间断交通流(或称连续交通流)(Uninterrupted Flow)和间断交通流(Interrupted Flow);按交通流中的成分,交通流可以分为机动车流、非机动车流、混合交通流;按交通流的交汇形式,交通流可以分为交叉、合流、分流、交织流;按交通流内部的运行条件及其使驾驶员和乘客产生的感受,交通流可以分为自由流、稳定流、不稳定流、强制流。

2. 交通流的参数

交通流是整体的、宏观的概念,通过对大量观测数据的分析,发现交通流具有一定的特征性倾向,为此提出了交通流特性的概念。交通流特性是指交通流运行状态的定性、定量特征。用来描述和反映交通流特性的物理量称为交通流参数。

交通流参数分为宏观参数和微观参数。其中,宏观参数用于描述交通流作为一个整体表现出来的特性,包括交通量或流率、速度和交通流密度;微观参数用于描述交通流中彼此相关的车辆之间的运行特性,包括车头时距和车头间距。

3.2 交 通 量

3.2.1 交通量和交通流率

交通量(Volume)是指单位时间内,通过道路某一地点、某一断面或某一车道的交通实体数。

交通流率（Rate of Flow）是指把不足 1 h 的时间段内观测到的交通量等效转换为单位小时的车辆数。

交通量和交通流率都是描述交通流特性重要的参数，都反映交通需求的变量。但是，无论从概念上还是本质上，它们都有重要的差别：交通量是通过实际观测或预测得到的值，交通流率则是对不足 1 h 的交通量进行等效转换的等效值，如表 3-1 所示。

表 3-1 流率转换等效值

观测时段	交通量/辆	交通流率/(辆·h^{-1})
7:00~7:15	10	40
7:15~7:30	100	400
7:30~7:45	100	400
7:45~8:00	10	40
7:00~8:00	220	

观测的四个时段共 1 h 的交通量是 220 辆，但对于交通流率而言第一个和最后一个时段是 10×4 辆=40 辆，中间两个时段是 100×4 辆=400 辆。

美国相关专家认为稳定交通流的最短存在时间为 15 min，故经常观测 15 min 交通量，将 15 min 的交通量乘以 4，扩大为小时交通流率。我国国家标准《公路工程技术标准》（JTG B01—2014）中仍然采用小时交通量。

3.2.2 交通量的表达式

从交通量的概念来看，指定的单位时间不同，交通量的数值是不同的。一般来说，交通量有日交通量、小时交通量和不足 1 h 的交通量几种表达方式。

1. 日交通量

日交通量是以一天为计量单位的交通量，单位为辆/d，在交通流的宏观分析中，通常以所观测到的日交通量为基础。以下是四种广泛应用的日交通量参数。

1）年平均日交通量

年平均日交通量（Average Annual Day Traffic，AADT）是指在一年中，在指定地点观测的交通量总和除以一年的总天数，所得的平均值。

$$\text{AADT} = \frac{1}{365}\sum_{i=1}^{365} Q_i \tag{3-1}$$

式中：Q_i——观测期内第 i 天通过指定地点的交通量（辆/d）。

2）年平均工作日交通量

年平均工作日交通量（Average Annual Weekday Traffic，AAWT）是指在全年所有的工作日内，在指定地点的平均每日交通量。AADT 是将工作日和非工作日的交通量加在一起平均所得的交通量，AADT 和 AAWT 二者存在很大的差异，AADT 并不能体现工作日交通量的特点，所以有必要提出 AAWT 这一指标。AAWT 可用一年中总的工作日交通量除以全年的工作日总数得到。

3）平均日交通量

平均日交通量（Average Date Traffic，ADT）是指在少于一年的某个时间段内，在指定地点的平均每日交通量。

$$\text{ADT} = \frac{1}{n}\sum_{i=1}^{n} Q_i \qquad (3\text{-}2)$$

式中：Q_i——观测期内第 i 天通过指定地点的交通量（辆/d）；

n——计算时间段的天数。

平均日交通量可用半年、一个季度、一个月、一周或几天作为一个时间周期来测定，并可由此定义月平均日交通量（MADT）、周平均日交通量（WADT）等概念。平均日交通量只在测定它的那个时间周期内有效。

4）平均工作日交通量

平均工作日交通量是指在少于一年的某个时间周期内（一个季度、一个月或一周），在指定地点所有工作日的总交通量除以工作日天数。

上述交通量指标可以反映道路交通设施的特点。例如，在相同观测时间内，如果平均日交通量明显高于平均工作日交通量，则说明是周末交通量增大所致，即该交通设施主要为周末或假日旅游交通流服务。

2. 小时交通量

日交通量在道路规划中有一定参考价值，但它不能单独作为道路设计、计算和分析的依据。如果将观测交通量的时间间隔缩短，则可以更加具体地反映观测断面的交通量变化情况。因此，在工程实践中，通常以小时交通量为依据，即以 1 h 为计量单位的交通量，单位为辆/h。

1）高峰小时交通量

在一天的 24 h 内，小时交通量的差异很大，最大交通量常发生在早晚上下班拥挤时刻。一天内的高峰期间连续 60 min 的最大交通量称为高峰小时交通量，单位为辆/h。高峰小时交通量通常是单向的，即上行和下行两个方向的交通量要分别统计。在道路设计时，必须考虑和满足最大交通流方向上的高峰小时交通量；在运营情况分析中，应知道高峰小时交通量的存在条件，即它是由哪些环境因素引起的。因此，高峰小时交通量常作为道路设计及分析计算各种指标的基础。

2）第 30 位高峰小时交通量

将一年中 8 760 h 交通量的观测值依大小顺序排列，排在第 30 位的小时交通量称为第 30 位高峰小时交通量。如图 3-1 所示，第 30 位高峰小时大约在曲线的转弯部分。曲线的斜率在这里从较陡（高高峰小时）过渡到相对平稳（低高峰小时）。曲线较陡部分的高峰小时，在一年内出现的次数很少，为满足这些极少出现的交通量而大量增加设施是很不经济的。在曲线相对平稳处，曲线的斜度较小，基本代表了一年中大多数高峰小时的交通量，因此，常常把第 30 位高峰小时交通量作为设计小时交通量，用于道路设施的规划与设计。实际上，第 30 位高峰小时交通量是指年度高峰小时交通量排序曲线上处于由陡到缓的弯曲点的高峰小时交通量，由于各地条件的差异和同一地区不同时期交通状况的变化，该弯曲点不一定在第 30 位，确定这一交通量时应因地、因时制宜。

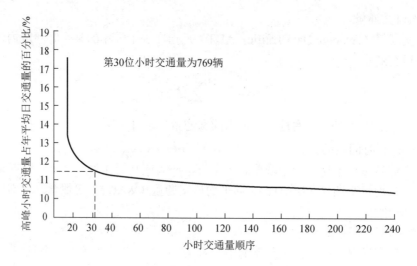

图 3-1 年度高峰小时交通量排序曲线

3）设计小时交通量

在道路设施的规划设计中，必须考虑应满足绝大多数最大交通流方向上的高峰小时交通量，同时要避免建成后大多数时间车流量很低造成资源浪费、投资效益低。因此，有必要选择一个适当的小时交通量作为道路规划设计的依据，这就是设计小时交通量（Directional Design Hour Volume，DDHV）。一般来说，设计小时交通量可由式（3-3）计算：

$$DDHV = AADT \cdot K \cdot K_D \tag{3-3}$$

式中：DDHV——具有方向性的单向设计小时交通量（辆/h）；

AADT——年平均日交通量（辆/d）；

K——高峰小时交通量占日交通量的比例（%）；

K_D——方向分布系数。

K 又称设计小时交通量系数，在某些道路的设计中，K 常常使用第 30 位小时交通量与年平均日交通量的比值，即第 30 位小时交通量系数。K 和 K_D 这两个系数与道路所在的地区和设施的类型有关，一般来说，K 随着道路周围地区人口密度的增加而减少。K_D 的变化由交通量的方向分布特性决定，关于交通量的方向分布将在 3.2.4 节中介绍。

研究表明，K 值较为稳定。国外不同地区、不同道路级别的 K 值为 12%～18%。我国 20 世纪 80 年代开始进行大量观测统计，干线公路的观测值 K 为 11%～15%，平均为 13.3%。

如果已经知道预测交通量、设计通行能力和设计小时交通量，则可简单地计算道路车道数量和路幅宽度，即

$$n = \frac{DDHV}{C_1} \times 2 \tag{3-4}$$

$$W = W_1 \cdot n \tag{3-5}$$

式中：n——车道数；

C_1——单车道的设计通行能力（辆/h）；

W——路幅宽度（m）；

W_1——1 条车道宽度（m）。

3. 不足 1 h 的交通量和流率

在交通设施的设计和分析中，小时交通量是一项基本指标。但是，研究在给定的 1 h 内交通流的变化情况也是很有意义的，因为交通流特性常与短期内交通流的波动有关。

一个交通设施也许有足够的容量去满足高峰小时的需求，但在高峰小时内，短期的流量高峰可能超过道路的容量，从而引起阻塞。例如，在某个高峰小时中一个 15 min 内观测所得的交通量是 1 200 辆，相应的交通流率是 4 800 辆/h，虽然在该小时内可能只观测到 4 200 辆车，但在这个 15 min 内，车辆却是以 4 800 辆/h 的交通流率到达的。这种短期的波动对于此期间内交通流的运行状态是十分重要的。如果所观测的交通设施有 4 200 辆/h 的容量，那么在上述的 15 min 时间内，需求将超过容量，必然发生车辆阻塞。从阻塞到恢复正常这一过程是很复杂的，它常常会引发一些比阻塞过程本身更为严重的情况。因此，对通行能力分析来说，在高峰小时内考虑最大交通流率是十分必要的。

在进行交通分析时，常将高峰小时划分成较短的时段，以显示各个时段交通流的变化特征。但是，对于采用多长时间作为观测的最小时间间隔并没有统一的标准。时间间隔过短，交通流率的变化规律不稳定，很难看出它与小时交通量的联系；时间间隔过长，又极易与小时交通量重合。因此，一般在路段交通量分析时采用 5 min 作为最小时间间隔，在交叉口交通量分析时采用 15 min 作为最小时间间隔。最小时间间隔的交通流率与该小时的全部交通流量的关系用高峰小时系数（Peak Hour Factor，PHF）表示。高峰小时内的小时交通量与最大流率的比值，称为高峰小时系数。它的表达式为

$$PHF_t = \frac{高峰小时交通量}{t高峰时段的最大小时交通量} = \frac{高峰小时交通量}{t高峰时段的交通量 \times \frac{60}{t}} \quad (3-6)$$

对于用 15 min 作为时间区间而言，当每个 15 min 的交通量相等时，PHF 达到最大值 1.00；当整个小时内的交通量集中在一个 15 min 区间内发生时，PHF 的最小值为 0.25。一般来说，PHF 的范围为 0.70~0.98。较低的 PHF 意味着流量变化较大。

PHF 反映了交通量变化的特性，它可以作为一个常数应用到城市道路系统和公路系统实际问题的分析中。当已知 PHF 时，也可以用它把高峰小时交通量转变为高峰小时最大交通流率：

$$v = \frac{V}{PHF} \quad (3-7)$$

式中：v——高峰小时交通流率；

PHF——高峰小时系数；

V——高峰小时交通量。

【例 3-1】 某检测站得到各连续 5 min 时段的交通量统计表，如表 3-2 所示，高峰小时交通量为 1 414 辆/h，计算 5 min、10 min 及 15 min 的高峰小时系数。

表 3-2 连续 5 min 时段的交通量统计表

时间	交通量/辆	时间	交通量/辆
8:00~8:05	121	8:30~8:35	113
8:05~8:10	118	8:35~8:40	116
8:10~8:15	121	8:40~8:45	120
8:15~8:20	119	8:45~8:50	123
8:20~8:25	109	8:50~8:55	117
8:25~8:30	115	8:55~9:00	122

【解】 由表 3-2 可知 8:45～8:50 是最高 5 min，故

$$PHF_5 = \frac{1414}{123 \times 12} \approx 0.96$$

最高 10 min 流量为 8:40～8:50，故

$$PHF_{10} = \frac{1414}{(123+120) \times 6} \approx 0.97$$

最高 15 min 流量为 8:45～9:00，故

$$PHF_{15} = \frac{1414}{(123+117+122) \times 4} \approx 0.98$$

3.2.3 交通量在时间上的变化特性

交通工程的注意力主要集中在为高峰时间内的出行提供交通设施上的保障。交通需求受许多因素的影响，经常处于一种变化状态。例如，交通需求会随着季节和月份的不同而不同，在一周内的每天各不相同，在一天内的各个小时也不一样。以下分四个方面讨论交通量变化的特性。

1. 交通量的季节、月份变化

由于社会经济活动对交通的需求及当地季节与气候的影响，因此同一条道路一年中各月的交通量并不相同，呈现逐月变化的规律。这种变化通常用月变系数（或称月不均衡系数）M 表示，有

$$M = \frac{年平均日交通量（AADT）}{月平均日交通量（MADT）} \tag{3-8}$$

图 3-2 所示为以月份为横坐标、以月变系数的倒数 $1/M$ 为纵坐标绘制的一年内路段观测断面上的交通量变化曲线，这种曲线称为月交通量变化图。图 3-2 反映的是城市道路和公路交通量的月份变化，城市道路在四月和十一月（假期之前或之后）达到高峰，由于冬季气候寒冷而且又逢假期，因此出现低谷；公路则在春节前有一个高峰，而在春节到春耕前有一个

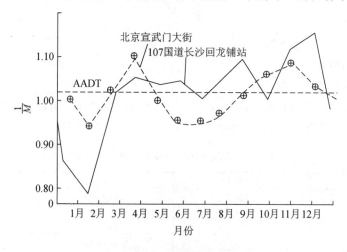

图 3-2 月交通量变化图

低谷。一般来说，城市道路季节性变化不显著，而公路（尤其是为旅游服务的公路）季节性交通量变化非常显著。在道路设施的设计中，应掌握好交通量季节变化的趋势，以保证道路设施的经济可行性。

【例 3-2】某道路的交通量统计表如表 3-3 所示，试计算各月的月平均日交通量与月变系数。

表 3-3 某道路的交通量统计表

月份	1	2	3	4	5	6	7	8	9	10	11	12
当月天数	31	28	31	30	31	30	31	31	30	31	30	31
月交通量/辆	630 385	491 764	796 297	691 440	760 678	707 678	693 966	760 492	806 910	888 367	677 610	755 966
MADT/(辆·d^{-1})	20 335	17 563	25 687	23 048	24 538	23 589	22 386	24 532	26 897	28 657	22 587	24 386
M	1.17	1.35	0.92	1.03	0.97	1.01	1.06	0.97	0.88	0.83	1.05	0.97
1/M/%	85.69	74.01	108.25	97.13	103.40	99.41	94.34	103.38	113.35	120.76	95.18	102.76

【解】步骤 1：计算年平均日交通量，即
$$\text{AADT} = \frac{8\,661\,553}{365} = 23\,730(\text{辆/d})$$

步骤 2：计算月平均日交通量，1 月份为
$$\text{MADT} = \frac{630\,385}{31} = 20\,335(\text{辆/d})$$

步骤 3：计算月变化系数，即
$$M_1 = \frac{\text{AADT}}{\text{MADT}} = \frac{23\,730}{20\,335} = 1.17$$

以此类推，可计算其余月份的相关参数，列于表 3-3 中，得到交通量的月变图，如图 3-3 所示。

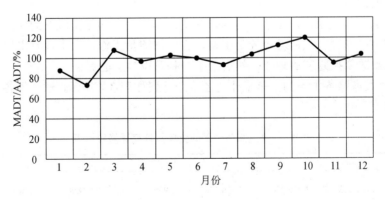

图 3-3 某道路交通量月变图

由表 3-3 及图 3-3 可知，2 月份的月变化系数最大，说明气候寒冷和春节对出行影响较大，故 2 月份的交通量是一年中最低的。

2. 交通量的日变化

交通量在一周内每天是不同的，对城市道路而言一般在工作日变化不大，在节假日交通量减少。交通量每周的日变化以周变系数 D 表示为

$$D = \frac{\text{年平均日交通量（AADT）}}{\text{全年周几的平均日交通量（WADT）}} \tag{3-9}$$

以每周的各日为横坐标、周变系数的倒数 $1/D$ 为纵坐标绘制的曲线称为周交通量变化图。图 3-4 所示为某道路的交通量周变化图。可以看到，该路线在周末处于低峰，说明它主要是为业务出行服务的。

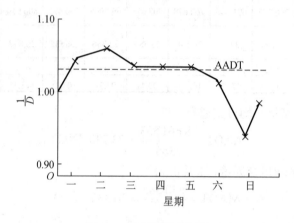

图 3-4　周交通量变化图

一般城市道路的交通量日变化幅度没有公路（尤其是为旅游服务的公路）大。主要为旅游服务的公路既受季节性变化的影响，又要受日期变化的影响，设计这种高峰流量大，其他时间流量又很小的路线是一件很难的事，不仅要考虑工程上的技术问题，还要考虑经济、环境及社会方面的因素。

对于城市的主干线来说，由于交通需求的变化幅度没有为旅游服务的路线大，因此问题并不突出。城市交通存在的问题主要是阻塞，它的规律是工作日上下班时出现交通阻塞。解决问题时，应首先掌握阻塞的规律，然后给予控制及设施上的保证。

【例 3-3】某道路各个周的全年累计交通量统计表如表 3-4 所示，试计算各周几的周平均日交通量与周变系数。

表 3-4　某道路各个周的全年累计交通量统计表

周几	周日	周一	周二	周三	周四	周五	周六
累计交通量/辆	1 666 903	1 855 256	1 900 548	1 909 492	1 929 928	1 776 112	1 671 592
全年累计周几天数/d	53	52	52	52	52	52	52
WADT /（辆·d^{-1}）	31 451	35 678	36 549	36 721	37 114	34 156	32 146
D	1.11	0.98	0.95	0.95	0.94	1.02	1.08
$1/D$/%	90.32	102.46	104.96	105.45	106.58	98.09	92.32

【解】步骤1：先计算 AADT，即
$$\text{AADT} = \frac{1\,666\,903 + 1\,855\,256 + \cdots + 1\,671\,592}{53 + 52 \cdots + 52} = \frac{12\,709\,831}{365} \approx 34\,821\,（辆/d）$$

步骤2：求 WADT，以周日为例，即
$$\text{WADT} = \frac{1\,666\,903}{53} = 31\,451\,（辆/d）$$

步骤3：日变系数计算，即
$$D_{周日} = \frac{\text{AADT}}{\text{WADT}} = \frac{34\,821}{31\,451} \approx 1.11$$

以此类推，可计算其余周几的相关参数，列于表3-4中，得到交通量的日变图，如图3-5所示。

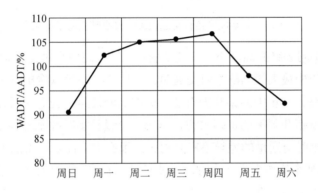

图3-5　某道路交通量日变图

3. 交通量的小时变化

交通需求最复杂的变化是以小时为单位的变化。实际上，交通设施的设计、运营、控制都是以考虑高峰小时交通量为前提的。

对于不同的地点来说，高峰小时的发生时间可能是不同的。但是，在同一地点，高峰小时是有其特定规律的。尽管在高峰小时内，交通量有或多或少的变化，但高峰小时每天发生在同一时间段内。

图3-6所示为某地区各种交通设施的日小时交通量变化。从图3-6中可以看出，在城市干道、郊区道路和过境干线中，郊区道路的变化较大，城市干路在白天除午休时间外变化较小，过境干线在夜间仍有一定交通量；这三种设施在早晚都有一个高峰，只是时间略有不同，而某些道路（如旅游区道路）可能只在晚上有一个高峰。

对于一个给定的地点，高峰小时的发生时间基本上可以确定，但交通量大小随日期、季节的不同而不同。

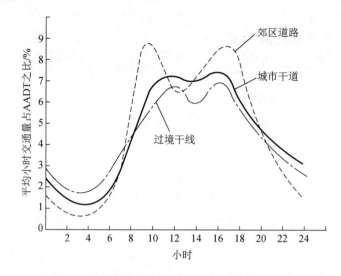

图 3-6　某地区各种交通设施的日小时交通量变化

图 3-7 所示为不同公路的高峰小时交通量特性。这些高峰小时交通量以递减的顺序排列，排在最前面的是一年中最大的高峰小时交通量。从图 3-7 中可以看出，道路 3 的斜率最大，它所反映的是该道路在一年中的某几天有非常大的高峰流量，但并不反映一年内其他时间交通量的情况。对于城市和郊区的道路来说，选择一个设计小时并不是很重要，因为在城市和郊区道路上，高峰小时交通量的差异没有乡村公路那么大。许多城市的道路设施选择第 10～20 位高峰小时中的某个值作为设计小时。也就是说，城市道路往往设计得容量大一些，以防阻塞，但这会使建设费用较高。

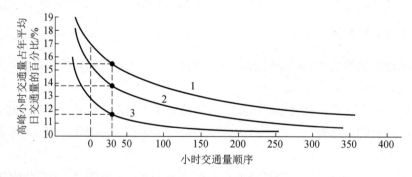

图 3-7　不同公路的高峰小时交通量特性

4. 交通量在 1 h 之内的变化

交通量不但随季节、日期和小时而变化，而且在 1 h 之内也发生变化。图 3-8 所示为 1 h 之内以 5 min 为区间的交通流率波动情况，同时也给出了 5 min 交通流率与 15 min 交通流率的关系，以及高峰小时交通量。在图 3-8 中，最大 5 min 交通流率约为 2 250 辆/h，最大 15 min 交通流率为 2 000 辆/h，而高峰小时交通量为 1 640 辆/h。在 5 min 的区间内，交通流率的变化和波动是很明显的。若区间变小，则交通量变化更为明显。

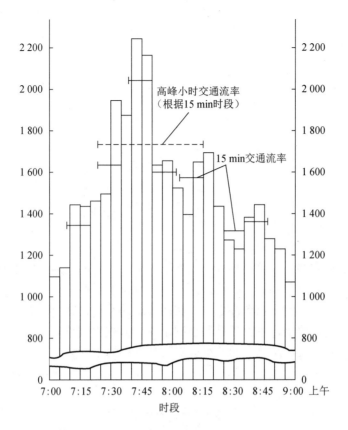

图 3-8 高峰小时内交通量的变化

3.2.4 交通量的空间分布特性

不同地区社会经济发展速度、人民文化生活水平、人口分布、气候环境、产物资源有所不同，因此对交通的需求也不同，导致了交通量的不同分布。此外，城乡差别、出行目的、出行时间等不同也可以导致交通量的不同分布，从而表现出了交通量的空间分布特性。

1. 城乡分布

经济发展、生产与文化活动对交通的需求不同，以及人口密度程度和出行需求不同，导致了城乡交通量的显著差别。一般而言，城市道路上的交通量要高于郊区道路，近郊大于远郊，乡村道路上交通量最小。在我国，乡村公路的交通量地区差异较大，在东部沿海道路交通条件好、交通量较大，在西部经济条件差的乡村，交通条件落后、交通量小。

2. 路段分布

由于道路网上各路段的等级、功能、所处的地理位置不同，因此在同一时间内，道路网的不同路段交通量存在差异。这种差异可以通过数值来表示，也可形象地用线条的粗细来表示，从而形成道路网交通量分布图。同一条道路，离城市中心距离不同的路段上的交通量呈现明显的不同分布，离城近的路段交通量大。不同的道路，由于使用性质和技术等级不同，交通量分布也有明显差别。

3. 方向分布

一条道路往返两个方向的交通量,在较长时间内大体上是接近的。但是,在某一特定的时间内,如一年中某个季节、一月中某几天、一天中某个时刻,都可能有一个方向上的交通量大于另一个方向上的交通量。一般来说,交通量的高峰方向在早高峰和晚高峰是相反的。例如,连接城乡的公路早上大量是进城的交通量,晚上大量是出城的交通量;春节前大量客流由城回乡,春节后又由乡村返回城市。又如,连接工矿区与住宅区的道路,早晚上下班客流方向明显不同;旅游公路因季节影响会有方向性不均衡流向。方向不均衡性用方向分布系数 K_D 表示为

$$K_D = \frac{主要行车方向交通量}{双向行车的总交通量} \times 100\% \tag{3-10}$$

在我国,一般上下班路线 K_D 为 0.6~0.7,郊区主要干线来往两个方向的变化不大。

方向分布是交通量的一个重要特性,发生在一个方向上的交通量的饱和值必须在两个方向上都能用设施予以满足。例如,有的地区在通向城市的道路上采取可逆车道的方案,即某些车道早上只允许进城,晚上只允许出城。在两车道的乡村公路上,方向分布对运营有着很大的影响。在这样的道路上,有时要采用控制出入的方式来调整方向分布的不均衡性;非高峰方向的车道不限制进入,高峰方向的车道则限制进入的车辆数。

4. 车道分布

当一个方向有多条车道时,各车道上交通量的分布是不同的,它与车道两侧的干扰、慢行车的比例和车辆横向出入口的数量及位置有关。慢车和较重车辆趋向于右侧车道。在我国城市道路设计中,分析路段通行能力的影响因素时认为,靠近道路中心线的车道受影响小,靠近路缘石的车道受影响大。其影响用折减系数 $\alpha_{条}$ 表示。设靠近中心线为第 1 车道,其折减系数 $\alpha_{条}=1$,则第 2 车道 $\alpha_{条}=0.8\sim0.89$,第 3 车道 $\alpha_{条}=0.65\sim0.78$ 等。

3.3 速 度

行车速度既是道路规划设计中的一项重要控制指标,又是车辆运营效率的一项主要评价指标,对于运输经济、安全、迅捷、舒适具有重要意义。了解和掌握各道路上行车速度及其变化规律是正确进行道路网规划、设计、运营、管理的基础。在交通流中,每辆车的速度不尽相同。因此,交通流本身不可能用一个精确的速度值来表示,只能对单个车辆的速度分布进行讨论。对于离散型的车辆速度分布,可用统计学的处理方法,即用平均或有代表性的数值(集中趋势的描述值)来近似地代表特定的交通流整体。

3.3.1 行车速度的定义

设行驶距离为 s,所需时间为 t,则车速可用 s/t 表示。按 s 和 t 的取值不同,可定义各种不同的车速。

1. 地点车速

地点车速是指车辆通过某一地点的瞬间速度。日常生活中所说的车速（如汽车车速表指示的速度、交通标志牌上限制的速度等）多指地点速度。其常用作道路设计、交通管制和规划的资料。

2. 行驶车速

行驶车速是该路段的长度与车辆行驶通过某路段（不包括停车时间）所需要的时间的比值。其用于评价路段线形顺适性和通行能力的分析。

3. 行程车速

行程车速又称区间车速，是车辆行驶路程与通过该路程的总时间（包括停车时间）的比值。它是一项综合指标，用于评价道路通畅程度、估计行车延误。提高道路运输效率归根结底要提高行程车速。

4. 运行车速

运行车速是指中等技术水平的驾驶员在良好的气候条件、实际道路状况和交通条件下所能保持的安全车速。其用于评价道路通行能力和车辆运行的状况。

5. 设计车速

设计车速是指在道路交通与气候条件良好的情况下，仅受道路物理条件限制时所能保持的最大安全速度。其是用于道路线形几何设计的标准。

3.3.2 时间平均车速与区间平均车速

平均速度有两种表示方法，这两种方法的本质含义及计算结果都有所不同。

1. 时间平均车速

时间平均车速 $\bar{v}_t$（Time Mean Speed，TMS）是指在单位时间内，通过道路某断面的各车辆的地点车速的算术平均值，即

$$\bar{v}_t = \frac{1}{n}\sum_{i=1}^{n}v_i \tag{3-11}$$

式中：$\bar{v}_t$——时间平均速度（km/h）；

v_i——第 i 辆车的地点车速（km/h）；

n——单位时间内观测到的车辆总数（辆）。

2. 区间平均车速

区间平均车速 $\bar{v}_s$（Space Mean Speed，SMS）又称空间平均车速，是指在某一瞬间，行

驶于道路某一特定长度内的全部车辆速度分布的平均值，即某路段的长度与通过该路段的所有车辆的平均行程时间之比。在数学上，该数值为所有车辆行程车速的调和平均值，即

$$\bar{v}_s = \frac{1}{\frac{1}{n}\sum_{i=1}^{n}\frac{1}{v_i}} = \frac{s}{\frac{1}{n}\sum_{i=1}^{n}t_i} \tag{3-12}$$

式中：$\bar{v}_s$——区间平均速度（km/h）；

s——路段长度（km）；

t_i——第 i 辆车行驶距离 s 所用的时间（h）；

v_i——第 i 辆车行驶速度（km/h）；

n——特定长度路段内观测到的车辆总数（辆）。

3．两者的关系

时间平均车速和区间平均车速之间有如下关系：

$$\bar{v}_s = \bar{v}_t - \frac{\sigma_t^2}{\bar{v}_t} \quad \text{或} \quad \bar{v}_t = \bar{v}_s + \frac{\sigma_s^2}{\bar{v}_s}$$

式中：σ_t——时间平均车速观测值的均方差；

σ_s——区间平均车速观测值的均方差。

显然，当等速行驶时，$\sigma_s = 0$，$\bar{v}_s = \bar{v}_t$。

【例3-4】 有六辆汽车，分别以 25 km/h、43 km/h、67 km/h、55 km/h、41 km/h、63 km/h 的速度通过长度为 8 km 的路段，试求时间平均车速与区间平均车速，并比较两者的差异。

【解】计算时间平均车速：

$$\bar{v}_t = \frac{1}{n}\sum_{i=1}^{n} v_i = \frac{1}{6} \times (25 + 43 + 67 + 55 + 41 + 63) = 49 \text{（km/h）}$$

计算区间平均车速

$$\bar{v}_s = \frac{1}{\frac{1}{n}\sum_{i=1}^{n}\frac{1}{v_i}} = \frac{1}{\frac{1}{6}\left(\frac{1}{25} + \frac{1}{43} + \frac{1}{67} + \frac{1}{55} + \frac{1}{41} + \frac{1}{63}\right)} \approx 43.92 \text{（km/h）}$$

区间平均车速在数值上较偏向于速度较低的车辆，这是因为低速车在一定的道路长度内占据空间的时间较长。

3.3.3　行车速度的统计分布特性

行车速度与交通量一样，也是一个随机变量。研究表明，在乡村公路和高速公路路段上，运行车速一般呈正态分布；在城市道路或高速公路入口或出口匝道，车速一般比较集中，故呈偏态分布（皮尔逊Ⅲ型分布）。

在对行车速度进行统计分析时，一般要借助车速分布直方图和车速频率、累计频率分布曲线，如图3-9所示。

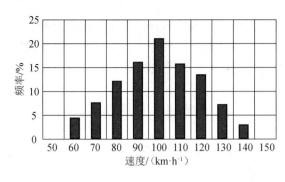 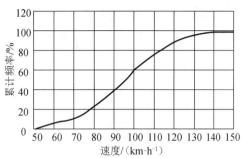

图 3-9 某路段速度分布的统计特性

一般来说，表征车速统计分布特性的特征车速通常使用以下几种：

1. 中位车速

中位车速又称 50%位车速（或称中值车速），是指该路段上在该速度以下行驶的车辆数与该速度以上行驶的车辆数相等。在正态分布情况下，50%位速度等于平均速度，但一般情况下，两者不等。

2. 85%位车速

在该路段上行驶的所有车辆中，有 85%的车辆行驶速度在此速度以下，只有 15%的车辆行驶速度高于此车速，交通管理部门通常以此作为最高限制速度的依据。

3. 15%位车速

与 85%位车速相对应，指该路段上行驶的车辆中，仅有 15%的车辆行驶速度低于该速度，通常用于最低限制车速的依据。

85%位车速与 15%位车速的差反映了该路段上的车速波动幅度，同时，车速分布的标准偏差 S 与 85%位车速（$v_{85\%}$）和 15%位车速（$v_{15\%}$）之间存在如下近似关系：

$$S = \frac{v_{85\%} - v_{15\%}}{2.07} \tag{3-13}$$

3.4 交通流密度和车道占有率

3.4.1 交通流密度

交通流密度 K（Density）是指在某一瞬间，单位长度道路上存在的车辆数。

$$K = \frac{N}{L} \tag{3-14}$$

式中：K——某瞬间的交通流密度（辆/km）；

N——车辆数（辆）；

L——观测路段长度（km）。

交通流密度在三个宏观交通流参数中是最重要的，因为它直接反映了交通需求量。交通工程中常用交通量作为交通需求量的评价指标，但这个指标不够形象，用交通流密度来表示更为确切，更易于理解。交通流密度还可以近似地用来衡量驾驶员操纵车辆的舒适性和灵活性。

由交通流密度的概念可知，其是一个瞬间值，它随观测时刻和观测的路段长度而变化，通常用观测总计时间内的平均值表示。

交通流密度在研究交通流理论、分析瓶颈交通及高速公路的交通管制和交通事故探测中均有应用。另外，交通流密度还是划分服务水平的依据。

3.4.2 车道占有率

由于交通流密度是瞬时值，随观测时间或区间长度而变化，且不能反映与车辆长度和速度的关系，尤其当车辆混合行驶时交通流密度的高低，并不能明确地表示交通流的状态。所以，在交通工程中又引用了车道占有率的概念来表示交通流密度。

车道占有率包括空间占有率和时间占有率两种。

1. 空间占有率

在道路的一定路段上，车辆总长度与路段总长度之比称为空间占有率，通常以百分数表示。交通流密度只能表示车流的密集程度，而空间占有率则能反映某路段上车队的长度。其表达式如下：

$$R_s = \frac{1}{L}\sum_{i=1}^{n} l_i \tag{3-15}$$

式中：R_s——空间占有率；
　　　L——观测路段总长度（m）；
　　　l_i——第 i 辆车的长度（m）；
　　　n——通过该路段的车辆数（辆）。

2. 时间占有率

在道路的任一路段上，车辆通过时间的累计值与观测总时间的比值称为时间占有率，通常以百分数表示。其表达式如下：

$$R_t = \frac{1}{T}\sum_{i=1}^{n} t_i \tag{3-16}$$

式中：R_t——时间占有率；
　　　T——观测总时间（s）；
　　　t_i——第 i 辆车通过观测路段所用的时间（s）；
　　　n——观测时间内通过该路段的车辆数（辆）。

3.5 车头间距和车头时距

流量、车速和密度都是交通流的宏观参数，它们对给定时间和区间内的交通流在整体上予以描述。车头间距和车头时距是交通流的微观参数，因为二者是应用于交通流中每对车辆的。

车头间距（Spacing）是指一条车道上前后相邻车辆之间的距离，用车辆上有代表性的点来测量，如前保险杠或前轮。车头时距（Headways）是前后两辆车通过车行道上某一点的时间差，也是用车辆上有代表性的点来测量的。对观测路段上所有车辆的车头时距和车头间距取平均值，分别称为平均车头时距和平均车头间距。平均车头间距和平均车头时距与宏观参数的关系如下：

$$K = \frac{1\,000}{\bar{h}_s} \tag{3-17}$$

式中：$\bar{h}_s$——平均车头间距（m）；
K——某瞬间的交通流密度（辆/km）。

$$Q = \frac{3\,600}{\bar{h}_t} \tag{3-18}$$

式中：$\bar{h}_t$——平均车头时距（s）；
Q——小时交通量（辆/h）。

$$\bar{v}_s = \frac{Q}{K} = 3.6\frac{\bar{h}_s}{\bar{h}_t} \tag{3-19}$$

微观参数对许多交通分析是有用的，如在通行能力的计算和交通流理论中的应用。另外，微观参数的使用，还可以单独分析交通流中各种相同类型车辆的运行状况，也就是说，既可以单独分析混合车流中前后跟随的轿车车流的密度和流率，也可以单独计算货车或其他交通体的密度和流率。

小　　结

本章重点阐述了交通流参数的交通特性，包括交通量定义及其表达方式、交通量的时空分布特性，不同类型行车速度定义、速度统计特性及时间平均车速和空间平均车速特性，交通流密度定义及表征参数、车道占有率、车头时距和车头间距。

练 习 题

1. 阐述交通流的分类。
2. 什么是交通流特性?
3. 交通流参数是什么?包括哪些?
4. 交通量和流率的定义是什么?有何区别?
5. 什么是设计小时交通量?其意义是什么?如何确定?
6. 表 3-5 所示为某高速公路观测的交通量,试计算:①小时交通量;②5 min 高峰流率;③15 min 高峰流率;④15 min 高峰小时系数。

表 3-5 某高速公路观测的交通量

统计时间	8:00~8:05	8:05~8:10	8:10~8:15	8:15~8:20	8:20~8:25	8:25~8:30
5 min 交通量/辆	201	208	217	232	219	220
统计时间	8:30~8:35	8:35~8:40	8:40~8:45	8:45~8:50	8:50~8:55	8:55~9:00
5 min 交通量/辆	205	201	195	210	190	195

7. 表 3-6 所示为某城市观测站一年内观测到的交通量资料。

表 3-6 某城市观测站一年内观测到的交通量资料

月份	1	2	3	4	5	6	7	8	9	10	11	12
月交通量总和/辆	162 989	131 694	196 144	197 958	200 431	195 409	193 276	203 563	205 441	190 656	205 951	220 723

8. 对长度为 100 m 的路段进行现场观测,获得如表 3-7 所示的数据,试求平均行驶时间 t、区间平均车速 $\bar{v}_s$、时间平均车速 $\bar{v}_t$。

表 3-7 现场观测结果

车辆	行驶时间 t/s	车速 v/(km·h^{-1})	车辆	行驶时间 t/s	车速 v/(km·h^{-1})
1	4.8	75.0	9	5.1	70.6
2	5.1	70.6	10	5.2	69.2
3	4.9	73.5	11	4.9	73.5
4	5.0	72.0	12	5.3	67.9
5	5.2	69.2	13	5.4	66.7
6	5.0	72.0	14	4.7	76.6
7	4.7	67.6	15	4.6	78.3
8	4.8	75.0	16	5.3	67.9

9. 某公路需进行拓宽改造,经调查预测在规划年内平均日交通量为 50 000 pcu/d,设计小时交通量系数 $K = 17.86x^{-1.3} - 0.082$,$x$ 为设计小时时位(x 取 30),取一条车道的设计通行能力为 1 500 pcu/h,试问该道路需修几条车道。

说明:pcu 表示标准车当量数(Passenger Car Unit),也称当量交通量。

第4章

交通调查与分析

4.1 概　　述

交通调查是交通工程学科中的一个重要组成部分，交通工程学的发展在一定程度上依靠交通调查工作的开展和数据资料的积累与利用。交通调查是一项平凡、工作量大而又非常重要的基础工作。为了发展我国的道路交通事业，必须充分发挥交通工程学的作用，积极开展系统的、有计划的交通调查工作。

正确的决策来源于科学的预测，而科学的预测又必须来源于系统周密的调查和准确的数据信息。交通调查就是通过对多种交通现象进行调查，提供准确的数据信息，为交通规划、交通设施建设、交通控制与管理、交通安全、交通环境保护和交通流理论研究等各方面服务。因此，必须重视交通调查的作用，熟悉和了解交通调查的内容和方法，以便更好地发挥交通调查的作用。

4.1.1 交通调查的定义和对象

交通调查是一种利用客观的手段，测定道路交通流及与其有关现象的片段，并进行分析，从而了解与掌握交通流的规律。其目的是向交通、城市建设规划和环境保护及公安交通管理等部门提供用于改善、优化道路交通的实际参考资料和数据。

在上述定义中之所以用"有关现象的片段"这种提法，是因为交通现象是一种范围很广泛，且随时间变化的复杂现象，很难只考虑做一次性调查或任何综合性的描述。交通调查只能在有限的地点（区域）和有限的时间内，客观地探求与具体对策有关的那部分最必需的资料。因此，在做交通调查计划时，明确想了解交通现象中的哪一部分情况就显得十分重要。在记述交通现象时，确定交通流各参数（如交通量、车速、交通流密度等）的单位及精度、选择评价对策的适当方法等也是交通调查的重要问题。许多实践经验表明，调查范围过宽，记录的分类、时间间隔等过细，不仅增加时间和经济负担，而且也未必能准确地了解调查的实际情况。因此，在制定具体调查方案和细节时，应该注意这些问题，以免造成人力、物力和财力的浪费。

交通调查的对象，主要是交通流现象。而与交通流有关的如国民经济发展状况，经济结构，各种交通运输状况，城乡规划，道路等交通设施，交通环境，汽车的行驶特性，地形、气候、气象及其他安全设施和措施等，每一项都可以作为专门的调查对象。在进行交通调查和分析时,应考虑各因素对交通流的影响。

4.1.2 交通调查的类别

1. 以查明全国性或全省(市、地区)等大范围的交通需求和交通状况为目的的交通调查

这类调查是根据中央有关部委提出的规划或计划,由省(市、地、县)交通、建设、公安和环保等机构承担,如为大城市,也可由城市主管部门组织实施。该项调查的主要内容如下:

(1) 国家干线公路(国道)交通量和车速调查。
(2) 物资运输流通调查。
(3) 城市客流调查与货运调查。
(4) 公路和城市道路车辆(汽车、自行车等)起讫点调查。
(5) 主要交叉口的交通量调查。
(6) 交通阻塞路段(交叉口、交通设施)的阻塞程度及阻塞频率的调查等。

这些调查的结果应该逐级按统一形式汇总之后,由各部门定期出版。汇总的数据可提供给各有关部门利用和参考。

2. 以确定相当具体的道路新建项目、改建项目、城市建设项目为目的和以制定综合的交通管制等交通工程测试为目的,以较大范围的地区和道路路线为对象的交通调查

这类调查通常要求对交通的组成和随时间的变化做较详细的记录,一般由省(自治区、直辖市),市,县的交通、城建、规划和公安交通管理等部门来实施。其主要内容如下:

(1) 在路旁直接询问或发放调查明信片,调查汽车的起讫点和行经路线等。
(2) 在主要交叉口进行分车型、分流向的交通量调查。
(3) 地区出入交通量调查。
(4) 地点车速调查。
(5) 行驶时间调查(区间、行驶车速调查)。
(6) 地区车辆拥有量调查(或统计、汇总)。
(7) 路上、路外停车调查。
(8) 通行能力调查。
(9) 阻塞程度及其发生的频率调查(延误调查)。
(10) 公交运输系统及其利用状况的调查(客运量调查、月票调查等)。
(11) 在阻塞或事故多发地点,为明确事故主要原因的专门调查等。

3. 为改善局部不良路段和个别交叉口的交通状况而进行的交通实况调查

这类调查可由道路和公安交通管理部门实施。其目的是改善交通阻塞或事故多发的交叉口和路段的交通、安全设施(或措施)和信号机配时,高速公路(快速干道、汽车专用路等)合流处等发生交通阻塞地点的道路几何线形和渠化、标志标线等设施和措施。其主要内容如下:

(1) 交通量调查。
(2) 车速调查。
(3) 交通流密度调查。
(4) 影响交通流的主要因素（横穿道路的行人、混入汽车流中的其他车辆、停放车辆、路面标线和交通标志、信号机配时等）调查。

4. 其他交通调查

在交通工程学研究的领域，涉及的内容很多，有关的其他调查也很多，如行人交通调查，自行车交通调查，车辆行驶特性调查，交通事故调查，人的（特别是驾驶员和行人）交通生理、心理特性调查，道路和交通设施调查，各种交通运输调查等。另外，还可在采取措施前后进行对比性交通调查。以上多个交通调查属于交通工程科研调查的组成部分。电子计算机在交通工程的领域越来越广泛的使用，在一定程度上使交通调查工作的工作量有所减少，如交通模拟（交通仿真），只要将有关数据输入电子计算机，利用所编程序，便能把所需分析的车辆或交通流的动态由计算机（用图像或文字）显示出来。但是，电子计算机所需的数据大部分还要由实地调查得到，因此，可以说电子计算机的应用，对交通调查提出了更高的要求。

4.2 交通量调查

交通量是三大基本交通参数之一，是描述交通流特性的重要参数之一。由于交通量非常重要，但调查方法比较简单，因此交通量及其调查就成为交通工程学中的重要内容，并且越来越受到人们重视。近几十年来，我国首先在交通系统的全国公路国道网上进行了以交通量连续式观测为主的调查，取得了较系统、全面的宝贵资料。各大、中城市也对城市道路网进行了广泛的交通量调查。通过对调查资料的整理分析，已初步掌握了交通量的空间分布和时间分布特性、交通量的各种变化规律和影响因素，为道路网规划、道路设计和建设、交通管理和控制、工程的经济分析和效果对比、交通安全和道路环境等各个方面提供了可靠的依据。

4.2.1 交通量调查的目的和意义

交通量调查的目的在于通过长期连续性观测或短期间歇性和临时性观测，搜集交通量资料，了解交通量在时间、空间上的变化和分布规律，为交通规划、道路建设、交通控制与管理、工程经济分析等提供必要的数据。交通量数据是交通工程学中一种最基本的资料，因此，交通量调查是十分重要的。我国由于以往对交通量数据重视不够，无系统性观测数据，且资料保管不善、经常散失，给当时工作造成了很大的困难，因此目前更应该重视交通量调查，注意积累系统的、完整的交通量资料，以便更好地为我国交通建设服务。

交通量调查资料根据不同的目的，有着广泛的应用。若通过调查观测掌握了一定的交通

量数据,则可将其作为必不可少的资料应用于下列各项研究:

(1) 由同一地点长期连续性观测,掌握交通量的时间分布规律,探求各种与交通量有关的参数,并为交通量预测提供长期的可靠资料。

(2) 众多的间歇性观测调查,可用以了解交通量在地域等空间上的分布规律,为了解全面交通情况提供数据。

(3) 为制定交通规划掌握必要的交通量数据。通过全面了解现状资料,分析交通流量的分布,预测未来的交通量,可以为确定交通规划、道路网规划、道路技术等级和修建次序及确定规划所需的投资和效益提供依据。

(4) 交通设施的修建和改建也离不开交通量的历史发展趋势和现状。有了确切的交通量(目前的和根据目前推算的),就能正确地确定道路等级、几何线形、交叉口类型,平面交叉是否要改建成立体交叉,就能作出道路设施修建和改建的先后次序。

(5) 交通控制的实施离不开交通量的现状和需求。如果交通控制脱离了交通量流向和流量的实际,则交通控制的效果就会大大降低。设计信号机的配时、线控系统的相位差、区域交通控制系统的各种控制方案,都需要大量的交通量、车速等的调查资料。判断设置交通信号灯控制方案的合理性也是以交通量的时间和空间分布规律为依据的。

(6) 交通管理工作要真正做到决策有科学依据,必须重视交通量调查。实施单向交通,禁止某种车辆驶入或转弯,设置交通标志和标线,实施交通的渠化,指定车辆的通行车道或专用道,中心线移位以扩大入口引道的车道数,道路施工、维修时禁止车辆通行并制定绕行路线,以及交警警力配备等问题,都需要交通量资料作为决策的指导或依据。

(7) 为行人交通提供保护。设置步行街,确定人行道、人行横道的宽度,人行天桥和地下通道的位置及规模,是否设置行人信号灯及其如何配时等,均需要提供行人交通量及其各种特性,使所采取的措施有一定的参考数据。

(8) 进行工程的后评估。对各种工程措施、管理措施进行前后对比调查,判断改善交通措施的效果,所需要的前后交通量的资料应该在其他条件不变的前提下进行交通量调查。

(9) 研究交通基本参数(如交通量、车速和交通流密度)之间的关系,开展交通流理论的分析,交通量常常是最重要的参数。

(10) 推算通行能力,预估交通事故率,进行交通环境影响评价,预估收费道路的收入和效益,工程可行性研究等各个方面,在涉及社会经济环境效益时,交通量的大小、预测的正确与否,对方案论证往往有举足轻重的作用。

当然,任何事物都不是绝对的、孤立的,交通量同其他交通参数(如车速、延误、交通流密度、车头时距等)相互影响、同时作用。在实际工作中应该同时考虑它们的影响,给它们以足够的重视。

4.2.2 交通量调查的种类

由于调查的着眼点不同,因此选择的调查地点也不尽相同。一般可做如下分类:

(1) 特定地点的交通量调查。该调查以研究交通管理、信号控制为主要目的,调查特定地点(交叉口、路段或出入口)的交通量。

(2)区域交通量调查。该调查是在某特定区域内同时在许多交叉口和路段设置交通量调查点,以掌握该区域交通流量的分布变化特点为目的的交通量调查。

(3)小区出入交通量调查。该调查为校核商务中心区等特定地区、城市或城市郊区等区域的出入交通量,以及起讫点调查数据中的内外出行距离而获取所需的数据。其往往与起讫点调查及其他有关调查一起进行。

(4)分隔查核线交通量调查。该调查是为了校核起讫点调查的数据而进行的调查。

4.2.3 交通量调查的方法

1. 人工观测法

这是我国目前应用最广泛的一种交通量方法,只要有一个或几个调查人员就能在指定的路段或交叉口引道一侧进行调查,组织工作简单,调配人员和变动地点灵活,使用的工具除必备的计时器(手表或秒表)外,一般只需手动(机械或电子)计数器和其他记录用的记录板(夹)、纸和笔。

人工观测法适用于任何地点、任何情况的交通量调查,机动灵活、易于掌握、精度较高(调查人员经过培训,比较熟练,又具有良好的责任心),资料整理也很方便。但是,这种方法需要大量的人力,劳动强度大,冬夏季室外工作辛苦。对于工作人员要事先进行业务培训,加强职业道德和组织纪律性的教育,在现场要进行预演调查和巡回指导、检查。另外,如需做长期连续的交通量调查,则由于人工费用的累计数很大,因此需要较多费用。一般人工观测法适于做短期的交通量调查。表 4-1 所示为人工观测时使用的记录表格,同一时段有两个计数栏,可分别记录分计数字和累计数字,以方便校核。

表 4-1 交通量观测记录表

日期年月日　　星期上下午　　天气(晴)(多云)(雨)
地址　　　　　时间点分~点分
方向　　　　　观测员

时刻＼车种					合计
小计					

2. 流动车观测法

流动车观测法又称浮动车（Floating Car）法，此法是由英国交通工程专家沃尔卓普和查尔斯沃思提出的，其特点是可以同时获得某一路段的交通量、行驶时间和行驶车速，是一种较好的综合的交通调查方法。

1）调查方法

流动车观测法需要有一辆测试车，尽量不要使用警车等有特殊标志的车，以方便工作、不引人注意、座位足够容纳调查人员为宜。

调查人员（除驾驶员外）中需要有一人记录从测试车对向驶来的车辆数，一人记录与测试车同向行驶的车辆数、被测试车超越的车辆数和超越测试车的车辆数，另一人报告和记录行驶时间及停驶时间（行程距离应已知）。调查过程中，测试车一般需沿调查路线往返行驶6~8次。流动车观测法仅用于短时间测量，为了真实反映交通情况，应注意路段和行程时间不要太长，对于较长路段可进行分段，以较短的时间分别完成调查；同时还应注意，用测试车观测交通量应尽可能使测试车接近观测车流的平均速度。当交通量很小时，应接近调查路段的限制车速；对于多车道路段，最好变换车道行驶，并尽可能使超车数与被超车数大致相等，尤其在交通量小时更应如此。

2）调查数据计算

根据所观测到的数据，可分别按下列公式计算测定方向上的交通量 Q_a、Q_b 和 $\overline{T}_{a-b}$、$\overline{T}_{b-a}$：

$$Q_a = \frac{X_b + Y_{a-b} - Z_{a-b}}{T_{a-b} + T_{b-a}} \times 60 \tag{4-1}$$

$$Q_b = \frac{X_a + Y_{b-a} - Z_{b-a}}{T_{a-b} + T_{b-a}} \times 60 \tag{4-2}$$

$$\overline{T}_{a-b} = T_{a-b} - \frac{(Y_{a-b} - Z_{a-b})}{Q_a} \times 60 \tag{4-3}$$

$$\overline{T}_{b-a} = T_{b-a} - \frac{(Y_{b-a} - Z_{b-a})}{Q_b} \times 60 \tag{4-4}$$

式中：Q_a、Q_b——由 A 向 B、由 B 向 A 行驶的交通量（辆/h）；

X_a、X_b——由 A 向 B、由 B 向 A 行驶时与观测车对向驶来的车辆数（辆）；

Y_{a-b}、Y_{b-a}——由 A 向 B、由 B 向 A 行驶时同向超越观测车的车辆数（辆）；

Z_{a-b}、Z_{b-a}——由 A 向 B、由 B 向 A 行驶时被观测车超越的车辆数（辆）；

$\overline{T}_{a-b}$、$\overline{T}_{b-a}$——由 A 向 B、由 B 向 A 行驶于路段 AB 的平均行程时间（min）；

T_{a-b}、T_{b-a}——由 A 向 B、由 B 向 A 行驶于路段 AB 的行程时间（min）。

在利用以上公式进行计算时，式中所用的数值（如 X_a、X_b、T_{a-b} 等）一般都取用相应的算术平均值。也可以先分次计算 Q_a 和 Q_b 后，再计算各次和的平均值，但计算比较麻烦。

3）记录格式及实例

表 4-2 和表 4-3 分别列出了流动车观测法原始记录表和记录整理表。根据表 4-2 记录的数据，分别用于计算上行 A→B 和下行 B→A 的交通量和平均行程时间。

表 4-2 流动车观测法原始记录表

路线名称及编号
观测时间年月日时～时
调查区间编号　气候情况
观测路段起讫桩号　观测人员
测定距离（L）

行车方向	观测次数	逆向交会车辆数 X/辆	同向超越观测车的车数 Y/辆	同向被观测车超越的车数 Z/辆	行程时间 T		
					分	秒	换算为分
往 A→B	1						
	2						
	…						
	6						
	平均						
往 B→A	1						
	2						
	…						
	6						
	平均						

表 4-3 流动车观测法记录整理表

上行方向 A→B	逆向交会车数 X_a/辆	同向超越观测车的车数 Y_{a-b}/辆	同向被观测车超越的车数 Z_{a-b}/辆	行程时间 T_{a-b}/min
1	42	1	0	2.52
2	45	2	0	2.57
3	47	2	1	2.37
4	51	2	1	3.00
5	53	0	0	2.42
6	53	0	1	2.50
合计	291	7	3	15.38
平均	48.5	1.17	0.5	2.56
下行方向 B→A	逆向交会车数 X_b/辆	同向超越观测车的车数 Y_{b-a}/辆	同向被观测车超越的车数 Z_{b-a}/辆	行程时间 T_{b-a}/min
1	34	2	0	2.48
2	38	2	1	2.37
3	41	0	0	2.73
4	31	1	0	2.2
5	35	0	1	2.80
6	38	0	1	2.48
合计	217	5	3	15.28
平均	36.2	0.83	0.5	2.55

（1）计算观测值的平均值。

由表 4-3 可知：X_a=48.5 辆，X_b=36.2 辆，Y_{a-b}=1.17 辆，Y_{b-a}=0.83 辆，Z_{a-b}=0.5 辆，Z_{b-a}=0.5 辆，T_{a-b}=2.56 min，T_{b-a}=2.55 min。

(2) 计算 $A \to B$ 向的交通量和平均行程时间。

$$Q_\mathrm{a} = \frac{X_\mathrm{b} + Y_\mathrm{a-b} - Z_\mathrm{a-b}}{T_\mathrm{a-b} + T_\mathrm{b-a}} \times 60 = \frac{36.2 + 1.17 - 0.5}{2.56 + 2.55} \times 60 \approx 433 (辆/h)$$

$$\overline{T}_\mathrm{a-b} = T_\mathrm{a-b} - \frac{(Y_\mathrm{a-b} - Z_\mathrm{a-b})}{Q_\mathrm{a}} \times 60 = 2.56 - \frac{1.17 - 0.5}{433} \times 60 \approx 2.47 (\min)$$

(3) 计算 $B \to A$ 向的交通量和平均行程时间。

$$Q_\mathrm{b} = \frac{X_\mathrm{a} + Y_\mathrm{b-a} - Z_\mathrm{b-a}}{T_\mathrm{a-b} + T_\mathrm{b-a}} \times 60 = \frac{48.5 + 0.83 - 0.5}{2.55 + 2.56} \times 60 \approx 573 (辆/h)$$

$$\overline{T}_\mathrm{b-a} = T_\mathrm{b-a} - \frac{(Y_\mathrm{b-a} - Z_\mathrm{b-a})}{Q_\mathrm{b}} \times 60 = 2.55 - \frac{0.83 - 0.5}{573} \times 60 \approx 2.52 (\min)$$

4) 注意事项

(1) 行程时间，在记录时以分、秒计，但在公式计算中，秒应以分的百分数记，以便于直接计算。

(2) 流动车观测法调查延续的时间较长，为了真实反映交通情况，应注意路段和行程时间不要太长，尽可能分段以较短时间完成调查。

(3) 流动车观测法观测到（经过计算获得）的交通量是一个平均值（当以平均值计算时）。其表明在整个观测时段内的平均值，而由每一次观测所得数据计算的交通量才是该时段的交通量。

3. 仪器自动计测法

目前，国外不少工业发达国家已广泛采用各种自动车流量记录仪进行交通量调查；根据调查的要求，可以选择所需的装置，进行连续性调查，可以得到1天24h交通量、1个月累计交通量、1年累计交通量等各种数据。这种装置不仅可以节省大量人力，使用方便，还可以同时进行范围广泛的调查，精度也较高，特别适用于长期连续性交通量调查。

但是，这类装置也存在着一些不足，如一次性投资大，使用率往往不太高，且对调查项目的适应性较差，它们无法区分车辆类型、车辆分流流向，无法对行人交通量和自行车（非机动车）交通量进行调查。因此，对于我国目前的交通情况适用性较差，购买和使用时要综合考虑其优缺点，发挥其长处。

自动车流量记录仪使用的检测器（传感器）有压管式检测器（气压式或液压式）、感应线圈式检测器、超声波检测器、电接触式检测器、光电管检测器、雷达检测器、红外检测器和电容式检测器等多种形式。

1) 压管式检测器

压管式检测器分气压式和液压式两种。其原理是依靠车轮挤压一条充气的或充液体的软管，通过气体或液体传递的压力触发开关计数。压管式检测器不适合进行长期观测，精度不高，但由于设置方便、成本低，可以在交通工程研究中用于临时观测。

2) 感应线圈式检测器

感应线圈式检测器依靠埋入路面面层内的一个或一组感应线圈产生电感，车辆通过时导致该电感变化从而检测所通过的车辆。感应线圈式检测器应用非常广泛，可以在每条车道下分别设置感应线圈以检测每条车道上的车辆通过数，特别适用于在交通量较大的道路上进行连续观测或设置在交叉口为信号控制采集数据。与其他检测器相比感应线圈式检测器准确性较高，对环境要求不高，但存在成本较高、维护困难的缺点。

3）超声波检测器

超声波检测器的原理是检测器发射一个连续的超声波射向驶近的车辆，由于多普勒效应引起来车反射能频率的变化，从而检测到所通过的车辆。超声波检测器准确性较高，不受天气影响，维护方便，其缺点是初始费用较大。

按照使用传感器的不同，车辆检测器还有光电检测器、红外检测器、雷达检测器等。具体选用哪种检测器应综合考虑交通调查的目的、检测车辆类型及设备的成本、经费的多少等因素。

4. 录像观测法

录像观测法是利用录像机（各种摄像机、电影摄像机或照相机）作为便携式记录设备，通过一定时间的连续录像给出定时间隔的或连续的交通流详细资料的方法。

录像观测法在录像时要求采用专门设备，并升到一定高度，以便能观测到所需的范围，完成录像后，放映或显示摄制的录像带，按照一定的时间间隔以人工来统计交通量。这种方法搜集交通量或其他资料数据的优点是现场人员较少，资料可长期反复应用，而且一次性可以调查多条车道上各种车辆（包括非机动车）甚至行人的交通量。录像观测法的缺点在于整理资料工作量大、花费人工多，费用比较高。因此，目前多用于研究工作的调查中。

近年来，国内外的一些研究机构开发了一种采用计算机图像处理和模式识别技术对摄像设备采集的连续图像（或称视频）进行加工，自动获取其中交通信息的技术。随着这种技术的成熟，录像观测法会得到更加广泛的应用。

4.2.4 调查资料整理与分析

1. 车辆换算和数量统计

我国道路中，除了高速公路、一级公路和原修建的二级汽车专用路是汽车专用的道路外，其余大部分道路是汽车与其他各种车辆混合行驶的，因此存在以什么车辆为标准和各种车辆如何换算成标准车的问题。根据各种不同车辆在行驶时占用道路净空间的程度，可以分别确定它们对标准车的换算系数。为此，在进行交通量观测时，必须根据调查的目的和用途区分不同车种，分别记录，以便利用换算系数换算成统一的标准车。由于对车辆在行驶中的状态和彼此干扰的研究不足。

根据交通部的统一规定，目前我国在进行公路交通量调查时，通常将车辆划分为 11 种类型，具体分类和标准及折算系数（换算系数）如表 4-4 所示（各省、市、自治区之间可能略有不同）。

表 4-4 公路交通量调查各种车型分类

编号	车型分类	车型载重、马力与包括车型	折算系数
1	小型载货汽车	载重量小于 2.5 t，包括拖挂载货、摩托车等	1.0
2	中型载货汽车	载重量为 2.5~7.0 t	1.0
3	大型载货汽车	载重量大于 7.0 t	1.0
4	小型客车	包括座位少于 20 个的小汽车、吉普车、面包车、拖挂载客摩托车和轻便摩托车	0.5

续表

编号	车型分类	车型载重、马力与包括车型	折算系数
5	大型客车	座位多于 20 个	1.0
6	载货拖挂车	包括半挂及平板拖车等	1.5
7	小型拖拉机	12 马力及小于 12 马力（1 马力≈745.700 W）	1.0
8	大中型拖拉机	12 马力以上	1.0
9	畜力车	专指汽车胶轮大马车	2.0
10	人力车	包括人力三轮车、畜拉架子车、手推车等	0.5
11	自行车	包括安装有动力的自行车	0.1

城市道路交通量调查时，根据标准车的不同，可分为以小汽车为标准的换算系数和以载货汽车为标准的换算系数两种系列；其中，均缺乏自行车的换算系数，各地自行车采用的数值大小不一：以小汽车为标准时自行车的换算系数取 0.5～0.35，以载货汽车为标准时自行车的换算系数取 0.3～0.1。城市道路交通量调查以小汽车为标准的换算系数如表 4-5 所示。

表 4-5 城市道路交通量调查以小汽车为标准的换算系数

车辆类型	换算系数	车辆类型	换算系数
小汽车	1.0	中、小型公共汽车	2.5
小型载货汽车	1.5	大型公共汽车	3.0
3～5 t 载货汽车	2.0	摩托车、轻便摩托车	0.8
5 t 以上载货汽车	2.5	—	—

交通量调查后，其数量的统计也比较麻烦。为了求得所需的总交通量，通常需将各类车辆交通量通过一定换算（也有不用折算的）后再相加。常见的有下列表示方法：

（1）所有车辆（包括拖拉机和自行车）折算成载货汽车或小汽车后的总和。

（2）所有车辆（包括拖拉机和自行车）全部未加折算的总和。

（3）全部机动车（包括拖拉机和汽车）折算后的总和。

（4）全部机动车（包括拖拉机和汽车）未加折算后的总和。

（5）全部汽车（包括客车和货车）未折算或折算后的总和。

（6）全部自行车的总和，有时与全部机动车未折算的总和并列在一起。

（7）某类车辆的总和。

（8）汽车、拖拉机、人力车与畜力车、自行车四类车辆的折算和未折算分类总和。

2. 交通量特征参数计算

24 h 特定时间范围内的交通量及交通组成的表示。一般包括如下内容：

（1）昼夜率（白天 12 h 或 16 h 交通量占 24 h 交通量的比例）；

（2）高峰小时交通量占 24 h 交通量的比例。

（3）车型的组成比例（或称车型混入率，指不同车型交通量占总交通量的比例）。

（4）重交通流方向交通量占双向交通量的比例。

（5）右转、直行和左转弯车流比例等。

3. 交通量的时间分布特性图

交通量的时间分布特性常用柱状图或曲线图表示，如图 4-1 和图 4-2 所示。

柱状图常用来表示 1 d 中各小时交通量的变化，从中可看出交通量变化的趋势、高峰小时出现的时刻、是否为双峰形或其他形状、白天与夜间交通量的差异等。

曲线图常用来表示连续观测站交通量随时序的变化，一般有交通量 1 d 内的小时变化（时变）、1 星期内的逐日变化（日变）、1 年内的逐月变化（月变），以及一年内 8 760 h（闰年为 8 784 h）交通量由大到小排列的年小时交通量变化等图。

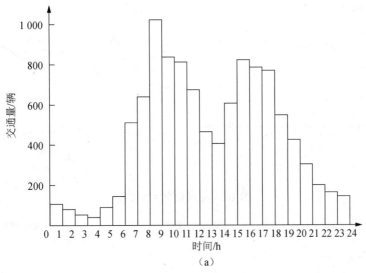

(a)

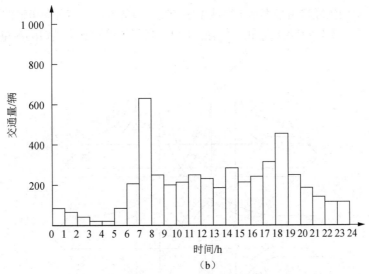

(b)

图 4-1　交通量时变柱状图

(a) 机动车；(b) 非机动车与行人

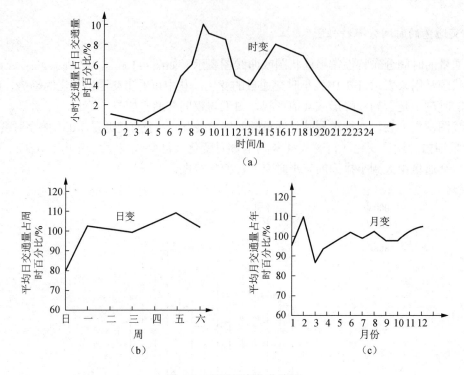

图 4-2 交通量变化曲线图

（a）日每小时交通量时变曲线图；（b）周每小时交通量时变曲线图；（c）年每小时交通量时变曲线图

4. 交叉口流量流向图

交叉口流量流向图经常用来表示十字或 T 字形交叉口各入口引道各向车辆的运行状况。图 4-3 所示为典型的十字交叉口流量流向图，由该图可以一目了然地看到交叉口的流量流向分布。

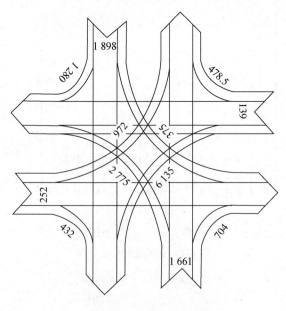

图 4-3 典型的十字交叉口流量流向图

交叉口流量流向图通常根据高峰小时的交通量（小汽车、全部汽车）绘制，也可用混合交通量代替。由于机动车交通高峰与非机动车高峰往往不在同一小时内出现，因此应对各个高峰小时的机动车和非机动车交通量分别绘制。

5. 路网流量图

路网流量图根据路网交通量普查资料或区域内的所有交叉口交通量调查的数据，在道路网平面图上，以各条道路的中心线为基线，用与交通量成一定比例的线条表示各条道路的交通量，并用颜色对流量大小加以区分，如图4-4所示。

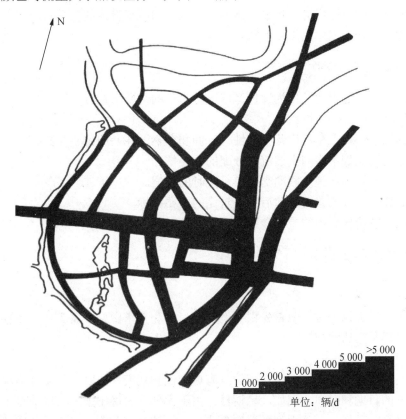

图 4-4　路网流量图

4.3　速度调查

4.3.1　车速调查的目的和意义

由于道路设计、交通规划、交通管理与控制、交通设计及道路质量评价，均以车速作为最基本的资料，因此车速调查成为道路交通工程中重要的调查项目之一。常见的调查有地点车速调查和区间车速调查。

1. 地点车速调查的目的

（1）掌握某地点车速分布规律及速度变化趋势。
（2）作为交叉口交通设计的重要参数。
（3）用于交通事故分析。
（4）判断交通改善措施的成效。
（5）确定道路限制车速。
（6）设置交通标志的依据。
（7）局部地点如道路弯道、坡度、瓶颈等处的交通改善设计的依据。
（8）交通流理论研究中的重要参数。

2. 区间车速调查的目的

（1）掌握道路交通现状，作为评价道路服务水平的重要指标。
（2）路线改善设计的依据。
（3）作为衡量道路上车辆运营经济性（时间和车辆油耗）的重要参数。
（4）作为交通规划中路网交通流量分配的重要依据。
（5）确定交通管理措施及联动交通信号配时的依据。
（6）判断道路工程改善措施前后效果对比的重要指标。
（7）交通流理论研究中的重要参数。

4.3.2 地点车速调查

1. 准备工作

在实施地点速度调查时，应首先根据调查的目的和要求做好准备工作，主要包括调查时间、地点的选择和车速的抽样。

1）调查时间的选择

调查时间应选择与调查目的相对应的具有典型性和代表性的时段。多数情况下，不应选择交通有异常的日期和时间。例如，星期日，由于大部分居民不上班，车流量少，因此车速一般均较平日高；又如，一些大型体育赛事或集会活动举行前后，交通量会突然增大，车速较正常变缓。一般为制定交通管理措施搜集依据和检验交通改善效果的调查应选用机动车早高峰及晚高峰时段，因为这段时间交通量大，矛盾最为突出；若为了研究非机动车对机动车车速的影响，则应选择机动车和非机动车流量均大的时段。特别要指出，在进行交通改善措施前后的对比调查时，调查的时间段前后必须一致，否则会导致错误的结论。

2）调查地点的选择

不同的调查目的调查地点的选择差别很大。如果速度调查是为了掌握车速分布特征及变化规律，应选择道路平坦顺直，且离交叉口有一定距离的路段，使车速不受道路条件及信号灯控制和行人过街的影响，在城市道路上，还应注意避免公共汽车停靠站的影响；如果是为了设计交叉口信号灯的设置，决定黄灯时间或配置交通标志，需调查进入交叉口的车速；如果是为了确定限制车速、检验交通改善设计或交通管理措施的效果和交通安全分析，则观测点应设在相应的道路或地点上。

3）车速抽样

道路上通行的每辆车都有特定的速度，对每辆车的车速都进行观测是不可能的，因此，进行地点速度调查时，一般要用随机抽样的方法，即抽取有限的样本来推断车速总体特征。样本是否能够准确地反映总体的特性，即保证样本的无偏性，决定于样本的选择和样本容量的选取。

首先，要取得无偏的车速样本，必须随机选择观测车辆：无论高速车辆、低速车辆还是正常速度的车辆被选取作为样本的机会应是均等的；选取数据的地区间应无根本的差别，构成样本的所有项目的条件应该一致。另外，样本应相互独立，如路段上车辆呈连续流列队行驶时，可以排头车作为独立行驶车辆进行观测。

速度调查时为了减少费用，抽样的数量要尽可能的小，同时要满足调查的精度要求。因此，要计算所需样本的最小数目。

根据《交通工程手册》，地点速度调查的最小样本量 n 应按下式计算：

$$n = \left(\frac{\sigma K}{E}\right)^2 \tag{4-5}$$

式中：E——速度观测值的允许误差（km/h）。E 的取值取决于速度调查要求的精度，一般可取 $E=2$ km/h；

K——不同置信水平对应的系数，实质上是一定置信水平和自由度的 t 分布统计量值，《交通工程手册》给出了对应于不同置信水平 K 值的经验值，如表 4-6 所示；

σ——样本总体标准差的估计值，一般应由分析先前的速度资料得出，如果困难则应根据调查地区和道路的类型选取经验值。《交通工程手册》给出了对应于不同地区和道路类型的 σ 的经验值，如表 4-7 所示。

表 4-6 置信水平系数 K 值表

置信水平/%	68.3	86.6	90	95	95.5	98.8	99.7
K	1	1.5	1.64	1.96	2	2.5	3

表 4-7 样本标准差 σ 值表

行驶区域	平均标准差		行驶区域	平均标准差	
	双车道	四车道		双车道	四车道
乡村	8.5	6.8	城市	7.7	7.9
郊区	8.5	8.5	平均值	8.0	8.0

2. 调查方法

地点车速测定常用的方法有以下几种：

1）人工测速法

人工测速法最常见的是秒表测速法，即在调查的地点，测量一小段距离 L，在两端做好标记，观测员用秒表测定各种类型车辆经过前后两标记的时间，记录员在标准记录表上记录距离、车型及通过两端的时间，经整理计算，得到各类车辆的地点车速。瞬时车速记录表如表 4-8 所示。

表 4-8 瞬时车速记录表

日期_____	星期_____	天气_____	记录者_____						
起讫路线_____至_____		起讫时间_____至_____		时间间隔_____					
车种	t_1	t_2	$\Delta t=t_2-t_1$	$V=L/\Delta t$	车种	t_1	t_2	$\Delta t=t_2-t_1$	$V=L/\Delta t$

注：t_1 为车辆到达起始观测点时刻；t_2 为车辆到达终末观测点时刻。

距离 L 的取值与车速有关，为方便观测者对秒表读数可按车辆经过 L 路段的时间等于 2 s 左右计算，通常取 30~50 m。

2）雷达测速法

雷达测速法是现代交通管理中常使用的一种方法，用以检测路上的超速违章车辆。雷达测速法常用的仪器有雷达测速仪和雷达枪。

雷达测速法十分简单，只要用测速雷达瞄准前方被测车辆，即能读出该车辆的瞬时车速。

雷达测速法的基本原理是应用多普勒效应。当雷达测速仪瞄准测速车辆时，发射出无线电波，遇到车辆后再从车辆反射回来，发射波与反射波的频率差与车辆行驶的速度成正比，从而得到车辆的瞬时车速。

3）自动计数器测速

自动计数器有若干种，通常使用电感式检测器、环状线圈检测器和超声波检测器测量地点车速。它们均设置在固定测站上，同时测得流量和流速。

测量方法：在测速地点取一小段距离（如 5 m）两端均埋设检测器，车辆通过前后两检测器时即发出信号，并传送给记录仪，记录车辆通过前后两个检测器的时间，从而算得车速。当测速精度要求不太高时，也可用一个检测器，即测量车辆前后车轮通过检测器的时间，并用前后轴距除以该时间求得车速。这种方法适用于交通控制区中已埋设检测器的场合，并与交通量数据同时存放于数据采集系统中。

4）录像法

在拟测车速的地点，量取若干段距离，并做好标记。将录像机设置在视野良好的高处，防止行道树及其他设施的遮挡，将录像机镜头瞄准欲测车速地段，以一定送片速度进行录像。根据汽车通过测定区间的录像胶卷画面数的间隔时间，即可求得车辆的地点速度。录像时应详细记录开始时间、地点、送片速度、气候、观测员姓名等，以免整理时发生错误。

3. 地点车速调查数据的整理与分析

地点车速的观测数据按观测目的进行汇总，并把数据整理成图表，用统计的方法对调查结果进行统计计算，以保证取得对交通现状的完整认识。

首先，要对地点速度资料进行分组，主要是确定分组数和组距。

分组数 N：
$$N = 1 + 1.322 \lg n \tag{4-6}$$

式中：n——观测次数。

极差 R：
$$R = v_{\max} - v_{\min} \tag{4-7}$$

组距 H：
$$H = \frac{R}{N} \tag{4-8}$$

对地点速度资料分组后就可以列出地点车速分布表。表 4-9 所示为根据实测数据列出的地点车速分布表。

表 4-9 根据实测数据列出的地点车速分布表

速度范围 /(km·h^{-1})	中位速度 v_i	观测车辆数及频率		累计观测车辆数及累计频率	
		次数 f_i	频率 $f_i/\sum f$ /%	次数	频率/%
53.5~56.5	55	2	1.0	2	1.0
56.5~59.5	58	8	4.0	10	5.0
59.5~62.5	61	18	9.0	28	14.0
62.5~65.5	64	42	21.0	70	35.0
65.5~68.5	67	48	24.0	118	59.0
68.5~71.5	70	40	20.0	158	79.0
71.5~74.5	73	21	12.0	182	94.0
74.5~77.5	76	11	5.5	193	96.0
77.5~80.5	79	5	2.5	198	99.0
80.5~83.5	82	2	1.0	200	100.0
合计		200	100.0		

利用地点车速频率分布表，可以绘制地点车速频率分布直方图和累计频率曲线。图 4-5 和图 4-6 所示为根据表 4-9 绘制的车速频率分布直方图和累计频率曲线。

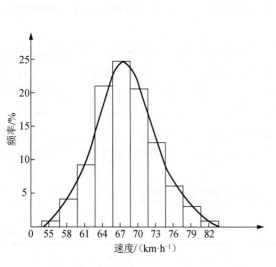

图 4-5 车速频率分布直方图

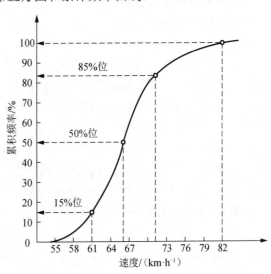

图 4-6 累计频率曲线

利用以上的图表可以计算地点车速的频率分布特征值：
速度平均值：
$$\bar{v} = \frac{\sum f_i v_i}{n} \tag{4-9}$$

即 $\bar{v} = 67.6 \text{ km/h}$。

速度标准差：

$$S = \sqrt{\frac{1}{n-1}\left[\sum(v_i^2 f_i) - \frac{1}{n}(\sum f_i v_i)^2\right]} \qquad (4\text{-}10)$$

也可近似地表示为
$$S = \frac{v_{85\%} - v_{15\%}}{2} \qquad (4\text{-}11)$$

即 $S = \dfrac{71-61}{2} = 5 \text{ km/h}$。

4.3.3 区间车速调查分析

区间车速是另一种速度资料，区间车速调查资料通常用于掌握道路交通现状，作为评价道路服务水平的主要指标、路线改善设计的依据和衡量道路上车辆运营经济性（运营时间和车辆耗油）的重要参数。

区间车速和平均车速的调查方法主要有以下几种：

1. 牌照法

牌照法是在调查路段的起讫点设置观测点，观测人员记录通过观测点的车辆类型、牌照号码（可以只选择后三位数字）、各辆车的到达时间。测完后，将两处的车型及牌照号码进行对照，选出相同的牌照号码，计算通过起讫点断面的时间差，即行程时间，路段距离除以行程时间得到行程车速。

此法适用于路段上无大型交叉口，单向一车道或流量不大的单向两车道公路，观测路段长度不宜超过 500 m。

牌照法的主要优点在于取样速度快，室外工作时间短，能较准确地测得不同时段的平均行程车速及各种类型车辆的平均行程车速，通过断面的单向交通量及车头时距，便于进行交通工程中的微观分析。但是，牌照法所测得的只是起讫点间的行程时间，无法知道车辆在行驶过程中的延误及交通阻滞情况，当路段中间有交叉口时，由于路段车辆在交叉口的转向，使起讫点的车辆牌照号码不完全一致，增加了业内工作量；在单向两车道或大于两车道的路段，观测时由于靠边车道上车辆的阻挡，无法看清中间车道上车辆的牌照号码，容易漏记车号，另外，此法现场观测的劳动强度较大。

表 4-10 所示为利用牌照法观测行程速度得到的平均行程速度计算表。

表 4-10 平均行程速度计算表

观测号次	行程时间 t_i/min	行程速度 v_i/(km·h^{-1})	$v_i - \bar{v}_s$	$(v_i - \bar{v}_s)^2$	$t_i - \bar{T}$	$(t_i - \bar{T})^2$
1	28.4	26.4	+1.	2.89	-1.9	3.61
2	33.8	22.2	-2.5	6.25	+3.5	12.25
3	36.2	20.7	-4.0	16.00	+5.9	34.81
4	21.1	35.5	+10.8	116.64	-9.2	84.64
5	30.2	24.8	+0.1	0.01	-0.1	0.01
6	27.6	27.2	+2.5	6.25	-2.7	7.29
7	32.7	22.9	-1.8	3.24	+2.4	5.76

续表

观测号次	行程时间 t_i/min	行程速度 v_i/(km·h^{-1})	$v_i - \bar{v}_s$	$(v_i - \bar{v}_s)^2$	$t_i - \bar{T}$	$(t_i - \bar{T})^2$
8	38.1	19.7	−5.0	25.00	+7.8	60.84
9	29.9	25.1	+0.4	0.16	−0.4	0.16
10	25.3	29.6	+4.9	24.01	−5.0	25.00
Σ	303.3			200.45		234.37

注：观测路段长度为 12.5 km。

利用表 4-10 内第二栏的行程时间和路段长度 l 计算车辆的速度：

$$v_i = \frac{60l}{t_i} \tag{4-12}$$

式中：l ——路段长度；

t_i ——第 i 辆车单程的行程时间。

将表 4-10 中数据代入得相应的 v_i

$$v_1 = \frac{60 \times 12.5}{28.4} \approx 26.4(\text{km/h})，v_2 = \frac{60 \times 12.5}{33.8} \approx 22.2(\text{km/h})，\cdots$$

计算区间平均车速 $\bar{v}_s$

$$\bar{v}_s = \frac{60l \cdot n}{\sum_{i=1}^{n} t_i} \tag{4-13}$$

此例中 $n=10$，由表 4-10 得 $\sum_{i=1}^{10} t_i = 303.3$ min，所以 $\bar{v}_s = \frac{60 \times 12.5 \times 10}{303.3} \approx 24.7(\text{km/h})$。

计算行程速度标准差 σ_v：

$$\sigma_v = \sqrt{\frac{\sum(v_i - \bar{v}_s)^2}{n-1}} \tag{4-14}$$

在本例中：$\sigma_v = \pm 4.7$ km/h。

计算平均行程时间 $\bar{T}$：

$$\bar{T} = \frac{\sum_{i=1}^{n} t_i}{n} \tag{4-15}$$

在本例中：$\bar{T} = \frac{303.3}{10} = 30.3(\text{min})$。

计算行程时间标准差 σ_t：

$$\sigma_t = \sqrt{\frac{\sum_{i=1}^{n}(t_i - \bar{T})^2}{n-1}} \tag{4-16}$$

本例中：$\sigma_t \approx \pm 5.1$ min。

2. 跟车法

跟车法利用观测车在观测路段往返行驶，同时记录下所用的时间，用路段的长度除以该时间即可得到行程速度。

在测速前应利用大比例尺的地形图量测路段全长及各变化点之间的距离，要对路段进行编号，然后至现场踏勘，按图上各点在实地做好标记，并补充地形图上遗漏的地物特征点；测试车的性能应能跟上道路上行驶的车辆，一般一辆观测车应配备两名观测人员并携带秒表及记录表格，如表 4-11 所示。

表 4-11 跟车车速观测表

道路名称 起始时间 日期
起讫点 观 测 者 天气

路段编号	观测时间			最终断面时间	减速次数及原因					
	中途停车				行人	自行车	会车	转向车	公交停靠	其他
	原因	停止时间	起动时间							

测速时，观测车辆应紧跟车队行驶，一般不允许超车，但如果道路上遇到有特殊慢的车辆则可以超越。车内测试人员必须熟记预先在道路上做的各个标记，并注意观测沿途的交通情况。当车辆从起点出发时打开秒表，每经过一次标记，立即读出经过标记的时刻。当试验车遇到阻塞或严重减速时，应记录减速次数或停车延误时间及原因。跟车测速次数一般要求往返 6～8 次，每次往返时间应尽量小于 40 min。在道路条件好、交通顺畅的市郊道路，路线长度以不超过 15 km 为宜；市区边缘道路，路线长度以小于 10 km 为宜；市中心区道路，一般交通繁忙，车速低，并受到交叉口信号灯的管制，路线长度应小于 5 km。

跟车测速法的主要优点是方法简单，能测到全程及各路段的行程时间、行驶时间、延误、沿途交通状况及交通阻塞原因等，所需的观测人员少，劳动强度小，适用于交通量大、交叉口多、路线上交通较复杂的道路。跟车测速法的主要缺点是测量次数不可多，相对于某一时段（如高峰小时）只能得到 2 次，最多 3 次，所测车速可以用作宏观控制，但难以用作微观分析。当路段交通流量少时，车辆难以形成车流，往往发生测试车无车流可跟，测试中经常处于非跟踪状态，最后测得的车速常受到测试车性能及驾驶员习惯的影响，不能完全代表道路上车流的车速。

3. 五轮仪法

五轮仪是测量车速的专用仪器，与速度分析仪同时使用。测速时将五轮仪安装于试验车之后，成为试验车以外另加的一个轮子，故名五轮仪。当测试车行驶时，五轮仪的轮子亦与地面接触，同样转动。在五轮仪的轮轴上设有光电装置，其作用是将车轮转动速度转换为电信号输入速度分析仪，此时记录仪能自动记下行驶距离、行驶时间、行程车速。例如，测试车在路段起点时，观测员打入信号，当车辆行驶到第一个标记时再打入信号，速度分析仪就能记下从起点到第一个标记时两点间的距离、行程时间和平均行程车速。五轮仪与一种速度分析仪一起使用，还可以得到车辆在权限行驶时的速度分布。

五轮仪的测速法主要优点是自动化程度高、测速精确，能直接将结果打印输出，无须记录。它可以与车辆油耗仪同时使用，测量不同行驶状态、不同车速情况下的耗油量，作为建立模型的可靠资料。但是，在使用五轮仪时，对路面平整度有一定要求，平整度很差的路面，行驶时五轮仪跳动厉害，影响测速精度，并有损仪器。

4. 光感测速法

光感测速仪也是一种测量车速的专用仪器，这种仪器由光电探测器和光谱屏幕两个主要部件组成。测速时，将光感测速仪贴在试验车车厢外壳上，光电探测器对准地面，随着车辆行驶，在光电屏幕上产生不同频率的电信号，频率的高低与车速成正比。如果再配置一台微型计算机且与之连机，则可以直接打印出速度曲线、行驶时间、行驶距离等。这种仪器的测速范围为 $3\sim 200$ km/h。

使用光感测速仪测速，也是试验车跟踪测速的方法之一，其主要优点是测速方便，能方便地安装在各种类型的车辆上，测速精度高，可连续获得各点的瞬时车速和全程平均车速，并直接打印出结果。除此之外，这种仪器还可用于加速试验和制动试验，加速试验测得的数据是加速的最终速度、加速距离、加速时间；制动试验测得的数据是制动时的初速度、制动距离、制动时间。这种仪器对测速时的使用和平时保养的要求均较高。

5. 流动车测速法

与 4.2.3 节介绍的用于观测交通量的流动车测速法相同，具体测量方法见 4.2.3 节。

流动车观测法实际上是在整个行驶时间内的一种抽样率小于 50% 的抽样测定法。因为测试车每来回行驶一趟，每个方向的车流被测的时间约占一半，所以这种方法所统计的流量和车速不如用牌照法测量精确，而且流动车观测法不宜用于城市中交叉口间距短或全线道路交通条件不一致的情况。但是，流动车观测法可以用较少的人力在较长路段上同时观测行程车速和流量；内业工作量小，适用于路线上无交叉口、道路两侧很少有车辆插入、车流均匀稳定的情况。

4.4 密度调查

4.4.1 密度特性与调查必要性

仅用交通量等参数难以全面描述交通流的实际状态。例如，交通量趋于零，既可以描述车辆数极少时的道路交通，也可以表示交通严重拥挤，车流处于停滞状态。而密度的大小则可直接判定拥挤程度，从而决定采用何种交通管理和控制措施。

4.4.2 调查方法

观测密度主要有出入量法和道路占有率法。现在将各种主要方法介绍如下：

1. 出入量法

出入量法的原理：出入量法是一种通过观测取得中途无出入交通的区段内现有车辆数或行驶时间的方法。

现讨论图 4-7 中 AB 区间的密度。在某一时刻上游地点 A 处的交通量是同一时刻 AB 区间内新增加的车辆数；反之，这时在下游地点 B 处的交通量等于 AB 区间内减少的车辆数。

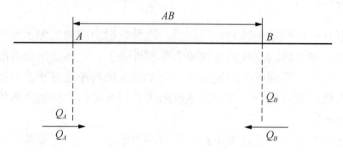

图 4-7 AB 区间示意图

AB 区间内车辆数的变化应等于入量与出量之差。因此，只要知道最初 AB 区间的原始车辆数，就能求得每单位时间内实有车辆数，则在 t 时刻的密度可由式（4-17）计算，即

$$E_t = Q_{A(t)} + E_{t_0} - Q_{B(t)} \tag{4-17}$$

式中：E_t——在 t 时刻 AB 区间内的车辆数；

$Q_{A(t)}$——从观测开始到 t 时刻通过 A 处的累加交通量；

E_{t_0}——t_0 时刻 AB 区间内的原始车辆数；

$Q_{B(t)}$——从观测开始到 t 时刻通过 B 处的累加交通量。

在实施中，出入流量法又分为试验车法及车牌照法等。

1）试验车法

（1）测定方法。从基准时刻开始在测定区间的两端用流量观测仪或动态录像机测定通过的车辆数。为了记取试验车通过区间两端的时刻，必须在试验车上标以特殊的记号。此时，若用流量仪进行测定，当试验车通过两端时，要输入信号在记录纸上做记号；若用动态录像机，要对准试验车的特殊记号摄影，以便记取此时刻。

（2）原始车辆数的测定。设试验车跟随车流通过 A 处的时刻为 t_0、经过 B 处的时刻为 t_1，则从 t_0 到 t_1 这段时间内通过 B 处的车辆数 q_B 即为 t_0 时刻 AB 区间内的原始车辆数。然而这一关系只有在试验车不超车又不被超车的情况下才成立。否则，应按式（4-18）计算

$$E_{t_0} = q_B + a - b \tag{4-18}$$

式中：E_{t_0}——在 t_0 时刻 AB 区间内的原始车辆数；

q_B——从 $t_0 \sim t_1$ 这一段时间内通过 B 处的车辆数；

a——试验车超车数；

b——试验车被超车数。

t_1 时刻 AB 区间内的原始车辆数可按式（4-19）计算：

$$E_{t_1} = q_A + a - b \tag{4-19}$$

式中：E_{t_1}——在 t_1 时刻 AB 区间内的原始车辆数；

q_A——从 $t_0 \sim t_1$ 这一段时间内通过 A 处的车辆数。

a、b 符号意义同上。

（3）减少误差的途径。本方法的缺点是随着观测时间的推移，车辆数的误差也累加。为减少误差的积累，除增加试验车的观测次数，还要把试验车每次经过 A 点的时刻作为基准时刻（t_0）。该时刻的现有车辆数都作为每次的原始车辆数。

本方法适用于较长的规定区间，以提高测量的精度。

（4）整理分析。根据上述观察资料，按以下步骤计算密度。

① 将调查日期、时间、地点、天气及测定区间长度填入密度计算汇总表，如表 4-12 所示。

表 4-12　试验车法测定密度汇总表

时间	① A 交通量	② B 交通量	③ 变化量 ①−②	时刻	④ 原始 车辆数	⑤ 现有 车辆数	⑥ 调整值	⑦ 修正值	⑧ 瞬时 密度	⑨ 平均 密度	试验车
14:00～14:01	40	54	−14	14:01							
14:01～14:02	74	60	14	14:02							
14:02～14:03	39	40	−1	14:03							
14:03～14:04	61	68	−7	14:04							14:6′50″进
14:04～14:05	37	60	−23	14:05							14:8′20″出
14:05～14:06	72	59	13	14:06							$a=10$，$b=2$
14:06～14:07	52/9	48/7	4/2	14:07	94	96	0	96	119		
14:07～14:08	67	58	9	14:08		105	0	105	130		
14:08～14:09	19/24	21/26	−2/−2	14:09	103	103/101	0	101	125		
14:09～14:10	69	65	4	14:10		105	0	105	130		
小计	563	566	−3								
14:10～14:11	46	66	−20	14:11		85	0	85	105		
14:11～14:12	69	56	13	14:12		98	0	98	121		
14:12～14:13	57	65	−8	14:13		90	1	91	112	115	
14:13～14:14	57	59	−2	14:14		88	1	89	110		
14:14～14:15	58	46	12	14:15		100	1	101	125		
14:15～14:16	52	48	4	14:16		104	1	105	130		14:18′43″进
14:16～14:17	40	58	−18	14:17		86	1	87	107		
14:17～14:18	59	59	0	14:18		86	1	87	107	128	
14:18～14:19	47/20	29/15	18/5	14:19	105/117	104/110	0	110	136		
14:19～14:20	49	31	18	14:20		128	0	128	158		
小计	554	532	22								
14:20～14:21	37	48	−11	14:21		117	0	117	144		
14:21～14:22	39	40	−1	14:22		116	0	116	143		
14:22～14:23	48	59	−11	14:23		105	0	105	130	125	
14:23～14:24	41	65	−24	14:24		81	−1	80	99		
14:24～14:25	72	65	7	14:25		88	−1	87	107		14:21′00″出
14:25～14:26	65	76	−11	14:26		77	−1	70	94		$a=14$，$b=3$
14:26～14:27	53	63	−10	14:27		67	−2	65	80		
14:27～14:28	56	63	−7	14:28		60	−2	58	72	75	
14:28～14:29	46	50	−4	14:29		56	−2	54	67		
14:29～14:30	42	43	−1	14:30		55	−2	52	64		
小计	499	572	−73								

此例中的测定区间长为 810 m。

② 表中①、②栏应分别记 A 处及 B 处的各测定时间范围内的交通量。试验车通过 A、B 两处的时刻，通常不是测定时间范围的起终点，故此时记录 A、B 两处单位时间内的交通量时要将表中相应的单元格一分为二，分别记下在单位时间内试验车通过前和通过后的交通量。

③ 在试验车一栏中，除记录试验车通过时刻外，还要记录试验车的超车数 a 及被超车数 b，并计算 $a-b$。

④ 计算 A、B 两处交通量之差，并记入第③栏中，即表示 AB 区间内现有车辆数的变化。

⑤ 第④栏填写试验车自 A 点到 B 点这段时间范围内 AB 区间的原始车辆数，计算方法如下：

14:06:50 时的原始车辆数，按式（4-18）计算等于在 B 处通过车辆数再加（$a-b$），即（7+58+21+8）辆=94 辆。

14:08:20 时的原始车辆数，按式（4-18）计算等于在 A 处通过车辆数再加（$a-b$），即（9+67+19+8）辆=103 辆。

⑥ 第③栏为任一时刻 AB 区间的车辆数。由上一行求得的车辆数再加上经过单位时间后的车辆变化量，即得相应时刻 AB 区间的车辆数。例如，14:07 为（94+2）辆=96 辆；14:08 为（96+9）辆=105 辆；14:09 为[105+(-4)]辆=101 辆。

⑦ 按理下一次试验车通过时刻的原始车辆数应为 105 辆，但根据上列数据推算结果为 104 辆，这是由观测误差引起的，可将此误差适当地分配在两次试验车经过观测区间的时间内现有的车辆数上，见第⑥栏的调整值。

⑧ 现有车辆数加上调整值后即得第⑦栏修正值。

⑨ 第⑧栏瞬时密度按下式计算：瞬时密度=修正值（辆）/测定区间长度（km）。

⑩ 每一总计时间的平均密度填入第⑨栏内，总计时间通常取 5 min 或 10 min。

2）车辆牌照法

（1）测定方法。从基准时刻开始在测定区间的两端，用同步的秒表或动态录像机，测定每一辆车的到达时间，并相应的记下每辆车的牌照，如记整个牌照号有困难，可以只记最后三位数。此时，若用动态录像机，需拍下每辆车的牌照。

（2）原始车辆数的测定。基本原理同试验车法，原始车辆数也可按式（4-18）及式（4-19）计算。不同之处是车流中的每一辆车都可作为试验车。

（3）减少误差的注意事项。两端的秒表或动态录像机必须同步。观测时不能遗漏车辆，当同时观测车辆到达时间及牌照有困难时，允许少记个别车辆的牌照，但每一辆车的到达时间绝对不能少。

本方法也须选用较长的测定区间，以提高测量的精度。

2. 道路占用率法

在道路上设置车辆检测器，其中大多采用环形线圈，即在一车道设置一个或两个车辆检测器，以检测车流在车道上的时间占有率，并据此计算密度。设置方式如图 4-8 所示。

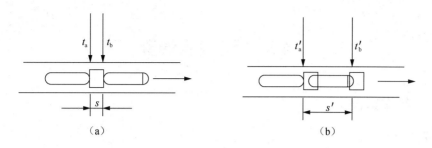

图 4-8 检测器布置示意图

(a) 设置一个检测器；(b) 设置两个检测器

(1)设置一个环形检测器,如图 4-8(a)所示。车流在道路上的时间占有率 R_t 可按式(4-20)计算：

$$R_t = \frac{1}{t}\sum_{i=1}^{n} t_i \tag{4-20}$$

这时的空间平均车速为

$$\begin{aligned}\overline{v}_s &= \overline{l} + s \times Q(R_t \times t) \\ &= \overline{l} + s \times Q / \sum t_i\end{aligned} \tag{4-21}$$

则 t 时间内的交通流密度为

$$K = Q/\overline{v}_s = \frac{1}{\overline{l}+s} R_t \cdot t = \frac{1}{\overline{l}+s}\sum t_i \tag{4-22}$$

式中：Q——交通量（辆/s）；

t——总计时间（s）；

t_i——第 i 辆车通过检测器的时间，$t_i = t_a - t_b$（s）；

$\overline{l}$——平均车长（m）；

s—检测器的检测幅度（m）。

(2)设置两个环形检测器,如图 4-8（b）所示。

空间平均车速为

$$\overline{v}_s = s'Q / \sum t_i' \tag{4-23}$$

则 t 时间内的交通流密度为

$$K = Q/\overline{v}_s = \frac{1}{s'}\sum t_i' \tag{4-24}$$

式中：Q——交通量（辆/s）；

t_i——第 i 辆车通过 s' 检测器的时间，$t_i = t_a - t_b$（s）；

s——两个检测器的检测幅度（m）。

4.5　行车延误调查

4.5.1　行车延误

1. 延误

延误是指行驶在道路上的车辆由于受到道路环境、交通管理与控制及其他车辆的干扰等因素的影响而损失的时间。

2. 固定延误

固定延误是指由交通控制装置、交通标志等引起的延误。它与交通流状态和交通干扰无关，主要发生在交叉口。

3. 停车延误

停车延误是指刹住车轮及车辆停止不动的时间，等于停车时间。其中包括车辆由停车到起动时驾驶员反应时间。

4. 行驶延误

行驶延误为行驶时间与计算时间之差。计算时间是相应于不拥挤车流的路线上，以平均车速通过调查路线计算的。

5. 排队延误

排队延误为排队时间与以畅行车速驶过排队车段的时间差。排队时间是指车辆第一次停车到越过停车线的时间。排队路段是第一次停车断面到停车线的距离。

6. 引道延误

引道延误为引道时间与车辆畅行行驶越过引道延误路段的时间之差。在入口引道上，从车辆因前方信号或已有排队车辆而开始减速行驶的断面至停车线的距离称为引道延误。车辆受阻排队通过引道延误段的时间称为引道时间。

图 4-9 所示为车辆在交叉路口入口引道上的行程图。由图 4-9 可以看出，受到延误的车辆的引道时间为 E 点的纵坐标值。在引道延误段上畅行行驶时间为 F 点的纵坐标值。引道延误为 E、F 两点纵坐标值之差。停车延误为 D、C 两点纵坐标之差。排队时间为 E、C 两点纵坐标值之差。排队延误时间为排队时间减去 F、B 两点纵坐标值之差。因为后者相对于前者很小，所以实际应用时，对排队时间和排队延误不加以区别。

据调查，通常停车延误约占引道延误的 76%，排队延误约占引道延误的 97%。因此，实际上常以排队延误近似地代替引道延误。

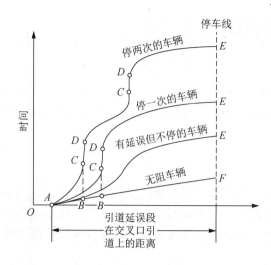

图 4-9 车辆在交叉路口入口引道上的行程图

4.5.2 影响行车延误的因素

1. 驾驶员

驾驶员的性别、年龄、气质、技术水平等都对行车延误有影响。一般来说，青年驾驶员比中年驾驶员反应快，反应时间短，应变能力强，车速高；男性驾驶员比女性驾驶员反应快，反应时间短，应变能力强，车速高；因而青年驾驶员、男性驾驶员行车延误低。

2. 车辆

不同车型和不同车龄的车，其起动、加速和车速性能不同，对延误的影响不一样。据调查，绿灯亮时，头车反应时间加起动时间，小型车为 1.30 s，大型车为 1.62 s，拖挂车为 1.84 s。路口内头车直行车速，小型车为 19 km/h，大型车为 14 km/h；尾车直行车速，小型车为 25 km/h，大型车为 19 km/h。现代汽车的起动、加速性能，小型车为 0.8~3.6 m/s，大型车为 0.6~0.8 m/s；减速性能，小型车为 1.66 m/s，大型车为 1.33 m/s。因此，大型车越多，延误越大。

3. 道路

快慢车混行的道路比快慢车隔离的道路行车延误大。据调查，无隔离带路段上的行车延误约为有隔离带路段的 1.3 倍。入口引道有左转专用车道的交叉路口，其行车延误比没有左转专用车道的路口小。

4. 转向车比例

无论是左转行驶还是右转行驶，通过路口的车速都低于直行车速。因此，转向车比例大，平均每辆车的延误大。

5. 交通负荷

交通负荷常以荷载系数，即实际交通量与通行能力的比值量度。行车延误与荷载系数成正比。根据模拟研究，当荷载系数≤0.3 时，每辆车平均延误≤19 s；当荷载系数≤0.7 时，每辆车平均延误上升为 32～55 s。

6. 服务水平

行车延误越大，服务水平越低。美国规定 A 级服务水平，每辆车平均延误≤15 s；B 级服务水平，每辆车平均延误≤30 s；C 级服务水平，每辆车平均延误≤45 s；D 级服务水平，每辆车平均延误≤60 s。

7. 交通控制

感应式信号机比单点定周期信号机控制的交叉口行车延误低，而线控制则比前两者都低。不适当的信号灯配时会引起较大的行车延误。一般来说，绿信比越大，延误越小。信号周期过长和过短都会增大延误。在信号灯配时设计时，应求解使延误为最小的周期长度。

8. 环境

一般来说，由于行人和路侧的干扰较大，城市道路比公路行车延误高，商业密集区道路又比一般的城市道路高。在美国，市区道路由于延误所引起的总时间损失为 15%～16%，而商业中心区为 35%～50%。

4.5.3 延误资料的应用

1. 评价道路交通阻塞程度

行车延误十分直观地反映了道路交通的阻塞情况。

2. 探求行车延误的发展趋势

在选定的地点，定期进行行车延误调查，得到延误随时间的变化规律，从而探求发展趋势，做出交通状况是日益好转还是恶化的判断。

3. 评价道路服务质量

道路的服务质量通常以服务水平来评价，服务水平主要根据荷载系数划分。对于道路使用者，最关心的是时间和延误，因此建议应该以荷载系数和行车延误两个指标同时作为划分服务水平的依据。

4. 道路改建的依据

在拟定道路或路口改建计划时，是否应拓宽道路或实行快慢车隔离，是否应设左转专用道等，都应以延误分析为依据。

5. 运输规划

交通运输部门在运行高峰时往往不选择距离最短的路线，而是选择行车时间最少的路线，有了延误资料，有利于运输部门进行线路选择。

6. 经济分析

交通运输部门计算运输成本及城建和交通管理部门对采取某一工程措施或管理措施进行

可行性研究时，通常将时间换算成经济指标，而延误资料是重要的原始资料。

7. 前后对比研究

对交通设施改善前后的延误时间进行调查，可以对改善的效果做出评价。

8. 交通管制

根据延误资料，可以确定是否应限制停车，是否应采取单行或禁行等交通管制措施。延误资料还是确定路口信号灯配时的重要依据。

4.5.4 路段行车延误调查

路段行车延误通常与行程时间一起调查，这样可同时获得行驶时间、行驶车速、行程时间、行程车速和延误等一系列资料。有关的调查方法很多，在上述车速调查中已介绍了跟车法、流动车观测法、牌照法等调查方法，本节主要介绍路段行车延误调查的输入输出法。

输入输出法适用于调查瓶颈路段的行车延误。该方法的假设前提：车辆的到达和离去属于均匀分布；车辆排队现象存在于某一持续的时间内，在其中某一时段内，当到达的车辆数大于路段的通行能力时，开始排队；当到达车辆数小于路段的通行能力时，排队将开始消散。

调查在两个断面同时进行，在调查路段的起讫点各设一名观测员，用调查交通量的办法，以 5 min 或 15 min 为时间间隔，累计交通量。要求两断面的起始时间相同，因此调查开始之前，两断面观测员应对准表以统一时间。当车辆受阻排队有可能超过瓶颈路段起点断面时，应根据实际情况及早将起点断面位置后移。如果该路段的通行能力为已知，则瓶颈路段终点断面可不予调查，这时，终点断面每一时段离开的车辆数取同一时段待驶出车辆数和通行能力二者中的低值。

表 4-13 所示为一组输入输出法的观测数据，已知该路段通行能力为 360 辆/h，即平均每 15 min 通过 90 辆车。由表 4-13 可见，在 9:00 开始的第一个 15 min 内，到达车辆数小于路段通行能力，路段上并无阻塞。第二个 15 min 内，累计离去车辆数小于累计到达车辆数，有 10 辆车被阻，于是开始阻塞。9:30~9:45 是高峰，到达车辆数最大，阻塞继续发展。9:45~10:00 到达车辆已开始减少，但累计待驶车辆数仍超过能离去的车辆数，通行能力仍不能满足要求。以上这 45 min 是排队开始形成、排队长度不断增加直至出现最大排队长度的一段时间。10:00 以后，到达车辆数小于路段通行能力，累计到达车辆数与累计离去车辆数开始接近，排队长度缩短，阻塞车队开始消散。到 10:30 累计到达车辆数等于累计离去车辆数，阻塞结束。

表 4-13 一组输入输出法的观测数据

时间	到达车辆/辆		离去车辆/辆		阻塞情况
	到达	累计	离去	累计	
9:00~9:15	80	80	80	80	无阻塞
9:15~9:30	100	180	90	170	阻塞开始
9:30~9:45	120	300	90	260	阻塞
9:45~10:00	90	390	90	350	阻塞
10:00~10:15	70	460	90	440	阻塞开始消散
10:15~10:30	70	530	90	530	阻塞结束

现在来求每辆车通过瓶颈路段的延误时间。例如，求第 300 辆车的延误时间。第 300 辆车是在 9:45 到达的，此时仅离开了 260 辆车，因此它排队的位置是 300-260=40（辆），即排队中的第 40 辆车。由于瓶颈路段的通行能力为 360 辆/h，即 90 辆/15 min，因此每辆车通过瓶颈路段的平均所需时间为 15/90 min。故第 300 辆车通过瓶颈路段所需时间为 $(15÷90)×40≈6.67(\text{min})$，由此得知第 300 辆车是在 9:45（它的到达时间）加 6.67 min（6 min 40 s），即 9:51:40 驶离瓶颈路段的。

第 300 辆车通过瓶颈路段的延误时间，应为实际行程时间与无阻塞时的自由行驶时间之差，即 $6.67-(15÷90)≈6.5(\text{min})$。

输入输出法比较简便，调查结果又能整理成十分直观的图表，因此，作为分析瓶颈路段的行车延误方法，具有一定的实用价值。但是输入输出法调查延误很难得到平均每辆受阻车的延误和受阻车辆占总数的百分比，也无法确定产生延误的准确地点和原因，而且无法识别延误的类型。在这些方面此法都不如跟车法效果好。因输入输出法的理论前提为假设来车率与离去率是均一的，这往往与实际交通状况不相符合。事实上，来车率与离去率往往是随机的，而并非均一的。因此，统计交通量的时间间隔取的越小，瓶颈路段的长度越短，精度才能越高。

4.5.5 交叉口延误调查

在道路或路网的总行车延误中，交叉口延误所占比例一般在 80%以上，因此，交叉口延误调查是非常重要的。交叉口延误的调查方法可分为两类：一类是停车时间法，根据停车时间测定方法的不同，停车时间法可分为间断航空摄影法、延误仪测记停车时间法和点样本法等。这类调查方法得到的交叉口延误只包括停车时间，没有计入加速延误和减速延误。另一类是行程时间法，根据行程时间测定方法的不同，行程时间法又可分为试验车法、牌照法、间断航空摄影法、车辆感应器与人工结合法、人工追踪法和抽样法等。这类方法是测定从交叉口前的某一点至交叉口内或交叉口之后的某一点的行程时间。各车辆的平均行程时间减去这段行程的自由行驶时间就是交叉口的延误。这类方法得到的交叉口延误，不但包括停车延误，而且包括加速延误和减速延误。下面将主要介绍交叉口延误调查的点样本法。

点样本法是美国加利福尼亚大学伯克利分校于 1954 年提出的，方法简便，不需要专门仪器，因此广泛使用。

1. 调查准备

在点样本法调查时每个交叉口入口引道需要 3~4 人和 1 块秒表，观测人员和所需秒表的总数根据需调查的引道数量确定。为保证所要求的调查精度，调查必须有足够的样本数，一般应用概率统计中的二项分布来确定需要调查的最小样本数：

$$N=\frac{(1-p)\chi^2}{pd^2} \qquad (4-25)$$

式中：N——最小样本数；

p——在交叉口入口引道上的停驶车辆百分率（%）；

χ^2——在所要求的置信度下的 χ^2 值；

d ——停驶车辆百分率估计值的允许误差。

这里,样本容量指的是包括停驶车辆和不停驶车辆在内的入口引道车辆数总和。在正式观测之前,为确定适当的样本容量 N 需要初步估计停驶车辆百分率。为此,最好进行一次现场试验调查。一般在交叉口入口引道上观测 100 辆车便可以估计出适当的 p 值。

在任何情况下,所取样本数应不小于 50 辆。调查工作结束后,要根据实际的样本数 N,计算出停驶车辆百分率 p,然后按所要求的置信度用式(4-25)反算出停驶车辆百分率的估计误差 d,若不能满足要求,则需要增加样本数,重新调查。

2. 观测方法

点样本法就是观测在连续的时间间隔内交叉口入口引道上停车的车辆数,进而得到车辆在交叉口入口引道上的排队时间。交叉口每一引道需要 3~4 名观测员,其中 1 人为报时员,1 人(或 2 人)为观察员,另 1 人为记录员。点样本法的现场记录表如表 4-14 所示。

表 4-14 点样本法现场记录表

交叉口 引道 车道<u>全部</u>
日期天气观测员

开始时间	在下列时间内停在引道内的车辆数				引道交通量/辆	
	+0 s	+15 s	+30 s	+45 s	停驶车数	不停驶车数
8:00	0	2	4	10	16	20
8:01	4	0	8	8	19	18
8:02	6	6	12	0	23	24
8:03	2	8	0	10	18	15
8:04	0	10	0	2	10	20
8:05	18	2	4	12	28	21
8:06	6	0	14	0	18	12
8:07	2	4	12	4	16	14
8:08	10	14	10	0	28	22
8:09	2	6	0	8	14	30
8:10	6	0	12	10	16	18
小计	56	52	76	64	206	214
合计	248				420	

在调查开始之前记录员应将调查日期、地点等填入表内。观测时间间隔一般取 15 s(根据情况也可选其他值),这样,每分钟有 0~15 s、15~30 s、30~45 s 和 45~60 s 四个时间间隔。

观测开始之后,报时员手持秒表,每 15 s 报时一次,观察员在报时后即统计停留在入口引道停车线之后的车辆数,并通知记录员逐项记录。同时,记录员(或第二名观察员)还要统计在相应的每 1 min 内的引道交通量,并按停驶车辆和不停驶车辆分别统计和记录。停驶车辆是指经过停车后通过停车线的车辆,不停驶车辆是指不经过停车而直接通过停车线的车辆。

上述观测工作连续进行,直至达到样本容量要求或规定的时间(10 min 或 15 min)为止。观测时,对于定周期信号交叉口,选择观测的时间间隔时,应避免信号周期能被观测时间间隔整除的情况出现,否则,统计停车数的时间将是信号周期的某个相同部分,这会使观测数据失去随机性。此外,还应将观测的起始时间与信号周期的始点错开。如果某辆车的停车时间超过一个观测时间间隔,则在下个时间间隔将再次把该车统计在引道停车数内,而在统计停驶车数时,该车却只被统计一次。因此,对于一个指定的时间间隔,停驶车数总是小于或等于停在引道上的车辆总数,这可以帮助判断观测与记录的正确与否。

根据记录表可以得到下列交叉口延误调查成果:

$$总延误 = 总停车数 \times 观测时间间隔$$

$$每一停驶车辆的平均延误 = \frac{总延误}{停驶车辆总数}$$

$$交叉口入口引道上每辆车的平均延误 = \frac{总延误}{引道总交通量}$$

$$停驶车辆百分率 = \frac{停驶车辆总数}{引道总交通量} \times 100\%$$

$$停驶车辆百分率的估计误差 = \sqrt{\frac{(1-p)\chi^2}{pN}} \qquad (4\text{-}26)$$

利用表 4-14 的数值可以得到相应的值:

$$总延误 = 248 \times 15 = 3\,720(辆 \cdot s)$$

$$每一停驶车辆的平均延误 = \frac{3\,720}{206} \approx 18.1(s)$$

$$交叉口入口引道上每辆车的平均延误 = \frac{3\,720}{420} \approx 8.9(s)$$

$$停驶车辆百分率 = \frac{206}{420} \times 100\% \approx 49\%$$

4.6 起讫点调查

起讫点调查即 OD 调查(OD 取自英文 Origin 和 Destination 的第一个字母),它在交通规划中占有极为重要的地位。

OD 调查主要包括人的出行 OD 调查、车辆 OD 调查和货流 OD 调查三大内容。OD 调查的最大特点是将人、车、货的出行活动视作交通形成的细胞,据此研究交通的产生与分布。OD 调查是交通运输规划研究最基础的调查,可以全面地再现城市交通特征,揭示城市交通症结的原因,反映交通需求与土地利用、经济活动的规律。

4.6.1 基本定义与术语

1. 出行

出行指人、车、货从出发点到目的地移动的全过程。出行"起点",指一次出行的出发地点;出行"讫点",指一次出行的目的地。

出行作为交通行业的计测单位,它需具有三个基本属性:

(1)每次出行有起讫两个端点;

（2）每次出行有一定目的；
（3）每次出行采用一种或几种交通方式。

居民出行调查对出行定义补充了另外三点：
（1）每次出行必须利用城市道路或公路；
（2）步行单程时间必须在 5 min 以上，自行车单程距离在 400 m 以上；
（3）凡是以步行（或自行车）方式完成购物为目的连续出行，以其出发点为始点，最远到达地点为讫点记为一次出行。

2. 出行端点

出行端点是出行起点、讫点的总称。每一次出行必须有且只有两个端点，出行端点的总数为出行次数的两倍。

3. 境内出行

境内出行指起讫点都在调查区域范围内的出行。

4. 过境出行

过境出行指起讫点都在调查区域范围外的出行。

5. 区内出行

区内出行指调查区域分成若干小区后，起讫点都在小区内的出行。

6. 区间出行

区间出行指调查区域分成若干小区后，起讫点分别位于不同小区间的出行。

7. 小区形心

小区形心指小区内出行端点（发生或吸引）密度分布的重心位置，即小区内交通出行的中心点。注意，其不是该小区的几何面积重心。

8. 期望线

期望线为连接各小区形心间的直线，它的宽度表示区间出行的次数。其因为反映人们期望的最短距离而得名，与实际出行距离无关。

9. 主流倾向线

主流倾向线又称综合期望线，是将若干条流向相近的期望线合并汇总而成，目的是化简期望线图，突出交通的主要流向。

10. OD 表

OD 表即表示起讫区之间出行交换数量的表格，如图 4-10 所示。

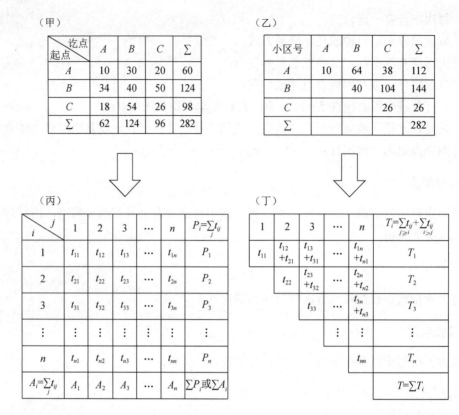

图 4-10 OD 表

11. 调查区域境界线

调查区域境界线是包围全部调查区域的一条假想线，有时还分设内线和外线，内线常为城市中心商业区（Central Business District，CBD）的包围线，如图 4-11 所示。

□ 境界线计量站　　── 调查区域境界线
△ 查核线计量站　　-- 分隔查核线

图 4-11 调查区域境界线和分隔查核线

12. 分隔查核线

分隔查核线是为校核 OD 调查成果精度而调查区域内按天然、人工障碍设定的调查线，可设一条或多条。它们将调查区域划成几个部分，用以实测穿越该线的各道路断面的交通量，如图 4-11 所示。

13. 出行产生

出行产生包括交通分区内下述出行端点：家庭出行中的家庭一端端点，无论其为出发点还是到达点；非家庭出行的出发点。

14. 出行吸引

相对于出行产生，出行吸引包括交通分区内下述出行端点：家庭出行中的非家庭一端的端点，无论其为出发点还是到达点；非家庭出行中的到达点。整个调查区域的出行吸引数应等于出行产生数。

15. 出行分布

出行分布又称 OD 交通量，指调查区域内各交通小区之间的车、人出行次数（图 4-10 中 t_{ij}），当限为车辆出行时，亦称交通分布。现状出行分布由 OD 调查得到。

4.6.2　OD 调查目的

OD 调查的实质是把出行（人、车、货）从技术与社会综合的角度进行研究。这种方法改变了传统仅靠断面交通量的调查与增长率估计来研究交通需求与交通运输能力的关系。OD 调查的具体目的：

（1）通过搜集出行类别与数量资料，在计算机上模拟现状的出行，为发现主要交通症结，调整与改善道路系统功能，从系统上和政策上对近远期工程项目排序提供依据。

（2）由 OD 调查资料、土地使用资料建立各类交通预测模型，为远期交通规划提供依据。

（3）客观地分析评价各类交通出行的特征，特别是公共交通服务水平，为提高公共交通系统运行效率，制定近期、远期交通政策提供有效信息。

4.6.3　OD 调查类别与方法

1. OD 调查类别

1）个人出行

个人出行包括城市居民和流动人口的出行，调查内容主要包括出行目的、出行方式、出行时间、出行距离、出行起讫点及使用设施等。城市居民出行调查是世界各国开展交通调查常用的方式之一。

2）车辆出行

机动车辆包括货车与客车。机动车出行调查包括所有牌照车辆和调查日进入调查区域的外地车辆。车辆出行 OD 调查应包括车型、营业特点、装载（货）、出行目的、出行次数、出发和到达时间、地点、经过主要江河桥址及主要路口等信息。

3）货物流通出行

货物流通出行调查一般分两部分：一部分是调查货物流通集散点（列明单位），调查运输设施能力（岸线、码头、泊位、年吞吐量及铁路专用线、货运汽车），停车场地，仓储情况，另一部分是货物种类、运入量、运出量、运输方式等。

2. 调查方法

调查方法很多，主要有以下几种方法：

1）家访调查（个人出行）

对居住在调查区内的住户，可以进行抽样家访，由调查员当面了解该户中包括学龄儿童在内的全体成员一天的出行情况。

我国许多大城市居民出行调查采用这种方法进行出行调查。这种调查内容比较可靠，表格回收率高。在工作中辅以大量的宣传，实行市调查办、街道居委会、调查员三级管理质量保证，可以获得事半功倍的效果。

家访调查还应包括在城市活动的流动人口出行调查。

2）发表调查（车辆出行）

将调查表格给机动车驾驶员，由车辆管理系统落实到每个人，由他们填写后回收。在填写前应做好动员与解释工作。对于调查中未出车的应注明原因，若节假日则改填次日出行情况。

3）路边询问调查

在主要道路或城市出入口设调查站，让车辆停下，询问该车的出行起讫点及其他出行资料。对于访问地点的选择，如果调查只涉及一条孤立路线上的资料，取一个中间点位置进行驾驶员访问就可以了；如果要取得一个城市全部出入交通数据，应在该城市所有放射道路上选择访问点。在调查人员有限的情况下，这种方法很有用，每天调查可限于一个站点，调查周期可以延至一周以上。路边询问一般要让驾驶员停车，一要警察协助，二要注意问答简练、准确，不致引起对方反感，应避免交通阻塞和注意交通安全。

4）明信片法

当交通繁忙不能长时间停下车来做路边询问时，采用在访问站对驾驶员发明信片的办法，要求驾驶员填写后投递寄回。访问站尽量设在交通减速地段，如通行收费处、交通信号处或有停车标志处。明信片法的回收率一般只有25%～35%。

5）工作出行调查

工作出行调查是对调查区内的职工抽样进行居住点（O点）和工作地点（D点）的调查，由于这项资料可以从工作单位的县城档案中得到，因此能大大减轻调查工作量。虽然只是对工作出行进行调查，但是调查的都是城市客流的主体，因此，此方法很适于公共交通规则。自行车专题调查也可以采用此方法进行。

6）车辆牌照调查

由各调查站分时段记下通过观测点的全部车辆牌照末几位数字，然后汇总各调查站记录进行汇总校对。凡第一次记牌照的地点即为该车的起点，凡最后一次记录牌照的地点便是该车的讫点。这种方法得到的信息往往较粗略，且投入的人力很大。因此，仅在研究一个枢纽地区的流量流向分布采用。

7）公交站点调查

为了了解公交客流分布，派人去车上或站上对乘客进行询问调查，了解乘客起、讫点与中转情况。公交站点调查的主要内容：①乘车路线，哪站下车；②下车后是否转车；③终点。

这种调查抽样率高（可达20%）。

8）购公交卡或充值时填卡调查

持公交卡者是一些城市公交客运的基本客流。利用乘客购卡或充值之际，发表给乘客填写家庭住址、单位住址、上班出行、转车、上下车步行时间、候车时间、行程时间等项目。

9）境界线出入调查

在调查区的境界上设调查站，对所有穿越该路线的车辆进行统计。在干线边进行询问调查，此法可作为家访调查的补充。小城市的起讫点通常不进行家访，而直接采用本方法。

10）货物流通调查（货流OD）

在货源点和吸引点调查货源种类、数量、调查日的货流流向与流量、采用的运输工具等。

4.6.4 OD调查实施步骤

对于一个已经确立的OD调查项目，应对调查区域（范围）选择、调查小区（或站点）的局部划分、抽样大小拟定、调查表格进行周密的考虑。这四个方面构成了调查方案设计的内容。下面介绍OD调查的实施步骤。

1. 组织调查机构

OD调查是一项涉及面广、工作量大的工作，需要许多单位、部门相互协作，共同完成，因此需要设立一个专门的机构，统一负责指挥、协调工作。

2. 调查准备

客货流基本情况（如居民点的分布、土地利用现状、车站仓库、码头、停车场位置、工业组成与分类、产品产销售额等）的收集。

设计、印刷调查表格。表格设计的原则是既要满足调查的要求，又要简明扼要，使被调查者容易填写或回答，并且结构要合理，尽量为以后的统计工作减少工作量。

对某一具体城市进行OD调查前，首先要确定调查区的范围或境界线。调查区域境界线的确定，除应包括规划研究区域在内外，同时应遵循以下原则：要使调查区境界与该城市道路的交叉点越少越好。

交通小区的数量太少，将使整个OD调查的精度降低；若划分数量太多，将大大增加调查工作的难度和计算工作量。交通小区划分的多少、大小，应视研究目的和交通复杂程度而定。一般来说，城市交通规划中交通小区划分较小，区域公路交通规划中的交通小区划分较大；规划区域内的交通小区划分较小，规划区域外的交通小区划分较大；有直接影响的区域交通小区划分较小，有间接影响的区域交通小区划分较大；交通矛盾突出的区域交通小区划分较小，反之交通小区划分较大。通常，由于基础资料（如经济、人口等）一般是按照行政区划采集、统计、规划的，因此为便于利用基础资料，交通小区的划分一般不应打破行政区划。当交通小区划分区域内有河流、铁路等人工和天然屏障时，一般将其作为交通小区的边界。交通小区应具有同质性，即内部的土地利用、社会经济等特征应尽量一致。

3. OD调查的抽样率及抽样方法

如果某项OD调查的调查范围不大，对象不多，可以采用全样调查。但是，在多数情况下 OD 调查均需按一定比例抽样，即应用数理统计的原理，在误差允许的前提下，通过抽样调查推断母体。

抽样率的大小与母体数量、调查对象的复杂程度，以及调查统计分析的目标有关，母体越大抽样率可越小，调查对象越复杂抽样率应越大，调查统计分析的目标越多抽样率应越大。抽样率大小还和抽样的方法有一定的关系。

OD 调查抽样率的确定一般可采用两种方法：一是利用试调查或其他研究已经拥有的 OD 调查资料，考虑调查对象的母体数量、调查统计分析的目标及抽样的方法，用数理统计的原理，通过分析抽样的误差确定；二是参照国内外的经验确定。目前，国内外进行 OD 调查时，抽样率的确定多采用第二种方法，而且抽样率相差较大。

用数理统计的原理，可得出如下抽样率的公式：

$$\gamma = \frac{\lambda^2 \sigma^2}{\Delta^2 N + \lambda^2 \sigma^2} \tag{4-27}$$

式中：γ ——抽样率。

λ ——对于标准正态分布，一定的置信度对应的双侧分位数。当置信度为 69.3%时，$\lambda=1$；当置信度为 75%时，$\lambda=1.15$；当置信度为 90%时，$\lambda=1.65$；当置信度为 95%时，$\lambda=1.96$。

σ^2 ——母体的方差，当样本数足够时，可用样本的方差代替。

N ——母体容量。

Δ ——控制误差的控制指标的允许绝对误差，与其相对误差的关系为 $\Delta = E\bar{X}$，E 为相对误差，$\bar{X}$ 为控制指标的样本均值。

方差 σ^2 的确定一般可根据试调查或其他研究已经拥有的 OD 调查资料统计确定。

OD 调查的抽样方法包括简单随机抽样、分层抽样、等距抽样、整群抽样等。

1）简单随机抽样

简单随机抽样是抽样的最基础的方法。样本的提取随机确定，其抽样方法简单，误差分析也较容易，但所需样本容量较多，适合在各个体之间差异较小时采用。

2）分层抽样

分层抽样即将母体分为若干类型（层次），然后在各层次随机抽取样本，而不是直接从母体中直接随机抽样。例如，以交通小区的用地性质作为分层特征，将交通小区分为若干层次，对用地性质相同的交通小区进行随机抽样。此法的优点在于通过分类，使各类的个体之间的差异缩小，有利于抽出有代表性的样本。但是，此法抽样的过程较为复杂，误差分析也较为复杂。分层抽样多运用于母体复杂、个体之间差异较大、个体数量多的情况。

分层抽样的方差计算公式为

$$\sigma^2 = \frac{1}{N}\left(\sigma_1^2 N_1 + \sigma_2^2 N_2 + \cdots + \sigma_k^2 N_k\right) \tag{4-28}$$

式中：σ_i^2 ——各分层的内部方差（$i=1, 2, \cdots, k$）；

N_i ——各分层的个体总量。

3）等距抽样

等距抽样即等间隔或等距离抽取样本，其优点是利用提高代表性，使母体各部分能均匀地包含在样本中。等距抽样的方差通常用简单随机抽样的方差计算方法近似计算。

4）整群抽样

整群抽样即从母体中成群成组地抽取样本个体。成群成组的样本可按以上三种方法中任何一种来抽取，在群内所有个体都要调查。该法的优点是组织简单，其缺点是样本代表性较差。

在进行 OD 抽样调查时，采用何种抽样方法应视调查的对象及调查的具体条件，利用各种方法的特点而定。

4. 人员训练

调查的质量很大程度上取决于调查人员，尤其是采用面访调查方法时，调查人员的责任心将直接决定调查的成败。因此，从人员挑选开始，就要严格要求，一般的条件是有高度的责任感、具备一定的文化程度、身体健康、人地熟悉等。训练过程中要反复强调调查的目的、要求与内容，要模拟实地调查时可能出现的各种情况，强调培养耐心、热情与韧性，必要时还应采取笔试、口试等方式评定调查人员的资格。

5. 制订计划

调查的实施计划应从实际出发，安排既要紧凑，又要留有一定余地。

6. 典型试验

在调查工作全面开展之前，应先进行小范围的典型试验，从暴露的问题中取得经验教训，进一步完善计划和做法，确保达到预期效果。典型试验还可结合培训调查人员一起进行。

7. 实地调查

实地调查的过程中，必须严格把关、及时抽查，以随时发现问题，保证调查的精度。

4.6.5 OD 调查精度检验

为保证 OD 调查结果的准确性和实用性，可用以下几种方法进行误差检验：

（1）分隔核查线检验。首先确定分隔核查线，一般选择规划区域内天然的屏障，如河流、轨道交通等，此核查线将调查区域分为几个部分。在进行 OD 调查的同时，统计跨越核查线的所有道路断面交通流量。将此实测交通量同起讫点调查中所得到的通过该线的 OD 交通量（校正和拓展之后的数据）进行比较，一般相对误差在 5%以内符合要求；在 5%～15%需要进行必要调整；如果误差大于 15%，则表明调查结果不正确，调查工作存在较大的问题，需要重新调查。

（2）区域境界线检验。区域境界线检验的原理和分隔核查线相同，将通过区域境界线的 OD 分布量（校正和拓展之后的数据）和实测交通量进行比较，一般相对误差在 5%以内符合要求；在 5%～15%需要进行必要调整；如果误差大于 15%，则表明调查结果不正确，调查工作存在较大的问题，需要重新调查。

（3）把由 OD 调查表推算出来的交通特征，如车型比例、交通流量和流向等与现有的统计资料进行比较，检查其误差程度是否满足要求。

（4）在调查区域内，拟定一个众所周知的交通枢纽，公共活动中心作为校核点，将起讫点调查结果（按抽样率拓展后）与该点上实测的交通量相比，作为市内 OD 调查精度的重要依据。

4.7 交通事故调查

交通事故调查是指发生事故后，由公安交通管理部门的交通警察赶到肇事现场，进行必要的测量、拍照、填写调查表格、分析原因、明确责任。现场处理应当迅速，以减少对交通的影响。

《道路交通安全法》第五条规定：国务院公安部门负责全国道路交通安全管理工作。县级以上地方各级人民政府公安机关交通管理部门负责本行政区域内的道路交通管理工作。

第七十三条规定：公安机关交通管理部门应当根据交通事故现场勘验、检查、调查情况和有关的检验、鉴定结论，及时制作交通事故认定书，作为处理交通事故的证据。

4.7.1 交通事故调查内容

交通事故的调查格式要求能客观地记载所有有关的情况，最好能从事故调查成果中探讨减少交通事故的途径，而且应便于调查人员填写。具体的道路交通事故调查登记表如图 4-12～图 4-14 所示。

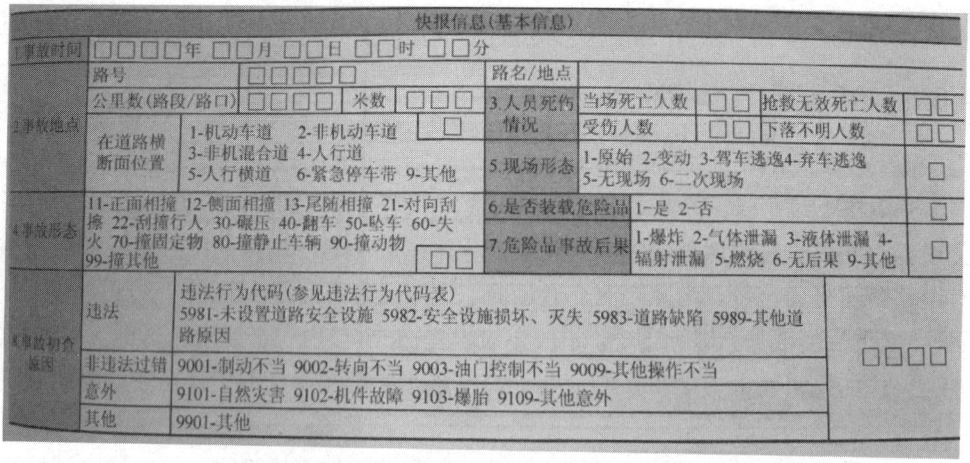

图 4-12 道路交通事故信息采集项目表（一）快报信息（基本信息）

	快报信息(基本信息)				
1.事故时间	□□□□年 □□月 □□日 □□时 □□分				
2.事故地点	路号	□□□□	路名/地点		
	公里数(路段/路口)	□□□□米数□□□	3.人员死伤情况	当场死亡人数 □□	抢救无效死亡人数 □□
	在道路横断面位置	1-机动车道 2-非机动车道 3-非机混合道 4-人行道 5-人行横道 6-紧急停车带 9-其他 □		受伤人数 □□	下落不明人数 □□
			5.现场形态	1-原始 2-变动 3-驾车逃逸 4-弃车逃逸 5-无现场 6-二次现场	□
4.事故形态	11-正面相撞 12-侧面相撞 13-尾随相撞 21-对向刮擦 22-刮撞行人 30-碾压 40-翻车 50-贴车 60-失火 70-撞固定物 80-撞静止车辆 90-撞动物 99-撞其他		6.是否装载危险品	1-是 2-否	□
		□□	7.危险品事故原因	1-爆炸 2-气体泄漏 3-液体泄漏 4-辐射泄漏 5-燃烧 6-无后果 9-其他	□
8.事故初查原因	违法	违法行为代码(参见违法行为代码表) 5981-未设置道路安全设施 5982-安全设施损坏、灭失 5983-道路缺陷 5989-其他道路原因			□□□□
	非违法过错	9001-制动不当 9002-转向不当 9003-油门控制不当 9009-其他操作不当			
	意外	9101-自然灾害 9102-机件故障 9103-爆胎 9109-其他意外			
	其他	9901-其他			

	其他基本信息				
9.直接财产损失	□□□□□元	10.天气	1-晴 2-阴 3-雨 4-雪 5-雾 6-大风 7-沙尘 8-冰雹 9-其他		□
11.能见度	1-50m以内 2-50~100m 3-100~200m 4-400m以上		□	12.天气事故是否侦破 1-是 2-否	□
13.路面状况	1-路面完好 2-施工 3-凹凸 4-塌陷 5-路障 6-其他			14.路表情况 1-干燥 2-潮湿 3-积水 4-漫水 5-冰雪 6-泥泞 9-其他	□
16.照明条件	1-白天 2-夜间有路灯照明 3-夜间无路灯照明		□	15.交通信号方式 1-无信号 2-民警指挥 3-信号灯 4-标志 5-标线 6-其他安全设施	□
17.事故认定原因	违法	违法行为代码(参见违法行为代码表) 5981-未设置道路安全设施 5982-安全设施损坏、灭失 5983-道路缺陷 5989-其他道路原因			□□□□
	非违法过错	9001-制动不当 9002-转向不当 9003-油门控制不当 9009-其他操作不当			
	意外	9101-自然灾害 9102-机件故障 9103-爆胎 9109-其他意外			
	其他	9901-其他			

	当事人信息				
18.身份证明号码/驾驶证号	甲		乙		丙
19.户籍所在地行政区划代码	甲□□□□□□		乙□□□□□□		丙□□□□□□
			甲▼	乙▼	丙▼
20.当事人属性	1-个人 2-单位		□	□	□
21.户口性质	1-非农业户口 2-农业户口		□	□	□
22.人员类型	11-公务员 12-公安民警 13-职员 14-工人 15-农民 16-自主经营者 21-军人 22-武警 31-教师 32-大(专)学生 33-中(专)学生 34-小学生 35-学前儿童 41-港澳台胞 42-华侨 43-外国人 51-外来务工者 52-不在业人员 99-其他		□□	□□	□□
23.交通方式	驾驶机动车	K1-驾驶客车 H1-驾驶货车 G1-驾驶汽车列车 N1-驾驶三轮汽车 N2-驾驶低速货车 Q1-驾驶其他汽车 M1-驾驶摩托车 T1-驾驶拖拉机 J1-驾驶其他机动车	□□	□□	□□
	驾驶非机动车	F1-自行车 F2-三轮车 F3-手推车 F4-残疾人专用车 F5-畜力车 F6-助力自行车 F7-电动自行车 F9-其他非机动车			
	步行	A1-步行			
	乘车	C1-乘汽车 C2-乘摩托车 C3-乘其他机动车 C4-乘非机动车			
	其他	X9-其他			
24.驾驶证种类	1-机动车 2-拖拉机 3-军队 4-武警 5-无驾驶证		□	□	□
25.违法行为	违法代码(参见违法行为代码表)		1□□□□ 2□□□□ 3□□□□	1□□□□ 2□□□□ 3□□□□	1□□□□ 2□□□□ 3□□□□
26.事故责任	1-全部 2-主要 3-同等 4-次要 5-无责 6-无法认定		□	□	□
27.伤害程度	1-死亡 2-重伤 3-轻伤 4-不明 5-无伤害		□	□	□
28.受伤部位	1-头部 2-颈部 3-上肢 4-下肢 5-胸、背部 6-腹、腰部 7-多部位 9-其他		□	□	□
29.致死原因	1-颅脑损伤 2-胸腹损伤 3-创伤失血性休克 4-窒息 5-直接烧死 9-其他		□	□	□
			甲▲	乙▲	丙▲

图 4-13 道路交通事故信息采集项目表(二)快报信息(基本信息)

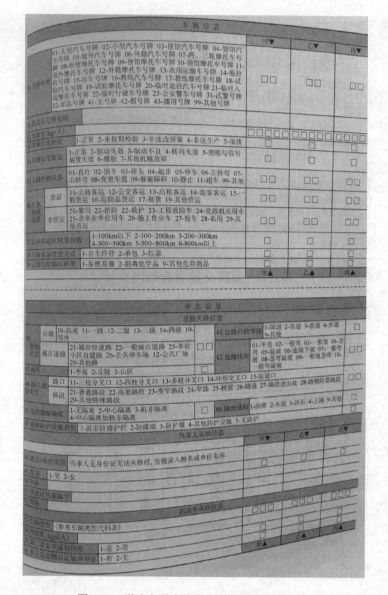

图 4-14　道路交通事故信息采集项目表（三）

4.7.2　现场勘查测绘工作

现场勘查测绘工作必须对以下各点进行明确清楚地勘查、测绘与现场拍照、录像。

（1）车与车（或车撞人、撞物）开始接触的接触点、接触痕迹的部位高低、长宽、深浅，是摩擦还是撞击，并注意在接触部位是否有血迹、头发、布丝等物证。

（2）车辆停放的位置、方向，人体躺卧的位置、形状、车与人之间的距离，车与人距离道路两侧的距离。

（3）车与车（或人、物）从开始接触到停车总的距离，测量该距离应从开始接触到停车后的车前部最突出部位计算。

(4) 测量汽车的制动痕迹时,应区别重制动和轻制动印,并注意每只轮胎的制动痕迹是否相同。

(5) 测量车辆的高度、长度、宽度及轴距的前后轮距等。测量轮距和轴距前应先把汽车的前轮调正,测量轮距应以轮胎面之中心线为基准,当后轮是双轮时,应以外侧之轮胎中心线为基准。

(6) 与现场有关的道路、交通设施及影响视线的障碍物等。

(7) 其他与当时情况有关的天气、地物地形等。现场草图绘成后,肇事人或其单位负责人应在图上签字。

4.8 停车调查

4.8.1 停车调查内容

通常人们希望了解、掌握以下几个方面的状况。

(1) 停车供给情况,通常可以通过停车规划、设计图纸、住宅建筑图等图纸或地图来掌握停车场容量及停车场设施的概况等。

(2) 停车利用实际状况,包括停车场及停车空间中的停车车辆数随时间的变化情况。它包括最大、最小及平均停车数等。

(3) 停车特性指标,包括停车时间、停车率、停车目的、停车位置到目的地的距离等。

(4) 停车意识及停车行为。停车者对于停车设施、停车费率及停车信息等的认知情况和反应。

(5) 其他和停车有关的交通现象。例如,路上停车行为对于行驶的机动车的影响,停车场出入口对附近道路交通的影响。

停车调查的主要项目如下。

(1) 不同时刻、不同车型、不同停车时间的停车数量。

(2) 现有停车设施的使用状况(如停车时间、停车目的)。

(3) 停车形式(如垂直式、平行式)。

(4) 平均停车时间。

(5) 停车地点和目的地的关系(如位置、距离、步行时间)。

(6) 停车场的使用状况(如平均占有率、周转率、停车集中指数等)。

(7) 对停车设施及客货装卸设施的要求、对停车及客货乘降的限制等。

(8) 对停车场的位置规划。

(9) 停车场对地区交通流的影响。

(10) 停车场的经营情况等。

4.8.2 停车指标及计算方法

1. 实际停车量 S

它是指调查期间内、调查区域内总的实际停车数量。

2. 观测停车量 S_1

观测停车量指各调查时段观测到的停车数量的总和。它和实际停车量的区别在于，累计观测停车量不考虑一辆车是否被多次观测，只是简单地将每次观测到的车辆数相加。实际停车辆则考虑某辆车是否被记录观测过，如果上次被记录过，则这次不再被记录。

3. 停车能力（停车容量）C

停车能力是调查区域内，可以同时合法停放的最大车辆数。通常，它用车位数量表示。

4. 停车需求量 N

顾名思义，它表示停车空间的需求量。通常用车位数作为度量指标。

5. 周转率 α（平均周转率、周转次数）

它是衡量停车场每个车位在调查期间被使用次数的指标，是实际停车量与停车容量的比值，即

$$\alpha = S/C \tag{4-29}$$

显然，实际停车数量越多，每辆车停车时间越短，停车场的周转率越大。

6. 停车场利用率

它反映了单位停车位在一定的时间内的使用效率，用所有停放车辆的总时间与停车场容量乘以时间所得的乘积的比值来确定，即

$$\gamma = \frac{\sum_{i=1}^{S} t_i \cdot P_i}{TC} \tag{4-30}$$

式中：t_i——第 i 辆车停车时间（min）；

P_i——停车时间为 t_i 的停车数量；

T——调查时间长度；

C——停车场的停车能力。

7. 平均停车时间 $\bar{t}$（min）

它是衡量停车场处交通负荷与周转效率的基本指标，计算公式如下：

$$\bar{t} = \frac{\sum_{i=1}^{s} t_i}{S} \tag{4-31}$$

式中：t_i——第 i 辆车停车时间（min）；

S——实际停车量。

8. 停车集中指数 λ（停车指数）

它表示停车场在某一时刻的拥挤程度。它有高峰小时停车集中指数和平均停车集中指数之分。高峰小时停车集中指数计算式如下：

$$\lambda = N_i/C \tag{4-32}$$

式中：N_i——某时刻 i（停车高峰小时）的停车数量。

由式（4-32）可以看出，停车集中指数在数值上等于某一时间断面的停车场的利用率。对于多次的断续调查，平均停车集中指数可用下式计算：

$$\lambda = S_1/(C \cdot X) \tag{4-33}$$

式中：X——观测次数。

4.8.3 调查方法

1. 人工观测法

（1）连续观测法：调查人员对于停放的车辆从停车开始到停车结束连续观测的方法。

（2）断续观测法：该方法的做法是调查人员每隔一段时间在调查区域巡回一次，对调查区域内停放的车辆进行登记检查。

2. 询问调查

为了了解停车目的、停车位置到目的地设施的距离、车辆的 OD 等信息，由停车者回答一些问题，可以直接找驾驶员或向驾驶员发放问卷、明信片的方式进行。

通常，没有哪一种调查方法可以满足所有的调查目的。特别是路上停车调查时，由于停车特性区域的不同而不同，因此需要根据停车特性适当地选择调查方法。

小 结

交通调查是交通工程中重要的基础工作，重点阐述了交通参数的调查、起讫点调查、交通事故调查和停车调查。限于篇幅，本章着重于基本概念、基本方法的介绍。在实际的调查工作中，上述方法在实施过程中还有很多技巧和注意事项。另外，交通调查是一个比较广泛的概念，还有许多具体的交通调查和相关方法在这里没有介绍，读者应根据需要查阅专门介绍交通调查的著作以做进一步了解。

练 习 题

1. 交通量调查中数据采集的方法和技术有哪些？各有什么特点？分别适用于哪些情况？

2. 简述流动车观测法的调查方法。

3. 测量地点速度时,抽样应注意什么问题?

4. 请列举三种常用的观测车辆区间速度的方法。对沿线交叉口多及停车点多的路线进行车辆运行速度调查时,应采取何种观测方法?

5. 延误产生的原因有哪些?

6. 交通流密度调查中出入流量调查法的基本原理是什么?

7. 写出用出入量法调查交通密度时 t 时刻 AB 路段上车辆数的计算公式,并说明如何确定初期密度值。

8. 交通延误资料有哪些作用?

9. 用点样本法观测交叉口延误时应注意什么?该方法有哪些优缺点?

10. 在长 1.2 km 的一段东西街道上,用测试车法在试验路段往返行驶 12 次,观测平均值数据如表 4-15 所示,试计算该路段交通量及每个方向车流的平均速度、平均行车时间。

表 4-15 练习题表(一)

由西向东行驶	时间/min	会车数/辆	超车数/辆	被超车数/辆
行车 6 次平均值	2.61	84	1.5	1.0
由东向西行驶	时间/min	会车数/辆	超车数/辆	被超车数/辆
行车 6 次平均值	2.42	111.5	0.5	1.0

11. 表 4-16 所示为 5 min 定时段测定的车辆在交叉口的延误记录表,试根据表中数据进行延误分析。

表 4-16 练习题表(二)

测定时间	交叉口入口处停车数量/辆				驶入交叉口车辆数/辆	
	0 s	15 s	30 s	45 s	停车数	未停车数
5:00	0	2	7	9	11	6
5:01	4	0	0	3	6	14
5:02	9	16	14	6	18	0
5:03	1	4	9	13	17	0
5:04	5	0	0	2	4	17

第 5 章

交通流理论

5.1 概　　述

交通流理论是研究交通流随时间和空间变化规律的模型和方法体系。多年来，交通流理论被广泛地应用于交通运输工程的许多研究领域，如交通规划、交通控制、道路与交通工程设施设计等，交通流理论是这些研究领域的基础理论。近年来，随着 ITS 的蓬勃发展，交通流理论所涉及的范围和内容在不断地发展和变化，如控制理论、人工智能等新兴技术的发展，模拟技术和方法越来越多地被用来描述和分析交通运输工程的某些过程或现象。

车辆的增多，道路上交通拥挤、交通阻塞现象的出现，促使许多交通工程学者开始对交通流理论进行研究。20 世纪 30 年代，交通流理论的研究开始起步，到第二次世界大战结束为第一阶段。由于第二次世界大战的影响，交通流理论的研究曾一度停滞。第二次世界大战以后，世界各国开始着手发展经济，交通问题变得日益重要，对交通流理论的研究也就进入了第二阶段。此阶段相继出现了跟驰理论、流体力学模型及排队论等，丰富和拓展了交通流理论的研究范围。1959 年 12 月，在美国底特律市举行了首届国际交通流理论学术会议，此后交通流理论得到了迅猛发展。其后，大约每隔三年召开一次交通流理论学术讨论会。Daniel 和 Matthew 在汇集了各方面的研究成果后，于 1975 年整理出版了《交通流理论》一书，全面而系统地介绍了交通流理论的内容和发展过程。

随着科学的进步，特别是计算机技术的发展，交通流理论的内容也在不断更新和充实。在传统交通流理论的基础上，出现了现代交通流理论。现代交通流理论就是利用计算机等现代化工具对交通流特性进行更深入的研究。传统交通流理论与现代交通流理论相比较，传统交通流理论已经基本趋于成熟，而现代交通流理论正在逐步发展。就目前的应用来看，传统交通流理论仍居主导地位，其方法相对较容易实现。现代交通流理论与传统交通流理论并不是彼此独立的，现代交通流理论以传统交通流理论为基础，只是其所应用的研究工具和手段与以前相比得到了很大改善，可以从更宽广的领域对交通流理论进行研究。

本章的主要内容如下：
（1）交通流特性。
（2）概率统计模型。
（3）跟驰理论。
（4）排队论（即随机服务系统）。

（5）流体力学模拟理论。
（6）可插车间隙理论。

这些内容是交通流理论中较成熟的部分，目前应用得也十分广泛。本书在介绍这些内容时，侧重于基本理论和基本概念的阐述，不强调其推导或物理过程。

5.2 交通流特性

5.2.1 连续流特性

连续流是指没有外部固定因素（如交通信号）影响的不间断交通流，如高速公路的基本路段、双车道和多车道的交通流。

1. 三参数的相互关系

连续交通流的特性可用交通流量、平均车速和交通流密度三个参数予以描述。平均车速和交通流密度反映交通流从道路获得的服务质量，交通量可以度量交通设施的负荷程度。交通流量、平均车速、交通流密度三个参数是描述交通流基本特征的主要参数，这三个参数之间相互联系、相互制约。为了研究它们之间的关系，专家学者们将物理学中的流体理论引入交通流的研究之中，将交通流近似看作由交通体组成的一种粒子流体，就像其他流体一样，可以用流体力学和数学的有关理论，建立相关的描述交通流特征的数学模型。但是，应该承认公路上交通流的情况受很多因素（如人、车、路、环境等）的影响，而且许多因素是不恒定的。因此，要通过设立某些假设条件将交通流模拟为流体进行研究。

假设交通流为自由流。在长度为 L 的路段上有连续行驶的 N 辆车，其平均速度为 $\bar{v}_s$，如图 5-1 所示。由三个参数的定义可知：

L 路段上的交通流密度为 $K = \dfrac{N}{L}$。

N 号车通过 A 断面所用的时间为 $t = \dfrac{L}{\bar{v}_s}$。

N 号车通过 A 断面交通量为 $Q = \dfrac{N}{t}$。

将以上各式整理得

$$Q = \frac{N}{t} = \frac{N}{L/\bar{v}_s} = \frac{N}{L}\bar{v}_s$$

即
$$Q = \bar{v}_s K \tag{5-1}$$

式中：Q——流量（辆/h）；
$\bar{v}_s$——区间平均车速（km/h）；
K——密度（辆/km）。

图 5-1　三参数计算图

式（5-1）表示的关系是一种三维空间关系，用三维坐标表示的这种空间曲线，如图 5-2 所示。三维曲线图投影到三个二维坐标系中即速度-密度、交通流量-密度、速度-交通流量之间的关系图，如图 5-3 所示。图 5-3（a）所示为以格林希尔治的单段式速度-线性关系模型为依据绘制的；图 5-3（b）和（c）则是以（a）中的关系模型为基础，根据式（5-1）推导出的。

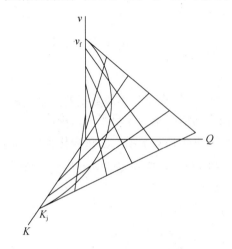

图 5-2　$Q=v·K$ 关系三维曲线图

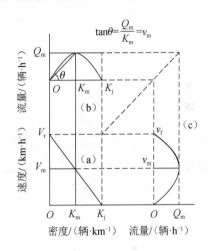

图 5-3　速度-密度、交通流量-密度和速度-交通流量关系图

在图 5-3 中，需要注意交通流特性参数中的一些特殊值。

自由流速度（Free-Flow Speed）v_f：又称畅行速度，一辆车在无其他车辆干扰的条件下通过某一区段的最高车速。

阻塞密度（Jam Density）K_j：密度持续增加使流量趋近于 0 时的密度，或指停车排队的密度。

临界密度（Critical Density）K_m：流量逐渐增大，接近或达到道路通行能力时的密度。临界密度又称最佳密度。

临界速度（Critical Speed）v_m：流量逐渐增大，接近或达到道路通行能力时的速度。

最大流量 Q_m：路段上能够通行的最大流量。

在该模型中，流量为 0 时有两种情况，第一种是道路上没有车辆通过，此时的密度为 0，车辆可以以"自由流速度"行驶。第二种情况是交通出现了阻塞，所有车辆都被迫停了下来，所以没有车辆通过观察点，此时的密度为阻塞密度。

密度-流量和速度-流量曲线的最高点是饱和流量，这一点是不稳定的。当接近饱和时，交通流中可利用的空间变得越来越小，在达到饱和时，就没有空间可利用了，这时交通流密度达到临界密度。在这一时刻，交通流中任何混乱或意外事件的发生，都会产生连锁反应，从而使流量有所降低，甚至发生阻塞。所以，这一点的流量称为强制流或称不稳定流。

在格林希尔治假设下，主要变量的临界值很容易确定下来：临界速度是自由流速度的一半，而自由流速度是速度-密度曲线上速度的轴截距；临界密度是阻塞密度的一半，而阻塞密度是速度-密度曲线上密度的轴截距。饱和流量或最大流量可以由临界速度和临界密度得到。

2. 速度与密度的关系

在实践中，可以看到这样一种现象：当道路上的车辆增多、交通流密度增大时，驾驶员被迫降低车速。当交通流密度由大变小时，车速又会增加。这就说明速度和密度之间有一定的关系。

1933年，格林希尔治在对大量观测数据进行分析之后，提出了速度-密度的线性关系模型：

$$\bar{v}_s = v_f \left(1 - \frac{K}{K_j}\right) \tag{5-2}$$

式中：v_f——自由流速度；

K_j——阻塞密度。

这一模型简单直观。研究表明，在通常的交通流密度下，该模型与实测数据的拟合较好。

由图5-4可见，当$K=0$时，$\bar{v}_s = v_f$，即在交通量很小的情况下，车辆可以自由流速度行驶。当$K = K_j$时，$\bar{v}_s = 0$，即在交通流密度很大时，车辆速度趋向于零。流量变化也可以用速度-密度图来说明，例如，已知C点的速度为v_m，密度为K_m，则流量$Q = v_m K_m$，它就是曲线下面的矩形阴影部分的面积。

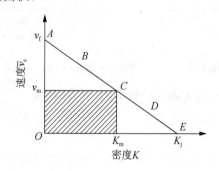

图5-4 速度-密度关系图

研究表明，当交通流密度很大或很小时，该模型与实际情况有一定偏差。后人对格林希尔治模型进行了改进。

当交通流密度很大时，可以采用格林伯格提出的对数模型：

$$\bar{v}_s = v_m \ln\left(\frac{K_j}{K}\right) \tag{5-3}$$

式中：v_m——临界速度。

当交通流密度很小时，可采用安德伍德提出的指数模型：

$$\bar{v}_s = v_f e^{-\frac{K}{K_m}} \tag{5-4}$$

式中：K_m——临界密度。

3. 流量与密度的关系

交通流的流量-密度关系是交通流的基本关系。根据格林希尔治模型及基本关系式，得

$$Q = Kv_f\left(1 - \frac{K}{K_j}\right) \qquad (5-5)$$

式（5-5）是二次函数关系，用图形表示为一条抛物线，如图 5-5 所示。

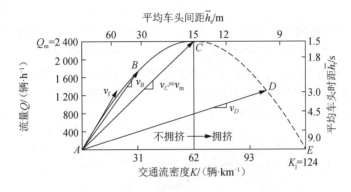

图 5-5 流量-密度关系图

图 5-5 中 C 点代表最大流量 Q_m，相应的密度为 K_m。从这点起，流量随密度的增加而减小，直至达到阻塞密度 K_j，此时流量 $Q = 0$。从原点 A 至曲线上的 B、C 和 D 点的箭头为矢量，这些矢量的斜率表示速度。通过 A 点且与曲线相切的矢量，其斜率为自由流速度 v_f。在流量-密度曲线上，密度比 K_m 小的点表示不拥挤，密度比 K_m 大的点表示拥挤状态。

从基本定义出发，可证明平均车头间距 $\bar{h}_s$ 和平均车头时距 $\bar{h}_t$ 分别为流量及密度的函数。假定车辆平均长度为 6.1 m，在阻塞密度时，单车道上车辆间的平均间隔为 1.95 m，因此，$\bar{h}_s = 8.05$ m，由式（3-17），曲线上 E 点的阻塞密度值为

$$K_j = \frac{1\,000}{\bar{h}_s} = \frac{1\,000}{8.05} \approx 124 \;（辆/km）$$

假定 $\bar{h}_t = 1.5$ s，根据式（3-18），曲线上 C 点的最大流量或最大通行能力为

$$Q_m = \frac{3\,600}{\bar{h}_t} = \frac{3\,600}{1.5} \approx 2\,400 \;（辆/h）$$

C 点的临界密度 K_m 可直接从图中看出，它等于 62 辆/km。

确定最大流量时的车速 v_m，只要计算出从原点 A 到 C 的矢量斜率，即 $v_m = v_C = 2\,400 \div 62 = 38.7$（km/h）。

流量-密度曲线上，其他点的数值可以同样的方式求出。例如，B 点是表示不拥挤情况下的一个典型点。从图 5-5 来看，B 点的流量为 1 800 辆/h，密度为 30 辆/km，速度（AB 矢量的斜率）为 58 km/h。D 点是表示拥挤情况下的一个典型点。从图 5-5 中可以看出，D 点的流量为 1 224 辆/h，密度为 105.6 辆/km，速度（AD 矢量的斜率）为 11.6 km/h。

4. 流量与速度的关系

由式（5-2）可得

$$K = K_j\left(1 - \frac{\bar{v}_s}{v_f}\right) \tag{5-6}$$

代入式（5-5）得

$$Q = K_j\left(\bar{v}_s - \frac{\bar{v}_s^2}{v_f}\right) \tag{5-7}$$

式（5-7）同样是一条抛物线，如图 5-6 所示，形状与流量-密度曲线相似。通常速度随流量增加而降低，直至达到最大通行能力的流量 Q_m 为止。在曲线上拥挤的部分，流量和速度都降低。A、B、C、D 和 E 点对应于流量-密度曲线和速度-密度曲线上相同的点。从原点 E 到曲线上各点矢量的斜率表示此点的密度的倒数 $1/K$。在速度-流量曲线上，C 点以上的部分表示不拥挤，而 C 点以下的部分表示拥挤状态。

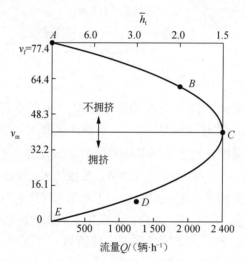

图 5-6 流量-速度关系图

综上所述，由格林希尔治的假设所得到的各种模型可以看出，Q_m、v_m 和 K_m 是划分交通是否拥挤的重要特征值。当 $Q \leq Q_m$，$K > K_m$，$\bar{v}_s < v_m$ 时，交通处于拥挤状态；当 $Q \leq Q_m$，$K \leq K_m$，$\bar{v}_s \geq v_m$ 时，交通处于不拥挤状态。

【例 5-1】已知某公路上畅行速度 $v_f = 80$ km/h，阻塞密度 $K_j = 100$ 辆/km，速度-密度关系为线性关系。试问：

（1）该路段上期望得到的最大流量是多少？

（2）此时所对应的车速是多少？

【解】（1）因为最大流量 $Q_m = \dfrac{V_f K_j}{4}$，所以

$$Q_m = \frac{80 \times 100}{4} = 2\,000 \text{（辆/h）}$$

（2）当交通流量最大时，速度 $v_m = \dfrac{v_f}{2}$，所以

$$v_m = \dfrac{80}{2} = 40 \text{（km/h）}$$

5.2.2 间断流特性

间断流是指有外部固定因素影响的周期性中断交通流，如有信号交叉口和无信号交叉口的交通流。本节将分别介绍信号交叉口的交通流特性及其描述参数——饱和流率、损失时间，交通流运行效率的指标——延误。

在所有产生间断流的设施中，最重要的是信号交叉口。在交叉口处，处于各种运动状态的交通流周期性地停止，然后在信号允许的情况下，以某种方式进行疏散。如果能对交叉口进行恰当的控制，就可以避免许多时间上和空间上的冲突，从而使交叉口内的各向车流都能安全有效地通过。因此，了解与交叉口相交的道路上的交通流特性，对研究间断流的特性是很有意义的。

图 5-7 所示为通过信号交叉口的一队车辆。当信号转为绿灯时，车队开始进入交叉口，记录下车头时距，也就是分别记录各辆车通过图 5-7 中标线的时间。由此可以观察到如下现象：第一车头时距是从绿灯信号开始到第一辆车的前保险杠通过标线的时间。第一车头时距是比较长的，因为第一辆车的驾驶员最先看到绿灯信号，然后产生反应，使车辆加速进入交叉口。第二车头时距是第一辆车和第二辆车的保险杠通过标线的时间间隔，这个值较小，因为第二辆车的驾驶员对绿灯的反应和第一辆车驾驶员的反应几乎重合，第三车头时距比第二辆车头时距更小，以此类推。最后（通常在第四和第六车头时距之间）各车辆到达观察标线时均已充分加速，所以观察到的车头时距几乎是相等的。

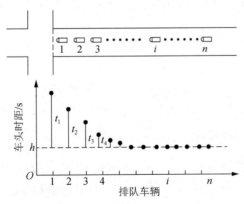

图 5-7 车队通过信号交叉口示意图

信号交叉口的交通流一般采用饱和车头时距、饱和流率和损失时间来描述。

稳定行驶的连续流的车头时距称为饱和车头时距，用 h_t 表示。因为这个时距接近相等，故进入交叉口的每条车道上的车辆数可按下式计算：

$$S = \dfrac{3\,600}{h_t} \tag{5-8}$$

式中：S——饱和流率 [（辆/h）·车道]；
　　　h_t——饱和车头时距（s）。

饱和流率 S 是每条车道能进入交叉口的车辆数，只有该方向车道总是绿灯信号，车辆通过交叉口无须停车，该式才是正确的。所以，这个 S 是假想值，它被用作对交叉口及与之相连的道路进行几何设计时的依据。

信号交叉口的交通流是周期性停止的。当信号变为绿灯时，车辆由停止状态开始运动，前几辆车的车头时距是大于 h_t 的。因此，对于前几辆车，应增加其时距（$\geqslant h_t$），从而得到一个增量值，称为起动损失时间，用 l_1 表示，则

$$l_1 = \sum_{i=1}^{n} t_i \qquad (5\text{-}9)$$

式中：l_1——总起动损失时间（s）；
　　　t_i——第 i 辆车的起动损失时间（s）。

交通流每次从排队等待状态开始运动，都要把起动损失时间加到每辆车的 h_t 上。通过饱和流率和起动损失时间两个假设，即可确定一个车队通过交叉口所需的时间，并可算出每次使一个交通流停止所造成的额外损失时间。

清尾损失时间 l_2 是指从一个方向最后一辆车进入交叉口的时刻与另一方向变为绿灯的时刻之间的时间差。

饱和流率与损失时间之间的关系是很重要的。对于饱和流率来说，有效时间被每辆车以 h_t s 的车头时距利用着。有效时间是在一个信号周期的基础上，不但扣除了红灯时间，而且扣除了起动损失时间和清尾损失时间。

下面的例子可以帮助理解这一概念。对于给定的交叉口某一方向车道的交通信号，有下列参数：

$$h_t = 2.0 \text{ s}$$
$$l_1 = 1.5 \text{ s}$$
$$l_2 = 1.5 \text{ s}$$

在 60 s 的信号周期内，这个车道的绿灯信号时间是 27 s，黄灯时间 3 s，红灯时间 30 s。假设在绿灯和黄灯时间内，车辆可以通过，则在每个 60 s 内，有 30 s 是可通行时间。所以，在 1 h 的时间内，可通行的时间为 $3\,600 \times \dfrac{30}{60} = 1\,800(\text{s})$。

假设每辆车通过交叉口需 2 s，车道的饱和流率是很容易算出的。但是 1 h 内总的起动损失时间和清尾损失时间必须从 1 800 s 中减去。当每次交通流起动时，就失去 1.5 s；每次交通流停止时，又失去 1.5 s。每个信号周期内交通流起动、停止各一次，若每个周期是 60 s，则 1 h 内有 60 个这样的周期，所以总损失时间为 60×(1.5+1.5)=180（s）。
则车辆通行的有效时间是 1 800-180=1 620（s）。

当车头时距为 2 s 时，车道的饱和流率应为 $\dfrac{1\,620}{2} = 810(\text{辆/h})$。

5.3 概率统计模型

在设计新的交通设施和交通控制方案时，常希望用有限的数据通过数学加工整理，有效地预示未来的交通状态。为解决这一问题，引入了随机变量和概率统计分布的概念。在分析交通问题过程中，概率分布十分重要。交通流的运动过程是一个复杂过程，是受很多因素影响的随机过程，所以在点（交叉口）、线（路段）、面（区域）范围内的交通流运动状态十分复杂，每辆车的到达是一个随机过程。交通分析的任务在于，从错综复杂的偶然性中揭示潜在的必然性，即事物的客观规律性。概率统计方法是最早应用于交通流理论的数学方法，它为解决交通中具有随机现象的问题提供了有效手段。车辆的到达具有随机性，描述这种随机性的方法有两种：一种是离散型分布，研究在一定时间内到达的交通量的波动性；另一种是连续性分布，研究车辆间隔时间、车速等交通流参数的统计分布。下面介绍交通流特性参数分析中常用的统计分布。

5.3.1 离散型分布

离散型分布常用于描述一定的时间间隔内事件的发生数，如某交叉口引道入口一个周期内到达的车辆数、某路段一年内发生的交通事故等。它用于描述在固定长度的时段内到达某场所的交通量的波动性。交通工程中常用的离散型分布主要有三种：泊松分布、二项分布和负二项分布。

1. 泊松分布

1）基本公式

$$P(k) = \frac{(\lambda t)^k e^{-\lambda t}}{k!}, \quad k = 0, 1, 2, \cdots \tag{5-10}$$

式中：t——间隔时间或间隔距离，简称为计数间隔；

$P(k)$——在计数间隔 t 内到达 k 辆车的概率；

λ——单位时间的平均到达率或单位距离的平均到达率；

e——自然对数的底，取值为 2.718 28。

若令 $m = \lambda t$ 为在计数间隔 t 内平均到达的车辆数，则式（5-10）可写为

$$P(k) = \frac{(m)^k e^{-m}}{k!} \tag{5-11}$$

当 m 已知时，应用式（5-11）可求出在计数间隔 t 内恰好有 k 辆车到达的概率。除此之外，还可计算出如下的概率值。

到达车辆数小于 k 辆车的概率：

$$P(<k) = \sum_{i=0}^{k-1} \frac{m^i e^{-m}}{i!} \tag{5-12}$$

到达车辆数小于等于 k 辆车的概率：

$$P(\leqslant k) = \sum_{i=0}^{k} \frac{m^i e^{-m}}{i!} \quad (5\text{-}13)$$

到达车辆数大于 k 辆车的概率：

$$P(>k) = 1 - P(\leqslant k) = 1 - \sum_{i=0}^{k} \frac{m^i e^{-m}}{i!} \quad (5\text{-}14)$$

到达车辆数大于等于 k 辆车的概率：

$$P(\geqslant k) = 1 - P(<k) = 1 - \sum_{i=0}^{k-1} \frac{m^i e^{-m}}{i!} \quad (5\text{-}15)$$

到达数至少是 l 辆车但不超过 n 辆车的概率：

$$P(l \leqslant i \leqslant n) = \sum_{i=l}^{n} \frac{m^i e^{-m}}{i!} \quad (5\text{-}16)$$

用泊松分布拟合观测数据时，参数 m 按下式计算：

$$m = \frac{\text{观测的总车辆数}}{\text{总计数间隔数}} = \frac{\sum_{j=1}^{g} k_j f_j}{\sum_{j=1}^{g} f_j} = \frac{\sum_{j=1}^{g} k_j f_j}{N} \quad (5\text{-}17)$$

式中：k_j——计数间隔 t 内到达的车辆数；

f_j——计数间隔 t 内到达 k_j 辆车的间隔数；

g——观测数中不同 k_j 的分组数；

N——观测的间隔总数。

2）递推公式

$$P(0) = e^{-m}$$

$$P(k+1) = \frac{m}{k+1} P(k) \quad (5\text{-}18)$$

3）适用条件

在交通工程中，泊松分布最早用于描述一定时间内到达车辆数的分布规律。当交通量不大，没有信号干扰时，即车辆是随机的，此时应用泊松分布能较好地拟合观测数据。

由概率论的知识可知，泊松分布的均值 M 和方差 D 是相等的，并且样本的均值 m 和样本方差 S^2 分别为其无偏估计。因此，当 S^2/m 之比近似等于 1 时，泊松分布适用；当 S^2/m 显著地不等于 1 时，意味着泊松分布拟合不合适。实际应用中，常以此作为能否应用泊松分布拟合观测数据的初始判断依据。

S^2 可按下式计算：

$$S^2 = \frac{1}{N-1} \sum_{i=1}^{N} (k_i - m)^2 = \frac{1}{N-1} \sum_{j=1}^{g} (k_j - m)^2 f_j \quad (5\text{-}19)$$

4）泊松分布的应用

【例5-2】 某交叉口信号周期为90 s，某相位的有效绿灯时间为45 s，在有效绿灯时间内排队车辆以1 200辆/h的流量通过交叉口，假设交叉口上游车辆到达率为400辆/h，服从泊松分布。求：

（1）一个周期到达车辆不超过10辆的概率；

（2）到达车辆不致两次排队的周期最大百分率。

【解】（1）由于车辆到达率为400辆/h，因此一个周期内平均到达车辆数为

$$m = \frac{400}{3\ 600} \times 90 = 10(辆)$$

所以，一个周期内到达车辆数不超过10辆的概率为

$$P(\leqslant 10) = \sum_{i=0}^{10}(10)^i \frac{e^{-10}}{i!} \approx 0.583\ 0$$

（2）由于到达车辆只能在有效绿灯时间离开，因此一个周期能离开最大车辆数为(1 200/3 600)×45=15（辆），如果某周期内到达车辆数大于15辆，则最后到达的(N−15)辆车就不能在本周期通过，而要在下一个周期通过，以致二次排队。所以，不发生二次排队的概率为

$$P(\leqslant 15) = \sum_{i=0}^{15}(10)^i \frac{e^{-10}}{i!} \approx 0.951\ 3 \approx 95(\%)$$

本例的车流如果按每周期10辆均匀到达，则任何车辆最多在本周期排一次队就能通过交叉口，实际车流的到达是时疏时密的，使绿灯时间不能充分利用。这样，从平均角度来看，每周期都能顺畅通过的车流实际上却会遇到一些不顺畅的周期，从中可以看出，概率分布的理论和方法是从随机的角度揭示车流运行的内在规律的。

2. 二项分布

1）基本公式

$$P(k) = C_n^k \left(\frac{\lambda t}{n}\right)^k \left(1 - \frac{\lambda t}{n}\right)^{n-k}, \quad k = 0, 1, 2, \cdots, n \tag{5-20}$$

其中：

$$C_n^k = \frac{n!}{k!(n-k)!}$$

通常记 $p = (\lambda t)/n$，则二项分布可写成

$$P(k) = C_n^k p^k (1-p)^{n-k}, \quad k = 0, 1, 2, \cdots, n \tag{5-21}$$

式中：n、p——二项分布参数，$0 < p < 1$。

用式（5-21）可计算在计数间隔 t 内恰好到达 k 辆车的概率。除此以外，还可计算如下概率。

到达车辆数小于 k 的概率：

$$P(<k) = \sum_{i=0}^{k-1} C_n^i p^i (1-p)^{n-i} \tag{5-22}$$

到达车辆数大于 k 的概率：

$$P(>k) = 1 - \sum_{i=0}^{k} C_n^i p^i (1-p)^{n-i} \tag{5-23}$$

其余类推，这里不再赘述。

由概率论可知，对于二项分布，其均值 $M = np$，方差 $D = np(1-p)$，p、n 可按下列关系式估算（n 值的计算结果取整）：

$$p = (m - S^2)/m \tag{5-24}$$

$$n = m/p = m^2/(m - S^2) \tag{5-25}$$

式中：m、S^2 ——分别为样本的均值和样本方差。

2）递推公式

$$P(0) = (1-p)^n$$

$$P(k+1) = \frac{n-k}{k+1} \cdot \frac{p}{1-p} \cdot P(k) \tag{5-26}$$

3）适用条件

车流比较拥挤、自由行驶机会不多的车流用二项分布拟合较好。由于二项分布的均值 M 大于方差 D，因此当观测数据表明 S^2/m 小于 1 时二项分布适用。

4）应用

【例 5-3】某交叉口最新的改善措施中，欲在引道入口设置一条左转弯候车道，为此需要预测一个周期内到达的左转车辆数。经研究发现，来车符合二项分布，并且每个周期内平均到达 25 辆车，有 20% 的车辆左转。求：

（1）左转车的 95% 置信度的来车数；

（2）到达 5 辆车中 1 辆左转车的概率。

【解】（1）由于每个周期平均来车数为 25 辆，而左转车只占 25%，因此左转车的分布为二项分布：$P(k) = C_{25}^i \times 0.25^i \times (1-0.25)^{25-i}$。因此，置信度为 95% 的来车数 $X_{0.95}$ 应满足：

$$P(k \leq x_{0.95}) = \sum_{i=0}^{0.95} C_{25}^i p^i (1-p)^{25-i} \leq 0.95$$

计算可得 $P(k \leq 9) \approx 0.928$，$P(k \leq 10) \approx 0.970$。因此，可令 $X_{0.95} = 9$，即左转车的 95% 置信度的来车数为 9。

（2）由题意可知，到达左转车服从二项分布，即

$$P(k) = C_5^i 0.25^i (1-0.25)^{5-i}$$

所以

$$P(k=1) = C_5^1 \times 0.25^1 \times (1-0.25)^{5-1} \approx 0.3955$$

因此，到达 5 辆车中有 1 辆左转车的概率为 0.3955。

3. 负二项分布

1）基本公式

$$P(k) = C_{k+\beta-1}^{\beta-1} p^\beta (1-p)^k, \quad k = 0, 1, 2, \cdots, n \tag{5-27}$$

式中：p、β——负二项分布参数，$0 < p < 1$；

　　　β——正整数。

同样地，用式（5-27）可计算在计数间隔 t 内恰好到达 k 辆车的概率。到达车辆数大于 k 的概率可由下式计算：

$$P(>k) = 1 - \sum_{i=0}^{k} C_{i+\beta-1}^{\beta-1} p^{\beta} (1-p)^{i} \tag{5-28}$$

其余类推，这是不再赘述。

由概率论可知，负二项分布的均值 $M = \beta(1-p)/p$，方差 $D = \beta(1-p)/p^2$，p、β 可由下列关系式估算（β 值计算结果取整）：

$$p = m/S^2$$
$$\beta = m^2/(S^2 - m) \tag{5-29}$$

2）递推公式

$$P(0) = p^{\beta}$$
$$P(k) = \frac{k+\beta-1}{k}(1-p)P(k-1), \quad k \geq 1 \tag{5-30}$$

3）适用条件

研究表明，当观测到达车辆数据的方差很大时，特别是当计数过程包括高峰期和非高峰期时，交通量变化较大，此时适用于用负二项分布拟合观测数据，描述车辆的到达。当计数间隔较小时，也会出现大流量时段与小流量时段，也可用负二项分布拟合观测数据。从另一方面看，S^2/m 大于 1 时，负二项分布适用。

5.3.2 连续型分布

车流到达的统计规律除了可用离散型分布来描述外，还可用车头时距的分布来描述。连续型分布是描述事件之间时间间隔分布规律的模型，常用来描述交通流中前后车辆的车头时距分布情况。

1. 负指数分布

负指数分布可用于描述车头时距的概率分布。对于交通流来说，车头时距可能相等，也可能不相等。由于泊松分布着眼于一定时间间隔的车辆到达数，因此可以通过泊松分布的规律来推出前后车辆之间的车头时距。若车辆到达符合泊松分布，则车头时距就是负指数分布，反之也成立。

1）基本公式

由式（5-10）可知，在计数间隔 t 内没有车辆到达（$k=0$）的概率为

$$P(0) = e^{-\lambda t} \tag{5-31}$$

式（5-31）表明，在具体的时间间隔 t 内，如无车辆到达，则前辆车到达和后辆车到达之间的车头时距至少有 t s，$P(0)$ 也是车头时距 h 等于或大于 t s 的概率，于是有

$$P(h \geq t) = e^{-\lambda t} \tag{5-32}$$

则车头时距小于 t 的概率为

$$P(h<t)=1-\mathrm{e}^{-\lambda t} \tag{5-33}$$

若 Q 表示小时交通量，则 $\lambda=Q/3\,600$（辆/s），式（5-32）可以写成

$$P(h\geqslant t)=\mathrm{e}^{-Qt/3\,600} \tag{5-34}$$

式（5-34）中的 $Qt/3\,600$ 是到达车辆数概率分布的平均值。若令 M 为负指数分布的均值，即平均车头时距，则应有

$$M=3\,600/Q=\frac{1}{\lambda} \tag{5-35}$$

负指数分布的方差为

$$D=\frac{1}{\lambda^2} \tag{5-36}$$

用样本的均值 m 代替 M、样本的方差 S^2 代替 D，即可算出负指数分布的参数 λ。

此外，也可用概率密度函数来计算。负指数分布的概率密度函数为

$$p(t)=\frac{\mathrm{d}p(h<t)}{\mathrm{d}t}=\frac{\mathrm{d}}{\mathrm{d}t}\left[1-P(h\geqslant t)\right]=\lambda\mathrm{e}^{-\lambda t} \tag{5-37}$$

2）适用条件

负指数分布适用于车辆到达是随机的、有充分超车机会的单列车流和密度不大的多列车流的情况。通常认为，当每小时每车道的不间断车流量等于或小于 500 辆时，用负指数分布描述车头时距时符合实际的。

由式（5-37）可知，负指数分布的概率密度函数是随车头时距 t 单调递减的，这说明车头时距越小，其出现的概率越大。这种情况在限制超车的单列车流中是不可能出现的，因为车头间距至少应为一个车身长，车头时距必须有一个大于零的最小值 τ，否则会导致车辆头尾相接，这就是负指数分布的局限性。

因此，在观测统计时，往往略去最小车头间隔，使计算结果合理。对负指数分布加以变换称为移位负指数分布。

2. 移位负指数分布

1）基本公式

为克服负指数分布的车头时距越趋于零，其出现概率越大这一缺点，使数学模拟规律更接近实际交通流运行状况，可将负指数分布曲线从原点 O 沿 t 轴向右移一个最小的间隔长度 τ（根据调查数据确定，一般为 1.0～1.5 s），得到移位负指数分布曲线，它能更好地拟合观测数据。

移位负指数分布的分布函数为

$$P(h\geqslant t)=\mathrm{e}^{-\lambda(t-\tau)},\ t\geqslant\tau \tag{5-38}$$

$$P(h<t)=1-\mathrm{e}^{-\lambda(t-\tau)},\ t\geqslant\tau \tag{5-39}$$

其概率密度函数为

$$p(t)=\begin{cases}\lambda\mathrm{e}^{-\lambda(t-\tau)} & t\geqslant\tau\\ 0 & t<\tau\end{cases} \tag{5-40}$$

均值和方差分别为

$$M = \frac{1}{\lambda} + \tau \tag{5-41}$$

$$D = \frac{1}{\lambda^2} \tag{5-42}$$

用样本均值 m 代替 M，样本方差 S^2 代替 D，就可算出移位负指数分布的两个参数 λ 和 τ。

2）适用条件

移位负指数分布适合描述限制超车的单列车流车头时距分布和低流量时多列车流的车头时距分布。

移位负指数分布的概率密度函数是随 $(t-\tau)$ 的值单调递减的，即移位负指数分布的车头时距，越接近 τ 其出现的可能性越大，但这在一般情况下不符合驾驶员的心理习惯和行车特点。从统计角度看，具有中等反应强度的驾驶员占大多数，他们行车时在安全条件下保持较短的车间距离（前车车尾与后车车头之间的距离，不同于车头间距），只有少部分反应特别灵敏或较冒失的驾驶员才会不顾安全地去追求更短的车间距离。因此，车头时距分布的概率密度曲线一般总是先升后降的。为了克服移位负指数分布的这种局限性，可用更通用的连续型分布，如韦布尔分布、爱尔朗分布、皮尔逊Ⅲ型分布、对数正态分布、复合指数分布等，这里仅介绍前两种分布。

3. 韦布尔分布

1）基本公式

$$P(h \geq t) = \exp\left[-\left(\frac{t-\gamma}{\beta-\gamma}\right)^\alpha\right], \quad \gamma \leq t < \infty \tag{5-43}$$

式中，β、γ、α 为分布参数，取正值，且 $\beta > \gamma$，γ 称为起点参数，α 称为形状参数，β 称为尺度参数。韦布尔分布的概率密度函数为

$$p(t) = \frac{\mathrm{d}[1-P(h \geq t)]}{\mathrm{d}t} = \frac{1}{\beta-\gamma}\left(\frac{t-\gamma}{\beta-\gamma}\right)^{\alpha-1} \exp\left[-\left(\frac{t-\gamma}{\beta-\gamma}\right)^\alpha\right] \tag{5-44}$$

图 5-8 所示为 $\gamma=0$、$\beta=1$ 的韦布尔分布概率密度曲线，曲线的形状随着参数 α 的改变而变化，可见韦布尔分布的适用范围是比较广泛的。当 $\alpha=1$ 时，即为负指数分布；当 $\alpha=2$ 或 3 时，与正态分布十分近似。当使用韦布尔分布拟合数据时，可根据观测数据查阅相关的韦布尔分布拟合用表，确定所要使用的韦布尔分布的具体形式。

2）适用条件

韦布尔分布使用范围较广，交通流中的车头时距分布、速度分布等一般都可用韦布尔分布来描述。实践表明，对具有连续型分布的交通流参数进行拟合，韦布尔分布常具有与皮尔逊Ⅲ型分布、对数正态分布、复合指数分布同样的效力。韦布尔分布的拟合步骤并不复杂，其分布函数也比较简单，这是皮尔逊Ⅲ型分布所不具备的优点，这个优点给概率计算带来了很多便利。此外，韦布尔分布随机数的产生也很简便。因此，当使用最简单的负指数分布或移位负指数分布不能拟合实测的数据时，选用韦布尔分布拟合是最好的方法。

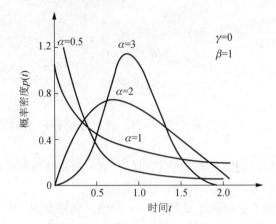

图 5-8 韦布尔分布概率密度曲线

4. 爱尔朗分布

1）基本公式

常用的爱尔朗分布可写成如下形式：

$$P(h \geq t) = \sum_{i=0}^{l-1} (\lambda l t)^i \frac{e^{-\lambda l t}}{i!} \tag{5-45}$$

爱尔朗分布也是较为通用的描述车头时距分布、速度分布等交通流参数分布的概率模型。根据分布函数中参数 l 的改变而有不同的分布函数。

当 $l=1$ 时，式（5-45）简化成负指数分布；当 $l \to \infty$ 时，式（5-45）将产生均一的车头时距。实际应用时，l 值可由观测数据的均值 m 和方差 S^2 用下式估算，且四舍五入取整数：

$$l = \frac{m^2}{S^2} \tag{5-46}$$

爱尔朗分布的概率密度函数为

$$p(t) = \lambda e^{-\lambda t} \frac{(\lambda t)^{l-1}}{(l-1)!}, \quad l=1, 2, 3, \cdots \tag{5-47}$$

图 5-9 所示为 $l=1$、2、4 时的概率密度曲线。

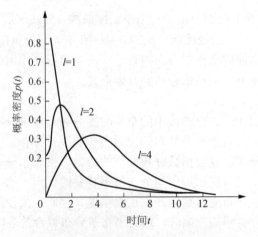

图 5-9 λ 固定时，与不同 l 值对应的爱尔朗分布概率密度曲线

2）适用条件

爱尔朗分布中，参数 l 可以反映畅行车流和拥挤车流之间的各种车流条件。l 越大，说明车流越拥挤，驾驶员自由行车越困难。因此，l 值是非随机性程度的粗略表示，非随机性程度随着 l 值的增加而增加。

5.4 跟驰理论

跟驰理论是运用动力学的方法，研究在无法超车的单一车道上车辆列队行驶时，后车跟随前车的行驶状态的一种理论。它用数学模型表示跟驰过程中发生的各种状态。

自从 Reuschel（1950）和 Pipes（1953）利用运筹学技术首次成功解析跟驰模型以来，这方面的研究已经持续了半个多世纪。20 世纪 50 年代后期，在底特律的通用汽车研究实验室 Chandler、Herman 和 Montroll（1958）推导出跟驰模型的第一个原型。在随后的 15 年中，研究人员尝试去标定模型中一些参数之间的最佳组合。另外，Michaels（1963）通过分析驾驶员生理和心理一些潜在的因素，首次提出生理-心理跟驰模型的概念，Zhang Y L 等人（1998）在 Michaels 研究的基础上提出了一种可以应用于实践的多段式模型；自 20 世纪 90 年代以来，研究人员试图用模糊推理系统和混沌理论来描述跟驰状态。

跟驰模型的研究对于交通安全、交通管理、通行能力、服务水平等方面都有着重要的意义。跟驰理论研究的一个重要目的是通过观察各车辆逐一跟驰的方式来了解单车道交通流的特性。这种特性的研究曾用于检验管理技术和通信技术、减少追尾碰撞事故、分析交通流稳定性。同时，这种跟驰特性也可用于对隧道和瓶颈路段车流特性的分析与改进；可以从机理上分析通行能力，能定量地给出一些反映驾驶员行驶自由性的指标，定量地描述服务水平；跟驰模型研究的另一重要运用是进行交通模拟。在 20 世纪 80 年代后期以来所做的跟驰模型研究，基本上是基于开发交通流仿真模型或模拟驾驶行为。

5.4.1 车辆跟驰特性分析

在道路上，当交通流密度小时，驾驶员能根据自己的驾驶特性（个人驾驶技巧、驾驶倾向性、身体状况、情绪、出行的紧迫性等）和车辆条件，道路条件进行驾驶，基本不受或很少受道路上其他使用者的影响，通常能保持驾驶员的期望车速，这时的交通流状态称为自由流。当交通流密度加大时，车间距减小，车队中车辆的车速会受到前车车速的制约，驾驶员为了避免发生碰撞和节省行车时间，将紧密而安全地按前车的车速发生变化时提供的信息采用相应的车速，这种状态称为非自由行驶状态。车辆跟驰理论只研究非自由行驶状态下车队的行驶特性。

非自由行驶状态的逐一跟驰车辆有以下的行驶特性。

1. 制约性

在一队汽车中，后车跟随前车运行，出于对旅行时间的考虑，驾驶员总不愿意落后很多，而是紧随前车前进，这就是紧随要求。从安全的角度考虑，跟驰车辆要满足两个条件：一是后车的车速不能长时间大于前车的车速，只能在前车速度附近摆动，否则会发生碰撞，这是车速条件；二是前后车之间必须保持一个安全距离，即前车制动时，两车之间有足够的距离，从而有足够的时间供后车驾驶员做出反应，采取制动措施，这是间距条件。显然，车速高时，制动距离长，安全距离也应加大。紧随要求、车速条件和间距条件构成了一队汽车跟驰行驶的制约性，即前车的车速制约着后车的车速和两车间距。

2. 延迟性

从跟驰车队制约性可知，前车改变运行状态后，后车也要改变。但前后车运行状态的改变不是同步的，而是延迟的。这是由于驾驶员对于前车运行状态的改变要有一个反应的过程，这过程包括四个阶段：

（1）感觉阶段——前车运行状态的改变被察觉。
（2）认识阶段——对这一改变加以认识。
（3）判断阶段——对本车将要采取的措施做出判断。
（4）执行阶段——由大脑到手脚的操纵动作。

这四个阶段所需要的时间称为反应时间。假设反应时间为 Δt，前车在 t 时刻的动作，后车要经过 Δt 在（$\Delta t+t$）时刻才能做出相应的动作，这就是延迟性。

3. 传递性

由制约性可知，第一辆车的运行状态制约着第二辆车的运行状态，第二辆车又制约着第三辆车，…，第 n 辆车制约着第 $n+1$ 辆车，这就是传递性。由于这种传递性具有延迟性，因此信息沿车队向后传递不是平滑连续而是像脉冲一样间断连续的。

5.4.2 线性跟驰模型

1. 模型描述

跟驰模型是刺激-反应方程的一种形式，反应就是交通流中驾驶员对直接在它前面运行车辆的反作用。交通流中连接驾驶员反应的是与 t 时刻的刺激大小成比例的加速或减速，并且在 $t+T$ 时刻开始。

该模型的基本方程式如下：

$$反应（t+T）=灵敏度×刺激（t） \tag{5-48}$$

假设跟驰中驾驶员保持后随车与前导车的距离为 $h_s(t)$，如果第一辆车紧急停车，第二辆车停下来就不会碰撞第一辆车，驾驶员的反应时间为 T，该时间是从前车驾驶员开始停车的时间 t 起直到第二辆车驾驶员开始停车操作止，在反应时间内，车速不变，两车在 t 时刻的相对位置如图 5-10 的上部所示。n 为前导车，$n+1$ 为后随车。t 时刻，前导车开始制动，两车停止后的相对位置如图 5-10 下半部所示。

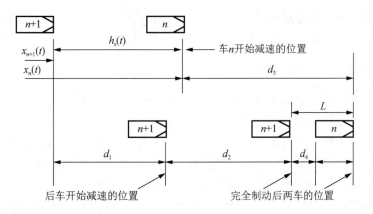

图 5-10 跟驰关系图

L—停止时的车头间距（m）；d_1—车辆 $n+1$ 在反应时间 t 内行驶的距离（m）；d_2—车辆 $n+1$ 从制动到完全停止所行驶的距离（m）；d_3—车辆 n 从制动到完全停止所行驶的距离（m）；d_4—两车停车后的缓冲距离（m）；$x_n(t)$—第 n 辆车在 t 时刻的位置（m）

因此，在 t 时刻，前车突然停车而不发生碰撞，所要求的车头间距为

$$S(t) = x_n(t) - x_{n+1}(t) = d_1 + d_2 + L - d_3 \tag{5-49}$$

确定车辆的速度为

$$v(t) = \frac{\mathrm{d}x(t)}{\mathrm{d}t} = \dot{x}(t)$$

加速度为

$$\alpha(t) = \frac{\mathrm{d}^2 x(t)}{\mathrm{d}t^2} = \ddot{x}(t)$$

则

$$h_s(t) = x_n(t) - x_{n+1}(t) = T\dot{x}_{n+1}(t) + \frac{\dot{x}_{n+1}^2(t+T)}{2\ddot{x}_{n+1}(t+T)} + L - \frac{\dot{x}_n^2(t)}{2\ddot{x}_{n+1}(t)}$$

假设两车停下来所需的加速度和距离都相等，即 $d_2 = d_3$，车头间距 h_s 为

$$h_s(t) = x_n(t) - x_{n+1}(t) = T\dot{x}_{n+1}(t+T) + L$$

即在反应时间 t 内，后随车所行驶的距离 d_1 加上停车时的车头间距 L。上式对 t 进行微分，则

$$\dot{x}_n(t) - \dot{x}_{n+1}(t) = T\ddot{x}_{n+1}(t+T)$$

因此，在 $t+T$ 时刻，后车的加速度就成为

$$\ddot{x}_{n+1}(t+T) = \frac{1}{T}\left[\dot{x}_n(t) - \dot{x}_{n+1}(t)\right] \tag{5-50}$$

式（5-50）是在假定两车停下来所需的加速度和距离都相等的情况下推导出来的。实际情况要比这个假设所限定的条件复杂得多，为了适应更一般的情况，式（5-50）可以修改为

$$\ddot{x}_{n+1}(t+T) = \lambda\left[\dot{x}_n(t) - \dot{x}_{n+1}(t)\right] \tag{5-51}$$

式中：λ——反应强度系数（1/s）。

这里 λ 不再是简单的敏感度，而是与驾驶员动作的强弱程度直接相关的系数。该式表明后车的反应与前车的刺激成正比，因此称为线性跟驰模型。

2. 模型的稳定性

在研究跟驰特性时，车队车辆的稳定性问题是很重要的。如果驾驶员的特性有改变，或车辆中的机械部件或信号灯有变化，则一个重要的工作就是确定系统是否稳定。稳定有两层意思，一是指前后两车之间的距离变化是否稳定，例如，车间距的摆动，若摆动大则不稳定，摆动越小越稳定，称为局部稳定性；二是指前车向后面各车传播速度的变化，如扩大其速度振幅，则不稳定，如振幅逐渐衰弱，则稳定，称为渐进稳定性。

线性跟驰模型是一个较复杂的二阶微分方程，利用拉普拉斯变换求解除该微分方程，并推导出如下关系：

$$C = \lambda T \tag{5-52}$$

式中：C——表示车间距摆动特性的数值，该值越大，表示车间距的摆动越大，该值越小表示车间距的摆动趋近于零；

λ——含义同式（5-51），其值大，表示反应过分强烈；

T——反应时间（s）。

局部稳定：表 5-1 列出了各种 C 值时车间距的摆动情况。从表 5-1 中可以看出，随着 C 值的增大，车间距逐渐变得不稳定。这是因为如果对出现的事件，反应时间越长，反应太强烈（λ 大，表现在节气门过大，制动踏板踏得太重），则在做出反应时，情况可能偏离实际需要。

表 5-1　线形跟驰模型的车间距摆动情况

C 值	车间距摆动情况	C 值	车间距摆动情况
$0 \leq C \leq \dfrac{1}{e}$	不摆动，基本稳定	$C = \dfrac{\pi}{2}$	非衰减摆动
$\dfrac{1}{e} < C \leq \dfrac{\pi}{2}$	衰减摆动	$C > \dfrac{\pi}{2}$	摆动幅度增大

如图 5-11 所示，当 $C=0.50$ 时，间距值的摆动衰减很快；当 $C=0.80$ 时，其摆动逐渐减小；当 $C=1.57$ 时，摆动停止衰减，其间距基本稳定；当 $C=1.60$ 时，摆动幅度逐渐增大。可见，$C=1.57$ 为线性跟驰模型中车头间距从稳定到非稳定的临界值。

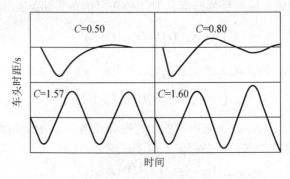

图 5-11　前后相邻两车间的车头时距变化

逐渐稳定：一列处于跟驰状态的车队仅当 $C<0.50$ 时，才是逐渐稳定的。

与局部稳定相比较，这里 $C=0.50$ 时，车头间距的摆动衰减很快。头车运行中的扰动是以 $1/\lambda$（s/辆）的速率沿车队向后传播。当 $C>0.50$ 时，将增大变动幅度传播，增大了车辆间的干扰，当干扰的幅度增大到使车间距小于一个车长时，发生追尾事故。图 5-12 所示为一列有八辆车的车队，在不同的 C 值时的车头间距。车辆间初始间距为 21 m，当头车减速后又加速到原来的速度，图中曲线的变化表示扰动沿车向后传播的情况。

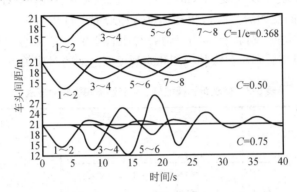

图 5-12 不同 C 值时车队内车头间距变化

3. 从跟驰理论到交通流模型

线性跟驰模型的特点是简便和对稳定性分析的敏感性，但它的明显缺点是后车的反应（加速度）仅考虑了两车相对速度的影响，而与车间距无关。1959 年，通过 Gazis 等人的研究，采用灵敏度系数 λ 与车头间距成反比例关系，得到非线性跟驰模型，即

$$\ddot{X}_{n+1}(t+T) = \frac{\alpha}{X_n(t)-X_{n+1}(t)}\left[\dot{X}_n(t)-\dot{X}_{n+1}(t)\right] \quad (5-53)$$

式中：α——比例常数（km/h），$\alpha = v_m = \dfrac{1}{2}v_f$；

v_m——临界速度（km/h）；

v_f——自由流速度（km/h）。

表 5-2 所示为参数 α 的实验结果。

表 5-2 非线性跟驰模型 α 的试验结果

实验地点	驾驶员数量	$\alpha/(\text{km}\cdot\text{h}^{-1})$	反应时间 T/s
通用公司试验跑道	8	44.1	1.5
荷兰隧道	10	29.3	1.4
林肯隧道	16	32.7	1.2

在非线性跟驰模型的发展过程中，很多人根据不同的假设提出了不同的模型，而在 1961 年，Gazis 又提出了跟驰模型的一般公式，即

$$\ddot{X}_{n+1}(t+T) = \alpha \frac{\dot{X}_{n+1}^m(t+T)}{\left[X_n(t)-X_{n+1}(t)\right]^l}\left[\dot{X}_n(t)-\dot{X}_{n+1}(t)\right] \quad (5-54)$$

式中：$\alpha \dfrac{\dot{X}_{n+1}^m(t+T)}{[X_n(t)-X_{n+1}(t)]^l}$——灵敏度；

m，l——常数。

假设一车流中，车头以恒速前进，而各跟随车辆以同样的速度前进，与前一辆车的间距由驾驶员的感觉和驾驶员对安全跟随距离的判断来决定。车队沿车行道以稳定状态行驶，对此可以观测流率 q、密度 K 及速度 v。Gazis 证明：从微观的跟驰理论建立的运动规律，通过积分运算可得到宏观的交通流方程，根据速度方程边界条件求解，可确定积分常数。Gazis 等人利用实测交通流数据，对各种 m 和 l 值各种组合下的稳定交通流状态进行了综合讨论（表 5-3），建立了一组交通流微观跟驰模型和宏观模型之间的对应关系。

表 5-3 微观跟驰模型与宏观交通流模型的对应表

l 值	交通流状态方程 $m=0$	微观跟驰模型
0	$q=\alpha(1-K/K_j)$ $\alpha=q_m$	
1	$q=\alpha K \ln(K_j/K)$ $\alpha=v_m$	对数模型
3/2	$q=\alpha K[1-(K/K_j)^{1/2}]$ $\alpha=v_f$	德留模型
2	$q=\alpha K(1-K/K_j)$ $\alpha=v_f$	格林希尔治模型
	M = 1	
2	$q=\alpha K e^{-K/K_m}$ $\alpha=v_f$	伊迪模型
3	$q=\alpha K e^{-\frac{1}{2}(K/K_m)^2}$ $\alpha=v_f$	钟形模型

5.5 排 队 论

排队论又称随机服务系统理论，是研究系统由于随机因素的干扰而出现排队（或阻塞）现象规律性的一门学科。排队论在很多领域采用。在交通工程中，排队论广泛用于车辆延误、通行能力、信号灯配时及停车场、收费亭、加油站等交通设施的设计与管理等方面的研究中。

排队论内容丰富，应用很广，本节主要介绍排队论的基本方法及其在交通工程中的某些应用。虽然排队论应用到交通工程中时，其中的术语也赋予了具体的含义，但这里仍然保留了排队论中术语。

5.5.1 基本概念

实际生活中，到处可以见到排队通过交叉口、汽车到加油站加油、船舶停靠码头等，这些均可归结为顾客与服务窗之间的一种服务关系，可用框图表示这类排队过程，如图 5-13 所示。没有被服务而依次自成行列等候的顾客就构成了排队。对于整个系统而言，系统中的顾客既包括排队等候服务的顾客也包括正在接受服务的顾客。

图 5-13　排队模型框图

1. 排队系统特征或组成

一个排队系统一般由三个组成部分，即输入过程、排队规则和服务窗。

（1）输入过程：各种类型的"顾客"（车辆或行人）按怎样的规律到来。

① 确定型输入——顾客有规则地等距到达。

② 泊松输入——顾客到来符合泊松分布。

③ 爱尔朗输入——顾客到达间隔服从爱尔朗分布。

（2）排队规则：到来的顾客按怎样的次序接受服务，主要有以下三种方式。

① 损失制——顾客到达系统时，若所有服务窗均被占用，该顾客随即离去。

② 等待制——顾客到达时，若发现所有服务窗都被占用，则排队等候服务。服务规则有先到服务（即按到达次序接受服务）和优先服务（如救护车、警车优先通过）。

③ 混合制——损失制和等待制混合组成的排队系统。当顾客到达时，若队长小于 L，就加入排队队伍；若队长等于 L，则顾客离去。

日常中，经常遇到的是先到先服务的等待制系统。

（3）服务窗：同一时刻有多少服务设施可接纳顾客，为每一顾客服务多长时间。系统可以没有服务窗，也可以有一个或多个服务窗。

一个服务窗可以为单个顾客服务或成批顾客服务，如公共汽车，一次就可装载大批乘客。服务时间分为以下几种：

① 确定型分布——每一顾客的服务时间都是相同的，为一个常数。

② 负指数分布——各个顾客的服务时间相互独立，具有相同的负指数分布。

③ 爱尔朗分布——各个顾客的服务时间相互独立，具有相同的爱尔朗分布。

引入以下记号：M 代表负指数分布或泊松输入，D 代表确定型输入或服务，E_k 为爱尔朗分布。于是泊松输入、负指数服务、N 个服务窗的排队系统可以写成 M/M/N；泊松输入、确定型服务、单个服务窗的服务系统可以写成 M/D/1。对于其他系统可以做相同的理解，如果不附加说明，则这种记号一般表示先到先服务的等待制系统。

2. 排队系统的运行指标

（1）服务率：单位时间内被服务的顾客均值。

（2）交通强度：单位时间内被服务的顾客数和请求服务顾客数之比。

（3）系统排队长度：可分为系统内的顾客数和排队等待服务顾客数，常用于描述系统的状态。

(4) 等待时间：从顾客到达时起到他开始接受服务时止这段时间，如车辆在交叉口入口引道上的排队时间。

(5) 忙期：服务台连续繁忙的时间长度。

5.5.2 M/M/1 系统

M/M/1 系统中，排队等待接受服务的通道只有一条，因此，又称单通道服务系统。

设顾客平均到达率为 λ，则两次到达之间的平均时间间隔为 $1/\lambda$。假设从单通道接受服务后出来的输出率（即系统的服务率）为 μ，则平均服务时间为 $1/\mu$。比值 $\rho = \lambda/\mu$ 称为交通强度或利用系数。如果 $\rho < 1$，则每个状态都会按一定的概率反复出现。若 $\rho \geq 1$，则排队长度会越来越长，系统状态是不稳定的。因此，只有 $\rho < 1$，即 $\lambda < \mu$ 时，系统才可以保持稳定，通道内的排队顾客才能够消散。

下面给出 M/M/1 系统常用的一些计算公式。

系统中没有顾客的概率为

$$P(0) = 1 - \rho \tag{5-55}$$

系统中有 n 个顾客的概率为

$$P(n) = \rho^n(1-\rho) = \rho^n P(0) \tag{5-56}$$

排队系统中顾客的平均数为

$$\bar{n} = \frac{\rho}{1-\rho} \tag{5-57}$$

排队系统中顾客数的方差为

$$\sigma^2 = \frac{\rho^2}{(1-\rho)^2} \tag{5-58}$$

平均排队长度为

$$\bar{q} = \frac{\rho^2}{1-\rho} = \rho\bar{n} \tag{5-59}$$

顾客的平均数 $\bar{n}$ 和顾客数的方差 σ^2 与 ρ 的关系，可由图 5-14 和图 5-15 看出，当交通强度 $\rho > 0.8$ 时，平均排队长度和方差迅速增加，即系统不稳定性增强。

平均非零排队长度为

$$\bar{q}_w = \frac{1}{1-\rho} \tag{5-60}$$

排队系统中的平均消耗时间为

$$\bar{d} = \frac{1}{\mu-\lambda} = \frac{\bar{n}}{\lambda} \tag{5-61}$$

排队中的平均等待时间为

$$\bar{W} = \frac{\lambda}{\mu(\mu-\lambda)} = \bar{d} - \frac{1}{\mu} \tag{5-62}$$

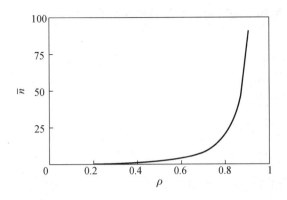
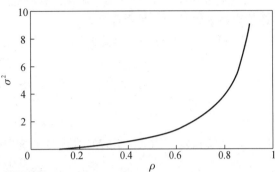

图 5-14 系统顾客数 $\bar{n}$ 和交通强度 ρ 关系图　　图 5-15 顾客数方差 σ^2 和交通强度 ρ 关系图

【例 5-4】 一个停车库出口只有一个门,在门口向驾驶员收费并找零钱。假设车辆到达服从泊松分布,参数 λ 为 120 辆/h,收费平均持续时间为 15 s,服从指数分布,试求收费空闲的概率、系统中有 n 辆车的概率、系统中平均车辆数、排队的平均长度、平均非零排队长度、排队系统中的平均消耗时间、排队中的平均等待时间。

【解】由题意可知,这是个 M/M/1 系统,并且 λ=120 辆/h,μ=3 600/15=240(辆/h)。

$$\rho = \frac{\lambda}{\mu} = \frac{120}{240} = 0.5 < 1$$

所以,系统稳定。

由式(5-55)可求得系统中没有车辆的概率为

$$P(0) = 1 - \rho = 0.5$$

由式(5-56)求得系统中有 n 辆车的概率为

$$P(n) = \rho^n (1-\rho) = 0.5^{n+1} = 0.5^n \times 0.5$$

由式(5-57)可得系统中的平均车辆数为

$$\bar{n} = \frac{\rho}{1-\rho} = 1 \text{(辆)}$$

由式(5-59)求得平均排队长度为

$$\bar{q} = \frac{\rho^2}{1-\rho} = 0.5 \text{(辆)}$$

由式(5-60)求得平均非零排队长度为

$$\bar{q}_w = \frac{1}{1-\rho} = 2 \text{(辆)}$$

由式(5-61)求得系统中的平均消耗时间为

$$\bar{d} = \frac{1}{\mu - \lambda} = \frac{1}{240 - 120} = \frac{1}{120} = 0.5 \text{(min)}$$

由式(5-62)求得排队中的平均等待时间为

$$\bar{W} = \frac{\lambda}{\mu(\mu - \lambda)} = \frac{120}{240 \times (240 - 120)} = 0.25 \text{(min)}$$

【例 5-5】 拟修建一个服务能力为 120 辆/h 的停车场,只有一个出入通道。据调查每小时有72辆车到达，假设车辆到达服从泊松分布，每辆车服务时间服从负指数分布，如果出入通道能容纳5辆车，问是否合适？

【解】这是个 M/M/1 排队系统。由题意知：

$$\lambda = 72 \text{ 辆/h}$$
$$\mu = 120 \text{ 辆/h}$$
$$\rho = \frac{\lambda}{\mu} = \frac{72}{120} = 0.6 < 1$$

所以，系统稳定。由式（5-57）可求得系统中的平均车辆数为

$$\bar{n} = \frac{\rho}{1-\rho} = \frac{0.6}{1-0.6} = 1.5 \text{（辆）} < 5 \text{ 辆}$$

因此，系统中的平均车辆数小于通道容纳的能力，故合适。也可计算系统中车辆数超过 5 辆的概率。由式（5-56）可得

$$P(0) = 1 - 0.6 = 0.4$$
$$P(1) = 0.6 \times (1 - 0.6) = 0.24$$
$$P(2) = 0.6^2 \times (1 - 0.6) \approx 0.14$$
$$P(3) = 0.6^3 \times (1 - 0.6) \approx 0.09$$
$$P(4) = 0.6^4 \times (1 - 0.6) \approx 0.05$$
$$P(5) = 0.6^5 \times (1 - 0.6) \approx 0.03$$

所以，系统中车辆数超过 5 辆的概率为

$$P(n > 5) = 1 - \sum_{n=0}^{5} P(n) = 0.05$$

由计算结果可以看出，系统中车辆数超过 5 辆的可能性只有 5%，所以该通道的容量是合适的。

5.5.3 M/M/N 系统

这种排队系统的特点是服务通道有 N 条，所以又称多通道服务系统。根据排队方式的不同，又可分为单路排队多通道服务和多路排队多通道服务两种。

单路排队多通道服务：等候服务的顾客排成一队等待数条通道服务的情况。排队中第一个顾客，可视哪个通道有空，就到哪里接受服务，如图 5-16 所示。

多路排队多通道服务：每个通道的顾客各排一队，每个通道只为其相对应的一队顾客服务，排队顾客不能随意换队，如图 5-17 所示。这种情况相当于 N 个单通道服务系统。

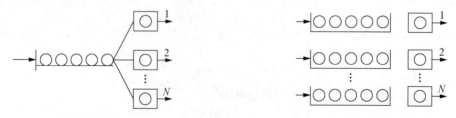

图 5-16　单路排队多通道服务　　　　图 5-17　多路排队多通道服务

对于单路排队多通道服务系统，系统保持稳定的条件是 $\rho/N<1$；对于多路排队多通道服务系统，要求每个通道的交通强度小于 1。下面主要针对单路排队多通道服务系统存在的关系式展开讨论。

系统中没有顾客的概率为

$$P(0) = \frac{1}{\sum_{n=0}^{N-1}\frac{\rho^n}{n!} + \frac{\rho^N}{N!(1-\rho/N)}} \tag{5-63}$$

系统中有 n 个顾客的概率为

当 $n \leq N$ 时，

$$P(n) = \rho^n P(0)/n! \tag{5-64}$$

当 $n > N$ 时，

$$P(n) = \frac{\rho^N}{N!N^{n-N}} P(0) \tag{5-65}$$

排队系统中顾客的平均数为

$$\bar{n} = \rho + \frac{P(0)\rho^{N+1}}{N!N}\left[\frac{1}{(1-\rho/N)^2}\right] \tag{5-66}$$

平均排队长度为

$$\bar{q} = \frac{P(0)\rho^{N+1}}{N!N}\left[\frac{1}{(1-\rho/N)^2}\right] = \bar{n} - \rho \tag{5-67}$$

排队系统中的平均消耗时间为

$$\bar{d} = \frac{\mu\left(\frac{\lambda}{\mu}\right)^N P(0)}{(N-1)!(N_\mu - \lambda)^2} + \frac{1}{\mu} = \frac{\bar{n}}{\lambda} \tag{5-68}$$

排队中的平均等待时间为

$$\overline{W} = \frac{\mu\left(\frac{\lambda}{\mu}\right)^N P(0)}{(N-1)!(N_\mu - \lambda)^2} = \frac{\bar{q}}{\lambda} \tag{5-69}$$

【例 5-6】一服务公司停车场，白天车辆到达率为 4 辆/h，平均每辆车停留在停车场的时间为 0.5 h。停车场地有五排车位可停放车辆，为了对停车场地管理性能做出评价，试求服务方式指标（假设车辆达到服从泊松分布，停车时间服从负指数分布）。

【解】由题意可知，该系统为 M/M/N 系统，并且 $N=5$，$\lambda=4$ 辆/h，$\mu = \frac{1}{0.5} = 2$（辆/h），$\rho = \frac{\lambda}{\mu} = 2$，利用系数 $\frac{\rho}{N} = \frac{2}{5} = 0.4 < 1$。所以系统稳定，可求得

（1）停车场地空闲的概率为

$$P(0) = \frac{1}{1 + \frac{2}{1!} + \frac{2^2}{2!} + \frac{2^3}{3!} + \frac{2^4}{4!} + \frac{2^5}{5! \times 0.6}} \approx 0.134\,328$$

（2）系统中有 n 个顾客的概率如下

当 $n \leqslant 5$ 时，$\qquad P(n) = 2^n/n! \times 0.134\,328$

当 $n > 5$ 时，$\qquad P(n) = \dfrac{2^n}{5!5^{n-5}} \times 0.134\,328$

特别为

$$P(0)=0.134\,328$$
$$P(1)=0.268\,656$$
$$P(2)=0.268\,656$$
$$P(3)=0.179\,104$$
$$P(4)=0.089\,552$$

（3）排队系统中顾客的平均数为 $\bar{n} = 2.039\,8$（辆）。
（4）在系统中平均消耗时间为 $\bar{d} = 0.509\,95$（h）。
（5）排队中的平均等待时间为 $\bar{W} = 0.009\,95$（h）。

5.6 流体力学模拟理论

英国学者 Lighthill 和 Whitham 将交通流比拟为流体流，以一条较长的公路隧道，对密度较大的交通规律进行研究，提出了流体力学模拟理论。

该理论运用流体力学的基本原理，模拟流体的连续性方程，建立车流的连续性方程，把交通流密度的疏密变化比拟成水波的起伏而抽象为车流波。当车流因道路或交通状况的改变而引起密度的改变时，在车流中产生车流波的传播。通过分析车流波的传播速度，以寻求车流流量、密度和速度之间的关系。因此，该理论又称车流波动理论。

流体力学模拟理论是一种宏观的模型。它假定在车流中各单个车辆的行驶状态与它前面的车辆完全一样，这与实际是不相符的。尽管如此，该理论在流的状态较为明显的场合，如在分析瓶颈路段的车辆拥挤问题时，有其独特的用途。

5.6.1 车流连续性方程的建立

假设车流依次通过断面Ⅰ和断面Ⅱ的时间间隔为 d_t，两断面的间距为 d_x。同时，车流在断面Ⅰ的流量为 q，密度为 K，车流在断面Ⅱ的流出量为 $(q+q_t)$，密度为 $(K-d_k)$。d_k 取负号表示在拥挤状态，交通流密度随车流量的增加而减少。根据质量守恒定律：流入量-流出量=数量上的变化，即

$$[q-(q+\mathrm{d}q)]\mathrm{d}t = [K-(K-\mathrm{d}K)]\mathrm{d}x$$

则
$$-\mathrm{d}q\mathrm{d}t = \mathrm{d}K\mathrm{d}x$$

化简得

$$\frac{\mathrm{d}K}{\mathrm{d}t} + \frac{\mathrm{d}q}{\mathrm{d}x} = 0 \qquad (5\text{-}70)$$

又因 $q=KV$，于是有

$$\frac{dK}{dt}+\frac{d(KV)}{dx}=0 \quad (5-71)$$

该方程表明，车流量随距离而降低时，交通流密度则随时间而增大。

同样，还可以用流体力学的理论来建立交通流的运动方程，即

$$\frac{dK}{dx}=-\frac{dv}{dt} \quad (5-72)$$

该方程表明，交通流密度增加时，产生减速。

5.6.2 车流波动理论

图 5-18 所示为由四车道路段过渡到三车道路段的半幅平面示意图。由图 5-18 可以看出，在四车道的路段（即原路段）和三车道的路段（即瓶颈段），车流都是各行其道、井然有序的，而由四车道向三车道过渡的那段路段内，车流出现了拥挤、紊乱，甚至阻塞。这是因为车流在即将进入瓶颈段时会产生一个方向相反的波，就像声波碰到障碍物时的反射，或管道内的水流突然受阻时的后涌。这个波导致在瓶颈段之前的路段车流出现紊流现象。

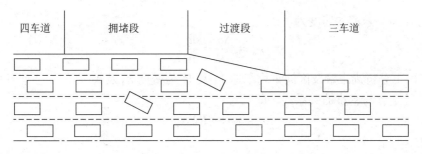

图 5-18 瓶颈处的车流波

1. 基本方程

为讨论方便起见，取图 5-19 所示的计算图示。假设一分界线 s 将交通流分割为 A、B 两段。A 段的车流速度为 V_1，密度为 K_1；B 段的车流速度为 V_2，密度为 K_2；分界线 s 的移动速度为 V_w，假设沿路线按照所画的箭头 x 正方向运行，速度为正，反之为负。

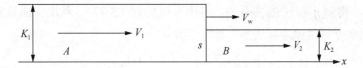

图 5-19 两种密度的车流运行状况

则在时间 t 内横穿 s 分界线的车数 N 为

$$N=K_1\left[(V_1-V_w)t\right]=K_2\left[(V_2-V_w)t\right]$$

即

$$(V_1-V_w)K_1=(V_2-V_w)K_2 \quad (5-73)$$

$$V_w = \frac{V_1 K_1 - V_2 K_2}{K_1 - K_2}$$

令 A、B 两部分的车流量分别为 q_1、q_2，则根据宏观交通流模型 $Q=KV$ 可得

$$q_1 = V_1 K_1, \quad q_2 = V_2 K_2$$

于是，式（5-73）变为

$$V_w = \frac{q_1 - q_2}{K_1 - K_2} \tag{5-74}$$

当 $q_1 > q_2$，$K_1 < K_2$ 时，V_w 为负值，表明波的方向与原车流流向相反。此时，在瓶颈过渡段（图5-18）内的车辆被迫后涌，开始排队，出现阻塞。有时 V_w 可能为正值，表明此时不致发生排队现象，或已有的排队开始消散。

若 A、B 两区车流量与交通密度大致相等，则可以写成

$$q_1 - q_2 = \Delta q, \quad K_1 - K_2 = \Delta K$$

因此，可得传播小紊流的速度为

$$V_w = \frac{\Delta q}{\Delta K} = \frac{dq}{dk} \tag{5-75}$$

至此，以上分析尚未触及区间平均车速 V_1 及 V_2 与密度 K_1 及 K_2 之间的任何具体关系。如果采用线性的速度与密度的关系式，即

$$V_i = v_f(1 - K_i/K_j) \tag{5-76}$$

设 $\eta_i = K_i/K_j$，则

$$V_1 = v_f(1 - \eta_1), \quad V_2 = v_f(1 - \eta_2)$$

式中：η_1，η_2 ——分界线 s 两侧的标准化密度。

将以上关系代入式（5-73）得波速为

$$V_w = \frac{K_1 v_f(1 - \eta_1) - K_2 v_f(1 - \eta_2)}{K_1 - K_2} \tag{5-77}$$

从式（5-76）得到 η_1 和 η_2 的关系式，可用来简化式（5-77）。利用交通流密度不连续分界线两侧的标准化密度可描述波速大小，即

$$V_w = v_f\left[1 - (\eta_1 + \eta_2)\right] \tag{5-78}$$

2. 交通密度大致相同的情况

Lightill 和 Whitham 认为：如果在分界线 s 两侧的标准化密度 η_1 与 η_2 相等，如图5-20所示，s 左侧的标准化密度为 η，而 s 右侧的标准化密度为 $(\eta + \eta_0)$，这里的 $\eta + \eta_0 \leqslant 1$，在此情况下，设：

$$\eta_1 = \eta, \quad \eta_2 = \eta + \eta_0$$

且

$$\left[1-\left(\eta_1+\eta_2\right)\right]=\left[1-\left(2\eta+\eta_0\right)\right]=1-2\eta$$

式中，η_0 忽略不计。把上式代入式（5-78），则此连续的波就以下列速度传播：

$$V_w = v_f(1-2\eta) \tag{5-79}$$

3. 停车产生的波

对于车流的标准化密度为 η_2、以区间平均车速 V_1 行驶的车辆，假设下式成立：

$$V_1 = v_f(1-\eta_1)$$

在道路上，位置 $x=x_0$ 处，因红灯停车，车流立即呈现饱和的标准化密度 $\eta_2=1$，如图 5-21 所示。线 s 左侧，车流仍为原来的密度 η_1 按平均速度 V_1 继续进行。将 $\eta_2=1$ 代入式（5-78），得到停车产生的波的波速为

$$V_w = v_f\left[1-(\eta_1+1)\right] = v_f\eta_1 \tag{5-80}$$

式（5-80）说明，由于停车产生的波，以 V_w 的速度向后方传播。如果信号在 $x=x_0$ 处变为红灯，则经过 t_s 以后，一列长度为 $v_f\eta_1 t$ 的汽车就要停在 x_0 之后。

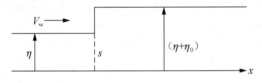

图 5-20　交通密度微小的不连续性

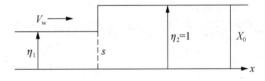

图 5-21　停车产生的波

4. 发车产生的波

现在来讨论一列车辆起动（发车）所产生的波的性质。假设 $t=0$ 时，一列车已停在位于 $x=x_0$ 处的信号灯后边。因为这列车停着，所以具有饱和密度 $\eta_1=1$，如图 5-22 所示。如果在 $t=0$ 时，$x=x_0$ 处变为绿灯，车辆以速度 V_2 起动，此时，停车一方（s 线左侧）的交通流密度仍为饱和密度 $\eta_1=1$，而 η_2 可以从式 $V_2=v_f(1-\eta_2)$ 求得，即

$$\eta_2 = 1 - \frac{V_2}{v_f}$$

代入式（5-78），则

$$V_w = v_f\left[1-(\eta_2+1)\right] = -v_f\eta_2 = -(v_f-V_2)$$

所以，一旦车队开始运行（发车），就产生发车波，该波从 x_0 处以 (v_f-V_2) 的速度向后传播。由于发车速度 V_2 一般很低，因此可以看作以 v_f 速度传播。

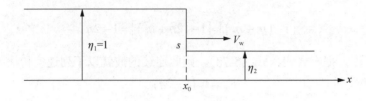

图 5-22 发车产生的波

【例 5-7】车流在一条六车道的公路上畅通行驶，其速度 V 为 80 km/h。路上有座四车道的桥，每车道的通行能力为 1 940 辆/h，高峰时车流量为 4 200 辆/h（单向）。在过渡段的车速降至 22 km/h，这样持续 1.69 h，然后车流量减到 1 956 辆/h（单向）。

（1）试估计 1.69 h 内桥前的车辆平均排队长度；

（2）估计整个过程的阻塞时间。

【解】（1）计算平均排队长度。

桥前高峰时车流量为 4 200 辆/h（单向），其每条车道高峰时车流量和通行能力之比约为 0.72，交通流能够保持畅通行驶，车道内没有阻塞现象，因此桥前来车的交通流密度 K_1 为

$$K_1 = \frac{q_1}{V_1} = \frac{4\,200}{80} \approx 53\,(\text{辆/km})$$

在过渡段，由于该处只能通过 1 940×2=3 880（辆/h），而现在却有 4 200 辆/h 的交通需求强度，故在过渡段出现拥挤；过渡段的交通流密度 K_2 为

$$K_2 = \frac{q_2}{V_2} = \frac{3\,880}{22} \approx 177\,(\text{辆/km})$$

得 $V_w = \dfrac{q_2 - q_1}{K_2 - K_1} = \dfrac{3\,880 - 4\,200}{177 - 53} \approx -2.58\,(\text{km/h})$。

表明此处出现排队的反向波，其波速为 2.58 km/h，因距离为速度与时间的乘积，且开始时刻排队长度为 0，故 1.69 h 末的排队长度为（2.58×1.69）km，此过程中排队长度均匀变化，故此处的平均排队长度为

$$L = \frac{0 \times 1.69 + 2.58 \times 1.69}{2} \approx 2.18\,(\text{km})$$

（2）计算阻塞时间。

高峰过去后，排队即开始消散，但阻塞仍要维持一段时间。因此，阻塞时间应为排队形成时间（即高峰时间）与排队消散时间之和。

排队消散时间 t'：已知高峰后的车流量 q_3=1 956 辆/h<3 880 辆/h，表明通行能力已有富裕，排队开始消散，则排队车辆数为

$$(q_1 - q_2) \times 1.69 = (4\,200 - 3\,880) \times 1.69 \approx 541\,(\text{辆})$$

疏散车辆数为

$$q_3 - q_2 = 1956 - 3880 = -1\,924\,(\text{辆/h})$$

排队消遣时间为

$$t' = \frac{(q_1 - q_2) \times 1.69}{|q_3 - q_2|} = \frac{541}{1\,924} \approx 0.28\,(\text{h})$$

阻塞时间为

$$t = t' + 1.69 = 0.28 + 1.69 = 1.97 \text{ (h)}$$

5.7 可插车间隙理论

平面交叉口把道路相互连接起来，形成路网。交叉口分为有交通信号控制的交叉口（简称信号交叉口）和无交通信号控制的交叉口（简称无信号交叉口）两类，无信号交叉口是普通的交叉口。在交通控制中，无信号交叉口的作用相当重要，无信号交叉口理论是信号交叉口理论的基础。无信号交叉口理论中应用广泛且相对成熟的是可插车间隙理论，本节将对此做简单介绍。

次要车流中所有驾驶员在相似位置所能接受的最小间隙称为临界间隙，记为t_c。根据通常的驾驶员行为模式，只有在主要车流的车辆间隙至少等于临界间隙t_c时，次要车流的驾驶员才能进入交叉口。可插车间隙理论称在较长时间间隙中进入交叉口的次要车流车辆间的车头时距为跟随时间t_f。可插车间隙的参数主要就是指t_c和t_f，这两个参数主要受主干道车流的影响，同时也受驾驶员操作的影响。

在估计驾驶员临界间隙分布的方法中，较好的方法是采用极大似然估计法。用极大似然估计法来估计临界间隙需要假设一群驾驶员临界间隙值的概率分布，一般取对数正态分布，在该方法中将用到下列符号：

μ、σ^2——分别为驾驶员临界间隙对数的均值和方差（假设服从对数正态分布）；

$f()$、$F()$——分别为正态分布的概率密度函数和累积分布函数；

a_i——被第i个驾驶员接受的间隙的对数，如果没有间隙被接受，则$a_i = \infty$；

r_i——被第i个驾驶员拒绝的最大间隙的对数，如果没有间隙被接受，则$r_i = 0$。

单个驾驶员的临界间隙在r_i和a_i之间的概率是$F(a_i) - F(r_i)$。对于所有驾驶员，n个驾驶员接受间隙和最大拒绝间隙(a_i, r_i)的样本似然函数是

$$\prod_{i=1}^{n} \left[F(a_i) - F(r_i) \right] \tag{5-81}$$

该似然函数的对数为

$$L = \sum_{i=1}^{n} \ln \left[F(a_i) - F(r_i) \right] \tag{5-82}$$

μ和σ^2的极大似然估计值可使L取最大值，并从下述的方程中求解出来：

$$\frac{\partial L}{\partial \mu} = 0 \tag{5-83}$$

$$\frac{\partial L}{\partial \sigma^2} = 0 \tag{5-84}$$

根据数学知识：

$$\frac{\partial F(x)}{\partial \mu} = -f(x) \tag{5-85}$$

$$\frac{\partial F(x)}{\partial \sigma^2} = -\frac{x-\mu}{2\sigma^2} f(x) \tag{5-86}$$

根据上面五个式子得出式（5-87）和式（5-88）两个方程，再通过迭代方法求解 μ 和 σ^2，具体过程如下所述。

假设已知 σ^2 的值，推荐应用方程：

$$\sum_{i=1}^{n} \frac{f(r_i) - f(a_i)}{F(a_i) - F(r_i)} = 0 \tag{5-87}$$

估计 μ 值。利用从式（5-87）得出的 μ 估计值，从式（5-88）中得出一个较好的 σ^2 估计值，式中 $\hat{\mu}$ 是 μ 的估计值。

$$\sum_{i=1}^{n} \frac{(r_i - \hat{\mu})f(r_i) - (a_i - \hat{\mu})f(a_i)}{F(a_i) - F(r_i)} = 0 \tag{5-88}$$

然后，再用 σ^2 的估计值从式（5-87）中求出一个更好的 μ 估计值，重复这个过程直到连续得到的 μ 和 σ^2 值达到足够的精度。

临界间隙分布的均值 $E(t_c)$ 和方差 $\text{Var}(t_c)$ 是对数正态分布参数的函数，即

$$E(t_c) = e^{\mu + 0.5\sigma^2} \tag{5-89}$$

$$\text{Var}(t_c) = E(t_c)^2 \left(e^{\sigma^2} - 1\right) \tag{5-90}$$

估计临界间隙的分布还有一种方法：回归分析法，该方法的基本思路是根据主路的车头时距数据和次路车辆排队进入主路的车辆数数据作统计图，并进行回归分析，得出 t_c 和 t_f 的估计值。该方法需要大量的交通数据，在实际操作中有一定的难度，这里不做进一步介绍。

关于信号交叉口交通流理论，其重点在于分析车流在交叉口所受到的阻滞作用，计算车流的延误时间和停车次数（或停车率）。限于篇幅，这里也不做介绍，有专门的后续课程对此做深入探讨。

小　　结

本章首先介绍交通流的基础理论——交通流三参数之间的关系，接着介绍早期的交通流模型：概率统计模型、跟驰理论模型和排队理论模型，最后简要介绍交通流理论的流体力学模型。交通流理论是在对实际交通现象进行观察的基础上建立的，因此要注重理论的应用。同时，交通流理论还在不断发展中，很多新的理论将不断涌现。

练　习　题

1. 交通流宏观三参数流量、速度、密度之间有什么关系？
2. 描述信号交叉口的参数饱和流率和损失时间是怎样定义的？
3. 叙述离散型车流分布模型的类型、表达式、适用条件。

4. 叙述连续型车流分布模型的类型、表达式、适用条件。

5. 叙述排队论、排队系统及服务方式。

6. 非自由行驶状态的车队的三个特性是什么？

7. 给出一般线性交通跟驰模型公式，说明式中各量含义及公式代表的交通含义。

8. 流体力学模型的基本假设是什么？该方法主要用于哪些分析？

9. 当绿灯亮起时，一队车辆在十字路口开始起动，通过路口，表5-4的数值代表车辆穿过十字路口两辆车之间的车头时距。计算：

（1）饱和车头时距；

（2）饱和流率；

（3）起动损失时间。

表5-4　车辆穿过十字路口两辆车之间的车头时距

行驶中的车辆	1	2	3	4	5	6	7	8	9
车头时距/s	2.5	2.4	2.2	2.0	1.9	1.9	1.9	1.9	1.9

10. 有60辆车随意分布在5 km长的道路上，对其中任意500 m长的一段，试求：

（1）有4辆车的概率；

（2）大于4辆车的概率。

11. 某信号交叉口的信号周期为$c=97$ s，有效绿灯时间为$g=44$ s。在有效绿灯时间内排队的车流以$V=900$ 辆/h的流率通过交叉口，在绿灯时间外到达的车辆需要排队。设车流的到达率为$q=369$ 辆/h且服从泊松分布，求到达车辆不致两次排队的周期数占周期总数的最大百分比。

12. 已知某公路断面流量$q=720$ 辆/h，试问该断面5 s内没有车辆通过的概率（假设车辆到达服从泊松分布）。

13. 在高速公路入口处设有一收费站，车辆到达该站服从泊松分布，单向车流量为300 辆/h。收费员平均每10 s完成一次收费并放行一辆汽车，且服务时间服从负指数分布。试估计调查点上排队系统的平均车辆数、平均排队长度，排队系统中的平均逗留时间及平均排队时间。

14. 不设信号灯管制的交叉口，主干道交通量$Q=1\,200$ 辆/h，车辆到达符合泊松分布。次要道路车辆横穿主干道所要求的最小间隙为6 s。

（1）求车头时距大于等于6 s的概率是多少；当次要道路只有一辆车等待时，可能通过的车辆数是多少。

（2）如果最小车头时距为1.0 s，那么求车头时距大于等于6 s的概率；当次要道路只有一辆车等待时，可能通过的车辆数是多少。

15. 某十字路口一进口道交通量为360 辆/h，其中左转车占1/3，车辆到达符合泊松分布。该交叉口实施定时信号控制，周期长为60 s。求：

（1）在90%的置信度条件下，每周期到达的最大车辆数。

（2）如每周期可通过3辆左转车，计算左转车受阻周期发生的概率是多少。

16. 假设某收费站车辆到达率为1 200 辆/h，该收费站设有两个服务通道，每个服务通道可服务车辆为800 辆/h，试计算收费站空闲的概率、排队的平均长度、排队中的平均等待时间（假设车辆到达服从泊松分布，服务时间服从负指数分布）。

第 6 章

道路通行能力

6.1 概 述

6.1.1 道路通行能力概述

道路通行能力也称道路容量，是指道路的某一断面在单位时间内所能通过的最大车辆数。道路通行能力是道路的一种性能，是度量道路疏导车辆能力的指标。当道路上的交通量接近道路的通行能力时，就会出现交通拥挤现象。这时所有车辆按同一车速列队行进，一旦发生干扰，很容易造成交通阻塞；当道路上的交通量小于道路的通行能力时，驾驶员驱车前进就有一定的自由度，有变换车速和超车的机会。进行通行能力分析的主要目的是估算在规定的运行条件下设施的交通负荷能力，求得在不同运行质量下单位时间所能通行的最大交通量，为分析和改进现有设施并为规划和设计待建设施提供了依据。

1. 基本概念

通行能力是假定具有良好的气候条件和路面条件下的最大通过能力。交通设施的通行能力是指在一定的时段和通常的道路、交通、管制条件下，人和车辆通过车道或道路上的一点或均匀断面的最大小时交通量。通行能力一般以 veh/h（辆/小时）、pcu/h（当量标准小客车/小时）表示，基本单位是 pcu/（h·ln）（当量标准小客车/小时/车道）。

（1）通行能力与交通量。通行能力与交通量存在相同之处，它们都是指单位时间内通过道路某断面的交通实体数量，表示的单位和方法相同，但是，二者之间有着本质的区别。

交通量是指单位时间内，道路上实际通过的交通实体的观测值，其数值具有动态性与随机性；通行能力是在已知的道路设施和规定的运行质量条件下，单位时间内所能适应的最大交通量，其数值具有相对的稳定性。在正常运行状况下，道路的交通量均小于通行能力。当交通量远远小于通行能力时，车流为自由流状态，车速高，驾驶自由度大，驾驶员可以随意变更车速，实现超车；随着交通量的增加，车流的运行状态逐渐恶化，当交通量接近或等于通行能力时，车流为强制流状态，车辆行驶自由度降低，将会出现交通拥挤、阻塞等现象。

由此可见，在交通流状态分析中，交通量和通行能力二者缺一不可，通行能力反映了道路的容量（服务能力），交通量反映了道路的负荷量（交通需求）。因此，常用交通量与通行能力的比值来表征道路的负荷程度（或利用率、饱和度）。

（2）交通量和交通流率。对交通量而言，时间计算单位越大，交通量不均匀性越不明显，越不能很好地反映交通量与运行质量之间的关系。例如，以 1 h 为单位统计的交通量变化，就不能反映 15 min 的交通量变化情况。通常，以"小时"为单位来计算通行能力和设计交通量。对通行能力的研究，通常采用"15 min"的分析时段，这样能更清楚地表达交通高峰对道路运行状况的影响。

2. 通行能力的影响因素

道路通行能力的影响因素主要有道路条件、交通条件、管制条件、环境和气候条件及规定的运行条件等。运行条件不同，要求通行质量不同，其通行能力自然不同。因此，通行能力不是一个固定的数值，而是在一定客观条件和主观要求下的一个相应范围。

（1）道路条件是指交通设施类型、车道宽度、车道数、侧向净空、附加车道、几何线形、视距、坡度和设计车速等因素。

（2）交通条件是指车流中的车辆组成、车道分布、方向分布等因素。

（3）管制条件是指交通法规、控制方式、管理措施等。对于信号控制交叉口，信号相位、绿信比、周期长短、进口车道数及车道划分等都是影响通行能力的主要因素。

（4）环境条件是指街道化程度、商业化程度、横向干扰、非交通占道、公交车站和停车位置等因素。

（5）气候条件是指风、雨、雪、雾、沙尘暴等对通行能力产生影响的天气因素。

规定的运行条件主要是指计算通行能力的限制条件，这些限制条件通常根据速度和行程时间、驾驶自由度、舒适和方便性及安全性等因素来规定。其运行标准是针对不同的交通设施用服务水平来定义的。

另外，道路周围的地形、地物、景观、驾驶员技术等对道路通行能力有一定的影响。

3. 通行能力的分类

根据道路设施和交通实体的不同，通行能力可分为机动车道路通行能力、非机动车道通行能力和人行道通行能力；按其研究对象不同，通行能力可划分为城市干道通行能力、高速公路通行能力、双车道和多车道公路干道通行能力、信号交叉口通行能力等。

根据通行能力的作用性质和使用要求的不同，通行能力可分为基本通行能力、可能通行能力和设计通行能力三种。

基本通行能力是指在一定的时段，理想的道路、交通、控制及环境条件下，道路的一条车道或一均匀段上或某一交叉点能通过人或车辆的最大小时流率。这是一种理想状态下的通行能力，实际上很难实现或不可能达到。

可能通行能力是指在一定的时段，在具体的道路、交通、控制及环境条件下，道路的一条车道或一均匀段上或某一交叉点能通过人或车辆的最大小时流率。可能通行能力根据道路和交通实际情况，对理想条件进行修正，根据这些修正系数乘以基本通行能力数值得出，是指道路所能承担的实际最大交通量。这些修正系数包括车道宽度修正系数、侧向净宽修正系数、纵坡修正系数、视距修正系数、沿途条件修正系数等。

设计通行能力是指在一定的时段，在具体的道路、交通、控制及环境条件下，一条车道或一均匀段上或某一交叉点对应服务水平的通行能力。其主要用作道路交通规划和设计的依据。

需要进行通行能力和服务水平分析的道路及其组成部分包括：

（1）高速公路的基本路段。

（2）多车道公路路段。

（3）双车道公路路段。

（4）匝道，包括匝道-主线连接部分。

（5）交织区。

（6）信号控制的平面交叉口。

（7）无信号控制的平面交叉口。

（8）城市干道及近郊干线道路。

4. 车型分类及车辆折算系数

（1）车辆折算系数（也称车辆换算系数）。我国公路混合交通现象十分常见。在一般公路上，机动车行驶受拖拉机等慢速车辆及自行车、行人等非机动车的干扰；在高速公路上，实际运行的车辆种类、交通构成也远比西方发达国家复杂。对于通行能力分析而言，车型分类的目的就是把在混有多种车型交通流中运行特征相似的车辆归为一类，以便确定各类运行车辆对标准车交通量的不同影响，让不同交通组成的交通流能够在同样的尺度下进行分析，使它们之间具有可比性。

在分析计算通行能力和服务水平时，需要将标准汽车交通量与实际或预计的交通组成中各类车辆交通量进行换算，从而将总交通量中各类车辆交通量换算成标准车型交通量。

车辆换算系数就是在特定的公路、交通组成条件下，所有非标准车相当于标准车（小客车）对交通流影响的当量值。我国现行《公路工程技术标准》（JTG B01—2014）中，汽车代表车型和车辆换算系数规定如表 6-1 所示。

表 6-1　汽车代表车型和车辆换算系数规定

汽车代表车型	车辆换算系数	说明
小客车	1.0	座位≤19 座的客车，载重量≤2 t 的货车
中型车	1.5	>19 座的客车和 2 t<载重量≤7 t 的货车
大型车	2.5	7 t<载重量≤20 t 的货车
汽车列车	4.0	载重量>20 t 的货车

由于车辆的运行特征在不同道路设施上存在差异，因此车型分类在高速公路、一般公路和交叉口上有所不同，用于通行能力分析的一般公路路段和高速公路路段的换算系数推荐值如表 6-2 和表 6-3 所示，可以在具体情况下参考选用。

表 6-2 我国一般公路路段的车辆换算系数

公路类型	地形条件	V/C 比	车辆换算系数（小型车为1.0）			
			微型	中型	大型	拖挂车
双车道公路（路面宽<14m）	平原区	<0.2	1.0	1.2	1.5	2.0
		0.45	1.2	1.6	2.0	4.0
		0.7	1.4	1.5	2.0	4.0
		>0.7	1.1	1.3	1.5	3.0
	丘陵区	<0.2	1.0	2.0	3.0	4.0
		0.45	1.2	3.5	4.5	6.0
		0.7	1.5	3.0	4.0	5.0
		>0.7	1.2	2.5	3.5	5.0
	山岭区	<0.2	1.3	1.5	3.0	
		0.45	1.5	4.0	6.0	
		0.7	2.5	3.5	5.0	
		>0.7	1.3	1.6	3.0	
一级公路（单车道）	平原区	<650	1.2	1.4	1.6	
		1 200	1.4	1.7	2.0	
		1 500	1.3	1.6	2.0	
		>1 500	1.2	1.2	1.4	
	丘陵区	<500	1.3	1.6	2.5	
		1 000	1.7	2.5	4.0	
		1 300	1.8	2.0	3.0	
		>1 300	1.5	1.5	1.8	
	山岭区	<400	1.8	2.0	3.0	
		800	2.0	4.0	7.0	
		1 000	2.0	3.5	5.0	
		>1 000	1.8	2.5	4.0	

注：V/C 是在理想条件下，最大服务交通量与基本通行能力之比，基本通行能力是四级服务水平上半段的最大服务交通量

表 6-3 我国高速公路路段的车辆换算系数

车型	流量/(veh·h^{-1}·ln^{-1})	坡度/%						
		0	1	2	3	4	5	6
大中型车	<1 000	1.5	1.5	1.5	2.0	2.0	2.5	2.5
	1 000	3.0	3.0	3.4	3.8	4.5	5.5	6.5
	>1 500	2.5	2.5	3.0	3.3	4.0	4.8	5.5
特大型车	<1 000	2.0	2.0	2.0	2.5	2.5	3.0	3.0
	1 000	7.0	9.0	10.0	11.0	13.0	14.0	15.0
	>1 500	6.0	8.0	8.0	9.0	11.0	12.0	14.0

（2）换算交通量。换算交通量也称当量交通量，是将总交通量中各类车辆交通量换算成标准车型交通量之和。其计算式为

$$V_e = V \sum P_i E_i \tag{6-1}$$

式中：V_e——当量交通量；

V——未经换算的总交通量（辆）；

P_i——第 i 类车交通量占总交通量的百分比（%）；

E_i——第 i 类车的车辆换算系数。

6.1.2 服务水平

道路通行能力的计算离不开交通运行质量的分析,因此,通行能力的分析计算必须与服务水平的分析计算一并进行。通行能力和服务水平是一个事物的两个方面,它们同时反映道路所提供的服务。其中,通行能力反映的是道路服务的数量或服务的能力,是道路所能提供的疏导交通能力的极限;而服务水平反映的是道路服务的质量或服务的满意程度,是在满足特定交通运行条件下的极限能力。

1. 服务水平的概念

服务水平是指道路使用者从道路状况、交通与管制条件、道路环境等方面可能得到的服务程度或服务质量,是衡量交通流运行条件及驾驶员和乘客所感受的服务质量的一项指标,反映了道路在某种交通条件下所提供运行服务的质量水平,通常根据交通量、速度、行驶时间、驾驶自由度、行车的舒适性和经济性等指标确定服务水平。在实际确定服务水平等级时,难以全面考虑和综合上述各个因素,往往仅以其中的某几项指标作为代表,常取行车速度及服务交通量与通行能力之比,作为路段评定服务等级的主要影响因素。

2. 服务水平的衡量指标

为了清楚地表述服务水平的概念,对每种道路设施,需要采用能说明其运行质量的一项或几项运行参数来确定其服务水平。为确定每种设施服务水平而选择的参数称为效率度量,表示能最好地描述该类设施运行质量的合用度量。不同道路设施服务水平的衡量指标如表 6-4 所示。

表 6-4 不同道路设施服务水平的衡量指标

设施类型		服务水平评价指标
高速公路	基本路段	密度(pcu/(km·ln))、平均行程车速(km/h)、V/C 比(饱和度)
	交织区	密度(pcu/(km·ln))、V/C 比(饱和度)
	匝道连接点	流率(pcu/h)、V/C 比(饱和度)
一级公路等多车道公路		密度(pcu/(km·ln))、平均行程车速(km/h)、V/C 比(饱和度)
双车道公路		时间延误百分率(%)、平均行程车速(km/h)、V/C 比(饱和度)
无信号交叉口		平均延误(s/辆)
收费站		平均延误(s/辆)
信号交叉口		平均每辆车停车延误(s/辆)
城市干道		平均行程速度(km/h)
公共交通		负载系数(客/座、人/h、pcu/h)
行人交通		空间(m^2/行人)

3. 服务水平的分级

交通量在达到基本通行能力(或可能通行能力)之前,交通量越大,交通密度越大,车速越低,运行质量也越低,即服务水平越低;当交通量达到基本通行能力(或可能通行能力)之后,交通量在减少,交通密度在增大,运行质量在降低,直至车速及交通量均下降至零为止。通过对统计模型的分析,得到在理想条件下我国高速公路上交通量与车速及交通流密度的关系,如图 6-1 和图 6-2 所示。

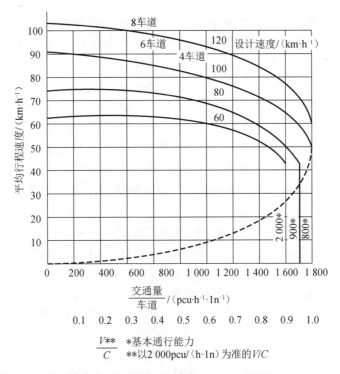

图 6-1　理想条件下交通量-车速的关系图

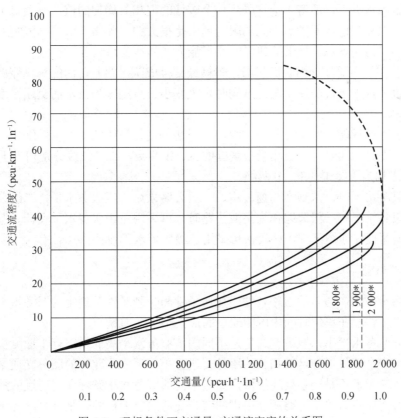

图 6-2　理想条件下交通量-交通流密度的关系图

为了衡量道路为驾驶员、乘客所提供的服务质量，需要对服务水平进行分级。各国服务水平等级划分不一，一般根据本国的道路交通具体条件划分为3～6个等级。例如，日本分为3个等级，美国定为6个等级，我国划分为4个等级。

美国对于连续流的道路设施，各级服务水平的交通流状况描述如下：

服务水平 A：交通量很小，交通为自由流，使用者不受或基本不受交通流中其他车辆的影响，有非常高的自由度来选择所期望的速度，为驾驶员和乘客提供的舒适和便利程度极高。

服务水平 B：交通量较前增加，交通处在稳定流范围内的较好部分。在交通流中，开始易受其他车辆的干扰，但选择速度的自由度相对来说还未受到影响，只是驾驶自由度比服务水平 A 稍有下降。由于其他车辆开始对少数驾驶员的驾驶行为产生影响，因此所提供的舒适和便利程度较服务水平 A 低一些。

服务水平 C：交通量大于服务水平 B，交通处在稳定流范围的中间部分，车辆间的相互作用变得大起来，选择速度受到其他车辆的制约，驾驶时需特别注意其他车辆的动态，舒适和便利程度有明显下降。

服务水平 D：交通量再增大，交通处在稳定交通流范围的较差部分。速度和驾驶自由度均受到严格约束，舒适和便利程度低下。当接近这一服务水平的下限时，交通量有少量增加，就会在运行方面出现问题。

服务水平 E：此服务水平下的交通常处于不稳定流范围，接近或达到该水平最大交通量时，交通量稍有增加，或交通流内部有较小的扰动就将产生较大的运行障碍，甚至发生交通中断。在此服务水平下，所有车速均降到一个较低的但相对均匀的值，驾驶自由度极低，舒适和便利程度也非常低，驾驶员受到的限制通常是很大的。此服务水平下限制的最大交通量即为基本通行能力（理想条件下）或可能通行能力（具体公路）。

服务水平 F：交通处于强制流状态，车辆经常排成队，跟着前面的车辆停停走走，极不稳定。在此服务水平下，交通量与速度同时由大变小，直到零为止，而交通密度则随交通量的减少而增大。

我国由于对通行能力的研究起步较晚，对交通流变化规律的把握不够细致，因此，高速公路服务水平现分为四级。一级相当于美国的 A、B 两级，二、三级分别相当于美国的 C 级及 D 级，四级相当于美国的 E、F 两级。

在选用服务水平时，原则上高速公路、一级公路采用二级服务水平，二级公路、三级公路采用三级服务水平。一级公路作为集散公路时，可采用三级服务水平设计。互通式立体交叉的分、合流区段，匝道及交织区段，可采用三级服务水平设计。

4. 服务交通量

服务交通量是指在通常的道路条件、交通条件和管制条件及规定的服务水平下，道路的某一断面或均匀路段在单位时间内所能通过的最大小时交通量。

在不同的服务水平下，服务交通量是不同的，服务水平高的道路行车速度快，驾驶自由度大，舒适与安全性好，但是其相应的服务交通量小；反之，允许的服务交通量大，则服务水平低。服务交通量不是一系列连续值，而是不同的服务水平条件允许通过的最大值，反映的是在某一特定服务水平下道路所能提供的疏导交通的能力极限，是不同服务水平之间的流量界限。

6.2 高速公路通行能力分析

高速公路通行能力是公路网规划、公路设计、交通运行和管理、公路工程项目可行性研究及公路建设项目后评估的基本参数。高速公路的通行能力和服务水平分析在实际的交通工程工作中作用重大，如新建或改建交通设施需要确定车道宽度和车道数，评价改建后的运行特性和服务水平，进而确定道路使用者的油耗，以及受空气、噪声污染等因素影响程度的基本参数值。

通过高速公路道路通行能力的研究，可以：

（1）为高速公路规划和设计时，确定车道数和行车道宽度等公路几何要素提供依据；

（2）估算交通流的运行参数和服务水平指标，评价运行特性和服务水平分析，针对高速公路存在的问题提出改进方案；

（3）为确定高速公路使用者的费用、废气、噪声污染及对环境的影响程度提供了基本参数值。

6.2.1 高速公路的定义及其组成

高速公路是有中央分隔带、上下行每个方向至少有两车道，所有交叉口都是立体交叉，完全控制车辆出入、专供汽车行驶的公路。高速公路是彻底的连续交通流设施，在正常情况下，高速公路上的车辆可以不停顿地连续行驶。

不同于其他等级的公路，高速公路是自成系统的一种公路形式。按照交通流运行特性的差异，高速公路一般由以下三部分组成：

（1）高速公路基本路段（Basic Freeway Sections）。

（2）交织区（Weaving Areas）。

（3）匝道（Ramp Junctions），其中包括匝道-主线连接处和匝道-横交公路连接处。

下面分别介绍高速公路基本路段、交织区和匝道的通行能力分析计算方法。

6.2.2 高速公路基本路段的通行能力

1. 高速公路基本路段概述

1）高速公路基本路段的定义

高速公路基本路段是指主线上不受匝道附近车辆汇合、分离及交织运行影响的路段。其位置如图 6-3 所示，是指驶入匝道与主线连接处上游 150 m 至下游 760 m 以外、驶出匝道与主线连接处上游 760 m 至下游 150 m 以外，以及表示交织区开始的汇合点上游 150 m 至表示交织区终端的分离点下游 150 m 以外的主线路段。

高速公路是多车道公路，和其他多车道公路一样，由于两个方向的交通运行互不干扰，且两个方向在其前进方向上的线形（主要是纵断面线形）不同。因此，两个方向车行道的通行能力和服务水平的分析计算是分别进行的。高速公路基本路段通行能力是针对单向车流单车道而言的。

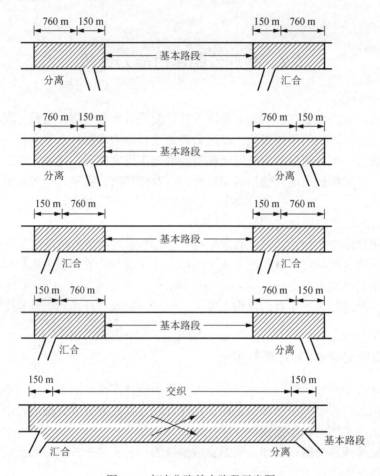

图 6-3　高速公路基本路段示意图

2）高速公路基本路段的理想条件

高速公路通行能力分析的基本思路是先确定理想条件下的通行能力，再按照实际道路、交通条件对理想通行能力进行适当折减，对可能通行能力进行计算。高速公路基本路段的理想条件包括：

（1）3.75 m≤车道宽度≤4.50 m。
（2）侧向净宽≥1.75 m。
（3）车流中全部为小客车。
（4）驾驶员均为熟悉高速公路几何线形，且技术熟练、遵守交通法规者。

2. 高速公路基本路段服务水平

目前，高速公路基本路段的服务水平是根据交通流密度（pcu/km/ln）来划分，该指标也就是高速公路基本路段的效率指标。早期，美国《道路通行能力手册》（Highway Capacity Manual，HCM）是按照速度的大小来划分服务水平，后来发现交通流在相当大的范围内，速度保持不变，也就是说，速度对交通量的变化不敏感，因此，又选择交通流密度作为高速公路基本路段服务水平的效率指标。表 6-5 所示为美国 2000 年版 HCM 所规定的高速公路服务水平标准，以密度、速度、服务流率与 V/C 作为依据。

表6-5 美国2000年版HCM所规定的高速公路基本路段服务水平标准

服务水平	最大密度/(pcu·mile⁻¹·ln⁻¹)				最小速度/(mile·h⁻¹)				最大服务流率/(pcu·h⁻¹·ln⁻¹)				最大交通量与通行能力之比 V/C			
	自由车速/(mile·h⁻¹)				自由车速/(mile·h⁻¹)				自由车速/(mile·h⁻¹)				自由车速/(mile·h⁻¹)			
	70	65	60	55	70	65	60	55	70	65	60	55	70	65	60	55
A	10.0	10.0	10.0	10.0	70.0	65.0	60.0	55.0	70.0	65.0	60.0	55.0	0.318/0.304	0.295/0.283	0.272/0.621	0.250/0.239
B	16.0	16.0	16.0	16.0	70.0	65.0	60.0	55.0	1 120	1 040	960	880	0.504/0.487	0.473/0.452	0.436/0.417	0.400/0.383
C	24.0	24.0	24.0	24.0	68.5	64.5	60.0	55.0	1 644	1 548	1 440	1 320	0.747/0.715	0.704/0.673	0.655/0.626	0.600/0.574
D	32.0	32.0	32.0	32.0	63.0	61.0	57.0	54.8	2 015	1 952	1 824	1 760	0.916/0.876	0.887/0.849	0.829/0.793	0.800/0.765
E	36.7/39.7	39.3/43.4	41.5/46.0	44.0/47.8	60.0/58.0	56.0/53.0	53.5/50.0	50.0/48.0	2 200/2 300	2 200/2 300	2 200/2 300	2 200/2 300	1.0	1.0	1.0	1.0

注：1) E级服务水平上栏为4车道高速公路指标，下栏为6车道及8车道高速公路指标，F级各栏均为不定值。

2) 本表原为英制，1 mile≈1 609.344 m。

我国根据交通密度将服务水平分成四级。各种设计速度的基本路段在理想条件下各级服务水平的平均行程速度、V/C及最大服务交通量（Maximum Service Volume）如表6-6所示。

表6-6 我国高速公路基本路段服务水平分级表

服务水平等级	密度/(pcu·km⁻¹·ln⁻¹)	设计速度/(km·h⁻¹)											
		120			100			80			60		
		车速/(km·h⁻¹)	V/C	最大服务交通量	车速/(km·h⁻¹)	V/C	最大服务交通量	车速/(km·h⁻¹)	V/C	最大服务交通量	车速/(km·h⁻¹)	V/C	最大服务交通量
一	≤12	≥94	0.56	1 100	≥81	0.51	1 000	—	—	—	—	—	—
二	≤19	≥86	0.79	1 600	≥75	0.71	1 400	≥69	0.67	1 300	≥59	0.64	1 150
三	≤26	≥73	0.94	1 900	≥68	0.85	1 700	≥62	0.83	1 600	≥53	0.81	1 450
四	≤42	≥48	1.00	2 000	≥48	1.00	2 000	≥45	1.00	1 900	≥43	1.00	1 800
	>42	<48	d	d	<48	d	d	<45	d	d	<43	d	d

注：1) 车速指平均行程速度。

2) V/C是在理想条件下，最大服务交通量与基本通行能力之比，基本通行能力是四级服务水平上半部的最大服务交通量。

3) 最大服务交通量指在理想条件下各级服务水平通行的最大交通量（pcu/h/ln）。

4) 表示在第四级服务水平下半部，交通处于强制流情况下，V/C及交通量的变化很大而且频繁，但最大不会超过四级服务水平上半部的V/C及最大服务交通量。

3. 高速公路基本路段通行能力分析

就一条具体道路而言，其道路与交通条件如果不能完全处于理想状态，则道路实际所能处理的交通量将少于基本通行能力。以基本通行能力为基础，对理想道路、交通条件不相符的实际道路和交通条件进行修正，从而确定道路达到某种服务水平时的通行能力，即为设计通行能力。

进行通行能力分析之前，首先来了解最大服务交通量和设计通行能力的计算公式。

1) 最大服务交通量

对于一、二、三及四级上半段的服务水平，在达到该级服务水平最差时的服务交通量最大，故称最大服务交通量，以MSV_i表示。

$$\mathrm{MSV}_i = C_\mathrm{B} \cdot (V/C)_i \tag{6-2}$$

式中：MSV_i——第 i 级服务水平的最大服务交通量（pcu/h/ln）；

C_B——基本通行能力，即理想条件下一条车道所能通行的最大交通量（pcu/h/ln）。设计速度为 120 km/h、100 km/h、80 km/h 的高速公路基本路段的 C_B 分别为 2 000 pcu/h/ln、1 900 pcu/h/ln 和 1 800 pcu/h/ln；

$(V/C)_i$——第 i 级服务水平下，最大服务交通量与基本通行能力的比值。

2）单向车行道的设计通行能力

$$C_\mathrm{D} = \mathrm{MSV}_i \cdot N \cdot f_\mathrm{W} \cdot f_\mathrm{HV} \cdot f_\mathrm{P} \tag{6-3}$$

式中：C_D——单向车行道设计通行能力，即在具体条件下，采用 i 级服务水平时所能通行的最大交通量（辆/h）；

N——单向车行道的车道数；

f_W——车道宽度和侧向净宽对通行能力的修正系数；

f_HV——大型车对通行能力的修正系数；

f_P——驾驶员条件对通行能力的修正系数。

将式（6-2）代入得

$$C_\mathrm{D} = C_\mathrm{B} \cdot (V/C)_i \cdot N \cdot f_\mathrm{W} \cdot f_\mathrm{HV} \cdot f_\mathrm{P} \tag{6-4}$$

3）通行能力的影响因素及其修正系数

（1）车道宽度和侧向净宽对通行能力的修正系数 f_W 如表 6-7 所示。

表 6-7 车道宽度和侧向净宽对通行能力的修正系数 f_W

侧向净宽/m	行车道一边有障碍物		行车道两边有障碍物	
	车道宽度/m			
	3.75	3.50	3.75	3.50
有中央分隔带的 4 车道公路（每边有 2 车道）				
≥1.75	1.00	0.97	1.00	0.97
1.60	0.99	0.96	0.99	0.96
1.20	0.99	0.96	0.98	0.95
0.90	0.98	0.95	0.96	0.93
0.60	0.97	0.94	0.94	0.91
0.30	0.93	0.90	0.87	0.85
0	0.90	0.87	0.81	0.79
有中央分隔带的 6 或 8 车道公路（每边有 3 或 4 车道）				
≥1.75	1.00	0.96	1.00	0.96
1.60	0.99	0.95	0.99	0.95
1.20	0.99	0.95	0.98	0.94
0.90	0.98	0.94	0.97	0.93
0.60	0.97	0.93	0.96	0.92
0.30	0.95	0.92	0.93	0.89
0	0.94	0.91	0.91	0.87

注：1）一些高级形式的常见中央分隔带护栏如果已为广大驾驶员所熟悉，且基本上不影响车辆行驶，则可不作为障碍物。

2）两边侧向净宽不足且不相等时，取两侧净宽的平均值。

(2)大型车对通行能力的修正系数。

$$f_{HV} = \frac{1}{1 + P_{HV}(E_{HV} - 1)} \quad (6-5)$$

式中：P_{HV}——大型车交通量占总交通量的百分比；

E_{HV}——大型车换算成小客车的车辆换算系数，如表 6-8 所示；特定纵坡上坡路段的 E_{HV} 值如表 6-9 和表 6-10 所示。

表 6-8 高速公路、一级公路路段的车辆换算系数 E_{HV}

车型	平原微丘	重丘	山岭	说明
大型车	1.7/2.0	2.5/3.0	3.0	分子适用于高速公路，分母适用于一级公路
小客车	1.0	1.0	1.0	

注：1) 大型车包括中型及重型载货汽车、拖挂车、单个及通道式大客车。
  2) 小客车包括吉普车、摩托车、载重量不大于 2 t 的载货车、不大于 12 座面包车。

表 6-9 特定纵坡上坡路段（122 kg/kW）大型车的车辆换算系数 E_{HV}

坡度/%	坡长/m	4车道高速公路	6或8车道高速公路	坡度/%	坡长/m	4车道高速公路	6或8车道高速公路
2	≥1 000	3	3	5	<300	4	4
3	400~1 000	3	3		300~500	5	4
	≥1 000	4	4		500~1 000	6	5
					≥1 000	7	6
4	<400	3	3	6	<300	5	4
	400~800	4	4		300~500	6	5
	≥800	5	4		500~1 000	7	6
					≥1 000	8	7

表 6-10 特定纵坡上坡路段（177 kg/kW）大型车的车辆换算系数 E_{HV}

坡度/%	坡长/m	4车道高速公路	6或8车道高速公路	坡度/%	坡长/m	4车道高速公路	6或8车道高速公路
2	400~1 200	3	3	5	<300	4	4
	≥1 200	4	4		300~700	6	6
3	400~800	4	4		700~1 200	10	8
	800~1 200	5	4		≥1 200	12	10
	≥1 200	6	5				
4	<400	3	3	6	<300	5	4
	400~800	5	4		300~600	8	7
	800~1 200	6	5		≥600	16	12
	1 200~1 600	7	6				
	≥1 600	8	7				

当大型车中总质量/千瓦为 122 kg/kW 左右及以下的车辆较多，并成为影响设计通行能力的主要因素时，在特定的坡度-坡长范围内，上坡段中大型车换算系数 E_{HV} 值如表 6-9 所示。

当大型车中总质量/千瓦为 177 kg/kW 左右及以下的车辆较多，并成为影响设计通行能力的主要因素时，在特定的坡度-坡长范围内，上坡段中大型车换算系数 E_{HV} 值如表 6-10 所示。

对于一些特定纵坡路段，大型车的车辆换算系数较大，导致当量交通量增大，使该路段成为基本路段上运行质量较差,甚至最差的部分。当特定上坡路段的设计小时交通量超过其同向车行道的设计通行能力时,需要设置爬坡车道;另外,由于纵坡路段在上坡路段和下坡路段的交通特性存在明显的不同,需要对特定纵坡的上坡路段和下坡路段分别进行通行能力和服务水平分析。在特定纵坡路段 E_{HV} 值的确定在本书不详细介绍,具体内容可参考《交通工程手册》。

(3)驾驶员条件对通行能力的修正系数 f_P。驾驶员条件指驾驶员的技术熟悉程度、遵守交通法规的程度,在高速公路上尤其是指驾驶员在所研究的高速公路或其相似的路段上的行驶经验及健康状况, f_P 通常在 0.90~1.00 取值。

【例 6-1】 一四车道高速公路,设计速度为 100 km/h,单向高峰小时交通量 v_p=1 800 辆/h,大型车占 40%,车道宽 3.5 m,侧向净空 1.75 m,重丘地形,驾驶员技术熟练、遵守交通法规。试分析其服务水平,问其达到可能通行能力之前还可增加多少交通量?

【解】 为求服务水平要计算 V/C:

(1)查表 6-7、表 6-8 得到各个修正系数: f_W=0.97, E_{HV}=2.5, f_P=1.0。
所以,大型车对通行能力的修正系数:

$$f_{HV} = \frac{1}{1+P_{HV}(E_{HV}-1)} = \frac{1}{1+0.4\times(2.5-1)} \approx 0.625$$

(2)计算 V/C:

$$V/C = \frac{v_P}{C_B \cdot N \cdot f_W \cdot f_{HV} \cdot f_P} = \frac{1800}{2\,000\times 2\times 0.97\times 0.625\times 1.0} \approx 0.74$$

(3)该公路服务水平属三级服务水平。

(4)求算达到可能通行能力前还可增加的交通量:
行车道的可能通行能力 $=C_B \cdot N \cdot (V/C) \cdot f_W \cdot f_{HV} \cdot f_P$
$\qquad\qquad\qquad$ =2 000×2×1.00×0.97×0.625×1.0
$\qquad\qquad\qquad$ =2 425(辆/h)

达到可能通行能力前还可增加的交通量 V: V=2 425-1 800=625(辆/h)。

6.2.3 高速公路交织区的通行能力

1.高速公路交织区概述

1)交织的定义

两股或多股交通流在没有交通控制设施的情况下,沿相同的方向在相当长的公路路段中运行,其中相交而过的交通流称为交织。

2)交织区的分类

交织区分为简单交织区和多重交织区两类。

简单交织区由一个独立的汇合点接着一个独立的分离点形成,而多重交织区则由一个汇合点接着两个分离点,或由两个汇合点接着一个分离点形成。在多重交织区通行能力和服务水平分析过程中,通常将多重交织区合理地拆分为合流区、分流区和简单交织区来分别进行分析。

3）交织区长度

交织区长度是交织区的重要几何参数，它决定了驾驶员完成所需要的全部车道变换可利用的时间和空间。若交织区长度变短，则用于车道变换可利用的空间机会减小，交通流的紊乱程度增加。

交织区长度是从汇合三角区上一点，即从车道 1 右边缘至入口（汇合）车道左边缘的距离为 0.6 m 的点，至分离三角区车道 1 右边缘至出口（分离）车道左边缘距离 3.7 m 的点的距离。具体的交织区长度如图 6-4 所示。

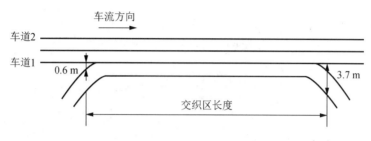

图 6-4　交织区长度量测示意图

4）简单交织区构造形式

由于交织运行中的车道变换对交织区内的交通流状况会产生极为不利的影响，因此车道变换是交织区重要的运行特征；在交织过程中，交织车辆变换车道数量的多少又与交织区的几何特征密切相关，而这些几何特征就是交织区构造形式，它涉及交织区的入口车道、出口车道的数目及相对位置。

由于我国目前高速公路网密度比较低，因此，我国高速公路中交织区存在较少，多存在于城市快速路系统。美国的高速公路由于设计标准与我国不同，且路网密度较高，因此形成多种构造形式的交织区。在 HCM 中，交织区构造形式由交织车辆在通过交织区所必须进行的最少车道变换数来区分。

A、B、C 型交织区的示意图分别如图 6-5～图 6-7 所示。

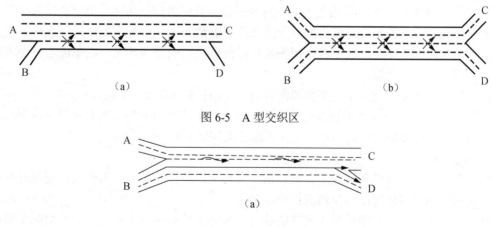

图 6-5　A 型交织区

图 6-6　B 型交织区

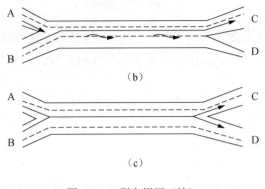

图 6-6　B 型交织区（续）

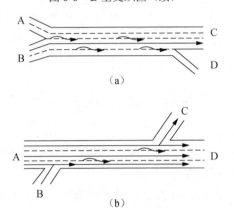

图 6-7　C 型交织区

如图 6-5 所示，当两匝道间的辅加车道长度大于 610 m 时，不作为交织区，而将两匝道作为孤立的分、合流匝道进行处理。构造形式为 A 的交织区其最大交通流特征是每辆交织的车辆至少需要进行一次车道变换。

图 6-6（a）所示为在出口三角区车道平衡的大交织；图 6-6（b）所示为在入口三角区汇合的大交织；图 6-6（c）所示为在入口三角区汇合并且在出口三角区车道平衡的大交织。车道平衡是指用于分流的车道数等于到达分流点的车道数加 1。构造形式 B 的交织区其最大交通流特征是交织车流中的一股车流不用变换车道就可以完成交织，另一股车流则最少需要变换一次车道才能完成交织。

图 6-7（a）所示为没有车道平衡或汇合的大交织；图 6-7（b）所示为两侧交织。构造形式 C 的交织区其最大交通流特征是交织车流中的一股车流不用变换车道就可以完成交织，另一股车流则最少需要两次或两次以上变换车道才能完成交织。

5）交织宽度

交织宽度以交织区的车道数来计量。这不仅与交织运行的车道总数有关，而且与交织车辆和非交织车辆能够使用这些车道的百分率有关。

在交织区中，交织车辆总是希望在能够进行车道变换的车道上运行，而非交织车辆则期望能够远离车道变化的影响。因此，对于不同形式的交织，其交织车辆与非交织车辆所使用的车道数量和位置有所不同。交织形式 A、B、C 中，可提供给交织车辆运行的交织宽度如

图 6-8 所示。

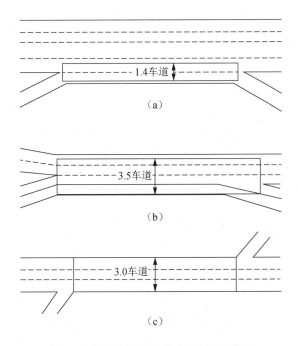

图 6-8 各种构造形式的交织宽度示意图

(a) A 型交织区；(b) B 型交织区；(c) C 型交织区

关于交织宽度需要说明的是：

A 型交织区中能被交织车辆使用的最大车道数是最受限制的。一般交织车辆被限制在邻接路拱线两车道之中来进行交织运行，且这两车道仍然可能保留部分非交织车辆。因此，无论交织区断面包含多少车道，都可供交织车辆使用的车道数最多为 1.4 车道。

由于交织宽度的影响，当 A 型交织区的长度增加时，交织车速变得很高，交织车辆为了保持这样的车速而需要更多的车道。因此，当交织长度增加时，A 型交织区容易发生约束运行；而 B 型和 C 型与此相反，由于 B 型和 C 型交织区中交织车辆和非交织车辆是混合行驶的，因此增加交织区长度对交织车速的影响较 A 型交织区的影响小，也就不易发生约束运行。

B 型交织区对交织车辆使用车道方面没有大的约束。由于交织车辆除了使用"贯行"交织车道及其紧挨的两条车道，还可能部分使用外侧车道，因此交织车辆可以使用的车道多至 3.5 车道。当总交通量中交织交通量的比例较高时，采用构造形式 B 能够高效地组织交通。

C 型交织区也有一"贯行"的交织车道。但是，由于另一交织流需要变换两条或两条以上车道，使交织车辆无法使用路段外侧的车道，因此交织车辆能使用的车道数不大于 3.0。有一种例外情况就是双侧构造，这种形式的交织区中所有高速公路的车道都可被交织车辆使用。

6) 交织运行状态

交织运行分非约束交织运行及约束交织运行两种状态。在交织区中，交织车辆和非交织车辆总是希望能以各自期望的平均行驶速度来使用车道。如果车辆能按照期望的平均速度运行，则该运行状态称为非约束交织运行；如果不能按照期望的平均速度运行，则称为约束交织运行。

7）影响交织运行的参数

影响交织区车辆运行的参数如表 6-11 所示，其中部分参数的物理意义如图 6-9 所示，该草图对于分析交织区服务水平很有帮助。

表 6-11　影响交织区车辆运行的参数

符号	含义
L	交织段长度（m）
N	交织段内总车道数
N_w	当交通流处于非约束状态时，被交织车辆占用的车道数
$N_{w\max}$	某构造形式交织区中，交织车辆可以最多利用的车道数
N_{nw}	非交织车辆占用的车道数
V	交织区内总车流率（pcu/h）
V_{01}	交织区外侧或非交织流中较大的流率（pcu/h）
V_{02}	交织区外侧或非交织流中较小的流率（pcu/h）
V_{w1}	交织流率中较大的流率（pcu/h）
V_{w2}	交织流率中较小的流率（pcu/h）
V_w	交织总流率（pcu/h），$V_w = V_{w1} + V_{w2}$
V_{nw}	非交织总流率（pcu/h），$V_{nw} = V_{01} + V_{02}$
VR	流率比，交织流率和总流率的比，$\text{VR} = \dfrac{V_w}{V}$
R	交织比，较小的交织流率和交织总流率的比，$R = \dfrac{V_{w1}}{V_w}$
S_w	交织车速（km/h）
S_{nw}	交织区内的非交织车速（km/h）
S	交织区内的所有车辆车速（km/h）
D	交织段内所有车辆的交通流密度（pcu/km/ln）
W_w	计算交织车速的交织强度系数
W_{nw}	计算非交织车速的交织强度系数

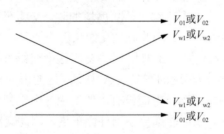

图 6-9　影响交织段运行的参数示意图

2. 交织服务水平

HCM2000 中衡量及规划服务水平等级的关键性参数是交织区的交通流密度，其服务水平标准如表 6-12 所示。我国现行的交织区服务水平用交织车辆的平均行驶速度和非交织车辆的行驶速度，其分级标准如表 6-13 所示。

表 6-12 交织区服务水平标准（HCM2000）

服务水平	车流密度/(pcu·km⁻¹·ln⁻¹)	
	高速公路交织段	多车道公路和次干道的交织段
A	≤6.0	≤8.0
B	>6.0～12.0	>8.0～15.0
C	>12.0～17.0	>15.0～20.0
D	>17.0～22.0	>20.0～23.0
E	>22.0～27.0	>23.0～25.0
F	>27.0	25.0

表 6-13 我国高速公路交织区服务水平标准

服务水平	最小平均交织速度/(km·h⁻¹)	最小平均非交织速度/(km·h⁻¹)	服务水平	最小平均交织速度/(km·h⁻¹)	最小平均非交织速度/(km·h⁻¹)
一	80	86	三	64	67
二	72	77	四	56①②	56①②

①四级服务水平下半段是强制流状态，车速很不稳定，变化于 0～56 km/h。
②56 km/h 是计算时使用的数值，与实地测速相比有一些差别。

通常，交织区的设计服务水平采用二级。当需要采取改进措施但又存在困难时，可采用三级服务水平。当交织流和非交织流之一或两者均低于设计采用的服务水平等级时，需要采取改进措施，改进措施之一是改变交织构造形式。

由于美国在交织区方面的研究相对全面，因此本节主要介绍 HCM2000 中的交织区服务水平分析方法，其分析流程图如图 6-10 所示。

1）确定交织区交通运行参数

分析交织区的道路与交通条件。道路条件包括路段长度、车道数、构造形式及坡度条件等。交通条件包括交织流量和非交织流量、交织区上游高速公路基本路段的自由流速度等。

2）计算交通流率

由于美国 HCM 中通行能力采用的是高峰 15 min 流率，因此，在利用其公式计算各特征参数前，应该按照式（6-6）进行必要的换算。

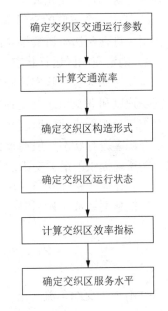

图 6-10 交织区服务水平分析流程图

$$v = \frac{V}{\text{PHF} \cdot f_{\text{HV}} \cdot f_{\text{P}}} \tag{6-6}$$

式中：v——高峰小时内 15 min 交通量换算的小时流率（pcu/h）；

V——小时流量（辆/h）；

f_{HV}——大型车对通行能力的修正系数，根据高速公路基本路段或多车道公路的方法确定；

f_p——驾驶员对通行能力的修正系数，根据高速公路基本路段或多车道公路的方法确定。

3）确定交织区构造形式

由于交织区的形式多种多样，在实践过程中很难判断，因此，一般不通过定义来判断，而根据表6-14通过每个交织方向所需进行的车道变换次数来确定交织区的构造形式。

表6-14 交织区构造形式的确定方法

V_{w1}运行方向所需要进行的车道变换次数	V_{w2}运动方向所需要进行的车道变换次数		
	0	1	≥2
0	B型	B型	C型
1	B型	A型	—
≥2	C型	—	—

注："—"表示实际中不存在的构造形式，也就是不可行的构造形式

从表6-14中同样可以看出前述的A、B、C型交织区在车道变换次数方面所具有的特征如下：

A型：为了完成交织，每个交织方向的所有车辆都必须进行一次车道变换。

B型：一个方向的交织车辆可能不需要变换车道即可完成交织，而另一方向的交织车辆必须换一次车道才能完成交织。

C型：一个方向的交织车辆可能不需要变换车道即可完成交织，而交织段内其他的交织车辆至少进行两次车道变换才能完成交织。

4）确定交织区运行状态

尽管交织区运行状态按照交织车辆和非交织车辆能否保持期望的平均速度来区分，但由于交织速度和非交织速度受到多方面的影响，特别是交织构造形式的影响，因此交织车辆和非交织车辆的平均行驶速度并不是判断交织运行状态的指标。

交织区运行状态一般通过比较保持非约束运行所需要的车道数与特定交织构造形式为交织车辆所能提供的最大交织运行车道数来确定，具体计算过程采用试算的办法。

（1）计算交织强度系数W_w和W_{nw}。

交织强度系数（W_w和W_{nw}）是描述交织行为对交织与非交织平均车速影响的指标，有

$$W_i = \frac{a(1+\text{VR})^b \left(\dfrac{V}{N}\right)^c}{(3.28L)^d} \tag{6-7}$$

式中：W_i——交织车流（当$i=w$时）和非交织车流（$i=nw$时）的交织强度系数；

VR——流量比；

V——交织区内总流量（pcu/h）；

N——交织区总车道数；

L——交织段长度（m）；

a, b, c, d——标定的常数，具体取值可参见表6-15。

（2）计算交织车辆运行速度S_w和非交织车辆运行速度S_{nw}。按照下式可计算交织车速和非交织车速：

$$S_i = S_{\min} + \frac{S_{\max} - S_{\min}}{1 + W_i} \tag{6-8}$$

式中：S_i——交织车辆（当 $i=w$ 时）或非交织车辆（当 $i=nw$ 时）的平均车速（km/h）；

$S_{\min}$——交织区内可能的最小车速（km/h）；

$S_{\max}$——交织区内可能的最大车速（km/h）；

其他参数的意义同式（6-7）。

表 6-15 计算交通强度系数时常数的确定

一般形式 $W = \dfrac{a(1+\mathrm{VR})^b \left(\dfrac{V}{N}\right)^c}{(3.28L)^d}$

	交织速度 S_w 的常数				非交织速度 S_{nw} 的常数			
	a	b	c	d	a	b	c	d
A 型构造								
非约束型	0.15	2.2	0.97	0.80	0.003 5	4.0	1.3	0.75
约束型	0.35	2.2	0.97	0.80	0.002 0	4.0	1.3	0.75
B 型构造								
非约束型	0.08	2.2	0.70	0.50	0.002 0	6.0	1.0	0.50
约束型	0.15	2.2	0.70	0.50	0.001 0	6.0	1.0	0.50
C 型构造								
非约束型	0.08	2.2	0.80	0.60	0.002 0	6.0	1.1	0.60
约束型	0.14	2.2	0.80	0.60	0.001 0	6.0	1.1	0.60

在 HCM2000 中，最小车速 $S_{\min}$ 设置为 24 km/h。最大车速 $S_{\max}$ 取交织区上游或下游高速公路基本路段的自由流平均车速加上 8 km/h。之所以在自由流车速上加上 8 km/h，是因为希望减少该计算方法在估计较高车速时出现过低的系统误差，以提高计算结果的合理性。由此，交织速度与非交织速度可表示为

$$S_i = 24 + \frac{S_{\mathrm{FF}} - 16}{1 + W_i} \tag{6-9}$$

式中：S_{FF}——交织区上游或下游高速公路基本路段的平均自由流车速（km/h）；其他参数的意义同前。

（3）确定运行状态。

通过比较 N_w 和 $N_{w\max}$ 的大小，可以判断交织区运行状态。根据表 6-16 提供的计算公式，可计算非约束运行所需要的车道数 N_w。当 $N_w \leqslant N_{w\max}$ 时，交织区运行处于非约束状态；当 $N_w \geqslant N_{w\max}$ 时，交织区的运行为约束运行状态。这里，N_w 是指交织车辆达到非约束运行状态所必须使用的交织车道数，其值不一定为整数；而 $N_{w\max}$ 是对特定的交织构造形式为交织车辆所能提供的最大交织运行车道数，其值也不一定为整数。

表 6-16 约束或非约束运行状态的确定标准

交织段构造	非约束型运行所需的车道数 N_w	N_{wmax}
构造形式 A	$(1.21N \cdot VR^{0.571} L^{0.234}) / S_w^{0.438}$	1.4
构造形式 B	$N\{0.085+0.703VR+[71.57/L-0.011\ 2(S_{nw}-S_w)]\}$	3.5
构造形式 C	$N\{0.761+0.047VR-0.000\ 36-0.003\ 1(S_{nw}-S_w)\}$	3.0[①]

① 对双侧交织段，交织车辆可以占用所有的车道。

5）计算交织区效率指标

（1）计算交织区速度。

当得到交织和非交织车流速度，并确定运行状态后，可按照下式来计算交织区内所有车辆的区间平均速度。

$$S = \frac{V}{\dfrac{V_w}{S_w} + \left(\dfrac{V_{nw}}{S_{nw}}\right)} \quad (6\text{-}10)$$

式中：S——交织区内所有车辆的区间平均速度（km/h）；

S_w——交织区内交织车辆的区间平均速度（km/h）；

S_{nw}——交织区内非交织车辆的区间平均速度（km/h）；

V——交织区内总流率（pcu/h）；

V_w——交织区内交织流率（pcu/h）；

V_{nw}——交织区内非交织流率（pcu/h）。

（2）计算交通流密度。

可用所有车辆的平均速度计算交织段内所有车辆的交通流密度。

$$D = \frac{\left(\dfrac{v}{N}\right)}{S} \quad (6\text{-}11)$$

式中：D——交织区内所有车辆的平均交通流密度（pcu/km/ln）；

N——交织区内车道数。其他参数同前。

6）确定交织区确定服务水平

根据计算的交通流密度，对照表 6-12 或表 6-13，确定交织区的服务水平。

3. 通行能力分析方法

影响交织区通行能力的因素很多，包括交织区构造形式、车道数、高速公路或多车道公路的自由流速度、交织段长度及流量比等。HCM2000 根据影响因素的不同，分别给出了各种典型条件下的交织区理想的通行能力值，如表 6-17 所示。

表 6-17 交织区的理想通行能力值（示例）

流量比 VR	A 型交织区的理想通行能力值 120 km/h				
	交织段长度/m				
	150	300	450	600	750[①]
三车道交织区					
0.10	6 050	6 820	7 200[②]	7 200[②]	7 200[②]
0.20	5 490	6 260	6 720	7 050	7 200
0.30	5 040	5 780	6 240	6 570	6 830
0.40	4 660	5 380	5 530	5 800[③]	6 050[③]
0.45[④]	4 430	5 000[③]	5 270[③]	5 550[③]	5 800[③]
四车道交织区					
0.10	8 060	9 010	9 600[②]	9 600[②]	9 600[②]
0.20	7 320	8 340	8 960	9 400	9 600
0.30	6 710	7 520	8 090[③]	8 510[③]	8 840[③]
0.35[⑤]	6 370	7 160	7 700[③]	8 000[③]	8 000[⑥]
五车道交织区					
0.10	10 080	11 380	12 000[②]	12 000[②]	12 000[②]
0.20[⑦]	9150	10 540	11 270[③]	11 790[⑥]	12 000[②]

①长度超过 750 m 的交织段看作分离的合流区和分流区，使用高速公路匝道的分析方法进行计算。
②交织区通行能力不可能超过高速公路基本路段的通行能力。
③约束运行状态下出现的通行能力。
④在大于 0.45 的流量比条件下，三车道 A 型交织区不能很好运行，此时运行效率可能很低，甚至局部出现排队车辆。
⑤在大于 0.35 的流量比条件下，四车道 A 型交织区不能很好运行，此时运行效率可能很低，甚至局部出现排队车辆。
⑥通行能力受最大允许的交织流率限制：A 型为 2 800 pcu/h，B 型为 4 000 pcu/h，C 型为 3 500 pcu/h。
⑦在大于 0.20 的流量比条件下，五车道 A 型交织段不能很好运行，此时运行效率可能很低，甚至局部出现排队车辆。

表 6-17 给出了不同条件下交织区通行能力的取值。对于中间点，可以粗略使用线性内插的方法求得。对于通常条件下的通行能力，可按照下式进行计算。

$$C_P = C \cdot f_{HV} \cdot f_P \tag{6-12}$$

式中：C_P——可能通行能力值（pcu/h）；

C——理想条件下的通行能力值（pcu/h）。

4. 高速公路交织区通行能力分析算例

【例 6-2】高速公路上的主要交织段，根据已知条件试进行交织段的服务水平和通行能力的分析。已知条件：A—C 流量为 4 000 pcu/h；A—D 流量为 300 pcu/h；B—C 流量为 600 pcu/h；B—D 流量为 100 pcu/h。高速公路的自由流速度为 S_{FF}=120 km/h，交织段长度 L=300 m。

【解】（1）确定交织区运行参数。

根据已知条件可确定各个方向流量、主线自由流速度和交织段速度及交织区形式，如图 6-11 所示。

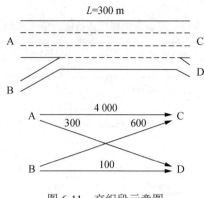

图 6-11 交织段示意图

（2）计算交通流率。

首先按照公式：$v = \dfrac{V}{\text{PHF} \cdot f_{\text{HV}} \cdot f_{\text{P}}}$，将流量转换为流率。由于本题已经是流率，故不用转换，所以

$$v_{\text{A-C}} = 4\,000 \text{ pcu/h}$$
$$v_{\text{A-D}} = 300 \text{ pcu/h}$$
$$v_{\text{B-C}} = 600 \text{ pcu/h}$$
$$v_{\text{B-D}} = 100 \text{ pcu/h}$$

（3）确定交织区构造形式。

A—D 方向需要一次车道变换，B—C 方向需要一次车道变换，根据表 6-14 可确定交织区构造形式为 A 型。

（4）确定交织区的运行状态。

$$v_{\text{w}} = 600 + 300 = 900(\text{pcu/h})$$
$$v_{\text{nw}} = 4\,000 + 100 = 4\,100(\text{pcu/h})$$

计算关键参数：

$$V = 4\,100 + 100 = 5\,000(\text{pcu/h})$$
$$\text{VR} = \frac{900}{5\,000} = 0.180$$
$$R = \frac{300}{900} \approx 0.333$$

在假设为非约束型状态下计算交织强度和交织与非交织车速：

$$W_i = \frac{a(1+\text{VR})^b \left(\dfrac{v}{N}\right)^c}{(3.28L)^d} \qquad S_i = 24 + \frac{S_{\text{FF}}-16}{1+W_i}$$

$$W_{\text{w}} = \frac{0.15(1+0.180)^{2.2}\left(\dfrac{5\,000}{4}\right)^{0.97}}{(3.28 \times 300)^{0.80}} \approx 0.879$$

$$W_{\mathrm{nw}} = \frac{0.0035(1+0.180)^{4.0}\left(\dfrac{5000}{4}\right)^{1.3}}{(3.28\times 300)^{0.75}} \approx 0.410$$

$$S_{\mathrm{w}} = 24 + \frac{120-16}{1+0.879} \approx 79.3(\mathrm{km/h})$$

$$S_{\mathrm{nw}} = 24 + \frac{120-16}{1+0.410} \approx 97.8(\mathrm{km/h})$$

确定运行状态：

$$N_{\mathrm{w}} = \frac{1.21\times 4\times(0.180^{0.571})\times(300^{0.234})}{79.3^{0.438}} \approx 1.02$$

而 $N_{\mathrm{wmax}} = 1.4 > N_{\mathrm{w}} = 1.02$，所以为非约束型运行状态。

（5）计算交织区内所有小客车的区间平均速度：

$$S = \frac{v}{\dfrac{V_{\mathrm{w}}}{S_{\mathrm{w}}} + \left(\dfrac{V_{\mathrm{nw}}}{S_{\mathrm{nw}}}\right)} = \frac{5000}{\dfrac{900}{79.3}+\left(\dfrac{4100}{97.8}\right)} \approx 93.9(\mathrm{km/h})$$

计算交织段内所有小客车的交通流密度：

$$D = \frac{\left(\dfrac{v}{N}\right)}{S} = \frac{\dfrac{5000}{4}}{93.9} \approx 13.3(\mathrm{pcu/km/ln})$$

（6）确定服务水平。

由计算得到的车流密度，对照表 6-12 可知该交织区属于 C 级服务水平。

（7）确定通行能力。

按照已知条件利用线性内插法得到通行能力为

$$C = 8474(\mathrm{pcu/h})$$

6.2.4 高速公路匝道的通行能力

1. 高速公路匝道通行能力概述

1）高速公路匝道组成部分

高速公路的匝道由三个部分组成：

（1）匝道与高速公路连接处（或称匝道-主线连接处）。

（2）匝道车行道。

（3）匝道与相连道路的连接处。

2）设计要求

对于匝道的设计，通常要求匝道与主线连接处的车辆能以高速汇入或与主线分离，并且使汇入或分离的交通流对匝道相连的高速公路主线交通流的干扰降至最小。

就匝道本身而言，设计要素包括匝道车道数（通常有单车道或两车道），匝道长度，设计速度，平、纵线形参数等。值得注意的是，匝道车行道通常不会引起运行方面的问题，只有在匝道上发生交通事故，才会造成交通紊乱甚至中断。

匝道与相连道路的连接处要设计成从主线驶来的车辆能顺利汇入该连接处，此类连接处一般设计成平面交叉。对于匝道与主线连接处的设计主要强调交通安全。

只有当匝道的所有部分，即匝道与主线连接处、匝道车行道及匝道与相连道路连接处都设计恰当，达到所要求的服务水平或设计通行能力后，匝道上的交通运行效率才能得到保证。如果三个组成部分中的任何一部分交通受阻，都将对整个匝道上的运行产生不利影响。更值得注意的是，匝道上受阻的交通可能延伸到高速公路主线和相连道路中去。这种情况往往会发生在城市立体交叉的匝道上。

可见，匝道与交织区一样，是高速公路上干扰较大，易发生运行问题的组成部分，并且匝道各组成部分通行能力和服务水平之间存在紧密的联系。因此，对其通行能力和服务水平的分析要谨慎处理。

3）匝道运行特征

在汇入区中，从驶入匝道来的车辆在相邻的主线车道上寻找交通流可利用的空隙，以便汇入。由于绝大部分匝道在主线右边，因此主线上右边第1车道（也称路肩车道）将受到最直接的影响。研究成果发现，汇入车辆还会影响紧邻路肩车道的左侧车道。具体的汇入车道与公路连接处影响区如图6-12所示。由于汇入的车流会对过境车流造成影响，因此主线公路中的车辆将在驶入匝道上游位置重新考虑其行进车道，从而使交通量打破原来基本路段中的平衡状态，在主线中重新分布。

在驶出匝道上，需要驶出的车辆首先进入与匝道相邻的车道1，从过境交通中分离出来，其他驾驶员需要在车行道之间调整交通量的车道分布。其影响范围如图6-13所示，在有双车道匝道的地方，车辆分离对主线的影响会进一步扩大。

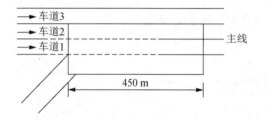

图 6-12　具体的汇入车道与公路连接处影响区　　图 6-13　驶出匝道影响范围

4）匝道运行状态的影响因素

通常，匝道与主线连接处的状态决定了整个匝道的运行状态。影响匝道与主线连接处运行特征的主要因素包括以下三个关键交通量。

（1）汇合交通量 V_m：用于驶入匝道，它是相互汇合的车流交通量之和，单位为辆/h，如图6-14所示。

（2）分离交通量 V_d：用于驶出匝道，它是即将进行分离的交通流的交通量，单位为辆/h，如图6-15所示。

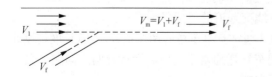 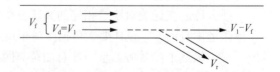

图 6-14　交织区中汇合交通量 V_m 示意图　　图 6-15　交织区中分离交通量 V_d 示意图

(3) 主线交通量 V_f：用于任何汇合或分离点，它是匝道与主线连接处最大的主线单向交通量，即驶入匝道下游或驶出匝道上游主线单向行车道的交通量，单位为辆/h，如图 6-16 所示。

在以上交通量中，匝道影响区的交通量 V_1 又受相当多因素的影响，包括匝道交通量 V_r、主线交通量 V_f 与相邻上游或下游匝道的距离 D_u、D_d，变速车道长度 L_a、L_d，匝道的自由流速度 S_r、匝道形式等。

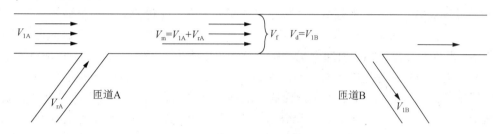

图 6-16 交织区中主线交通量 V_f 示意图

5) 孤立匝道和非孤立匝道

无论驶入匝道还是驶出匝道，当相邻匝道的间隔较小，以致影响到相邻匝道的交通运行时，该匝道就称为非孤立匝道，其通行能力和服务水平分析应该考虑相邻匝道的影响。具体的影响间距应根据交通量、加速车道长度、匝道的自由流速度等因素而定。

当匝道与相邻匝道的间距足够远，不会对相邻匝道交通产生影响时，此匝道为孤立匝道。孤立匝道的通行能力和服务水平分析是独立进行的。

2. 匝道服务水平及其标准

由于在匝道的三个组成部分中，匝道与主线连接处对主线过境交通及总的交通运行状况影响最大，因此，匝道服务水平主要取决于驶入或驶出匝道与主线连接处的服务水平。根据 V_m、V_d、V_f 三个检查点交通量确定的服务水平标准如表 6-18 所示，三个检查点交通量均换算为 pcu/h。

表 6-18 匝道与主线连接处检查点服务水平标准

服务水平等级	汇合交通量[①] V_m/(pcu·h^{-1})	分离交通量[①] V_d/(pcu·h^{-1})	下列设计车速(km/h)的主线单向交通量 V_f/(pcu·h^{-1})[①]							
			120		100		80		60	
			四车道	六车道	四车道	六车道	四车道	六车道	四车道	六车道
一	≤1 000	≤1 050	≤2 200	≤3 300	≤2 000	≤3 000	②	②	②	②
二	≤1 450	≤1 500	≤3 200	≤4 600	≤2 600	≤4 200	≤2 600	≤3 900	≤2 300	≤3 450
三	≤1 750	≤1 800	≤3 800	≤5 700	≤3 400	≤5 100	≤3 200	≤4 800	≤2 900	≤4 350
四	≤2 000[③]	≤2 000[③]	≤4 000[③]	≤6 000[③]	≤4 000[③]	≤6 000[③]	≤3 800[③]	≤5 700[③]	≤3 600[③]	≤5 400[③]

① 在驶出匝道上游或驶入匝道下游主线一个行驶方向的总交通量。
② 由于设计车速限制，不能达到该级服务水平。
③ 由于交通流处于强制流状态，交通量在低于四级上半段情况下变化不稳定。

各级服务水平描述如下：

一级服务水平，其交通流的运行不受约束。汇入时运行通畅，在进入过境交通流车辆间隙时仅需很小的车速调整。分离出来的车辆对主线交通流没有多大扰动，主线上的过境车辆受到的影响不大。交通流是稳定流，相当于 HCM 的 A 和 B 级服务水平。

二级服务水平，仍然是稳定流，但汇入车流有小的变化就会产生运行质量的大范围变化。车道 1 和驶入匝道上的车辆都必须调整它们的速度以达到流畅地汇入，当驶入匝道上的交通量大时还会有小的车队形成，在分离区车速也会有所降低。驶入车辆和驶出车辆所引起的扰动扩展范围更大，并且这种扰动可能延伸到与车道 1 相邻的主线其他车道上。高速公路总的速度和交通流密度不会有大的变化，相当于 HCM 中的 C 级服务水平。

三级服务水平，在此水平范围内难以达到流畅的汇入，无论要汇入的车辆还是车道 1 中的过境车辆都必须时时调整车速，防止车辆在汇入区内发生冲突。分离区附近的车辆车速降低得更多，汇入和分离运行所引起的扰动将影响若干主线车道。在有大交通量的驶入匝道上，匝道车队可能变成对运行造成严重影响的因素。其相当于 HCM 的 D 级服务水平。

四级服务水平，在此水平的上半段交通量达到基本通行能力，汇入行为产生较大的扰动，在主线上仍没有形成明显的车队，但在驶入匝道上则会形成较大的车队。此时，分离运行的车速大大降低，并且在分离区内会形成一些车队。所有车辆均受到扰动的影响，主线上的过境车辆则试图到靠近中央分隔带一侧的车道上行驶，以避免扰动的影响。其相当于 HCM 的 E 级服务水平。该级服务水平的下半段，所有汇入车辆基本上是走走停停，在匝道上广泛地形成车队，车道 1 上的交通运行状况被破坏。许多扰动是由于车道 1 上的车辆改变车道以避开汇入区和分离区产生的。在匝道端部附近，可能在高速公路上游若干距离内，会产生较大的交通延误。此时，交通运行情况变化范围很大，会产生不稳定交通流和强制性交通流交替运行的状态，相当于 HCM 的 F 级服务水平。

在设计过程中，检查点采用的服务水平一般与主线基本路段一致，采用二级服务水平。但在困难情况下，可采用三级服务水平。

3. 匝道与主线连接处的运行分析

由于匝道与主线连接处对主线过境交通及总的交通运行影响最大，因此在通行能力和服务水平分析中重点讨论匝道与主线连接处的分析计算。

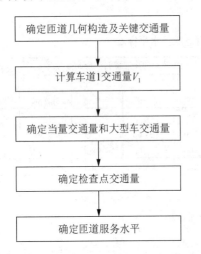

图 6-17 匝道与主线连接处的服务水平分析流程图

1）匝道与主线连接处服务水平

匝道与主线连接处的服务水平分析流程图如图 6-17 所示。

（1）确定匝道几何构造及关键交通量。

确定几何构造（包括匝道的形式和位置）是计算交通量的基础。交通量是指匝道上及匝道附近的交通量。初步分析时，匝道 1 800 m 以内的相邻匝道都应在考虑范围之内。在单独匝道的上、下游有相邻匝道时，常进行成对分析。对此，车道 1 交通量的计算图式通过详细的数值说明什么情况下必须考虑相邻匝道对分析匝道的影响。

(2)计算车道 1 交通量 V_1（辆/h）。

车道 1 交通量 V_1 是紧挨汇合区或分离区上游右侧第 1 车道的交通量，它是计算 V_m 和 V_d 的基础。

车道 1 交通量可以通过匝道几何构造选择恰当的计算图式来进行计算，或采用近似法估计。计算 V_1 有多种图式，关于四车道高速公路或一级公路的具体计算图式如图 6-18～图 6-22 所示。

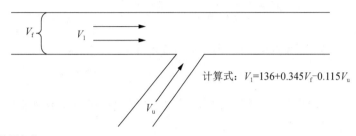

计算式：$V_1=136+0.345V_f-0.115V_u$

使用条件：
① 四车道高速公路或一级公路上的单车道驶入匝道（非环形）。
② 仅用于上游 610 m 内无相邻驶入匝道的情况。
③ 一般使用范围：$V_f=360～3\,100$ 辆/h；$V_u=50～3\,000$ 辆/h。

图 6-18　单车道驶入匝道上游车道 1 交通量 V_1 计算图式

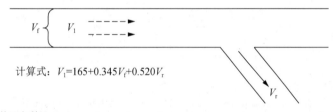

计算式：$V_1=165+0.345V_f+0.520V_r$

使用条件：
① 四车道高速公路或一级公路上的单车道驶出匝道。
② 仅用于上游 980 m 内无相邻驶入匝道的情况。
③ 一般使用范围：$V_f=360～3\,800$ 辆/h；$V_r=50～1\,400$ 辆/h。

图 6-19　单车道驶出匝道上游车道 1 交通量 V_1 计算图式

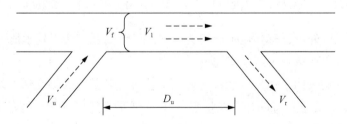

计算式：$V_1=202+0.362V_f+0.496V_r-0.266D_u+0.096V_u$

使用条件：
① 四车道高速公路或单车道驶出匝道在上游 980 m 以内有一相邻驶入匝道，$D_u \leqslant 980$ m。
② 一般使用范围：$V_f=65～3\,800$ 辆/h；$V_r=50～1\,450$ 辆/h；$V_u=50～810$ 辆/h；$D_u=210～980$ m。

图 6-20　上游有相邻驶入匝道的单车道驶出匝道上游车道 1 交通量 V_1 计算图式

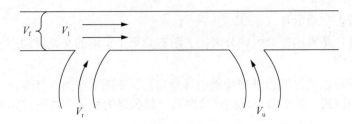

计算式：(a) $V_1=166+0.280V_f$（用于$V_r<550$辆/h的情况）
(b) $V_1=128+0.482V_f-0.301V_r$（用于$550$辆/h$\leq V_r<1\ 100$辆/h的情况）

使用条件：
① 四车道高速公路或一级公路上的单车道驶入匝道，有或无加速车道。
② 一般使用范围：$V_f=540\sim1\ 800$辆/h；$V_u=540\sim1\ 100$辆/h（b）；$V_u=0\sim540$辆/h（a）。

图 6-21　单车道环形驶入匝道上游车道 1 交通量 V_1 计算图式

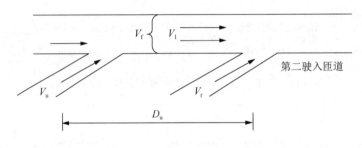

计算式：$V_1=123+0.376V_f-0.142V_r$

使用条件：
① 四车道高速公路或一级公路上，上游$120\sim610$ m有相邻驶入匝道存在的单车道驶入匝道，此单车道驶入匝道有或无加速车道。
② 当$D_u\leq120$ m或$V_u\geq900$辆/h时，计算结果不精确。
③ 一般使用范围：$V_f=720\sim3\ 300$辆/h；$V_r=90\sim1\ 400$辆/h；$V_u=90\sim900$辆/h；$D_u=120\sim610$ m。

图 6-22　上游有相邻驶入匝道的单车道驶入匝道上游车道 1 交通量 V_1 计算图式

除了上述图示以外，还有其他匝道构造形式，可查阅《交通工程手册》中的相关内容。

(3) 确定当量交通量和大型车交通量。

应用主线基本路段的车辆换算系数，将三个检查点及其他关键交通量均换算成小客车当量交通量（pcu/h）。必须注意的是，在将车道 1 交通量换算成当量小客车交通量之前，必须确定车道 1 中的大型车交通量。

大型车在车道 1 中的交通量占单向行车道上大型车总交通量的百分比与主线单向交通量的关系曲线如图 6-23 所示。

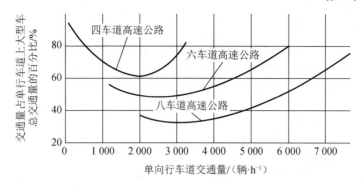

图 6-23　大型车交通量与主线单向行车道交通量的关系曲线

在使用图 6-23 的过程中，如果求得的车道 1 中的大型车交通量大于或等于车道 1 交通量，则仍用已得的车道 1 交通量，但其中全部为大型车。因此，应在进行当量交通量换算之前，比较由图 6-23 确定的车道 1 中大型车的交通量和由图 6-18～图 6-22 的计算图式计算的车道 1 的交通量，以确定该车道交通量具体的交通组成。

（4）确定检查点交通量 V_m、V_d、V_r。

V_r 为高速公路主线中与匝道同向的单向交通量，可以观测或预测求得。汇合交通量 V_m 和分离交通量 V_d 可按式（6-13）计算：

$$V_m = V_1 + V_r$$
$$V_d = V_1 \tag{6-13}$$

式中：V_m——汇合交通量（辆/h）；

　　　V_d——分离交通量（辆/h）；

　　　V_1——车道 1 交通量（辆/h）；

　　　V_r——匝道交通量（辆/h）。

（5）确定服务水平。

首先确定各检查点的服务水平。利用检查点交通量 V_m、V_d 及 V_f 分别与服务水平标准表中相应的数值比较，得到三个检查点处的服务水平等级。

许多情况下，汇合交通流、分离交通流和主线单向交通流在运行质量上是不平衡的，即三个检查点处的服务水平等级不同，而三者中服务水平最差点的相关因素是设计中的控制因素，应该对其服务水平不能被接受的一种或几种要素进行改进，直到匝道与主线连接处的服务水平同高速公路整体的运行状况达到平衡。

2）匝道与主线连接处匝道设计通行能力

对于匝道与主线连接处的设计，通常是先初步设计几何构造，然后对匝道与主线连接处三个检查点的服务水平进行分析计算，以检验匝道与主线连接处设计的合理性，而不再进行匝道与主线连接处匝道设计通行能力的分析计算。如有此必要，其分析计算方法如下：

匝道与主线连接部分的匝道设计通行能力受到连接处三个检查点交通量的制约。因此，设计通行能力的分析计算方法是先按设计采用的服务水平等级在表 6-17 中查得相应的几个检查点的交通量 V_m、V_d 及 $V_{f(max)}$，根据匝道构造形式，从图 6-18～图 6-22 中选取相应的计算图式，按此计算图式的图号在表 6-19 中查找相应的计算方法，计算匝道与主线连接部分的匝道设计通行能力。

表 6-19 匝道与主线连接处匝道设计通行能力计算表

图号及图示描述	连接处匝道设计通行能力的 C_{rD} 计算式及其使用说明
图 6-18 四车道公路单车驶入匝道	C_{rD} 计算式：$C_{rD} = 1.13V_m - 154 - 0.39V_f$ （Ⅰ） $C_{rD} = V_{f(max)} - V_f$ （Ⅱ） 使用说明： 将式Ⅰ、Ⅱ中的 C_{rD} 都换算成 pcu/h，取其中最小的 C_{rD} 作为设计通行能力，pcu/h。 驶入匝道说明： ① 已知主线交通量 V_f，单位为辆/h。 ② $V_{f(max)}$ 及 V_m 从表 6-17 中查得，其中 $V_{f(max)}$ 为表中设计所采用二级（不得已时为三级）服务水平 V_f 之最大值，V_m 为相应服务水平最大值。将 V_m 按车道 1 及匝道中的大型车数量及混入率进行试算，换算成以（辆/h）为单位的数值代入式（Ⅰ）。 ③ 式（Ⅰ）是按匝道中的大型车混入率 P_{HV} 换算成为 pcu/h 为单位的 C_{rD}。 ④ 将式（Ⅱ）中的 V_f 按主线上大型车混入率换算成 pcu/h 为单位的数值，代入式（Ⅱ），得到以（pcu/h）为单位的 C_{rD}。 ⑤ 如果按图 6-23 中的曲线求出车道 1 中的大型车数量等于或超过 V_1，则车道 1 交通量 V_1 全部为大型车
图 6-19 四车道公路单车驶出匝道	C_{rD} 计算式：$C_{rD} = 1.92V_d - 317 - 0.663V_f$ 使用说明： ① 已知 V_f，单位为辆/h。 ② V_d 由表 6-17 查得，为表中二级（不得已时为三级）服务水平 V_d 之最大值，并按车道 1 中的大型车混入率 P_{HV} 将 V_d 换算成以辆/h 为单位的数值。 ③ 按计算式求出以辆/h 为单位的 C_{rD} 值。 ④ 按匝道中的大型车混入率将 C_{rD} 换算成以 pcu/h 为单位的数值
图 6-20 四车道公路上游有相邻驶入匝道的单车道驶出匝道	C_{rD} 计算式：$C_{rD} = 2.02V_d - 407 - 0.730V_f + 0.456D_u - 0.194V_m$ 使用说明： ① 已知主线交通量 V_f（辆/h），匝道上游交通量 V_u（辆/h）和 D_u（m）。 ② 其他项的说明同图 6-18

3) 匝道行车道的设计通行能力

（1）单车道匝道的设计通行能力。

匝道设计速度≤50 km/h 时，为 1 200 pcu/h；

匝道设计速度≥60 km/h 时，为 1 500 pcu/h。

（2）双车道匝道的设计通行能力。

双车道匝道只有在驶入或驶出匝道端部的车辆能以两列驶入或驶出主线的情况下，才可采用单车道匝道设计通行能力的 2 倍。

（3）大型车对匝道通行能力的修正系数 f_{HV} 值。

【例 6-3】 已知地处平原地形的匝道构造如图 6-24 所示，主线单向交通量为 2 000 辆/h，其中大型车占 50%。匝道交通量为 410 辆/h，其中大型车占 40%。驶入匝道下游 1 800 m 范围内无相邻匝道，主线设计速度为 120 km/h，试对该匝道进行运行质量分析。

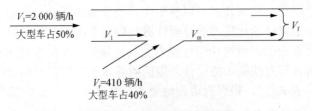

图 6-24 几何构造及交通量图

【解】（1）确定几何构造形式和关键交通量。

该匝道的几何构造及匝道上游主线交通量V_f、匝道交通量V_r，如图6-24所示。由于驶入匝道下游1 800 m范围内无相邻匝道，因此，可将该驶入匝道视为孤立匝道单独进行分析。

（2）确定车道1交通量V_1。

根据匝道的构造形式，采用图6-18孤立驶入匝道（四车道高速公路）的计算图式求算V_1。同时，匝道上游主线交通量$V_f = 2\,000$辆/h，匝道交通量$V_r = 410$辆/h，代入图6-18的计算式可得

$$V_1 = 136 + 0.345V_f - 0.115V_r = 136 + 0.345 \times 2\,000 - 0.115 \times 410 \approx 779(辆/h)$$

（3）确定当量交通量和大型车交通量。

由主线单向交通量为2 000辆/h，查图6-23，得到车道1中大型车占单向大型车总交通量的64%，则车道1中大型车数量为

$$2\,000 \times 0.50 \times 0.64 = 640(辆)$$

640辆占车道1交通量779辆的百分比约为82%。

又因为匝道交通量410辆/h，其中40%为大型车，查表6-20，可得f_{HV}为0.74。或者，由于匝道处于平原地形，查表6-8可得大型车车辆换算系数$E_{HV} = 1.7$。f_{HV}也可以按照公式（6-5）进行计算。最后，根据以下公式，可以计算当量交通量，具体计算过程如表6-21所示。

表6-20　大型车对匝道通行能力的修正系数f_{HV}值

大型车交通量占总交通量的百分率/%	10	20	30	40	50	60	70	80
f_{HV}	0.88	0.81	0.77	0.74	0.72	0.71	0.704	0.70

表6-21　交通量转换表

混合交通量/(辆·h^{-1})	E_{HV}	大型车百分比	f_{HV}	当量交通量/(pcu·h^{-1})
$V_f = 2\,000$	1.7	0.50	0.741	2 699
$V_r = 410$	1.7	0.40	0.74	554
$V_1 = 779$	1.7	0.82	0.635	1 227

$$V_e = \frac{V}{f_{HV}} \qquad (6\text{-}14)$$

式中：V_e——当量交通量（pcu/h）；

V——混合交通量（辆/h）；

f_{HV}——大型车影响系数。

（4）确定检查点交通量V_m和V_f。

由表6-21的计算结果，计算检查点交通量：

$$V_m = V_1 + V_f = 1\,227 + 554 = 1\,781(\text{pcu/h})$$

而

$$V_f = V_1 + V_r = 2\,699 + 554 = 3\,253(\text{pcu/h})$$

(5) 确定服务水平。

由表 6-17 可得：$V_f = 3\,253$ pcu/h 属于三级服务水平，但靠近二、三级服务水平交界处。汇合交通量 $V_m = 1\,781$ pcu/h 属于四级服务水平，靠近三、四级服务水平交界处。因此，汇合交通量所处位置的服务水平最差，是控制因素，最好设法加以改进，其措施之一是实行匝道流量调节。

6.3 双车道公路路段通行能力分析

6.3.1 双车道公路路段车流运行特性

双车道公路是有两条车行道的道路，每条车道用于一个方向的交通。车辆在双车道公路上行驶，最大的特点在于其超车过程：车辆只能在对向车道有足够的超车视距时才能有超车的可能，超车车辆在超车过程中，必须占用对向车道。因此，双车道公路中任一方向的车辆在行驶过程中，不仅受到同向车辆的制约，还受到反向车流的影响。这就是双车道公路通行能力和服务水平分析都采用双向同时分析的原因。

双车道公路是我国一般公路网中最长、最普通的一种形式，我国大多数干线及非干线公路均为双车道公路。

6.3.2 双车道公路服务水平

1. 双车道公路的理想条件

双车道公路的通行能力和服务水平分析以理想条件的双车道公路特性为基础，根据我国具体的道路、交通条件，双车道公路的理想条件如下：

(1) 设计速度大于或等于 80 km/h。
(2) 车道宽度大于或等于 4.00 m，但不大于 4.50 m。
(3) 侧向净宽大于或等于 1.75 m。
(4) 公路上无"不准超车区"。
(5) 交通流中车辆全部为小客车。
(6) 两个方向交通量之比为 50/50。
(7) 没有过境交通横向干扰且交通秩序良好。
(8) 处于平原微丘地形。

2. 服务水平等级标准

我国地形条件比较复杂，同样是二级路，也会由于地形、地物不同而存在较大的差异，因此，双车道公路有不同的路面宽度。一般公路双车道路段的服务水平标准如表 6-22 所示。

表 6-22 一般公路双车道路段的服务水平标准

服务水平等级	延误率 /%	路面宽度 14 m			路面宽度 9 m			路面宽度 7 m		
		速度 /(km·h^{-1})	V/C	最大服务交通量 /(pcu·h^{-1})	速度 /(km·h^{-1})	V/C	最大服务交通量 /(pcu·h^{-1})	速度 /(km·h^{-1})	V/C	最大服务交通量 /(pcu·h^{-1})
一	≤30	≥84	0.2	650	≥78	0.2	500	≥6	0.25	250
二	≤60	≥68	0.4	1 400	≥67	0.45	1 100	≥56	0.40	550
三	≤80	≥55	0.7	2 350	≥59	0.7	1 800	≥48	0.65	900
四	<100	≥42 <42	1.0	3 400	≥40 <40	1.0	2 500	≥35 <35	1.0	1 400

注：1) V/C 是理想条件下各级服务水平最大服务交通量与基本通行能力之比，基本通行能力为 2 500 pcu/h。
2) 表中速度是设计速度为 80 km/h 时的数值。当设计速度小于 80 km/h 时，应减小速度的数值。
3) 四级服务水平的后半段是强制流，V/C 在很大范围内变化，但均小于四级服务水平上半段的 V/C。

6.3.3 双车道公路路段通行能力

1. 车行道的最大服务交通量

$$\mathrm{MSV}_i = C_\mathrm{B} \cdot (V/C)_i \tag{6-15}$$

式中：MSV_i——在理想条件下，第 i 级服务水平的车行道双向最大服务交通量（pcu/h）；

C_B——基本通行能力，理想条件下车行道双向最大交通量，$C_\mathrm{B} = 2\,500$ pcu/h；

$(V/C)_i$——第 i 级服务交通量与基本通行能力之比。

2. 车行道的设计通行能力

$$C_\mathrm{D} = \mathrm{MSV}_i \cdot f_\mathrm{s} \cdot f_\mathrm{d} \cdot f_\mathrm{w} \cdot f_\mathrm{HV} \cdot f_\mathrm{L} \tag{6-16}$$

式中：C_D——车行道设计通行能力，是实际或预测的交通和道路等条件下，采用 i 级服务水平的车行道双向最大服务交通量（辆/h）；

f_s——设计速度小于 80 km/h 时对通行能力的修正系数；

f_d——交通量方向分布对通行能力的修正系数；

f_w——车道宽度及（或）侧向净宽小于理想条件时对通行能力的修正系数；

f_HV——交通流中有非小客车时，交通组成对通行能力的修正系数；

f_L——横向干扰及交通秩序处于非理想条件时对通行能力的修正系数。

将式（6-15）代入式（6-16）得

$$C_\mathrm{D} = C_\mathrm{B}(V/C) \cdot f_\mathrm{s} \cdot f_\mathrm{d} \cdot f_\mathrm{w} \cdot f_\mathrm{HV} \cdot f_\mathrm{L} \tag{6-17}$$

6.3.4 通行能力的修正系数

（1）设计速度修正系数如表 6-23 所示。

表 6-23 设计速度修正系数

设计速度/(km·h^{-1})	80	70	60	50	40
f_s	1.00	0.98	0.96	0.94	0.92

(2) 交通量方向分布修正系数如表 6-24 所示。

表 6-24　交通量方向分布修正系数

交通量方向分布	50/50	60/40	70/30	80/20	90/10	100/0
f_d	1.00	0.945	0.89	0.82	0.75	0.71

(3) 车道宽度及侧向净宽修正系数如表 6-25 所示。

表 6-25　车道宽度及侧向净宽修正系数

侧向净宽/m ＼ 车道宽/m	4.00~4.50	3.50	3.0
1.72	1.00	0.84	0.84
1.50	0.96	0.80	0.80
1.00	0.84	0.74	0.74
0.75	0.84	0.80	0.70
0.50	0.46	0.76	0.66
0.00	0.70	0.67	0.58

(4) 交通组成修正系数 f_{HV}。

$$f_{HV} = \frac{1}{1+\sum P_i(E_i-1)} \tag{6-18}$$

式中：P_i——车型 i 的交通量占总交通量的百分比；

E_i——车型 i 的车辆换算系数。一般公路中车型 E_i 包括小型车、中型车、大型车和拖拉机等。

二、三、四级公路路段车辆换算系数如表 6-26 所示。

表 6-26　二、三、四级公路路段车辆换算系数

车辆类型	中型汽车①	小汽车②	拖挂车③	大中型农用拖拉机	小型农用拖拉机	兽力车	人力车	自行车
换算系数	1.0	0.8	2.0	3.0	1.7	4.0	2.0	0.3

① 中型汽车内包括 18 座以上面包车、大客车。
② 小汽车包括小客车、吉普车、三轮摩托车、载货小于 2 t 的货车及客货两用车、18 座面包车。
③ 拖挂车包括全挂车、半挂车、10 t 以上载货货车、通道式大客车。

(5) 横向干扰修正系数如表 6-27 所示。

表 6-27　横向干扰修正系数

横向干扰程度	f_L	横向干扰程度	f_L
较小	$0.85 \leq f_L < 1.00$	较大	$0.65 \leq f_L < 0.75$
中等	$0.75 \leq f_L < 0.85$	严重	见注1)

注：1) 干扰严重程度差别较大，f_L 按实际或预测情况采用。
　　2) 交通秩序较差的路段，f_L 按干扰程度采用的数值再减小 0.05~0.10 取用。

6.4 平面交叉口通行能力分析

6.4.1 平面交叉口通行能力概述

平面交叉即两条或两条以上的道路在同一平面交叉。平面交叉口的通行能力不仅与交叉口面积、形状、入口引道车道数、宽度、几何形状及物理条件有关,而且受相交车流通过交叉口的运行方式、交通管理措施等方面的影响。目前,我国城市道路系统中有90%以上的路口仍是平面交叉口(Intersection),直接影响道路的通行能力,因此对交叉口进行研究是道路通行能力分析的重点。

交叉口一般可分为三大类,一类为不设任何交通管制的无信号交叉口,一类为设置色灯的信号交叉口,一类为设中心岛的环形交叉口。目前,交叉口通行能力计算方法在国际上并未完全统一,即使是同一类型的交叉口,其通行能力计算方法也不一样,其中以美国的计算方法应用最广泛。我国在引进发达国家计算方法的同时,也在尝试发展符合我国国情和道路交通状况、车辆状况,具有我国特色的通行能力计算方法,使通行能力的计算更加符合实际情况。

由于道路交通组成复杂,各种车型不仅所占道路空间不同,而且其行驶性能也相差很大,相互间的干扰严重。在进行交叉口通行能力分析计算时,应进行车种换算,把车流中各种车型换算成标准车型或某一车型的当量交通量,其当量的比值称为车辆换算系数。

交叉口的车辆换算不同于路段。路段可用连续运行中车辆的临界车头时距之比进行换算,而交叉口则不同。信号交叉口往往要停车之后再次起动,所以信号交叉口的车辆换算系数通常采用停车起动时,连续车流中各类车辆通过停车断面的时间间隔之比作为换算依据;环形交叉口采用各类车辆交织或穿插所需的临界间隔时间之比作为换算依据。因此,不同类型交叉口应采用不同的换算系数。本书推荐的车辆换算系数如表6-28所示,仅供参考选用。

表6-28 推荐的车辆换算系数

车辆类型	无信号交叉口	信号交叉口	环形交叉口	车辆类型	无信号交叉口	信号交叉口	环形交叉口
小客车	1.0	1.0	1.0	拖挂车	3.56	3.0	3.5
中型车	1.56	1.5	1.75	电动自行车、二轮摩托车	0.6	0.2	0.3
大型车	3.5	2.0	2.5				

6.4.2 无信号交叉口通行能力分析

不设信号机控制的交叉口一般可分为两大类:一是暂时停车方式,二是环形方式。本节主要讨论暂时停车方式的无信号交叉口。

暂时停车方式的交叉口又可分为两路停车和四路停车两种。两路停车通常用于主干道与次干道相交,主要道路上的车辆优先通行,通过路口不用停车;次要道路上行驶的车辆一律停车等待,让主要道路上的车辆先行,利用优先通行方向交通流的间隙通过交叉口或合流。四路停车用于同等重要的道路相交的路口,不分优先与非优先,所有车辆到达交叉口均需停车，确认安全后方可通过。

现以十字交叉口为例，根据可插间隙理论，计算非优先方向车辆可以横穿或插入的间隙数，作为非优先方向可以通过的最大交通量。而交叉口的通行能力，等于主要道路上的交通量加上次要道路上的车辆穿越空档所能通过的车辆数。若主要道路上的车流已经饱和，则次要道路上的车辆一辆也通不过。由此可见，无信号交叉口的通行能力最大等于主要道路路段的通行能力。事实上，在无信号交叉口，主要道路上的交通量并不大，车辆呈随机到达状态，有一定空档供次要道路的车辆穿越，相交车流无过大阻滞，否则，需设置信号灯，在时间上分配行驶权。

1. 交通流向分析

在无信号交叉口，道路上车流的每一流向都面临与之发生冲突的交通流，主要道路上车流存在的可穿越间隙，有多股车流争相利用，如图 6-25 所示。

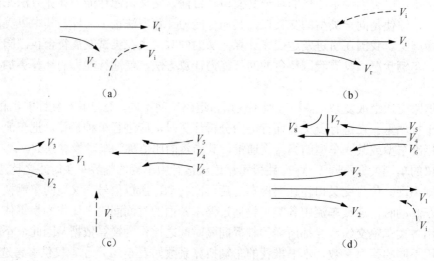

图 6-25 交通流向分析图

(a) 次要道路车流右转；(b) 主要道路车流左转；(c) 次要道路车流直行；(d) 次要道路车流左转
1) 图中东西方向为主要道路，南北方向为次要道路。
2) 虚线车流为所指车流。

2. 通行能力计算方法

主要道路上能够通过的车辆数，按路段进行计算。次要道路上能够通过的车辆数，受下列因素影响：主要道路上车流的车头间隔分布、次要道路上车辆穿越主要道路车流所需时间、次要道路上车辆跟驰行驶车头时距的大小、主要道路上车流的流向分布。穿越间隙的大小与次要道路上的车流通过交叉口的状态有关。若在进口处停车等待，则所需间隙时间为 7～9 s；若驶近路口减速待机，则所需间隙时间为 6～8 s。此外，穿越间隙还与穿越车流的流向有关。

间隙分析法的计算原理是将主要道路（优先方向）上的车辆视为连续行驶的交通流，假定车辆到达的概率分布符合泊松分布，则车辆之间的间隙分布符合负指数分布。但不是所有间隔都可以供次要道路车辆通过或插入，只有当间隙大于临界间隙 t_0 时，次要道路上的车辆方可穿越。当出现可插间隙时，次要道路上的车辆可以相继通过的跟车行驶的车头时距为 t，按可插车间隙理论，推算次要道路上的车辆每小时能穿越主要道路车流的车辆数为

$$Q_{次} = \frac{Q_{主} e^{-qt_0}}{1 - e^{-qt}} \qquad (6\text{-}19)$$

式中：$Q_{主}$——主要道路上的双向交通量（pcu/h）；

$Q_{次}$——次要道路可通过的车辆数（pcu/h）；

q——$Q_{主}/3\,600$（pcu/s）；

t_0——临界间隙时间，与次要道路的交通管理方式有关。若采用停车标志，$t_0 = 6 \sim 8\,\text{s}$；若采用让路标志，$t_0 = 5 \sim 7\,\text{s}$；

t——次要道路上车辆连续穿越主要道路的跟驰车头时距，$t = 3 \sim 5\,\text{s}$。

根据式（6-19）计算的次要道路的通行能力如表 6-29 所示。

表 6-29 次要道路通行能力

次要道路交通管理方式	车头时距/s		主要道路双向交通量/(pcu·h⁻¹)				
	t_0	t	800	1 000	1 200	1 400	1 500
停车标志	9	5	160	110	70	50	30
	8	5	200	140	100	70	50
	7	5	250	190	140	110	80
让路标志	8	3	275	190	130	90	60
	7	3	345	250	185	135	95
	6	3	350	335	255	195	150

注：次要道路通行能力很少超过主要道路交通量的 1/2。

式（6-19）计算基于主要道路交通流中所有可插车间隙全被利用的情况，这需要次要道路上始终有车辆等待进入交叉口。如果满足这一条件，则会有一些车辆等待时间过长，同时等待车列长度也应有限制，而这些因素很难定量给出。因此，无信号灯控制交叉口的通行能力也很难准确得出。一般情况下，当无信号交叉口处发生交通阻塞和混乱后，就应采取某些形式的交通控制，而其中最常用的是信号控制。

美国各州道路运输工作者协会认为，对于无信号交叉口，在不影响主要道路车辆通行的情况下，次要道路可通过的交通量应不超过表 6-30 中的数值。如果超出表 6-30 中数值，则应该考虑加设信号灯控制装置，改无信号交叉口为信号交叉口。

表 6-30 无信号交叉口的通行能力

主要道路为二车道	主要道路交通量/(pcu·h⁻¹)	400	500	600
	次要道路交通量/(pcu·h⁻¹)	250	200	100
主要道路为四车道	主要道路交通量/(pcu·h⁻¹)	1 000	1 500	2 500
	次要道路交通量/(pcu·h⁻¹)	100	50	25

【例 6-4】无信号控制的交叉口，主要道路的双向交通量为 1 200 pcu/h，车辆到达符合泊松分布。次要道路上的车辆可穿越的临界车头时距 $t_0 = 6\,\text{s}$。车辆跟驰行驶的车头时距 $t = 3\,\text{s}$。求次要道路上的车辆可穿越主要道路车流的数量。

【解】已知主要道路的双向交通量 $Q_{主}$ 为 1 200 pcu/h，车辆到达符合泊松分布，次要道路上的车辆可穿越的临界车头时距 $t_0 = 6\,\text{s}$。车辆跟驰行驶的车头时距 $t = 3\,\text{s}$。由式（6-19）可

以计算次要道路上的车辆可穿越主要道路的车流量为

$$Q_{次} = \frac{1200 \times e^{\frac{1200 \times 6}{3600}}}{1 - e^{\frac{1200 \times 3}{3600}}} \approx 257 (\text{pcu/h})$$

6.4.3 环形交叉口通行能力分析

环形交叉口是自行调节的交叉口。这种交叉口是在中央设置中心岛，使进入交叉口的所有车辆都沿同一方向绕岛单向行驶，至所要去的路口离岛驶出。车辆行驶过程一般为合流、交织、分流，避免了车辆交叉行驶形成冲突。这种交叉口的功能介于平面交叉口和立体交叉口之间，其优点是车辆连续行驶、安全，交通组织简捷，不需要设置管理设施。车辆在交叉口不必要停车、起动，延误小，节省燃料，减少了对环境的污染。同时，通过环岛中心的绿化可起到美化城市的作用。其缺点是占地大，绕行距离长。机动车交通量较大、非机动车和行人较多及有轨道交通线路时，均不宜采用这种形式。

1. 环形交叉口类型

环形交叉口按中心岛直径大小分为以下三类：
1）常规环形交叉口

常规环形交叉口的中心岛直径大于 25 m，交织段比较长。进口道不拓宽成喇叭形，我国现有的环形交叉口大都属于此类，如图 6-26 所示。

2）小型环形交叉口

小型环形交叉口的中心岛直径小于 25 m，进口道的进口加宽，做成喇叭形，便于车辆进入交叉口，如图 6-27 所示。

3）微型环形交叉口

微型环形交叉口的中心岛直径一般小于 4 m，中心岛不一定做成圆形，也不一定只做一个，可用白漆画成圆圈或做成不同颜色，主要起引导和分隔作用。这种环形交叉口实际上已经变成渠化交叉口，如图 6-28 所示。

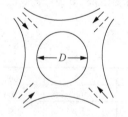  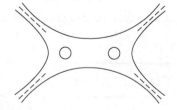

图 6-26 常规环形交叉口　　图 6-27 小型环形交叉口　　图 6-28 剪刀式微型环形交叉口

2. 常规环形交叉口的通行能力

对常规环形交叉口通行能力的计算，各国有不同的计算公式，这里只介绍使用较广泛的英国环境部的计算公式。1966 年，英国对环形交叉口实行"左侧优先"法规，即行驶在环道上的车辆可以优先通行，进入环道的车辆让路给环道上的车辆，等候间隙驶进环道。其通行

能力计算如图 6-29 所示，交织段的设计通行能力计算为

$$C_\text{D} = \frac{160w\left(1+\dfrac{e}{w}\right)}{1+\dfrac{w}{l}} \qquad (6\text{-}20)$$

式中：l——交织段长度（m）；

w——交织段宽度（m）；

e——环交入口引道平均宽度（m），$e=\dfrac{1}{2}(e_1+e_2)$；

e_1——入口引道宽度（m）；

e_2——环道突出部分的宽度（m）。

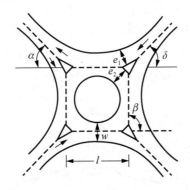

图 6-29 常规环交通行能力计算图示

式（6-20）的适用条件如下：
（1）进口引道上没有因故暂停的车辆。
（2）环交位于平坦地区，纵坡不大于 4%。
（3）其他参数范围：$w=6.1\sim18.0\text{m}$，$\dfrac{e}{w}=0.4\sim1.0$，$\dfrac{w}{l}=0.12\sim0.4$，$\dfrac{e_1}{e_2}=0.34\sim1.41$。
（4）驶入角 α 宜大于 $30°$。
（5）驶出角 δ 应小于 $60°$。
（6）交织段内角 β 应不大于 $95°$。

我国长春、沈阳、哈尔滨、大连、长沙、南京、广州等城市有不少环形交叉口，且担负着繁重的交通任务，使用效果较好。特别是结合城市的规划布局，环形交叉口很适合作为小区中心、城乡分界标志和解决复杂畸形路口方案，但交叉口交通量过大时不宜采用环形。根据我国使用经验，结合自行车交通的情况，环形交叉口的设计通行能力如表 6-31 所示。

表 6-31 环形交叉口设计通行能力

机动车车行道设计通行能力/（pcu·h⁻¹）	2 700	2 400	2 000	1 750	1 600	1 350
相应自行车数/（辆·h⁻¹）	2 000	5 000	10 000	13 000	15 000	17 000

在表 6-31 中：
（1）机动车道的设计通行能力包括 15% 的右转车，当右转车为其他比例时，需予以调整。

(2) 数值适用于交织长度 $l = 25\sim30$ m。当交织长度为 $l = 30\sim60$ m 时，表中数值乘以修正系数 φ，φ 值可按下式计算：

$$\varphi = \frac{3l}{2l+30} \qquad (6\text{-}21)$$

3. 小型环形交叉口的通行能力

小型环形交叉口的特点是道路较宽、进出口做成喇叭形，对进入环道的车辆提供较多的车道，中心岛较小，车流运行速度不高，已不存在交织现象。在所有引道入口都呈饱和状态的条件下，经过多次试验，得到整个环形交叉口通行能力的简化公式为

$$C = K\left(\sum w + \sqrt{A}\right) \qquad (6\text{-}22)$$

式中：C——环形交叉口通行能力（pcu/h），该值乘以 0.8 可作为设计通行能力；

$\sum w$——所有引道基本宽度的总和（m），如图 6-30 所示；

A——引道拓宽增加的面积（m²），$A = \sum a_i$，即图 6-30 中阴影部分；

K——系数（pcu/h/m），三路交叉 $K=70$，四路交叉 $K=50$，五路交叉 $K=45$。

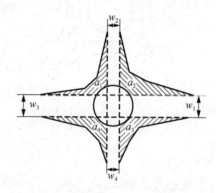

图 6-30 小型环形交叉口通行能力计算图

6.4.4 信号交叉口通行能力分析

当进入交叉口的车辆达到一定数量时，穿插通行有困难，需要在交叉口设置信号灯，从时间上将相交车流分开，保证交通安全。由于交叉口是控制路网通行能力的关键节点，而信号交叉口是交通系统中最为复杂的环节，对其分析要考虑诸多因素，因此，许多国家都对此进行了深入研究，形成了多种计算方法，如美国 HCM 中的方法、英国运输和道路研究实验室（Transport and Road Research Lab，TRRL）法等，我国也有多种计算方法，如停车线法和冲突点法等。

虽然各种方法所考虑的因素和所依托的原理不同，但是计算步骤基本相同，一般过程如下：

（1）资料的准备。

① 交叉口的平面布局图。确定交叉口的形式、各进口道的宽度、机动车道的条数和车道类型等。

② 交通流量。根据实测资料和规划要求，确定高峰小时流量、车辆流向分布、车道分布、信号灯配时参数等。

（2）计算参数的确定。

① 根据实际情况选择适当的计算方法。

② 确定选用的计算方法涉及的各项参数。

（3）通行能力的计算。

① 计算各个进口道的设计通行能力。

② 验算该进口道的设计通行能力。

③ 计算整个交叉口的设计通行能力，即各个进口道的设计通行能力之和。

1. 美国 HCM2000 通行能力计算方法

由于信号交叉口交通的复杂性，HCM2000 中信号交叉口通行能力的计算包括五个不同的子模型，如图 6-31 所示。

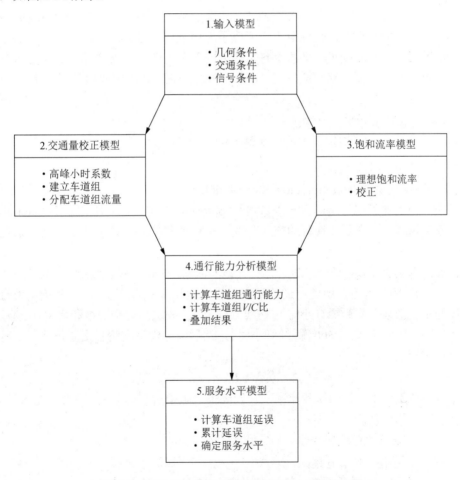

图 6-31　HCM2000 信号交叉口通行能力分析流程图

1）输入模型（Input Module）

输入模型给出进行交叉口运行分析所需的基础资料，包括交叉口的几何尺寸、交通量和交通条件以及信号条件等。

2) 交通量校正模型（Volume Adjustment Module）

（1）反映高峰流率的运行交通量的校正。其目的是把高峰小时交通量转换成高峰小时内 15 min 的高峰流率。每一进口道或每一流向的高峰流率可用公式表示为

$$v_P = V/PHF \tag{6-23}$$

式中：v_P——15 min 周期的高峰流率（辆/h）；

V——小时交通量（辆/h）；

PHF——高峰小时系数，一般取 0.95。

（2）确定供分析用的车道组。车道组是指在交叉口的一个进口道上，服务于一个或几个交通流向的一条或多条车道。把交叉口分成几个车道组时，通常采用适合交叉口运行情况的最小车道组，应用时可遵照下列规则：

① 一条或几条专用左转车道应看作独立的车道组，专用右转车道也是如此。

② 对于有专用左、右转车道的进口道，所有的直行车道视为一个独立的车道组。

③ 对于多于一条车道的进口道，包括左、右混合车道，有必要确定车道使用的平衡状况，并估计是否由于左转车过多而使混合车道变成了专用左转车道。

（3）车道流量分布的校正。将各流向交通量校正为高峰 15 min 流率，并确定供分析用的车道组后，每一车道组的流率都应按式（6-24）进行校正，以反映车道使用的不均衡性。

$$v = v_g U \tag{6-24}$$

式中：v——校正后的车道组需求流率（辆/h）；

v_g——未校正的车道组需求流率（辆/h）；

U——车道利用系数。

3) 饱和流率模型（Saturation Flow Rate Module）

信号交叉口的通行能力是对每一进口道（Approach）规定的，以饱和流率（Saturation Flow Rate）的概念为基础。它是在现行的交通状况、车行道和信号设计条件下，某一指定进口道所能通过交叉口的最大流率。

在饱和流率模型中，对每个车道组计算其饱和流率。饱和流率是假定进口道在全绿灯（绿信比 g/c 为 1.0）的条件下，所能通过的最大流量。饱和流率的符号为 S，其单位用有效绿灯小时通过的车辆数表示（辆/绿灯小时）。在实际计算中，先选用理想的饱和流率，一般取 1 900 辆/绿灯小时（我国一般取 1 500 辆/绿灯小时），然后考虑实际道路和交通条件下，对理想饱和流率进行修正。

$$S = S_0 N f_W f_{HV} f_g f_P f_{bb} f_a f_{RT} f_{LT} \tag{6-25}$$

式中：S——校正后车道组的饱和流率，它代表车道组中所有车道饱和流率的总和，以辆/绿灯小时计；

S_0——每条车道在理想条件下的饱和流率；

N——车道组中的车道数；

f_W——车道宽度校正系数，标准车道宽为 12 英尺（约 3.65 m）；

f_{HV}——交通流中重型车校正系数；

f_g——进口道坡度校正系数；

f_P——邻近车道组停车情况及该车道停车次数的校正系数；

f_bb——公共汽车停在交叉口范围内阻塞影响的校正系数；

f_a——地区类型的校正系数；

f_RT——车道组中右转车的校正系数；

f_LT——车道组中左转车的校正系数。

本方法中所用系数均可通过查阅《美国通行能力手册》获得。

4）通行能力分析模型（Capacity Analysis Module）

信号交叉口的通行能力是以饱和流率为基础进行分析的，通过对各进口道车道组通行能力求和得到交叉口总的通行能力。指定的车道组或进口道的通行能力可表示为

$$C_i = S_i \times (g/c)_i \tag{6-26}$$

式中：C_i——车道组 i 或进口道 i 的通行能力（辆/h）；

S_i——车道组 i 或进口道 i 的饱和流率（辆/绿灯小时）；

$(g/c)_i$——车道组 i 或进口道 i 的有效绿灯时间与周期时间之比（绿信比）。

信号交叉口的通行能力分析中使用的指标是饱和度，其目的在于强调通行能力与信号配时之间的密切关系。饱和度对每一车道（车道组）而言的，是指定的交通流率与通行能力之比（V/C），通常用 x 表示，采用下式计算：

$$x_i = (V/C)_i = v_i / \left[S_i \cdot (g/c)_i \right] \tag{6-27}$$

$$x_i = v_i c / S_i g_i = (v_i/S_i)/(g/c)_i \tag{6-28}$$

式中：x_i——车道组 i 或进口道 i 的 V/C 比，其数值范围为从 0.00（流率等于零）到 1.00（流率等于通行能力）；

v_i——车道组 i 或进口道 i 的实际流率（辆/h）；

S_i——车道组 i 或进口道 i 的饱和流率（辆/绿灯小时）；

g_i——车道组 i 或进口道 i 的有效绿灯时间（s）；

c——信号周期长（s）；

C——车道组的通行能力；

(v_i/S_i)——i 进口道（或车道组）的实际流率与其饱和流率之比。

整个信号交叉口的通行能力采用 V/C 的极限比值 X_C，它只考虑在指定的信号相位中具有最高流率比（v/S）的车道组或进口道。

在所有的车道组中，v/S 比最大的组称为关键（临界）车道组（Critical Lane Group）。

例如，一个二相位信号中，在同一绿灯时间对向各进口道均有车流运行。一般来说，这两个进口道中，其中一个进口道会比另一个需要更多的绿灯时间（即具有较高的流率）。这便是该相位的关键（临界）车道组。每个相位都有一个确定该相位所需绿灯时间的临界车道或进口道。

交叉口的 V/C 极限比值 X_C 根据关键车道组或进口道来确定：

$$X_\text{C} = \sum_i (v_i/S_i) \times [c/(c-L)] \tag{6-29}$$

式中：X_C——交叉口 V/C 极限比；

$\sum_i (v_i/S_i)$ ——所有临界车道组 i 或进口道 i 流率比的总和；

L ——每个周期总损失时间（s）。

5）服务水平模型（Level of Service Module）

信号交叉口的服务水平同路段一样，也考虑交叉口为道路使用者提供的服务质量，其服务水平与车辆通过交叉口的延误时间、停车时间、停车次数和频率都有相当大的关系。服务水平标准用 15 min 内每辆车的平均停车延误来表示。美国 HCM 规定的信号交叉口服务水平标准如表 6-32 所示。

表 6-32 美国 HCM 规定的信号口交叉服务水平标准

服务水平	每辆车停车延误/s	服务水平	每辆车停车延误/s
A	≤10	D	35～55
B	10～20	E	55～80
C	20～35	F	>80

延误是一个复杂的指标，与许多变量有关，如车道组或引道的相位、周期长短、绿信比和 V/C 等。它是反映驾驶员不舒适程度、受阻、油耗和行驶时间损失的指标。在服务水平模型中，针对每个车道组估算每辆车的平均停车延误，并估计各进口道和整个交叉口每辆车的平均停车延误，进而确定服务水平。

（1）假定车道组是随机到达产生的延误，可用下式计算每一车道组的延误。

$$d = d_1 \cdot DF + d_2 \qquad (6\text{-}30)$$

$$d_1 = \frac{0.38c(1-g/c)^2}{1 - g/c \times \left[\min(x, 1.0)\right]} \qquad (6\text{-}31)$$

$$d_2 = 173x^2 \left[(x-1) + \sqrt{(x-1)^2 + mx/C}\right] \qquad (6\text{-}32)$$

式中：d ——停车延误（Stopped Delay）（s/辆）；

d_1 ——均匀延误（Uniform Delay）（s/辆）；

d_2 ——附加延误（Incremental Delay）（s/辆）；

DF ——信号联动或控制类型延误修正系数；

x ——车道组 V/C 比；

C ——车道组的通行能力；

c ——信号周期长；

g ——车道组的有效绿灯时间；

m ——车辆到达形式和排队长度的附加延误修正项（常取 16）。

（2）集合延误的估算。

使用上述延误估算公式可以得到每个车道组每辆车的平均停车延误，集合这些数值后，可得到交叉口一个进口道及整个交叉口每辆车的平均延误。通常采用加权平均法，即用车道的校正流率加权计算车道组延误，即

$$d_A = \sum d_i v_i / \sum v_i \qquad (6\text{-}33)$$

式中：d_A ——进口道 A 的平均延误（s/辆）；

d_i——进口道 A 上车道组 i 的平均延误（s/辆）；

v_i——车道组 i 的校正流率（辆/h）。

进一步将各进口道延误加权平均，得到交叉口每辆车的平均延误：

$$d_1 = \sum d_A v_A / \sum v_A \tag{6-34}$$

式中：d_1——整个交叉口每辆车的平均延误（s/辆）；

v_A——进口道 A 的校正流率（辆/h）。

（3）服务水平的确定。

估算出每个车道组的延误后，便可汇集出每一进口道及整个交叉口的平均延误，通过查表 6-32，可以确定各车道组、进口道及整个交叉口的服务水平。

运行分析将产生两个必须考虑的关键成果：一是每个车道组及整个交叉口的 V/C 比；二是每个车道组、进口道及整个交叉口每辆车的平均停车延误及对应的服务水平。若交叉口 V/C 极限比小于 1.00，但某些车道组的 V/C 比大于 1.00，则表明整个交叉口的信号配时和几何线形设计没有为现状或规划的流量提供足够的通行能力。改进这种状况可从以下几个方面加以考虑：

① 根本改变交叉口几何线形设计（车道数目及车道的使用）。

② 延长信号周期。

③ 改变信号相位方案。

2. 我国的通行能力计算方法

国内对信号交叉口通行能力的计算方法主要有停车断面法和冲突点法，本节主要介绍停车断面法。

1）停车断面法

在交叉口的信号灯控制采用如下规则时，采用该方法进行通行能力计算：绿灯亮时，允许各流向的车辆驶入交叉口。红灯亮时，只允许右转车辆沿右转专用车道驶入，但不得影响横向道路上直行车辆的正常行驶。黄灯亮时，已越过停车线的车辆继续通过交叉口，没越过停车线的车辆应在停车线后面等候绿灯。

此方法是在已知交叉口处的车道使用规定、信号相位、周期及配时等情况下，以交叉口进口道处的停车线作为基准面，凡是通过了停车线断面的车辆就被认为已通过了交叉口，据此计算每小时通过停车线断面不同行驶方向车道上的最大车辆数，并将其作为该进口道的通行能力。各车道设计通行能力之和即为进口道设计通行能力，各进口道设计通行能力之和即为交叉口的设计通行能力。下面以十字形交叉口为例，介绍此计算方法。

（1）停车线断面一条直行车道的设计通行能力 C_T。

$$C_T = \varphi \frac{3600}{T} \left(\frac{t_g - t_0}{h_t} + 1 \right) \tag{6-35}$$

式中：T——信号灯周期（s）；

t_g——每周期内的绿灯时间（s）；

t_0——绿灯亮后，第一辆车起动、通过停车线的时间（s），平均取 t_0=2.3 s；

φ——折减系数，主要反映车辆通过路口的不均匀性及非机动车和行人对机动车的干扰，据北京东单等几个交叉口的实测资料，可取 $\varphi=0.9$；

h_t——直行车通过停车线的车头时距（s）。

根据观测：小型车组成的车队，$h_t=2.5$ s；大型车组成的车队，$h_t=3.5$ s；拖挂车组成的车队，$h_t=7.5$ s。

混合车组成的车队，h_t 按表 6-33 确定。因拖挂车在当前城市的交通组成中占有相当小的比例，因此为计算方便，将拖挂车划归大型车进行计算。

表 6-33 混合车队平均车头时距

大车:小车	0:10	2:8	3:7	4:6	5:5	6:4	7:3	8:2
实测 h_t/s	2.0	2.65	2.96	3.12	3.26	(3.30)	3.34	3.42

注：括号内为回归内插值。

（2）停车线断面混合行驶车道的通行能力。

混合行驶车道是指直行、左转、右转车辆混合行驶或直行车、左转车混合行驶的车道。至于直行车与右转车混合行驶，由于此两向车流只在通过停车断面线后进行分流，因此可按一条直行车道计算，而不按混合车道计算。

$$C_{max} = C_T K_L \quad (6-36)$$

式中：K_L——左转车影响系数，其值与左转车比例 p_L 有关，可从表 6-34 中查找，或按 $K_L = (1 - 0.5 p_L)$ 计算。

表 6-34 左转车影响系数

左转车比例/%	5	10	15	20	25	30
K_L	0.975	0.95	0.925	0.90	0.875	0.85

（3）左转专用车道的通行能力。

在周期长为 120 s 的信号交叉口，当左转车流量小于表 6-35 中所列 $N_{L\max}$ 值时，左转车基本上不影响对向直行车道的通行能力。只有当左转车超过 $N_{L\max}$（如表 6-35 中所列大型车为 30%时，左转车流量超过 120 辆/h）时，多通过一辆左转车，每条对向直行车道就少通过一辆直行车，因此，应考虑增设左转专用车道，而此时对向直行车道的通行能力应该进行相应折减，折减值按照下式计算：

$$C_A = N_0 (C_L - N_{L\max}) \quad (6-37)$$

式中：N_0——对向直行车道数；

C_L——每小时左转车辆数（辆/h 或 pcu/h）。

表 6-35 不影响直行车通行的左、右转车流量极限值

大车:小车	0:10	2:8	3:7	4:6	5:5	7:3	8:2
$N_{L\max}$	142	134	120	114	109	106	104
$N_{R\max}$	196	185	165	157	150	146	143

（4）右转专用车道的通行能力。

当右转车与直行车使用同一车道时，该车道最多只能通过 $N_{R\max}$ 辆车，当右转交通量大于 $N_{R\max}$ 时，则需考虑设右转专用车道。右转专用车道的通行能力可按直行车道计算，只是

右转车流的车头时距偏大。据实测资料表明，当大车与小车各占一半时，$h_t = 4.31\,\text{s}$。

（5）交叉口的通行能力。

交叉口的通行能力等于组成交叉口的每条道路进口的通行能力之和。当交叉口某方向有两条以上入口引道，且左转、直行、右转分道行驶，或部分分道行驶时，若已知左、直、右转车的比例，可根据车道组合情况，先计算出直行车的通过量，然后按下式换算：

$$C_i = \frac{C_T}{1 - p_L - p_R} \qquad (6\text{-}38)$$

式中：C_i——进口的通行能力；

p_L——左转车比例（%）；

p_R——右转车比例（%）。

以进口通行能力 C_i 为基础，利用左、右转车比例，计算左转车流量 C_L 和右转车流量 C_R，具体的计算公式为

$$C_L = C_i p_L \qquad (6\text{-}39)$$
$$C_R = C_i p_R \qquad (6\text{-}40)$$

2）信号交叉口通行能力分析示例

【例6-5】已知某交叉口车道使用功能示意图如图6-32所示。东西干道一个方向有三条车道，南北支路一个方向有一条车道。$T = 120\,\text{s}$，$t_g = 52\,\text{s}$，$t_0 = 2.3\,\text{s}$，$\varphi = 0.9$。车种比例为大车：小车=2：8，东西方向左转车占该进口交通量的15%，右转车占该进口交通量的10%，南北方向左、右转车占本进口交通量的15%。求交叉口的设计通行能力。

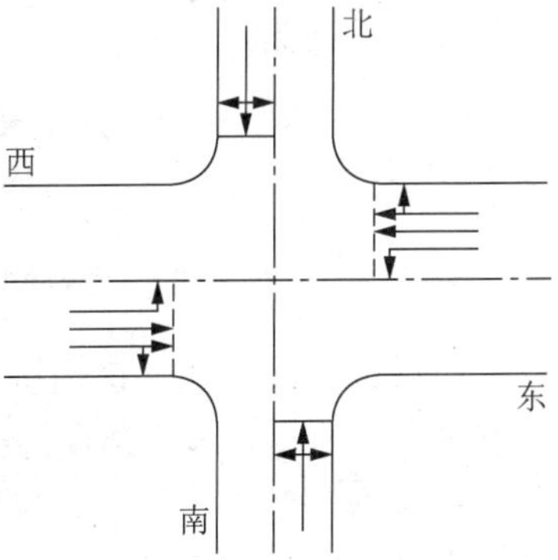

【解】（1）东进口通行能力。

东进口有三条车道，分别供左转专用、直行、直右混行。首先计算一条直行车道的通行能力。

图6-32 某交叉口车道使用功能示意图

根据已知条件：$T = 120\,\text{s}$，$t_g = 52\,\text{s}$，$t_0 = 2.3\,\text{s}$，$\varphi = 0.9$，大车、小车比例为2：8，查表6-33，得 $h_t = 2.65\,\text{s}$。由此可得东进口直行车道通行能力为

$$C_T = \varphi \frac{3\,600}{T}\left(\frac{t_g - t_0}{h_t} + 1\right) = 0.9 \times \frac{3\,600}{120} \times \left(\frac{52 - 2.3}{2.65} + 1\right) \approx 533(\text{pcu/h})$$

由于直右混行车道相当于直行车道，则 $C_{TR} = C_T = 533(\text{pcu/h})$。

按照车流量的方向组成比例，计算东进口的通行能力为

$$C_E = \frac{C_T + C_{TR}}{1 - p_L} = \frac{533 + 533}{1 - 0.15} \approx 1\,254(\text{pcu/h})$$

计算东进口的左转车通行能力为

$$C_L = C_E p_L = 1\,254 \times 0.15 \approx 188(\text{pcu/h})$$

查表6-35，当大型车占20%时，$N_{L\max}$ 为134 pcu/h，也就是说，只有当左转车流量小于134 pcu/h 时，左转车的通行才不会影响到对向直行车。而本题中左转车流量 $C_L = 188\,\text{pcu/h}$，

大于不影响直行车通行的左转车极限值 $N_{L\max}$，故左转车影响对向直行车，对向直行车的通行能力应该进行折减，其折减值为

$$C_A = 2 \times (188 - 134) = 108 (辆/h)$$

(2) 东西进口通行能力。

西进口与东进口相同，因此，东西向进口通行能力 C_{EW} 为

$$C_{EW} = (1\,254 - 108) \times 2 = 2\,292 (辆/h)$$

(3) 南北进口通行能力。

南（北）进口只有一条混合车道，按照式（6-36）及式 $K_L = (1 - 0.5p_L)$，可得

$$C_{S\max} = C_T K_L = 533 \times (1 - 0.5 \times 0.15) \approx 493 (辆/h)$$

此时，该方向入口的左转车流量 $C_L = C_{S\max} p_L = 493 \times 0.15 = 74$（pcu/h），该值小于影响直行车直行车通行的极限左转车流量 134 pcu/h。因此，对向直行车不受左转车影响，对向直行车的通行能力不需折减。

而南北方向的流量为

$$C_{SN} = 493 \times 2 = 986 (辆/h)$$

(4) 交叉口通行能力。

交叉口的通行能力为

$$C_S = \sum_{i=1}^{d} C_i = C_{EW} + C_{SN} = 2\,292 + 986 = 3\,278 (辆/h)$$

3. 提高交叉口通行能力的对策

以减轻、缓解交叉口拥挤为主要目的的交叉口优化，首先要知道该交叉口能够处理多大的交通量，这里处理交通量的能力称为交通容量。交通容量因道路的幅宽、车道的使用方法、信号控制方法等而不同，如果到达交叉口的交通量超过交通容量，则发生交通拥挤现象。因此，要从各个角度探讨研究在现有条件下增大交通容量的方法：

(1) 交叉口的面积在保证需求的条件下尽量小。

(2) 将左、右转交通和直行交通分离。

(3) 注意交叉口的几何结构与交通控制方法的匹配。

(4) 注意相位数不可增加过多。

(5) 进口道的车道数一般应小于或等于出口道的车道数。

(6) 在交叉口进口道有左转交通，要尽可能设置左转专用相位和左转专用车道。

(7) 信号周期长度不要设计过长。

(8) 在设计信号相位方案时，要考虑确保交通流的连续性，并且使驾驶员容易看懂。

(9) 人行横道尽量与车道成直角设置。

(10) 设置与车道分离的人行道。

6.5 城市干道通行能力分析

依据道路在城市道路网中的地位和交通功能，以及道路对沿线建筑的服务功能，现行《城市道路工程设计规范》将城市道路分为快速路、主干路、次干路和支路四类。快速路完全为机动车辆交通服务，是解决城市长距离快速交通的汽车专用道路；主干路以交通功能为主，连接城市各主要分区，如工业区、住宅区、商业区等干线道路，是城市内部的交通大动脉；次干路是城市内区域性的交通干道，与城市主干道结合组成城市干道网络，起到连接城市各部分和集散交通的作用，兼有服务功能，是城市中数量较多的一般性交通道路；支路是次干路与街坊内道路的连接线，一般为生活性道路，用来解决局部地区交通，以服务功能为主，在居住区、商业区、工业区内起着广泛联系的作用。快速路、主干路和次干路称为城市干道。

在城市干道上运行的车辆主要受以下三个因素的影响。

（1）干道环境：包括道路的线性特征、沿线土地的使用性质、车道数、车道宽度、中间分隔带的类型、交叉口的间距，以及停车的有无、行人影响、速度限制等环境因素。干道环境会影响驾驶员的安全行车速度。

（2）车辆之间的相互作用：由交通密度、车种组成和转弯车辆所占的比例决定，车辆之间的相互作用对交叉口上车辆的运行影响极大。

（3）交通信号：交通信号迫使车辆停车，并且等待一定时间后以车队形式放行。由交通信号引起的车辆延误和车速的改变，大大降低了城市干道的通行能力和交通流的运行质量。

以上因素决定了干道的通行能力和服务水平。

6.5.1 基本通行能力的确定

基本通行能力是指在理想的道路与交通条件下，由技术性能相同的标准车辆，以最小的车头间距连续行驶时，在单位时间内通过道路断面的最大车辆数，也称为理论通行能力。一条车道的基本通行能力计算公式为

$$N_0 = 3\,600/h_t \text{ 或 } N_0 = 1\,000V/L \tag{6-41}$$

式中：N_0——一条车道的理论通行能力（辆/h）；

h_t——饱和连续流的平均车头时距（s）；

V——行驶车速（km/h）；

L——连续流的最小安全车头间距（m）。

连续流条件下的最小车头间距 L，可采用下式计算：

$$L = L_0 + L_1 + L_{反} + I \cdot V^2 \tag{6-42}$$

式中：L_0——停车时车辆的安全间距（m）；

L_1——车辆的车身长度（m）；

$L_{反}$——驾驶员在反应时间内车辆行驶的距离（m）；

V——行驶车速（m/s）；

I ——与车重、路面阻力系数、黏着系数及坡度有关的参数，根据有关研究，I 可按表 6-36 取值。

表 6-36　参数 I 与坡度的关系

坡度/%	5	4	3	2	1	0	−1	−2	−3	−4	−5
$I \times 10^3$	50	51	52	53	53	54	55	56	57	58	59

在通常的城市道路设计范围内（坡度≤|4%|），其 I 值近似为 0.054，取 $L_0 = 2 \text{ m}$，$L_1 = 5 \text{ m}$，则一条车道的理论通行能力（pcu/h）如表 6-37 所示。

表 6-37　按车头间距计算的一条车道理论通行能力

$V/(\text{km}\cdot\text{h}^{-1})$	20	30	35	40	50	60
L/m	14.32	19.08	21.82	24.78	31.31	38.67
$N_0/(\text{pcu}\cdot\text{h}^{-1})$	1 397	1 572	1 604	1 614	1 597	1 552

我国对一条车道的理论通行能力进行过专门研究。《城市道路工程设计规范》建议的其他等级道路路段一条车道通行能力（可能通行能力）（pcu/h）如表 6-38 所示。

表 6-38　《城市道路工程设计规范》建议的其他等级道路路段一条车道的通行能力

$V/(\text{km}\cdot\text{h}^{-1})$	20	30	40	50	60
基本通行能力/$(\text{pcu}\cdot\text{h}^{-1})$	1 400	1 600	1 650	1 700	1 800
设计通行能力/$(\text{pcu}\cdot\text{h}^{-1})$	1 100	1 300	1 300	1 350	1 400

通过对城市道路饱和连续流条件下的车头时距进行观测，观测结果及计算的理论通行能力如表 6-39 所示（车速范围 15～16 km/h）。

表 6-39　按车头时距计算的理论通行能力

车型	小客车（含三轮卡车）	大客车	卡车	铰接车
h_t/s	2.671	3.696	3.371	4.804
$N_0/(\text{pcu}\cdot\text{h}^{-1})$	1 348	974	1 068	749

由国内外的研究成果可知，对于一条车道的理论通行能力，取 1 500 pcu/h 是比较合理的。由表 6-37 可以看出，通行能力开始随着车速的增大而增大，但当车速增大到某一数值以后，通行能力减小。这是因为通行能力与车速和纵向安全车头间距有关，当车速超过某一数值以后，纵向安全车头间距的增长率要比车速的增长率快，所以通行能力反而下降。

6.5.2　可能通行能力的确定

由上述方法计算的是道路的基本通行能力。就某一条具体道路而言，其道路与交通条件一般不能完全处于理想状态，各个路段的车速是随着道路纵坡、弯道及车辆和行人的干扰程度不同而变化的，所以道路所能处理的实际交通量将少于该值。可能通行能力是指考虑道路和交通条件的影响，对基本通行能力进行修正后得到的通行能力，实际上是指道路所能承担的最大交通量。

$$N_a = N_0 \gamma \eta \mu n' \tag{6-43}$$

式中：N_a——单向道路可能通行能力；
γ——自行车影响修正系数。机动车道与非机动车车道有分隔带，$\gamma=1.0$，无分隔带，$\gamma=0.8$；
η——车道宽度影响修正系数，如表 6-40 所示；
n'——车道数修正系数，如表 6-41 所示；
μ——交叉口影响修正系数，视交叉口控制方式、绿信比及交叉口间距而定。

表 6-40 车道宽度 b 与影响系数 η 之间的关系

车道宽度 b/m	3.50	3.25	3.00	2.75
车道宽度修正系数 η	1.00	0.94	0.85	0.77

表 6-41 车道数修正系数采用值

车道位置	第一条车道	第二条车道	第三条车道	第四条车道	第五条车道
车道宽度修正系数 n'	1.00	0.80~0.89	0.65~0.78	0.50~0.65	0.40~0.52

6.5.3 设计通行能力的确定

若按可能通行能力进行道路设计，则道路将始终处于繁忙紧张的交通状态，对于道路使用和管理是不利的。对于不同类别和等级的道路，应当有不同的服务水平要求，如对于低等级的城市支路，主要满足大容量交通需求；而对高等级的城市快速路，使用者追求的主要是快速，对容量则不做过高要求。因此我国用道路分类系数对可能通行能力加以修正，得到城市干道机动车道路段设计通行能力：

$$N_c = N_a \alpha_c \tag{6-44}$$

式中：N_c——一条机动车道的设计通行能力（pcu/h）；
α_c——机动车道通行能力的道路分类系数，如表 6-42 所示。

表 6-42 机动车道通行能力的道路分类系数

道路分类	快速路	主干路	次干路	支路
α_c	0.75	0.80	0.85	0.90

小　结

本章介绍了通行能力和服务水平的定义、作用，并具体给出了高速公路基本路段、交织区和匝道合流、分流部分及双车道公路、平面交叉口和城市道路路段通行能力的分析计算方法。

练 习 题

1. 叙述道路通行能力的定义、作用与交通量的差别和内在联系。
2. 叙述道路通行能力的分类。
3. 什么是道路服务水平？其划分依据是什么？
4. 提高道路通行能力的主要措施是什么？
5. 简要说明道路通行能力与服务水平的关系，以及影响道路通行能力与服务水平的主要因素有哪些。
6. 已知：规划一条高速公路，其远景设计年限平均日交通量 AADT=45 000 辆/h，大型车占总交通量的 30%，方向系数 $K_D = 0.6$，平原地形，设计小时交通量系数 $K = 0.12$，应规划成几车道高速公路？
7. 已知某十字平面交叉口为主次道路相交，主要道路车辆到达为泊松分布，流量为 900 辆/h，次要道路车辆横穿主要道路所需最小车头时距为 6 s。求：
（1）每小时有多少个可穿越空档？
（2）若次要道路上饱和车流的平均车头时距为 2 s，试计算次要道路最大通行能力。

第7章 交通规划

7.1 概　　述

7.1.1 交通规划的定义

交通规划是指根据特定交通系统的现状与特征，用科学的方法预测交通系统交通需求的发展趋势及交通需求发展对交通系统交通供给的要求，确定特定时期交通供给的建设任务、建设规模及交通系统的管理模式、控制方法，以达到交通系统交通需求与交通供给之间的平衡，实现交通系统的安全、畅通、节能、环保的目的。

7.1.2 交通规划的分类

交通规划具有很多类型。按涉及的对象和内容，交通规划可分为综合性交通规划和专项交通规划；按研究的地区范围不同，交通规划可分为区域交通规划和城市交通规划；按划分年限，交通规划可分为近期规划（3~5年）、中远期规划（5~20年）和发展战略规划（20~50年）。

7.1.3 交通规划的研究内容

交通规划分很多种类与层次，不同的交通规划有不同的规划内容与深度要求，但无论是哪一类交通规划，其内容一般包括以下几个方面：

（1）交通系统现况调查。
（2）交通系统存在问题诊断。
（3）交通系统交通需求发展预测。
（4）交通系统规划方案设计与优化。
（5）交通系统规划方案综合评价。
（6）交通系统规划方案的分期实施计划编制。
（7）交通系统规划的实施。

交通规划的执行过程框图如图7-1所示。

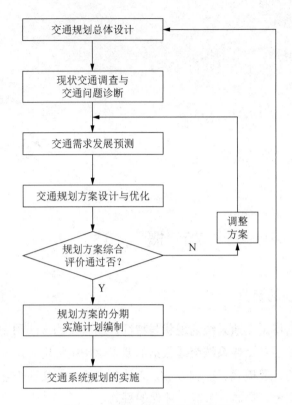

图 7-1　交通规划的执行过程框图

7.1.4　交通规划的总体设计

无论是区域交通系统规划，还是城市交通系统规划，其规划的编制工作都是一个相当复杂的系统工程问题。一般在规划编制工作开始前，要对整个规划过程进行总体设计。总体设计包括落实任务，建立组织结构，确定规划的指导思想、规划目标及规划原则，确定规划期限、规划范围及主要的规划指标，提出规划成果的预期要求（包括规划的深度）等。

1. 规划任务的落实及组织结构的建立

区域交通系统规划一般分多个层次，按国家，省（自治区、直辖市），地（市），县行政区划，由各级交通运输的行业主管部门负责组织规划的编制。

城市交通系统的各项规划应根据城市的发展需要而定。城市交通系统规划工作一般由城市规划管理部门或城市交通管理部门负责组织编制。

在进行交通规划时，各级交通运输管理部门（或规划部门）应设置交通规划专门机构，以确保规划质量和规划工作不断地深入开展，规划技术力量不足的交通运输管理部门（或规划部门）也可将规划编制工作委托给持有相应设计资质的交通规划设计单位或大专院校进行。

由于交通规划涉及范围广、技术要求高、社会影响大，在规划编制过程中一般要成立三个机构：规划领导小组、规划办公室、规划编制课题组。

2. 交通规划指导思想、规划原则的确定

1) 交通规划指导思想的确定

交通规划的指导思想因交通规划类型、层次不同及规划区域不同而不同，没有统一的标准，应结合当地的实际情况制定。但一般来说，在制定交通规划的指导思想时应考虑以下要求：

（1）要有战略高度。交通规划必须从战略的高度出发，考虑比较广阔的地域和比较长久的时间，考虑城市或区域的性质、功能、特点，在国民经济中的政治、经济、文化、科技、军事、运输等方面的地位和作用，城市或区域本身的结构、布局、地理和历史特点，使交通规划有广泛的适应性，长久的连续性，使交通规划能很好地适应未来，为现代化服务。

（2）要有全局观点。交通系统是一个复杂的系统，交通规划必须从全局、整体出发，将交通系统视为一个相互联系的有机整体，进行全面的综合分析，从整体、系统上进行宏观控制。局部应服全局，个体应服从整体，微观应服从宏观，治标应服从治本，眼前应服从长远，子系统应服从大系统。只有重视了全局、整体和大系统的要求，使系统在整体上合理、经济、最优，才能提高交通规划的综合效益和整体质量。

（3）体现可持续发展理念。我国土地资源与能源相当缺乏，环境污染已经相当严重，而交通系统要消耗大量的土地资源与能源，同时影响环境。因此，交通规划应尽量节约宝贵的土地资源，优先发展低能耗、低污染的交通方式，促进交通系统的可持续发展。

（4）符合经济发展要求。交通系统直接为社会、经济、人民生活服务，交通系统的质量影响社会、经济的发展。同时，交通系统的发展又依赖于社会、经济发展水平。因此，交通规划应充分考虑交通与社会、经济、人民生活水平的关系，使之协调发展，彼此促进。

2) 交通规划原则的确定

交通规划原则也因规划类型，规划区域的不同而不同，但一般来说，进行交通规划时，必须遵循以下原则：

（1）交通系统建设服务于经济发展原则。交通系统发展布局必须服从于社会经济发展的总战略、总目标，服从于生产力分布的大格局。交通系统建设必须与所在区域或城市的社会经济发展各阶段目标相协调，并为当地社会经济发展服务。

（2）综合运输协调发展原则。在区域交通系统中进行某一交通运输方式网络的规划时，必须综合考虑所在区域的铁路、公路、水路、航空、管道五大运输方式的优势与特点，宜陆则陆，宜水则水，形成优势互补、协调发展的综合运输网络。在城市交通系统规划中进行某一专项交通规划时，必须综合考虑步行、自行车、公共交通、私人小汽车、出租车等出行方式的优势与特点，形成优势互补、协调发展的城市综合交通系统。

（3）局部服从整体原则。某一层次的交通规划必须服从于上一层次交通系统总体布局要求。例如，在区域交通系统规划中，省域公路网规划必须以国家干线网规划为前提，市域公路网规划必须以国家干线网、省域干线网规划为前提。在城市交通系统规划中，某一交通方式的规划必须服从综合交通规划，道路网络规划及停车场布局规划必须与综合交通规划为前提等。

（4）近期与远期相结合原则。交通系统建设是一个长期发展的过程。一个合理的交通系统建设规划应包括远期发展战略规划、中期建设规划、近期项目建设规划三个层次，并满足

"近期宜细、中期有准备、远期有设想"的要求。交通系统建设的长期性决定了交通系统规划必须具有"规划滚动"的可操作,"规划滚动"以规划的近远期相结合为前提。

(5) 需要和可能相结合原则。交通系统建设规划既要考虑社会经济的发展对交通运输的要求,建设尽可能与社会经济发展相协调的交通网络,以促进社会经济的发展,又要充分考虑人力、物力、财力等建设条件的可能性,实事求是地进行交通网络的规划、布局及实施安排。

(6) 理论与实践相结合原则。交通系统规划是一个相当复杂的系统工程问题,必须利用系统工程的理论方法,对交通系统从系统相互协调关系上进行分析、预测、规划及评价,才能获得总体效益最佳的交通系统规划布局及建设方案。但交通规划若脱离了工程实际,就会变成"纸上谈兵",失去其实际意义。

7.2 交通需求预测

交通需求预测是交通规划中的核心内容之一。交通发展政策的制定、交通网络设计及方案评价都与交通需求预测有密切的联系。本书主要介绍传统交通需求预测的四阶段模式。

传统交通需求预测的四阶段模式是指在居民出行 OD 调查的基础上,开展现状居民出行模拟和未来居民出行预测。其内容包括交通的发生与吸引(第一阶段)、交通分布(第二阶段)、交通方式划分(第三阶段)和交通流分配(第四阶段)。

7.2.1 交通生成预测

交通生成(即发生与吸引预测)预测是交通需求四阶段预测中的第一阶段,是交通需求分析工作中最基本的部分之一,目标是求得各个对象地区的交通需求总量,即交通生成量(Trip Generation),进而在总量的约束下,求出各交通小区的发生交通量(Trip Productions)与吸引交通量(Trip Attraction)。出行的发生、吸引与土地利用的性质和设施规模有密切的关系。发生与吸引交通量预测精度将直接影响后续预测阶段乃至整个预测过程的精度。

图 7-2 所示为交通小区 i 的发生交通量和交通小区 j 的吸引交通量。O_i 表示小区 i 的发生交通量(由小区 i 出发到各小区的交通量之和);D_j 表示小区 j 的吸引交通量(从各小区来小区 j 的交通量之和)。

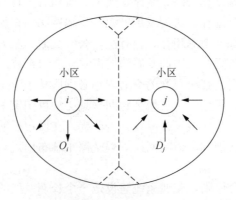

图 7-2 交通小区出行的发生与吸引示意图

小区 i 的吸引交通量和小区 j 的发生交通量以此类推。发生与吸引交通量的预测方法分为原单位法、增长率法、函数法和交叉分类法。本节仅介绍前三种方法。

1. 原单位法

利用原单法预测发生和吸引交通量时，首先需要分别计算发生原单位和吸引原单位，然后根据发生原单位和吸引原单位与人口面积等属性的乘积预测发生与吸引交通量的值，可用式（7-1）表示：

$$\begin{cases} O_i = bx_i \\ D_j = cx_i \end{cases} \quad (7-1)$$

式中：O_i ——小区 i 的发生交通量；

b ——某出行目的的原单位出行发生次数[次/(日·人)]；

x ——常住人口、白天人口、从业人口、土地利用类别、面积等属性变量；

D_j ——小区 j 的吸引交通量；

c ——某出行目的的单位出行吸引次数[次/(日·人)]；

i，j ——交通小区。

【例 7-1】表 7-1 所示为各小区现在的出行发生量和吸引量。在常住人口原单位不变的情况下，采用原单位法预测其将来的出行生成量。

表 7-1　各小区现在的出行发生量和吸引量　　　　（单位：万次/日）

O \ D	1	2	3	合计	人口/万人（现在/将来）
1				28.0	11.0/15.0
2				51.0	20.0/36.0
3				26.0	10.0/14.0
合计	28.0	50.0	27.0	105.0	41.0/65.0

【解】根据表 7-1 中的数据，可得

现状出行生成量 T=28.0+51.0+26.0=105.0(万次/日)。

现状常住人口 N=11.0+20.0+10.0=41.0(万人)。

将来常住人口 M=15.0+36.0+14.0=65.0(万人)。

常住人口原单位 T/N=105.0/41.0≈2.561[次/(日·人)]。

因此，将来的生成交通量 $X = M \times \left(\dfrac{T}{N}\right) = 65.0 \times 2.561 \approx 166.5$(万次/日)。

由于人们在对象区域内的出行不受区域内小区划分影响，因此交通生成量的原单位与发生、吸引的原单位比较，具有时间序列稳定的特点。

如上所述，将原单位视为不随时间变动的量，而直接使用居民出行调查结果。然而，原单位因交通参与者的个人属性（年龄、性别、职业、汽车拥有与否等）不同而变动。

一般来说，在交通需求预测时，要求各小区发生交通量之和与吸引交通量之和相等，并且各小区的发生交通量和吸引交通量之和均等于交通生成量。如果它们之间不满足上述关系，则可采用如下方法进行调整：

（1）总量控制法。在实际计算中，各个交通小区的推算量的误差是不可避免的，从而造成总量的误差，为此，应当根据区域的交通生成总量推算得到的各个小区的发生量进行校正。

假设交通生成总量 T 是由人口 P 与生成原单位 p 而得到的，则

$$T = P \cdot p \tag{7-2}$$

如果交通生成总量 T 与总发生量 $O = \sum_{i=1}^{n} O_i$ 有明显的误差，则可以将 O_i 修正为

$$O_i' = \frac{T}{O} \cdot O_i \ (i=1,2,3,\cdots,n) \tag{7-3}$$

保证 T 与总吸引交通 $D = \sum_{j=1}^{n} D_j$ 也相等，才能使发生交通量之和、吸引交通量之和及交通生成总量三者全部相等，为此 D_j 修正为

$$D_j' = \frac{T}{D} \cdot D_j \ (j=1,2,3,\cdots,n) \tag{7-4}$$

（2）调整系数法。在出行生成阶段，要求满足所有小区出行发生总量要等于出行生成总量。当上述条件不满足时，一般认为所有小区出行发生总量更可靠一些。从而，可将吸引总量乘以一个调整系数 f，这样可以确保出行吸引总量等于出行发生总量。

【例 7-2】假设各小区的发生与吸引原单位不变，试用例 7-1 的数据求出将来的发生与吸引交通量。

【解】（1）求出现状发生与吸引量的原单位。

小区 1 的发生原单位：28.0/11.0=2.545 次/(日·人)。

小区 1 的吸引原单位：28.0/11.0=2.545 次/(日·人)。

同理，可以计算其他交通小区的原单位，结果如表 7-2 所示。

表 7-2　现状各小区发生与吸引的原单位　　　　（单位：万次/日）

O \ D	1	2	3	合计
1				2.545
2				2.550
3				2.600
合计	2.545	2.500	2.700	

（2）计算各交通小区将来的发生与吸引交通量。

小区 1 的发生交通量：15.0×2.545=38.175(万次/日)。

小区 1 的吸引交通量：15.0×2.545=38.175(万次/日)。

同理，小区 2 和小区 3 的发生与吸引交通量计算结果如表 7-3 所示。

表 7-3 各小区未来的出行发生与吸引交通量　　　　（单位：万次/日）

O\D	1	2	3	合计
1				38.175
2				91.800
3				36.400
合计	38.175	90.000	37.800	

调整计算。由上面结果可知，各小区发生交通量之和不等于其吸引交通量之和，所以，需要进行调整计算。调整的目标是使得上述两者相等，即满足：

$$\sum_i O_i = \sum_j D_j \tag{7-5}$$

调整方法可以采用总量控制法，即使各小区发生交通量之和等于其吸引交通量之和，且都等于将来的交通生成总量 166.5 万次/日。根据总量控制法的式（7-3）和式（7-4）可推导得

$$O'_i = O_i \cdot T / \sum_i O_i \tag{7-6}$$

$$D'_j = D_j \cdot T / \sum_j D_j$$

按上式计算后结果如下：

$O'_1 = 38.175 \times 166.5/166.375 \approx 38.204$，$D'_1 = 38.175 \times 166.5/165.975 \approx 38.296$

$O'_2 = 91.800 \times 166.5/166.375 \approx 91.869$，$D'_2 = 90.000 \times 166.5/165.975 \approx 90.285$

$O'_3 = 36.400 \times 166.5/166.375 \approx 36.427$，$D'_3 = 37.800 \times 166.5/165.975 \approx 37.920$

各区未来的发生与吸引交通量如表 7-4 所示。

表 7-4 各区未来的发生与吸引交通量　　　　（单位：万次/日）

O\D	1	2	3	合计
1				38.204
2				91.869
3				36.427
合计	38.296	90.285	37.920	166.500

由上述可以看出，调整以后，各小区的发生与吸引交通量之和相等，均等于交通生成总量 166.5 万次/日。

如前所述，在交通需求预测时，要求发生交通量与吸引交通量相等。对于例 7-2，调整后的同一小区的发生与吸引交通量不相等的情况，还可以继续调整。调整方法是取同一小区发生与吸引交通量的平均值，这里省略此步骤。

2. 增长率法

增长率法考虑了原单位随时间变动的情况，它是用其他指标的增长率乘以原单位，求出将来生成交通量的方法，即

$$O_i^N = F_i \cdot O_i \tag{7-7}$$

式中：F_i——发生和吸引交通量的增长率。

例如，$F_i = \alpha_i \cdot \beta_i$，其中，$\alpha_i$ = 目标年度小区 i 的预测人口/基准年度人口小区 i 的人口；β_i = 目标年度小区 i 的人均车辆拥有率/基准年度人口小区 i 的人均车辆拥有率。

增长率法的特点可以解决原单位法和函数法难以解决的问题，它通过设定交通小区的增长率，可以反映土地利用的变化引起的人们出行的变化，以及对象区域外交通小区的发生与吸引交通量。对于后者，由于原单位法和函数法都基于实际调查数据的方法，而对象区域外的交通小区没有实际测量数据和预测目标年度自变量数据，因此应选用增长率法。增长率法可以预测对象区域外小区的将来交通量，如可以设定：

$$F_i = R_i \cdot R \tag{7-8}$$

式中：F_i——对象区域外交通小区 i 的发生、吸引交通量的增长率；

R_i——对象区域外交通小区 i 的常住人口增长率；

R——对象区域内全体的常住人口增长率。

【例 7-3】 设某区域现在共有 500 户家庭，其中 250 户每户拥有 1 辆小汽车，另外 250 户没有小汽车，有汽车家庭出行生成原单位为 6 次/日，无汽车家庭为 2.5 次/日。假设未来所有家庭都有 1 辆小汽车，家庭收入和人口数不变，用增长率法求出规划年的出行发生量 T_i。

【解】 根据出行生成原单位，易得该区域现在的出行量为

$$T = 250 \times 2.5 + 250 \times 6 = 2\ 125 (次/日)$$

假设未来所有家庭都有 1 辆小汽车，家庭收入和人口数不变，则增长系数 F_i 为

$$F_i = C_i^d / C_i^c = 1.0 / 0.5 = 2.0$$

式中：C_i^d——该区域未来的汽车保有率；

C_i^c——该地区现在的汽车保有率。

因此，得该区域未来出行量为 $T_i = 2 \times 2\ 125 = 4\ 250 (次/日)$。

可见，增长系数法比较简单，是早期城市交通规划采用的方法之一。经验得出该方法计算的结果偏大，西方一些规划专家们推荐用此方法预测研究区域外部的出行。

3. 函数法

函数法是利用函数式预测将来不同目的的原单位，是发生和吸引交通量预测中常用的方法之一。函数法中多采用多元回归分析法，所以有时也将其直接称为多元回归分析法，其中模型如下：

$$O_i^p = b_0^p + b_1^p x_{1i}^p + b_2^p x_{2i}^p + \cdots \tag{7-9}$$

$$D_j^p = c_o^p + c_1^p x_{1j}^p + c_2^p x_{2j}^p + \cdots \tag{7-10}$$

式中：b，c——回归系数；

p——出行目的；

x——自变量，常取的变量有交通小区内平均收入、平均汽车保有率、家庭数、人口、就业人数、土地利用面积等。

使用多元回归分析法，一般先用实际调查数据和最小二乘法得出回归系数 b 和 c，然后将各交通小区预测目标年的自变量值代入式（7-9）、式（7-10），求出各交通小区的发生和吸

引交通量。

假设得到的关系式为

$$T_i = -0.59x_{i1} + 0.74x_{i2} + 0.88x_{i3} - 0.39x_{i4} + 112 \tag{7-11}$$

式中：T_i——交通小区 i 的上下班出行次数；

x_{i1}——交通小区 i 的家庭数；

x_{i2}——交通小区 i 的就业人口数；

x_{i3}——交通小区 i 的汽车保有量；

x_{i4}——交通小区 i 与市中心的距离。

由此可选择 x_{i1}、x_{i2}、x_{i3}、x_{i4} 目标年度的预测值，求得目标年度的 T_i。

选用多元线性回归法时，应注意自变量之间的相互独立性，该方法不能表现因土地利用的变化带来的人们出行行为的变化及交通条件的改善引起人们出行能力的增强。

7.2.2 交通分布预测

交通分布预测是交通规划四阶段预测模型的第二步，是指把交通的发生与吸引量预测获得的各小区的出行量转换为各小区之间的空间 OD 量，即 OD 矩阵。

图 7-3 所示为交通小区 i 和交通小区 j 之间的交通分布的示意图。Q_{ij} 表示交通小区 i 到交通小区 j 的交通量，即分布交通量。同样，Q_{ji} 表示由交通小区 j 到交通小区 i 的交通量。

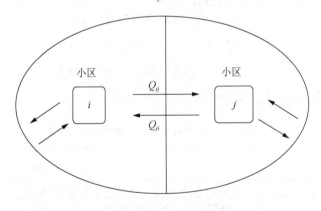

图 7-3 交通分布示意图

交通分布预测主要有增长系数法和重力模型法。

1. 增长系数法

在交通分布预测中，增长系数法的原理是假定在现状交通分布量给定的情况下，预测将来的交通分布量。

根据函数 $f\left(F_{O_i}^m, F_{D_j}^m\right)$ 的种类不同，增长系数法可以分为常增长系数法（Unique Growth Factor Method）、平均增长系数法（Average Growth Factor Method）、底特律法（Detroit Method）和福莱特法（Fratar Method）等，下面分别讲述。

1）常增长系数法（Unique Growth Factor Method）

常增长系数法假定 q_{ij} 增长仅与 i 小区的发生量的增长率有关，或仅与 j 小区的吸引量增长率有关，或仅与生成量的增长率有关，是一个常量。

增长函数为

$$f_{常}(F_{O_i}, F_{D_j}) = 常量 \tag{7-12}$$

该方法只考虑将来的发生量或吸引量或生成量当中的某一个量的增长率对函数的影响，忽略其他变量对增长函数的影响。由于产生量与吸引量的不对称性，因此其预测精度不高，不需要迭代计算，是一种最简单的方法，但其有时不能保证交通分布的守恒约束条件。

【例 7-4】试利用例 7-2 中三个小区目标发生交通量预测值和基础年的出行分布矩阵（表 7-5），求解目标年的出行分布矩阵。

表 7-5　现状 OD 表和将来各小区的预测值　　　　（单位：万次）

O\D	1	2	3	合计	预测值
1	17.0	7.0	4.0	28.0	38.6
2	7.0	38.0	6.0	51.0	91.9
3	4.0	5.0	17.0	26.0	36.0
合计	28.0	50.0	27.0	105.0	166.5

【解】（1）求各小区的发生增长系数：

$$F_{O_1} = U_1/O_1 = 38.6/28.0 \approx 1.378\,6$$

$$F_{O_2} = U_2/O_2 = 91.9/50.0 = 1.838$$

$$F_{O_3} = U_3/O_3 = 36.0/27.0 \approx 1.333\,3$$

（2）以表 7-5 为基础矩阵，各项均乘以发生增长系数，得到表 7-6。

表 7-6　常增长系数法计算得到的 OD 表　　　　（单位：万次）

O\D	1	2	3	合计	目标值
1	23.436	9.650	5.514	38.6	38.6
2	12.614	68.475	10.812	91.9	91.9
3	5.538	6.923	23.538	36.0	36.0
合计	41.588	85.048	39.864	166.5	166.5

此 OD 表满足出行发生的约束条件，故为所求的将来年分布矩阵。

2）平均增长系数法（Average Growth Factor Method）

平均增长系数法假定 i，j 小区之间的交通分布量 q_{ij} 的增长系数是小区 i 出行发生量增长系数和小区 j 出行吸引量增长系数的平均值，即

$$f_{平}\left(F_{O_i}^m, F_{D_j}^m\right) = \frac{1}{2}\left(F_{O_i}^m + F_{D_j}^m\right) \tag{7-13}$$

3）底特律法（Detroit Method）

底特律法假设，小区间交通分布量 q_{ij} 增长系数与小区 i 出行发生量和小区 j 出行吸引量增长系数之积成正比，与全规划区出行生成总量的增长系数成反比，即

$$f_D\left(F_{O_i}^m, F_{D_j}^m\right) = F_{O_i}^m + F_{D_j}^m \cdot \frac{T^m}{X} \tag{7-14}$$

4）福莱特法（Fratar Method）

福莱特法假设 i 小区间分布交通量 q_{ij} 增长系数不仅与 i 小区的发生增长系数和 j 小区的吸引增长系数有关，还与整个规划区域的其他交通小区的增长系数有关。

模型公式为

$$f_{\Psi}\left(F_{O_i}^m, F_{D_j}^m\right) = F_{O_i}^m + F_{D_j}^m \cdot \frac{L_i + L_j}{2} \tag{7-15}$$

$$L_i = \frac{O_i^m}{\sum_i q_{ij}^m F_{O_i}^m}$$

$$L_j = \frac{O_j^m}{\sum_j q_{ij}^m F_{O_i}^m}$$

式中：L_i——i 小区的位置系数；
L_j——j 小区的位置系数。

2. 重力模型法

重力模型法是一种常用的方法，它根据牛顿的万有引力定律，即两个物体之间的引力与两个物体的质量之积成正比，而与它们之间距离的平方成反比类推而成。

重力模型法预测出行分布考虑了两个交通小区的吸引强度和它们之间的阻力，认为两个交通小区出行吸引与两个交通小区的出行发生量成正比，而与交通小区之间的交通阻抗成反比。在用重力模型进行出行分布预测时，可采用以下几种模型。

1）无约束重力模型

Casey 在 1995 年提出如下重力模型，该模型又称最早出现的重力模型，即

$$q_{ij} = \alpha \frac{p_i p_j}{d_{ij}^2} \tag{7-16}$$

式中：p_i，p_j——分别表示 i 小区和 j 小区的人口；
d_{ij}——i，j 小区之间的距离；
α——系数。

此模型为无约束重力模型，模型本身不满足交通守恒约束条件中的任何一个，即

$$\sum_j q_{ij} = \alpha p_i \sum_j p_j d_{ij}^{-2} = O_i \tag{7-17}$$

$$\sum_i q_{ij} = \alpha p_j \sum_i p_i d_{ij}^{-2} = D_j \tag{7-18}$$

该模型简单地模仿牛顿的万有引力定律，后来人们对其进行改进，包括出行总数代替总人口数，将 d_{ij} 的幂扩展为参数 γ（其值一般为 0.6~3.5）。一般可以用出行费用函数 $f(c_{ij})$ 来表示，因此，重力模型可表示为

$$q_{ij} = \kappa O_i^\alpha D_j^\beta f(c_{ij}) \tag{7-19}$$

常见的交通阻抗函数有以下几种形式。

幂函数：
$$f(c_{ij}) = c_{ij}^{-\gamma} \tag{7-20}$$

指数函数：
$$f(c_{ij}) = e^{-c_{ij}} \tag{7-21}$$

组合函数：
$$f(c_{ij}) = \kappa \cdot c_{ij}^{\gamma} \cdot e^{-c_{ij}} \tag{7-22}$$

式中，κ，γ ——参数。

待定系数 κ、γ 根据现状 OD 调查资料，利用最小二乘法确定。此时可将模型取对数，使之线性化来求得。

【例 7-5】 现状 OD 表和将来各小区的预测值如表 7-7 所示，将来的发生与吸引交通量如表 7-8 所示，现状和将来行驶时间如表 7-9 和表 7-10 所示，试利用重力模型和平均增长系数法，求出将来 OD 表。设定收敛标准为 $\varepsilon = 1\%$。

表 7-7 现状 OD 表和将来各小区的预测值　　　（单位：万次）

O \ D	1	2	3	合计	预测值
1	17.0	7.0	4.0	28.0	38.6
2	7.0	38.0	6.0	51.0	91.9
3	4.0	5.0	17.0	26.0	36.0
合计	28.0	50.0	27.0	105.0	166.5

表 7-8 将来的发生与吸引交通量

O \ D	1	2	3	合计
1				38.6
2				91.9
3				36.0
合计	39.3	90.3	36.9	166.5

表 7-9 现状行驶时间

c_{ij}	1	2	3
1	7.0	17.0	22.0
2	17.0	15.0	23.0
3	22.0	23.0	7.0

表 7-10 将来行驶时间

c_{ij}	1	2	3
1	4.0	9.0	11.0
2	9.0	8.0	12.0
3	11.0	12.0	4.0

【解】（1）用下面的无约束重力模型：

$$q_{ij} = \alpha \frac{(O_i D_j)^\beta}{c_{ij}^\gamma} \tag{7-23}$$

两边取对数，得

$$\ln(q_{ij}) = \ln\alpha + \beta\ln(O_i D_j) - \gamma\ln(c_{ij}) \tag{7-24}$$

式中：q_{ij}，$O_i D_j$，c_{ij} ——已知常数；

α，β，γ ——待标定参数。

令 $y = \ln(q_{ij})$，$a_0 = \ln\alpha$，$a_1 = \beta$，$a_2 = -\gamma$，$x_1 = \ln(O_i D_j)$，$x_2 = \ln(c_{ij})$，则式（7-24）转换为

$$y = a_0 + a_1 x_1 + a_2 x_2 \tag{7-25}$$

此方程为二元线性回归方程，a_0，a_1，a_2 为待标定系数，通过表 7-7 和表 7-9 获取九个样本数据，如表 7-11 所示。

表 7-11 样本数据

样本点	q_{ij}	O_i	D_j	$O_i \cdot D_j$	c_{ij}	y	x_1	x_2
$i=1$，$j=1$	17	28	28	784	7	2.833 2	6.664 4	1.945 9
$i=1$，$j=2$	7	28	50	1 400	17	1.945 9	7.244 2	2.833 2
$i=1$，$j=3$	4	28	27	756	22	1.386 3	6.628 0	3.091 0
$i=2$，$j=1$	7	51	28	1 428	17	1.945 9	7.264 0	2.833 2
$i=2$，$j=2$	38	51	50	2 550	15	3.637 6	7.843 8	2.708 1
$i=2$，$j=3$	6	51	27	1 377	23	1.791 8	7.227 7	3.135 5
$i=3$，$j=1$	4	26	28	728	22	1.386 3	6.590 3	3.091 0
$i=3$，$j=2$	5	26	50	1 300	23	1.609 4	7.170 1	3.135 5
$i=3$，$j=3$	17	26	27	702	7	2.833 2	6.553 9	1.945 9

采用最小二乘法对九个样本数据进行标定，得出 $a_0=-0.208\ 4$，$a_1=1.173$，$a_2=-1.455$，则获得的二元线性回归方程为

$$y = -2.028 + 1.173 x_1 - 1.455 x_2$$

通过 $a_0 = \ln\alpha$，$a_1 = \beta$，$a_2 = -\gamma$，可得 $\alpha = 0.124$，$\beta = 1.173$，$\gamma = -1.455$，即标定的重力模型为

$$q_{ij} = 0.124 \times \frac{(O_i D_j)^{1.173}}{c_{ij}^{1.455}}$$

（2）利用已标定重力模型求解分布交通量：

$$q_{11} = 0.124 \times (38.6 \times 39.3)^{1.173} / 4.0^{1.455} \approx 88.862$$

$$q_{12} = 0.124 \times (38.6 \times 90.3)^{1.173} / 9.0^{1.455} \approx 72.458$$

$$q_{13} = 0.124 \times (38.6 \times 36.9)^{1.173} / 11.0^{1.455} \approx 18.940$$

$$q_{21} = 0.124 \times (91.9 \times 39.3)^{1.173} / 9.0^{1.455} \approx 75.542$$

$$q_{22} = 0.124 \times (91.9 \times 90.3)^{1.173} / 8.0^{1.455} \approx 237.912$$

$$q_{23} = 0.124 \times (91.9 \times 36.9)^{1.173} / 12.0^{1.455} \approx 46.164$$

$$q_{31} = 0.124 \times (36.0 \times 39.3)^{1.173} / 11.0^{1.455} \approx 18.791$$

$$q_{32} = 0.124 \times (36.0 \times 90.3)^{1.173} / 12.0^{1.455} \approx 43.932$$

$$q_{33} = 0.124 \times (36.0 \times 36.9)^{1.173} / 4.0^{1.455} \approx 76.048$$

第一次计算得到的 OD 表如表 7-12 所示。

表 7-12　第一次计算得到的 OD 表

O＼D	1	2	3	合计
1	88.862	72.458	18.940	180.260
2	75.542	237.912	46.164	359.619
3	18.791	43.932	76.048	138.771
合计	183.195	354.302	141.152	678.650

（3）重新计算 $F_{O_i}^1$ 和 $F_{D_i}^1$。

$$F_{O_1}^1 = U_1/O_1 = 38.6/180.260 = 0.214\ 1$$

$$F_{O_2}^1 = U_2/O_2 = 91.9/359.619 = 0.255\ 5$$

$$F_{O_3}^1 = U_3/O_3 = 36.0/138.771 = 0.259\ 4$$

$$F_{D_1}^1 = V_1/D_1 = 39.3/183.195 = 0.214\ 5$$

$$F_{D_2}^1 = V_2/D_2 = 90.0/354.302 = 0.254\ 9$$

$$F_{D_3}^1 = V_3/D_3 = 36.9/141.152 = 0.261\ 4$$

（4）通过无约束重力模型计算得到的 OD 表不满足出行分布的约束条件，因此还要用其他方法继续进行迭代，这里采用平均增长系数法进行迭代计算，计算结果如表 7-13～表 7-15 所示。

表 7-13　用平均增长系数法第一次迭代计算 OD 表

O＼D	1	2	3	合计	增长系数
1	19.046	16.992	4.504	40.541	0.952 1
2	17.755	60.717	11.933	90.405	1.016 5
3	4.453	11.297	19.804	35.554	1.012 5
合计	41.254	89.005	33.341	166.500	2.981 1
增长系数	0.952 6	1.014 5	1.018 2	—	—

表 7-14 用平均增长系数法第二次迭代计算 OD 表

O\D	1	2	3	合计	增长系数
1	18.139	16.708	4.437	39.284	0.982 6
2	17.482	61.661	12.140	91.282	1.006 8
3	4.376	11.450	20.109	35.934	1.001 8
合计	39.996	89.819	36.685	166.500	—
增长系数	0.982 6	1.005 4	1.005 9	—	—

表 7-15 用平均增长系数法第三次迭代计算 OD 表

O\D	1	2	3	合计	增长系数
1	17.823	16.684	4.438	38.946	0.991 1
2	17.127	62.318	12.291	91.736	1.001 8
3	4.276	11.544	20.310	36.130	0.996 4
合计	39.226	90.546	37.040	166.812	2.989 3
增长系数	1.001 9	0.997 3	0.996 2	—	—

（5）第三次迭代之后，满足设定的收敛条件 $\varepsilon=1\%$，停止迭代，第三次迭代计算后得 OD 表，（表 7-15）就为最终预测的 OD 表。

2）单约束重力模型

（1）乌尔希斯重力模型。此模型只满足式（7-26），即出行发生约束重力模型，其表达式为

$$q_{ij} = O_i D_j f(c_{ij}) / \sum_j D_j f(c_{ij}) \tag{7-26}$$

式中：$f(c_{ij})$——交通阻抗函数，常用形式 $f(c_{ij}) = c_{ij}^{-\gamma}$；

γ——待定系数。

以 $f(c_{ij}) = c_{ij}^{-\gamma}$ 为例进行参数标定，待定系数 γ 根据现状 OD 调查资料拟合确定，一般可采用试算法等数值方式，以某一指标作为控制目标，通过用模型计算和实际调查所得指标的误差比较确定。其计算过程：先假定一个 γ 值，利用现状 OD 统计资料所得 O_i、D_j 及 c_{ij} 代入式（7-26）中进行计算，所得出的计算交通分布称为 GM 分布。GM 分布的平均行程时间采用下式计算：

$$\overline{c}' = \sum_i \sum_j (q_{ij} c_{ij}) / \sum_i \sum_j q_{ij} \tag{7-27}$$

GM 分布与现状分布的每次运行的平均行程时间之间的相对误差为 $|\overline{c}' - \overline{c}|/\overline{c}$。当交通按 GM 分布与按实际分布每次运行的平均相对误差不大于某一限定值（常用 3%）时，计算即可结束。当误差超过限定值时需改动待定系数 γ，进行下一轮计算。调整方法为如果 GM 分布的 $\overline{c}'$ 大于现状分布 $\overline{c}$，可增大 γ 值；反之，则减小 γ 值。

（2）交通公路局重力模型（B.P.R 模型）为

$$q_{ij} = O_i D_j f(c_{ij}) k_{ij} / \sum_j D_j f(c_{ij}) k_{ij} \tag{7-28}$$

式中：k_{ij} —— 调整系数，其计算公式为

$$k_{ij} = (1-Y_{ij})\lambda_{ij} / 1 - Y_{ij}\lambda_{ij} \qquad (7-29)$$

式中：λ_{ij} —— i 小区到 j 小区的实际分布交通量与计算交通分布量之比；

Y_{ij} —— i 小区到 j 小区的实际分布交通量与 i 小区的出行发生量之比。

此模型与乌尔希斯重力模型相比，引进了交通调整系数 k_{ij}。计算时，用于乌尔希斯重力模型相同的方法试算出待定系数 γ，然后计算 q_{ij}，最后计算 k_{ij}。

这两种模型均满足 $Q_i = \sum_j q_{ij}$，因此称为单约束重力模型。

用上述两种重力模型进行交通分布预测时，首先将预测的交通产生量和吸引量，以及将来的交通阻抗参数代入模型进行计算。通常计算出的交通吸引量与给定的交通吸引量并不相同，因此需要进行下一步迭代计算。

3）双约束重力模型

同时满足守恒条件的 a 是不存在的，因此，将重力模型修改为如下形式：

$$q_{ij} = a_i O_i b_j D_j f(c_{ij}) \qquad (7-30)$$

式中：$a_i = \left[\sum_j b_j D_j f(c_{ij})\right]^{-1}$，$b_i = \left[\sum_i a_i O_i f(c_{ij})\right]^{-1}$。

此模型为双约束重力模型。

下面以幂指数交通阻抗函数 $f(c_{ij}) = c_{ij}^{-\gamma}$ 为例计算。

（1）令 $m = 0$，m 为计算次数。

（2）给出 γ（可以用最小二乘法求出）。

（3）令 $a_i^m = 1$，求出 $b_j^m \left(b_j^m = 1/\sum_i a_i^m O_i c_{ij}^{-\gamma}\right)$。

（4）求出 $a_i^{m+1}\left(a_i^{m+1} = 1/\sum_i b_j^m D_j c_{ij}^{-\gamma}\right)$ 和 $b_j^{m+1}\left(b_j^{m+1} = 1/\sum_i a_i^{m+1} O_i c_{ij}^{-\gamma}\right)$。

（5）收敛判定，若满足下式则计算结束；反之，令 $m+1 = m$。返回步骤（2）重新计算，公式为

$$\begin{cases} 1 - \varepsilon < a_i^{m+1}/a_i^m < 1 + \varepsilon \\ 1 - \varepsilon < b_i^{m+1}/b_i^m < 1 + \varepsilon \end{cases} \qquad (7-31)$$

7.2.3 交通方式划分

交通方式划分是四阶段法中的第三个阶段。在人们的日常生活中，经过各种交通方式的组合完成一天的工作和生活。因此，各种交通方式之间有着很强的相互关系，离开了对这种关系的讨论，交通规划就很难成立。交通方式划分就是出行者出行时选择交通工具的比例，它以居民出行调查的数据为基础，研究人们出行时的交通方式选择的行为建立模型，从而预测基础设施或交通服务水平变化时交通方式间交通需求变化。

交通方式划分模型的建模思路有两种：一是在假设历史的变化情况将来继续延续下去的前提下，研究交通需求的变化；二是从城市规划角度，为了实现所期望的交通方式划分，如

何扩建各种交通设施引导人们的出行,以及如何制定各种交通管理规则等。新交通方式的交通需求预测问题属于后者,其难点在于如何量化出行行为选择因素及其具体应用。

交通方式预测方法主要包括转移曲线法、回归模型法、概率模型法等。

1. 转移曲线法

转移曲线法是根据大量的调查统计资料绘出各种交通方式的分担与其影响因素之间的关系曲线。较为简单、直观的交通方式预测是用转移曲线诺模图进行预测。美国、英国、加拿大都有成套公共交通与私人交通的转移曲线。

例如,图 7-4 所示为美国运输研究公司建立的华盛顿公共交通与私人交通分担率的转移曲线之一,考虑了出行者的经济条件(按收入分为五个等级),出行目的(分为工作、非工作、上学);两种方式所需要行程时间的比例(称为行时比),两种方式所需费用的比值(称为费用比),两种方式非乘车所消耗时间的比值(称为服务比)五个影响因素。该曲线的服务比为 1.25,费用比为 0.25,出行目的为高峰小时出行。

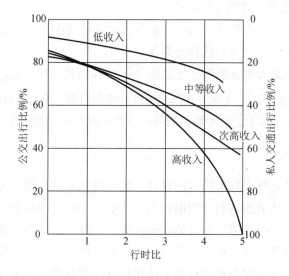

图 7-4 交通方式转移图

转移曲线法是目前国外广泛使用的交通方式分担预测方法,在国外交通方式较为单一、影响因素相对较少的情况下,该方法使用简单、方便、应用效果好。在我国交通方式众多、影响因素较为复杂的情况下,绘制出全面反映交通方式之间的转换关系的转移曲线,其工作量非常巨大且资料收集较为困难。同时,由于它是根据现状调查资料绘出来的,因此只能反映相关因素变化相对较小的情况,即超过现状调查所反映的范围不能较大。这使该方法的应用受到一定的限制。

2. 回归模型法

回归模型法是通过建立交通方式的分担率与其相关因素间的回归方程,作为预测交通方式模型。交通方式的回归方法有时与交通生成的回归方法组合使用,直接得出各种交通方式的交通生成,即是交通生成与方式的回归组合模型:

$$G_{im} = \alpha_{im} + \beta_{1m}X_1 + \beta_{2m}X_2 + \cdots + \beta_{nm}X_n \tag{7-32}$$

式中：G_{im}——交通区 i、交通方式 m 的交通产生量；

$X_1, X_2, \cdots, X_n$——相关因素，如人口、土地使用、生活水平指标等；

$\alpha_{im}, \beta_{1m}, \beta_{2m}, \cdots, \beta_{nm}$——回归系数，根据现状调查资料，用最小二乘法确定。

3. 概率模型法

概率模型法是非集计分析模型中的一种比较实用的模型。交通方式选择本质是一个离散的选择行为，即从各种交通方式中选择"效用"最大的一种。离散选择模型的函数形式有很多种，其中有效且被广泛应用的一种是多项 Logit 模型。

多项 Logit 模型可以表示为

$$p_{in} = \frac{e^{v_{in}}}{\sum_{j=1}^{j_n} e^{v_{in}}} \text{ 或 } P_{in} = \frac{e^{v_{in}}}{\sum_{j \in A_n} e^{v_{in}}} \qquad (7\text{-}33)$$

式中：p_{in}——第 i 种交通方式的选择概率；

v_{in}——第 i 种交通方式的效用函数，其形式可以是线性的也可以是非线性的；

A_n——交通方式选择者 n 的选择方案集合；

j_n——交通方式选择者 n 的选择方案集合 A_n 中包含的方案个数。

与交通分布模型标定类同，交通方式预测模型如概率模型、重力模型转换型等，对标定的精度必要时可做统计检验，如进行 χ^2 分布检测时，以更好地说明模型拟合现状调查资料的好坏。

7.2.4 交通分配

对于交通分配，国内外进行过较多的研究，数学规划方法、图论方法及计算机技术的发展，为合理的交通分配模型的研制及应用提供了坚实的基础。国际上通常将交通分配方法分为平衡模型和非平衡模型两大类，并以 Wardrop 第一、第二原理为划分依据。

非平衡模型具有结果简单、概念明确、计算简便等优点，因此在实际工程中得到了广泛应用。非平衡模型根据其分配手段可分为无迭代和有迭代两类，就其分配形态可分为单路径和多路径两类。非平衡模型分类如表 7-16 所示。

表 7-16 非平衡模型分类

形态 \ 分配手段	无迭代分配方法	有迭代分配方法
单路径型	最短路（全有全无）分配	容量限制分配
多路径型	多路径分配	容量限制-多路径分配

1. 最短路交通分配方法

最短路交通分配是一种静态的交通分配方法。在该分配方法中，取路权为常数，即假设车辆的平均行驶车速不受交通负荷的影响。每一 OD 点对的 OD 量被全部分配在连接该 OD 点对的最短线路上，其他道路上分配不到交通量。

这种分配方法的优点是计算相当简便，其致命缺点是出行量分布不均匀，出行量全部集中在最短路上。这种分配方法是其他各种交通分配方法的基础。

由于在最短分配过程中,每一 OD 点对的 OD 量被全部分配在连接该 OD 点对的最短路线上,因此通常采用最短路分配方法确定道路交通的主流向。

图 7-5 所示为最短路分配方法流程图。

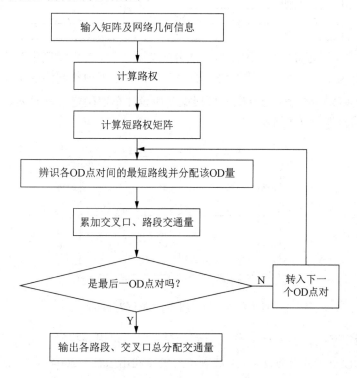

图 7-5 最短路分配方法流程图

【例 7-6】在图 7-6 所示的交通网络中,交通节点 1、3、7、9 分别为 A、B、C、D 四个交通区的作用点,四个交通区的出行 OD 矩阵如表 7-17 所示。试用最短路法分配该 OD 矩阵。

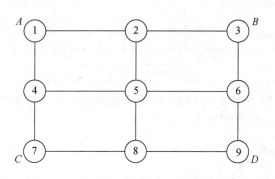

图 7-6 交通分配网络

表 7-17　OD 矩阵　　　　　　　　　　　　　　　　　　　　　　（单位为辆/h）

O\D	A	B	C	D
A	0	200	200	500
B	200	0	500	100
C	200	500	0	250
D	500	100	250	0

【解】(1) 确定路段行驶时间。用最短路法分配交通量时，首先要确定路段行驶时间 $t(i,j)$，在该法中取 $t(i,j)$ 为常数。对于现状网络的交通分配，可根据现状网络的实测路段车速与路段长度确定；对于规划网络的交通分配，可根据路段设计车速确定行驶时间。在本例中确定的路段行驶时间 $t(i,j)$ 如图 7-7 所示。

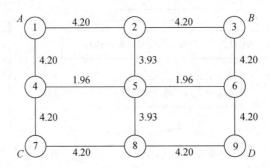

图 7-7　路段行驶时间（单位为 min）

(2) 确定最短路线。各 OD 量作用点间的最短路线可用寻找最短路的各种方法确定，详见《道路交通工程系统分析方法》（王炜等，人民交通出版社，2004 年）。在本例中，最短路线如表 7-18 所示。

表 7-18　最短路线

OD 点对	最短路线节点号	OD 点对	最短路线节点号
A—B	1—2—3	C—D	7—4—1
A—C	1—4—7	C—B	7—4—5—6—3
A—D	1—4—5—6—9	C—B	7—8—9
B—A	3—2—1	D—A	9—6—5—4—1
B—C	3—6—5—4—7	D—B	9—6—3
B—D	3—6—9	D—C	9—8—7

(3) 分配 OD 量。将各 OD 点对的 OD 量分配到该 OD 点对相对应的最短路线上，并进行累加，得到图 7-8 所示的分配结果。

2. 容量限制交通分配方法

容量限制交通分配是一种动态交通分配方法，它考虑了路权与交通负荷之间的关系，即考虑了道路通行能力的限制，比较符合实际情况，该方法在国际上比较通用。

采用容量限制分配模型分配出行量时，需先将 OD 表中的每一 OD 量分解成 K 部分，即将原 OD 表（$n \times n$ 阶，n 为出行发生、吸引点个数）分解成 K 个 OD 分表（$n \times n$ 阶），然后分 K 次用最短路分配模型分配 OD 量，每次分配一个 OD 分表，并且每分配一次，路权修正一次，路权采用路阻函数修正，直到把 K 个 OD 分表全部分配在网络上。容量限制交通分配方法流程图如图 7-9 所示。

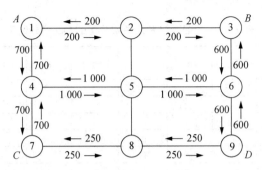

图 7-8 分配交通量（单位为辆/h）

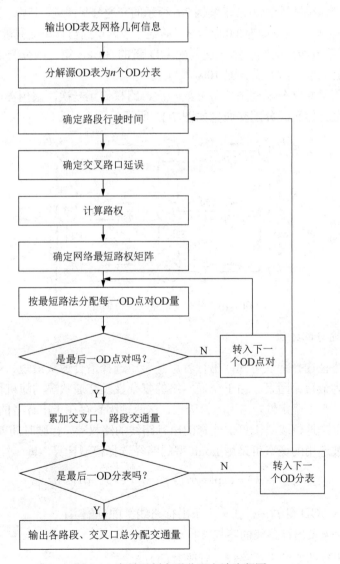

图 7-9 容量限制交通分配方法流程图

在具体应用时，视道路网络的大小，根据表 7-19 选取分配次数 K 及每次分配的 OD 量比例。

表 7-19 分配次数 K 及每次分配的 OD 量分配率

分配比例 分配次数 K	1	2	3	4	5	6	7	8	9	10
1	100									
2	60	40								
3	50	30	20							
4	40	30	20	10						
5	30	25	20	15	10					
10	20	20	15	10	10	5	5	5	5	5

【例 7-7】 用容量限制分配方法求解例 7-6 所示的交通分配问题。其中，设主干线 4—5—6，2—5—8 的单向自行车交通量均为 3 000 辆/h，其他路段的单向自行车交通量均为 2 000 辆/h。

【解】 本例采用五级分配制，第一次分配 OD 量的 30%，第二次分配 25%，第三次分配 20%，第四次分配 15%，第五次分配 10%。

每次分配采用最短路分配模型，每分配一次，路权修正一次，采用美国联邦公路局路阻函数模型对路权进行修正。分配交通量如图 7-10 所示。

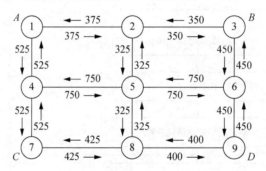

图 7-10 分配交通量（单位辆/h）

3. 多路径交通分配方法

由出行者的路径选择特性可知，出行者总是希望选择最合适（最短、最快、最方便等）的路线出行，称为最短路因素。由于交通网络的复杂性及交通状况的随机性，出行者在选择出行路线时往往带有不确定性，称为随机因素。这两种因素存在于出行者的整个出行过程中，两种因素所处的主次地位取决于可供选择的出行路线的路权差（行驶时间差或费用差等）。因此，各出行路线被选用的概率可采用 Logit 型的路径选择模型计算，即

$$p(r,s,k) = \exp\left[-\sigma t(k)/\bar{t}\right] \Big/ \sum_{i=1}^{m} \exp\left[-\sigma t(k)/\bar{t}\right] \tag{7-34}$$

式中： $p(r,s,k)$ ——OD 量 $T(r,s)$ 在第 k 条出行路线上的分配率；

$t(k)$ ——第 k 条出行路线的路权（行驶时间）；

$\bar{t}$ ——各出行路线的平均路权（行驶时间）；

σ ——分配参数；

m ——有效出行路线条数。

本分配模型能较好地反映路径选择过程中的最短路因素及随机因素。实际上,若出行路线路权相同,则本模型称为随机分配模型,各路线被选用的概率相同。若某一路线的路权远远小于其他路线,则本模型称为最短路分配模型,它是一种改进型的多路径分配模型。改进的多路径分配模型虽然与 Dial 模型在形式上很类似,但新模型具有新含义与内容,特别是在参数 σ 的确定、路径的选取及算法上与 Dial 模型有本质的区别。

7.3 城市道路网布局规划

城市道路网规划应该以合理的城市用地功能组织为前提,根据城市现状及自然环境特点,经济、合理地规划布局道路网络,同时区分不同功能的道路性质,结合城市的具体用地情况组成道路系统。

规划的城市道路网既要满足客货车流、人流的安全通畅,同时还要反映城市风貌、历史和传统文化,为地上、地下工程管线和其他设施提供空间,并满足城市日照通风与城市救灾避难等要求。在进行城市道路网络系统的规划时,应对上述功能综合考虑,相互协调。

7.3.1 城市道路网布局影响因素

城市道路系统既是组织城市各种功能用地的"骨架",又是城市进行生产和活动的"动脉"。城市道路系统布局是否合理,直接关系到城市是否可以合理、经济地运转和发展。城市道路系统一旦确定,实质上决定了城市发展的轮廓、形态,即使遇到自然灾害或战争的破坏,在恢复和重建城市时,也较难改变。这种影响是深远的,将在一个相当长的时期内发挥作用。影响城市道路系统布局的因素主要有三个:城市在区域中的位置(城市外部交通联系和自然地理条件)、城市用地布局形态(城市骨架关系)和城市交通运输系统(市内交通联系)。

7.3.2 城市道路网络布局结构

历史上形成的城市道路系统形态主要有棋盘式路网、放射形路网、环形放射形路网等,如表 7-20 所示。

表 7-20 典型城市道路网布局及其性能

类型	图示	特点与性能
棋盘式		布局严整、简洁,有利于建筑分布,方向性好,网上交通分布均匀,交叉口交通组织容易;但非直线系数大,通达性差,过境交通不易分流,对大城市进一步扩展不利。改进的方式是增加对角线道路,有时也组织环形线路 G,适用于地形平坦的城市

续表

类型	图示	特点与性能
放射形		交通干线以市中心为形心向外辐射，城市沿着交通干线两侧发展，形成"指状"城市。这种布局具有带形布局的优点，同时缩短了到市中心的距离；其缺点是中心区交通压力过大，边缘区交通联系不便，过境交通不分流。改进的布局是增加环线并使放射性干线不集中于市中心
环形放射形		这种布局具有通达性好，非直线系数小，有利于城市扩展和过境交通分流等优点，一般用于大城市，但不宜将过多的放射线引向市中心，造成市中心交通过分集中；其缺点是对建筑布置不利

随着城市的发展，在典型的城市道路网布局的基础上发展延伸出九种道路网络布局形式，现归纳分析如下：

1. 方格形道路网

方格形道路网又称棋盘式路网，如北京、西安老城区道路网，成都、桂林、太原中心区（老城）的道路网。它具有如下特征：

（1）道路使用均衡，车流可以较均匀地分布在所有街道上，路网容量被均衡利用，市中心的交通负担不会过重。

（2）从交通方面来看，这类路网不会形成太复杂的交叉口，多为十字形或丁字形交叉口，交通组织简单便利。

（3）在重新分配车流方面具有较大的灵活性，当某一条街道受阻时，车辆可选择的绕行路线较多，行车行程时间不增加。

（4）城市街道布局严整、简洁，有利于建筑物布置，方向性好。

但是，方格形道路网对角线方向交通联系不便，非直线系数较大，一般为1.2，甚至可达1.4，增加了居民的无效出行距离，加重了路网负担；干道网的密度一般较高，存在很多交叉口，既影响车速，又不易于交通管理和控制；把城市交通分配到全部道路上，不能使主次干路明确划分，限制了主次干路按功能发挥作用。

为改善对角线方向上车流绕行距离过长的问题，可在方格形道路网中适当加入对角线方向的干道，形成棋盘对角式路网。这样对角线方向交通可以缩短30%左右的出行距离，增加了可达性。由于斜向干道的穿越，会形成近似三角形的街坊和交叉口，给建筑布置和交通组织带来不利影响。

2. 环形放射式道路网

环形放射式道路网，由从城市中心起向四周的若干条放射线和以城市中心为圆心的几条环形线组成。城市中心即为中心区，四周分布几个副中心区，比较理想的布局方式是从中心向四周一定范围内布置居住区，包括工作、生活、商业、服务业、娱乐等，市区外围为工业区，城市各组团间由城市干道和绿化带分隔。

环形放射式道路网起源于欧洲以广场组织城市的规划手法，最初是几何构图的产物、多用于大城市。这种道路系统的放射形干道使市中心和各功能，以及市区和郊区间有便捷的交通联系，市中心可达性好，有利于形成吸引力强大的市中心，保持市中心的繁华；环形干道又有利于外围市区及郊区的相互联系，并疏散过境交通，以避免对市中心产生过大的压力。

但是，放射形干道容易把外围的交通迅速引入市中心地区，易造成中心区的交通紧张，中心区路网超负荷，而外围路网容量得不到充分利用，浪费了路网时空资源，其交通机动性较方格网差。如在小范围内采取这种形式，则易造成一些不规则的小区和街坊，给建筑布局和朝向带来困难。这种形式一旦形成，如果规划管理不当，就可能变成连片密集型发展模式，形成城市用地的"摊大饼"。环形干道也容易引起城市沿环道发展，促使城市呈同心圆式不断向外扩张。

为了充分利用环形放射式道路系统的优点，避免其缺点，国外一些大城市在原有的环形放射路网基础上部分调整改建，形成快速路系统，对缓解城市中心的交通压力，促使城市沿交通干线向外发展起了十分重要的作用。

3. 自由式道路系统

自由式道路系统通常是由于地形起伏变化较大，道路结合自然地形呈不规则状布置而形成的。这种类型的路网没有一定的格式，变化很多，非直线系数较大。如果综合考虑城市用地的布局、建筑的布置、道路工程及创造城市景观等因素精心规划，不但能取得良好的经济效果和人车分流效果，而且可以形成活泼丰富的景观效果。

国外很多新城的规划采用自由式道路系统，美国阿肯色州1970年规划的新城茅美尔（Maumelle），城市选在一片丘陵地，在交通干道的一侧布置了工业区，另一侧则结合地形、河湖水面和绿地安排城市用地，道路呈自由式布置，形成很好的居住环境。

我国山区和丘陵地区的一些城市也采用自由式道路系统，道路沿山脉或河岸布置，如青岛、重庆等城市。但这种布置多是从工程角度出发，有的道路仿照盘山公路修建，呈现出不自然的交通状况。而且，在传统的规划思想下，只要有一些平地，都尽可能采用方格形道路系统。

4. 混合式路网

混合式或综合式道路网系统是根据城市所在地区的地形和交通需求将城市不同区域的各个道路系统有机结合起来，使道路网既能满足交通需求，又能满足经济和建筑上的需求。混合式是多种形式的组合，是城市分阶段发展的体现。

这种路网形式考虑了自然历史条件，有利于因地制宜地组织交通，使城市得到一个完整而统一的建筑规划结构。它全面地考虑了城市中的基本组成要素，使它们在城市用地上协调配合。如果规划合理，这是一种扬长避短的形式。

经历了不同发展阶段的大城市的混合式道路网系统，如果在好的规划思想指导下，对城市结构和道路网进行认真的分析和调整，因地制宜进行规划，仍可以很好地组织城市生活和城市交通，取得较好的效果。

5. 线性或带形道路网

线性道路网是以一条干道为轴，沿线两侧布置工业与居住建筑，从干道分出一些支路联系每侧的建筑群。线性道路网布局又可分为两种方式：一种方式是干道一侧为居住区，另一侧是工业企业区，干道的中部为中心区，两侧各有一个副中心区；另一种方式是沿干道为一个或多个建设区，中间为居住区，有行政、商业、服务业中心，两侧各为一个工业企业区，最外侧各有居住区及商业服务业副中心，与工业区分开布局。

还有一种和线性道路网布局相似的带形城市道路网。这种布局往往以中间的干道为主轴，两侧各有一条和主轴平行的道路作为辅助干道，这样三条路为主要脉络和一些相垂直的支路组成类似方格形的道路网，如兰州、深圳。

6. 方格环形放射式道路网

这种道路网中心区为方格形，向四周环形放射式发展。由于历史原因，我国城市道路网多采用这种布局形式，随着城市化进程加快，区域之间交往增加，过境交通增大，编制总体规划中的道路网络，自然需要利用改造原有的放射线和发展新的放射线，同时为了便利各条放射线之间的联系，缓解疏散中心区的交通环路便应运而生，大城市一般建几个环路，至于放射线的数量，随着城市的大小，地理位置及和相邻城市的关系而有所不同，大体上内地城市放射线较多，沿海城市放射线较少。

7. 手指状（巴掌式）道路网

这种道路网以多条放射线呈手指式发展，市区以外沿手指状的道路两侧规划一些重点建设区，每个重点建设区规划一个行政办公及商业服务业为主的副中心区，各重点建设区之间以楔形绿带分隔，手指式放射线通过几条环路联系起来。

8. 星状放射式道路网

星状放射式道路网是和子母城市的布局（即城市由市区和卫星城所组成）相配套的。道路网从城市中心起呈放射状联系多个卫星城市，而城市由几个层次的同心圆所组成。

9. 交通走廊式道路网

城市中心区道路网形成之后，城市沿着放射干道发展，形成交通走廊式道路网。

7.3.3 城市道路网布局规划方法

道路网布局规划一般采用先确定道路网规划指标和道路网空间布局形式，然后进行道路网系统性分析，再布置专用道路系统，最后进行检验与调整的过程，如图 7-11 所示。

1. 道路网规划指标的确定

道路网布局规划中首先需要明确的是道路网规划指标，道

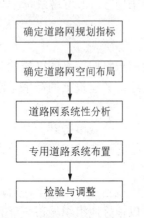

图 7-11 道路网布局规划程序

路网规划指标主要有人均道路用地面积、车均车行道面积、道路网密度、道路等级结构、道路网连接度、非直线系数等。

2. 道路网空间布局形式

在社会经济、自然地理等条件的制约下，不同城市的道路系统有不同的发展形态。从形式上看，常见的城市道路网布局有四种典型类型：方格网式道路网布局、环形放射式道路网布局、自由式道路网布局、混合式道路网布局。

仅仅从每种道路网布局的特点出发是难以决定其优劣与取舍的，规划中应尊重已经形成的道路网格局，考虑原有道路网的改造和发展，从城市地理条件、城市布局形态、客货运流向及强度等方面确定城市的道路网布局，不应套用固定的模式。道路网空间布局形式的确定是一个定性分析与定量分析相结合的过程。

3. 道路网系统性分析

道路网的系统性表现在城市道路网与城市用地之间的协调关系、与对外交通系统的衔接关系及道路网系统内部各组成要素之间的协调配合关系。道路网布局系统分析有以下几个方面的内容：

（1）城市道路系统与城市用地布局的配合关系：主要分析城市各相邻组团间和跨组团的交通解决情况、主要道路的功能是否与两侧的用地性质相协调、各级各类道路的走向是否适应用地布局所产生的交通流及是否体现对用地发展建设的引导作用等。

（2）城市道路网与对外交通设施的配合衔接关系：主要分析快速道路网与高速公路的衔接关系、城市常速交通性道路网与一般公路的衔接关系、城市对外交通枢纽与城市交通干道的衔接关系。考虑高速公路对城市交通有着重大的影响，在规划的层次上应将高速公路交通影响分析纳入交通规划研究内容。

（3）城市道路系统的功能分工及结构的合理性：主要分析道路网中不同道路的功能分工及结构是否清晰、合理，各级各类道路的密度是否合理等。为保障交通流逐级有序地由低一级道路向高一级道路汇集，并由高一级道路向低一级道路疏散，应避免不同等级道路越级相接。

4. 道路网布局的检验与调整

经过以上过程，初步拟订的道路网需经过检验，如图7-12所示。检验的标准是拟定的道路是否能满足道路交通需求和环境质量要求。检验的基础是道路交通需求预测技术、道路网络分析技术和道路交通环境影响分析技术。道路网规划方案的调整分为两个层次，当道路服务水平质量和环境质量状况不符合规划要求时，首先调整道路网布局规划方案，对调整后的道路网布局规划方案重新进行检验，如经过多次调整后仍不能满足规划要求，则应对城市总体交通结构进行反馈，提出修改意见。

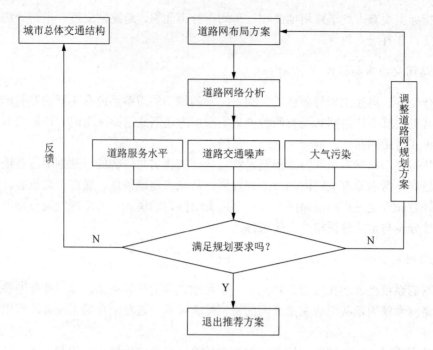

图 7-12 道路网布局的检验与调整

7.4 交通规划软件 TransCAD 简介

7.4.1 TransCAD 软件概述

TransCAD 软件是由美国 Caliper 公司开发的宏观交通系统仿真软件。TransCAD 软件把地理信息技术（Geographic Information System，GIS）和交通规划技术较好地结合在一起，可以方便地对各类交通运输及相关数据进行存储、提取、分析和可视化。TransCAD 软件采用先进的 Windows 环境及一系列最新的开发方式，使软件具有较好的风格，如先进的菜单界面、强大的图形功能、方便的工具栏、良好的开放性、多文档、多用户操作等。TransCAD 软件与其他 Windows 应用程序相似，对容量没有硬性限制，能最大限度地发挥硬件能力，运行环境为 Windows 3.1 及以上版本。

TransCAD 软件的仿真过程主要包括以下几点：

（1）网络和路径：生成、设置、路段方向、选定路段、转向工具箱、最短路径、多路径、网络分割、带宽设定等。

（2）线路系统：线路服务、站点服务、线路编辑等。

（3）规划：出行产生、吸引、平衡、快速反应模型、出行分布、交通分配等。

（4）公交：网络生成、设置、最短路、网络阻抗计算等。

（5）路线和逻辑分析：成本矩阵计算、货运路线计算与显示、弧最短路、指派问题、运输问题、货流配送、最小成本流、分区、聚类、设施定位等。

(6) 统计：报表、校正、模型估计、模型应用、生成模型文件、邻接矩阵、空间校准等。

7.4.2 软件的主要组成部分

TransCAD 软件是目前在国内使用比较广泛的宏观交通系统仿真软件，主要由三部分组成，即 GIS、数据库和交通分析模型。

1. GIS

GIS 是以采集、存储、管理、分析、显示和应用整个或部分地球表面与空间和地理分布有关的数据的计算机系统，是分析和处理海量地理数据的通用技术。GIS 中数据采集与编辑通过各种数据采集设备把现实世界的空间信息和非空间信息变成数字化数据，同时可以对其进行编辑修改，得到正确的空间拓扑数据。GIS 中以分幅的方式组织空间数据，并通过对用户透明的数据管理功能实现拓扑结构完整、逻辑上没有图幅限制的空间数据库。TransCAD 软件具有完备的 GIS，它的主要作用是采集和管理整个路网的交通信息。各路段的 ID 号、长度、流量、行驶时间、V/C、各区的 ID 号、面积及小区形心，都是由 GIS 进行统一管理的。空间查询与空间分析是 TransCAD 软件中 GIS 的核心，也是 GIS 与计算机辅助设计（CAD）、数据库管理、自动制图等相关系统的主要区别。空间查询可按属性信息的要求查询空间位置，也可以按空间位置来查询相关的属性信息；用户可以通过 GIS 的空间分析技术对原始数据模型进行观察与实践，从而获得新的经验和知识，并以此作为空间行为的决策依据。在宏观仿真中，仿真路线的确定，也是由 GIS 通过采集整理区间各条出行路线的出行时间或出行距离，最后利用模型比较来实现的。此外，GIS 还将地图上的地物与其相应的数据库建立外联关系，并以图形的形式来表示空间地物的数据信息。简言之，GIS 的作用就是采集和管理交通系统信息并将其提供给软件中的其他各种系统运行模块。

2. 数据库

数据是信息系统进行处理、分析的物质基础。TransCAD 软件中的数据库通常分为基础信息数据库（又称基础数据库）和专题信息数据库。基础数据库是客观世界的表达模型，是空间型数据库，它将表达仿真对象基本面貌并作为其他专题数据统一的空间定位载体的地形、道路、建筑物等基础空间信息以结构化文件形式组成的集合。基础数据库在 TransCAD 软件作为一种空间数据库，它具有以下特点：

（1）统一的坐标系：无论是地理坐标系还是平面坐标系，都要求统一，以保证地物要素的连续。

（2）统一编码体系：相同的地物要素用相同的编码，否则数据库间、图幅间会出现无法接边的逻辑错误。

（3）统一属性数据：相同的地物要素在不同比例尺上不同的表示方式，但应有相同的属性。

基础地理信息种类繁多、结构复杂，如何将它们有机地组织，有效的存储、管理和应用，是一件十分重要的工作，它直接影响数据库的应用效率，这也是基础数据库标准化工作的重点。信息的分类是根据信息的本质特性或特征，将信息按一定的原则和方法进行区分和归并，并建立起一定的分类体系和排列顺序，以便管理和使用信息。具体到基础数据库，就是要确定基础地理信息应分为几大类，细分为多少小类，并确定每一个实体应归在哪一类目中。选择针对城市的特点，对建筑物、管线和道路等类的实体编码详细，有的分到了小类，有的还要细分，面对少有的地物信息，则予以省略，分类也较粗。编码应占据相同的位数，便于计算机处理，分类代码均由四位数字码组成。

基础数据库是空间数据库，在 TransCAD 软件中，基础数据库中的数据文件以图幅为单位进行组织，图幅号既为文件名，也是文件的逻辑目录。元数据文件、数据体文件及其他相关数据文件逻辑上全部置于同一个文件逻辑目录下。一个图幅中有且仅有一个元数据文件，可以有一个数字正射影像图（Digital Orthophoto Map，DOM）文件，一个数字高程模型（Digital Elevation Model，DEM）文件和一个数字栅格地图（Digital Raster Graphic，DRG）文件，也可以没有。图幅中空间实体位于九个逻辑层中。每个层中所有点状实体和节点共有一个点数据文件，线状实体和弧段共有一个线数据文件，面状实体共有一个面数据文件。图幅中还有一个注记文件。每个空间实体类型都有一个属性数据文件。

3. 交通分析模型

交通分析模型包括一系列的数理统计和电子分析的支持工具，其作用是分析 GIS 采集的交通资料和对数据库进行模型运算。规划人员根据工作中的实际需要，既可运行单一交通分析模型，也可以对某些模型进行联合操作。对于输入系统的交通信息，交通分析模型经过系统分析，也可自动生成相应的图形。对于系统输出的交通资料，交通分析模型经过系统分析，以图形化的形式展开其效果。

7.4.3 软件功能

TransCAD 软件主要包括四大功能：
（1）Windows 下的、功能强大的 GIS。
（2）扩展数据模型，提供显示和处理交通数据的基本工具。
（3）汇集了极其丰富的交通分析过程和大量的交通、地理、人口统计数据。
（4）可以生成宏、嵌入、服务器应用及其他用户程序。

1. GIS 功能

作为一种先进的 GIS 软件，TransCAD 可以生成地图，建立和维护地理数据集，以及进行多种空间分析。TransCAD 还包括专门用于交通运输的特殊数据结构。

（1）交通运输网络。交通运输网络存储运输系统是设施的重要特征，包括转弯限制与时耗、上下跨路与单行道、多种运输方式的换乘点和延迟函数、区域中心与运输网的连线、道路分类与性能函数。

（2）矩阵。矩阵用于存放旅行距离、旅行时间和货流等交通运输的基本数据。它是交通运输分析的基本工具。TransCAD 软件具有生成、维护矩阵和矩阵操作等功能，并通过提供期望线等方法对矩阵中的数据进行空间分析，使其具有较强的可视化效果。通过这种分析，用户可以从不同角度观察和了解运输流。

（3）路线与路线系。路线与路线系指卡车、客车或人从一点到另一点的行走路线。相关的路线可以安排在一个路线系层中，并包括路线属性数据、停靠位置和旅行时刻表。

（4）线性参照（动态分段）。线性参照指根据沿着道路与某一固定点的距离来确定交通运输分析对象的位置。TransCAD 软件具有动态分段功能以便合并和分析多个线性参照数据集。下列信息均可采用线性参照功能：基础设施与运营管理数据、交通事故位置、铁路或公路的分级、道路桩号、固定资产投资项目数据。

2. 数据库功能

TransCAD 软件中数据库的主要功能如下：

（1）存储路段流量信息，便于系统识别分析路网是单向交通流还是双向交通流及进行模型流量运算。

（2）扩充地理数据的存储，提供地下通道和立交桥的交通信息。

（3）存储路网各交叉口的延误信息和禁止转向信息。

（4）存储路网层信息，并以表格的形式展示路网数据。

（5）以矩阵的形式存储 OD 数据，并可方便地进行数据操作。例如，流量矩阵、出行时间矩阵和出行距离矩阵。

除此之外，TransCAD 软件还采用数据视窗连接的方式来建立各种交通数据资料之间的联系，从而使操作更加简单、方便、快捷。

3. 交通分析模型介绍

TransCAD 软件为解决各种交通问题提供了多种模型。

（1）网络分析模型。这一模型用于交通运输网络分析，它包括最短路径程序求解网络中任意两点间的最短距离、最短时间和最小费用，而无论起点与终点之间有多少节点；网络分区模型根据距离、时间和费用的长短或多少划分交通运输网络，以确定服务设施的服务范围；旅行售货商模型产生经过网络中任何指定点的、效益最好的环路。

（2）交通规划与运输需求预测模型。交通规划与运输需求预测模型由常用的四阶段模型组成，即出行产生模型、出行分布模型、方式划分模型和网络分配模型。每一阶段模型又包括若干种方法：出行产生包括交叉分类法、回归法和对输入数据要求较少的快速反应法，出行分布包括增长系数法、重力模型法和三重比例约束法，方式划分包括主要采用先进的 Logit 模型，即离散选择模型，它包含二元 Logit 模型、单层多元 Logit 模型、增量 Logit 模型和多层 Logit 模型；网络分配包括全有全无法、增量分配法、用户平衡法、随机用户平衡法和概率分配法。这些方法使用户在使用 TransCAD 软件求解交通问题时可以有多种选择。

（3）路径选择和物流模型。该模型可用于任何运输方式，其应用实例包括送货与取货服务的经营管理；销售分配计划；基础设施维护；公共服务业，如邮递、清扫街道、扫雪及街道的停车收费等。

（4）分区与定位模型。该模型广泛用于运输和市场营销方面。其中集组模型将客户、设施和区域按集中程度分组。分区模型将人口普查区、交通小区或其他区域按用户要求进行合并。定位模型根据成本效益为设施确定最佳位置。它们的应用范围：管区和范围网的调整、行政区域或交通小区的重新划分、零售网店分布、仓库位置与分货网的规划。

4. 信息的直观化和效果渲染功能

TransCAD 软件有一整套工具用于制作地图或各种信息的直观化处理，包括饼图、直方图、线型和区域图显示数据趋势；交叉路口详细图显示交通流的转弯分布；带状分布图显示道路设施的特征和沿途变化；自动显示单行道；按地图比例动态调整地图标签；路线系地图并列显示多条重合路线供用户直观分析；期望线显示区域之间的交通流量、客流或货流；带有道路标志的地图具有出版功能。

5. 功能强大的开发工具

GISDK 软件与 TransCAD 一同发售。GISDK 软件包括创建宏、嵌入及应用程序的所有工具。用户可以使用 GISDK 软件开发在多用户、网络环境下的应用程序。GISDK 软件支持多种内部通信协议，如目标连接和嵌入 OLE 2.0、动态数据交换 DDE 等。

7.4.4 软件特点

1. 操作简单

TransCAD 软件的初学者即使没有很好的计算机专业基础知识，只要能读懂软件的说明书，就可以很快学会各种操作命令，并按照交通需求分析预测的仿真步骤，进行程序化操作。

2. 运行速度快

TransCAD 软件具有超强的运行速度，通常在几秒内就能完成各种仿真模型的计算，而且在模型的具体运算过程中，还可以根据软件的运行时间来鉴别应用模型的效果。例如，在仿真路径选择过程中，有的模型需要 1 s，而有的模型运算需要零点几秒，即使不观看仿真效果，通过时间也能判别模型应用的优劣。

3. 建立和编辑数据库方便

TransCAD 软件在建立和编辑数据库时，并不需要特殊的数据库编辑器，可以直接在数据库中输入和编辑数据资料，而且针对不同的应用模型，还可以建立不同的数据库。通过视窗链接功能，可以建立相关数据库之间的联系，以便在模型的具体运行中，进行连续操作。

4. 仿真效果明显

TransCAD 软件具有良好的仿真效果。用户可以根据仿真图形的线宽和图形颜色，感性地判断仿真对象的使用情况。

5. 各种文件之间的相互转换方便

TransCAD 软件可方便地进行各种文件的相互转换。它既可以把矩阵转化为表格，也可以把表格中的数据用矩阵的形式来表示。此外，软件还可以把系统数据导入 Excel 软件或其他相关软件，改变文件的存储形式。

小 结

本章介绍了交通规划的定义、分类和研究内容，重点介绍交通需求预测的四阶段法和城市路网布局规划方法，最后简要介绍常用的交通规划应用软件。交通需求预测是本章的重点，四阶段法从交通源预测交通需求，具有较好的适用性；生成预测常选用回归分析法，分布预测常选用重力模型法，方式划分预测较难，常根据调查数据通过专家方法获得。随着计算机运算能力的增强和交通规划应用软件的普及，交通需求预测已摒弃手算，进入了应用软件时代。

练 习 题

1. 简述交通规划的定义、分类及研究内容。
2. 常用的交通生成预测方法有哪几种？它们各有什么特点？
3. 交通的分布预测主要有哪些模型？它们都具有怎样的特点？
4. 试述重力模型的基本形式及其分类。
5. 在实际工程中，得到广泛应用的交通分配模型是什么？
6. 试用表 7-21 中的出行发出量、出行吸引量和常住人口（分男女性别），计算将来的出行生成量、出行发生量及出行吸引量。

表 7-21 练习题 6

小区	1	2	3
现状男性的出行发生量/（万次·日$^{-1}$）	15.0	27.0	14.0
现状女性的出行发生量/（万次·日$^{-1}$）	13.0	24.0	12.0
现状男性的出行吸引量/（万次·日$^{-1}$）	15.0	26.0	15.0
现状女性的出行发生量/（万次·日$^{-1}$）	13.0	24.0	12.0
现状男性的常住人口/人	5.6	10.2	5.0
现状女性的常住人口/人	4.4	9.8	5.0
将来男性的常住人口/人	7.9	18.1	7.2
将来的女性的常住人口/人	7.1	17.9	6.8

7. 试用平均增长系数法、底特律法、福莱特法，分别求表 7-22 将来 OD 分布交通量（单位：万次）。设定收敛标准为 $\varepsilon = 3\%$。

表 7-22 OD 分布

O \ D	1	2	3	现状值	将来值
1	4	2	2	8	16
2	2	8	4	14	28
3	2	4	4	10	40
现状值	8	14	10	32	
将来值	16	28	40		84

8. 图 7-13 所示为网络示意图,其中①、④、⑤、⑦分别为 OD 作用点,图形中线路数值为出行时间,有些为固定值,有些与交通量有关,Q 为交通流量,OD 分布流量矩阵如表 7-23 所示。

(1)令 $Q=0$,用最短路法分配该 OD 矩阵。

(2)用容量限制-增量加载法分配该 OD 矩阵,采用二次分配,第一次为交通量的 50%,第二次为剩余的 50%。

(3)以图中虚线右侧的节点网络为研究对象,令 $Q=0$,不考虑其他节点间流量,用多路径交通分配模型计算⑤~⑦的交通流量分配。其中,$T(5,7)=600$,$\varepsilon=3.3$。

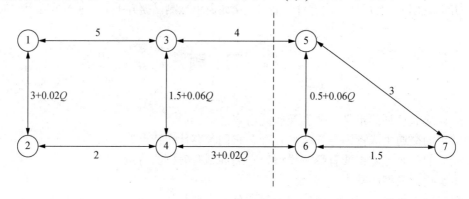

图 7-13 网络示意图

表 7-23 OD 分布流量矩阵

O\D	1	2	3	4
1	0	300	400	500
2	300	0	100	250
3	400	100	0	600
4	500	250	600	0

第 8 章
交通管理与控制

8.1 概　　述

8.1.1 交通管理的概念

交通管理是指按照既定的交通法规和要求，运用各种手段、方法和工具合理地限制和科学地组织、指挥交通。交通控制是通过运用现代的信号装置、通信设施、信息控制和网络系统对动态交通的准确调度，使其安全并畅通运行。两者结合起来称为交通管制，其重点在于运用各种交通设施准确掌握交通信息，并有效指挥交通。

8.1.2 交通管理的内容

交通管理主体上是国家行政管理，具体包括五个方面。

1. 技术管理

(1) 交通标志、道路标线的设施与维护。
(2) 信号控制设施的设计、安装、管理与维护。
(3) 安全防护及照明设施的安装、维护管理。
(4) 检测交通发展动态。
(5) 交通信息收集和传播。

2. 行政管理

(1) 规划组织单向行车。
(2) 禁止或限制某种车辆、某种运行方式。
(3) 实施上下班措施或组织可逆性行车。
(4) 对于某些交通参与者（老人、小孩、残疾人、孕妇）予以特殊照顾。
(5) 采取临时的或局部的交通管理措施。

3. 法规管理

(1) 交通法规的制定和执行。

(2) 建立驾驶员、车辆的管理制度。
(3) 建立各种违章与事故处理规则并监督实施。

4. 交通安全教育和培训

(1) 交通警察的培训和考核。
(2) 驾驶员的培训、考核与经常性的安全教育。
(3) 道路交通法规、政策、安全条例的日常宣传。
(4) 对于人民群众特别是青少年的交通法制和安全教育。
(5) 各种违章的教育和处罚。

5. 交通控制

(1) 交叉路口、出入口的控制（定时、感应）。
(2) 路网控制（线控、面控）。
(3) 路段和高速公路控制。

8.2 道路交通法规

8.2.1 道路交通法规的内涵

交通法规是道路交通使用者在通行中所必须遵守的法律、法令、规则和条例的统称。它是以法律的形式和正确应用法律的权威来保障交通安全、舒适与畅通，同时，在发生冲突事故时，可据此论处事故的责任。

2004年5月1日起开始执行的《道路交通安全法》和《中华人民共和国道路交通安全法实施条例》（以下简称《实施条例》）是我国进一步加强道路交通管理，维护交通秩序，保障交通安全与畅通的重要法规，即是我国交通管理的基本法规。

8.2.2 交通法规的内容

道路交通是人、车、路、环境组成的一个系统，交通法规的基本内容应针对构成道路交通系统的这几个要素。《道路交通安全法》和《实施条例》条文众多，解析其基本内容，也就是对"人""车""路""环境"四者的管理。

8.2.3 交通法规的执行

交通法规一经制定，公布于众，必须严格执行。因此，为了做好交通法规的贯彻实施工作，各级交通管理机关和广大警察必须做到有法可依、有法必依、执法必严、违法必究。同时还需注意文明执法、仪表庄严、动作规范、态度严肃、语言和蔼、文明礼貌，做到以法服人、以礼导人、以情感人。

8.3 道路交通标志和标线

8.3.1 道路交通标志

道路交通标志是用图形符号、颜色和文字向交通参与者传递特定交通管理信息的一种交通管理设施，一般设置在路侧或道路上方。道路交通标志给道路使用者以确切的道路交通情报，使道路交通达到安全、畅通、低公害和节约能源的目的。

1. 道路交通标志的类别及其内容

目前，我国道路上实施的是住房和城乡建设部发布的中华人民共和国国家标准 GB 51038—2015《城市道路交通标志和标线设置规范》。按 GB 5768—2017 规定，道路交通标志分为主标志和辅助标志两大类。

1）主标志
（1）警告标志：警告车辆、行人注意危险地点的标志。
（2）禁令标志：禁止或限制车辆、行人交通行为的标志。
（3）指示标志：指示车辆、行人行进的标志。
（4）指路标志：传递道路方向、地点、距离信息的标志。
（5）旅游区标志：提供旅游景点方向、距离的标志。
（6）道路施工安全标志：通告道路施工区通行的标志。

2）辅助标志
辅助标志是附设在主标志下，起辅助说明作用的标志。

2. 道路交通标志的设计原则

在极短时间内易于辨别和记忆是对道路交通标志的主要设计要求，这就是道路交通标志的视认性要求。决定视认性的要素是交通标志的形状、颜色和图符。

1）形状
不同形状的标志，在其辨认过程中是有差别的。实践表明，对于外形面积相等的标志，容易辨认的顺序是三角形、正方形、正五边形、圆形及正八变形等。

2）颜色
多数心理学家认为，颜色是最能激起人们注意的一种刺激。不同颜色的刺激作用使人们产生不同含义的思维反映，即产生不同的视认效果，从而提高人们的视认能力。在相同视距下，标志颜色以黄色最明显，依次是白、红、蓝、绿、黑等。

选择颜色时，除了从视觉清晰度上考虑外，还应从人们的心理效果上考虑。例如，红色使人产生危险感，在交通上表示停止、约束之意，故红色常用于禁令标志；黄色比较醒目，能引起人们注意，具有警戒、警告之意，常用于警告标志；蓝色具有宁静之意，多用于指示标志；绿色含有沉静、通向和平之意，富有安全感，在交通上表示安全可通行，高速道路上用于指路标志；白色和黑色主要起到颜色搭配作用，以增强色泽鲜明感。

3）图符

图符是文字、符号和图案的简称。道路交通标志是以大量图符表示的，要求文字具有简洁性和准确性，符号具有直观性和单义性，图案具有形象性和通俗性。

3. 道路交通标志的设计规定

1）警告标志

警告标志的颜色为黄底、黑边、黑图案，其形状为顶角朝上的正等边三角形，如图 8-1 所示。按 GB 5768—2017 的规定，警告标志共有 42 种。

图 8-1　警告标志示例

2）禁令标志

禁令标志的颜色，除个别标志外，为白底、红圈、红杠、黑图案，图案压杠。禁令标志的形状为圆形、八角形、顶角朝下的等边三角形，如图 8-2 所示。按 GB 5768—2017 的规定，禁令标志共有 42 种。

图 8-2　禁止标志示例

3）指示标志

指示标志的颜色为蓝底、白图案。其形状分别为圆形、长方形和正方形，如图 8-3 所示。按 GB 5768—2017 的规定，指示标志总共有 29 种。

图 8-3　指示标志示例

4）指路标志

指路标志的颜色，除里程碑、百米桩外，一般道路的指路标志为蓝底、白图案，高速公路为绿底、白图案。其形状除地点识别标志、里程碑、分合流标志外，为长方形和正方形，如图 8-4 所示。按 GB 5768—2017 的规定，指路标志共有 62 种。

图 8-4　指路标志示例

5）旅游区标志

为吸引和指示人们从高速公路或其他道路上前往邻近的旅游区，应在通往旅游景点的交叉口设置一系列旅游区标志，使旅游者能方便地识别通往旅游区的方向和距离，了解旅游项目的类别。旅游区标志分为指引标志和旅游标志两大类，如图 8-5 所示。旅游区标志的颜色为棕色底、白色字符。旅游指引标志的尺寸先应根据速度确定字高，再根据字数和图案确定版面大小。旅游符号的尺寸一般采用 60 cm×60 cm，也可根据需要放大或缩小。

图 8-5　旅游区标志示例

6）道路施工安全标志

按 GB 5768—2017 的规定，道路施工安全标志主要有路栏、锥形交通标、施工警告灯号、道口标注和施工区标志等六类 26 种，如图 8-6 所示。

图 8-6　道路施工安全标志示例

7) 辅助标志

当主标志无法完整表达或指示其规定时，为维护行车安全与交通畅通的需要，应设置辅助标志。辅助标志安装在主标志下面，紧靠主标志下缘。按 GB 5768—2017 的规定，辅助标志主要分为表示时间、表示车辆种类、表示区域或距离、表示警告或禁令理由，以及组合辅助标志五类。辅助标志的颜色为白底、黑字、黑边框，形状为长方形，如图 8-7 所示。

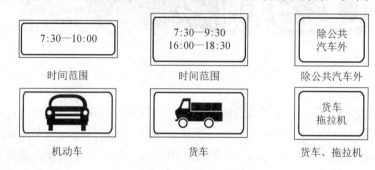

图 8-7 辅助标志示例

4. 交通标志的设置原则

1) 根据客观需要设置

每一种标志都有一定的设置条件，应根据实际需要进行总体布局，结合具体情况合理设置，为保证交通畅通和行车安全服务，防止出现信息不足或过量的现象，对于重要的信息应给予重复显示的机会。

2) 统一性和连续性相结合

统一性是指在一定距离内，交通标志之间及交通标志和其他交通设施应是协调的、不矛盾的。连续性是指交通设施的设置要使驾驶员在其观念上有时空上的连续性。

3) 设在易见位置

交通标志应设在车辆行进正面方向最容易看清的地方，根据具体情况可设置在道路右侧、中央分隔带或车行道上方。同一地点需要设置两种以上标志时，可以安装在一根标志柱上，但最多应不超过四种。解除限制速度标志、解除禁止超车标志、干路先行标志、停车让行标志、减速让行标志、会车先行标志、会车让行标志等应单独设置。标志牌在一根支柱上并设时，应按警告、禁令、指示的顺序，先上后下、先左后右排列。

8.3.2 道路交通标线

道路交通标线是由标画于路面上的各种线条、箭头、文字、立面标记、突起路标和轮廓标等所构成的交通安全设施。它的作用是管制和引导交通，可以与标志配合使用，也可单独使用。标线应能确保车流分道行驶，导流交通行驶方向，指引车辆在汇合及分流前驶入合适的车道，加强行驶纪律和秩序，减少事故。标线应保证白天和晚上均具有视线诱导功能，并应做到车道分界清晰、线向清楚、轮廓分明。

高速公路、一级公路、二级公路和城市快速道、主次干道应按照《道路交通标志和标线》（GB 5768—2017）设置交通标线，其他道路可以根据需要设置。标线一般画在路中间，也有画在路边的。

1. 交通标线类别及其内容

我国现行的交通标线共有 29 种，按照功能划分为指示标线、禁止标线和警告标线。它们的名称和作用如下：

1）指示标线

（1）双向两车道路面中心线——黄色虚线，用来分隔对向行驶的交通流，在保证安全的情况下，允许车辆越线超车或向左转弯。

（2）车行道分界线——白色虚线，用来分隔同向行驶的交通流，在保证安全的情况下，允许车辆变换车道行驶。

（3）车行道边缘线——白色实线，用来表明车行道边线。

（4）左转弯待转区线——白色虚线，用来指示左转弯车辆可在直行时段进入待转区，等待左转。

（5）左转弯导向线——白色虚线，表示左转弯的机动车与非机动车的分离，主要用于特殊平面交叉口。

（6）人行横道线——白色条纹，表示准许行人横穿行车道。

（7）高速公路车距确认标线——白色平行粗实线，为驾驶员保持行车安全距离提供参考。每隔 50 m 设置一组标线，间隔 200 m 重复设置。

（8）高速公路出入口标线——白色，为驶入或驶出匝道车辆提供安全交汇，减少与突出的路缘石碰撞。

（9）停车位标线——白色实线，表示车辆停放位置。

（10）港湾式停靠站标线——白色，表示车辆通向专门的分离引道和停靠位置。

（11）收费岛标线，表示收费岛的位置，为驶入收费车道的车辆提供清晰的标记。

（12）导向箭头——白色箭头实线，用以引导行车方向。

（13）路面文字标记——黄色，用以指示或限制车辆行驶。

2）禁止标线

（1）禁止超车线：中心黄色双实线——表示严格禁止车辆跨线超车或压线行驶；中心黄色虚实线——表示实线一侧禁止车辆越线超车或向左转弯，虚线一侧准许车辆越线超车或向左转弯；中心黄色单实线——表示不准车辆跨线超车或压线行驶。

（2）禁止变换车道线——白色实线，用于禁止车辆变换车道和借道超车。白色实线的长度表示禁止变换车道的范围。

（3）禁止路边停放的车辆线——白黄相间条纹，表示该路段禁止路边长时间停放车辆；黄色表示该路段禁止路边临时或长时间停放车辆，如图 8-8 所示。

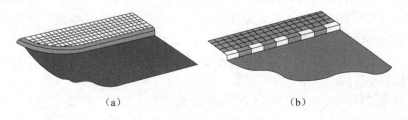

图 8-8 禁止路边停放车辆线

(a) 禁止路边临时或长时间停放车辆线；(b) 禁止路边长时间停放车辆线

(4) 停止线——白色,表示车辆等候放行信号,或停止让行的停车位置。

(5) 让行线——车辆在此路口必须停车或减速让干道车辆先行。

(6) 非机动车禁驶区标线——用以告示骑车人在交叉口内禁止驶入的范围。

(7) 导流线——白色,表示车辆需按规定的路线行驶,不得压线、越线。

(8) 中心圈——用以区分车辆大、小转弯及交叉口车辆左、右转弯的指示,车辆不得压线行驶,如图8-9(a)所示。

(9) 路口禁停网格——黄色网状条纹,用以告示驾驶员禁止在设置本标线的交叉口(或其他出入口处)临时停车,防止交通阻塞,一般用于重要单位、部门前,禁止车辆在内停放,如图8-9(b)所示。

(10) 车种专用道线——用以指示该车道仅限于某车种行驶,其他车种和行人不得进入。

(11) 禁止掉头标线——禁止车辆掉头的交叉口或路段,如图8-9(c)所示。

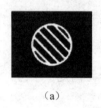 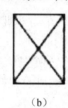 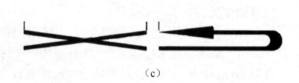

(a) (b) (c)

图 8-9 禁止标线示例

(a) 中心圈;(b) 简化网状线;(c) 禁止掉头标线

3) 警告标线

(1) 车行道宽度渐变段标线——颜色与中心线一致,警告驾驶员路宽缩减或车道数减少,应谨慎行车,并禁止超车。

(2) 接近路面障碍物标线——颜色与中心线一致,表示车辆须绕过路面障碍物行驶。

(3) 近铁路平交道口标线——指示前方有铁路平交道口,警告驾驶员谨慎行车。该标线仅用于无看守人员的铁路道口。

(4) 减速标线——白色,表示车辆必须减速慢行。

(5) 立面标记——提醒驾驶员注意,车行道或近旁有高出路面的构造物,以防止发生碰撞。

2. 道路平面交叉口标线的设置原则

道路平面交叉口的标线包括人行横道线、停止线、车行道中心线、车道分界线、导向箭头等。上述标线在设置时,应考虑交叉口的形式、交通量、车行道宽度、转弯车辆的比例、非机动车的比例等因素,并遵循下列设置原则:

(1) 交叉口的导向车道线长度应根据交叉口的几何线形确定,其最短长度为30 m。导向车道线应画白色单实线,表示不准车辆变更车道。

(2) 平面交叉口的进口车道内,应有导向箭头标明各车道的行驶方向。距交叉口最近的第一组导向箭头,设置在导向车道线的末尾。导向箭头重复设置的次数和距离,应根据交叉口进口道的具体情况确定。一般计算行车速度大于 60 km/h 的道路,导向箭头按导向车道线的长度重复三次;计算行车速度小于 60 km/h 的道路,导向箭头按导向车道线的长度重复两次。

8.4 平面交叉口交通管理

平面交叉口（以下简称交叉口）按交通管制方式的不同，可分为无控制交叉口、主路优先控制交叉口、环形交叉口等几种类型。

8.4.1 交叉口交通管理的原则

以下介绍对交叉口实施科学管理的五个主要原则。

1. 减少冲突点

交叉口交通安全的根本是减少冲突点，可采用单行线，在交通拥挤的交叉口排除左、右转弯，用多相位交通信号灯控制交叉口各向交通等方法。

2. 控制相对速度

控制相对速度可采用严格控制车辆进入交叉口的速度，对于右转弯或左转弯应严格控制其合流角（以小于 30°为佳），必要时可设置一些隔离设施（如隔离墩或导向岛等）用以减小合流角等方法。

3. 重交通车流和公共交通优先

重交通车流是指较大交通流量的交通流（干道或主干道上的交通流）。重交通车流通过交叉口应给予优先权。其方法是在轻交通流方向（支路）上设置减速让行或停车让行标志，或延长在重交通车流方向上的绿灯时间。对公共交通也可采取类似优先控制的方式。

4. 分离冲突点和减小冲突区

交叉口上的交通流是复杂的，各种车辆在合流与分流的过程中所产生的车辆交叉运动，有的路径太接近甚至重叠，有的偏离过大，导致交叉口上冲突点增多和冲突区扩大，安全性大大降低。此时，运用分离冲突点和减小冲突区的原则能收到较好效果。例如，按各向车辆行驶轨迹设置交通岛，规范车辆在交叉口内的行驶路线；左转弯时，规定机动车小迂回，非机动车大迂回；画上自行车左转弯标示线（有条件时设置隔离墩），防止自行车因急拐弯而加大冲突区；在路口某些部分画上禁止车辆进入的标示线，限定车辆通行区域；或在交叉口上设置左、右转弯导向线等，这些都是分离冲突点和减小冲突区的有效办法。

5. 选取最佳周期，提高绿灯利用率

在用固定周期自动交通信号控制交通的交叉口处，应经常对各方向的交通流进行调查，根据流量大小计算最佳周期和绿信比，以提高绿灯利用率，减少车辆在交叉口的延误。

其他交叉口交通管理原则，如对不同的交通流采取分离；对机动车和非机动车画出车道线；人行横道较长的道路（超过 15 m），在路中央设置安全岛等，都是常用且行之有效的管理原则。具体运用上述原则时，应注意综合考虑，灵活运用。

8.4.2 无控制交叉口

1. 定义

无控制交叉口是指具有相同或基本相同的重要地位，从而具有同等通行权的两条相交道路，因其流量较小，在交叉口上不采取任何管理手段的交叉口。

2. 视距三角形

无控制交叉口通常没有明确的停车线，当车辆到达交叉口时，驾驶员将在距冲突点一定距离处做出决策：减速让行或直接通过。驾驶员所做出的决策很大程度上取决于交叉口上的视距，故无控制交叉口的交通安全是靠交叉口上良好的视距来保证的。绘制交叉口的视距三角形是一种分析交叉口上视距是否足够的常用方法。由两条相交道路的停车视距在交叉口所组成的三角形为视距三角形，必须保证视距三角形内无任何构筑物阻挡驾驶员的视线。在多车道的道路上，绘制视距三角形必须注意，视距线应画在最易发生冲突的车道上。根据实际情况，绘制交叉口的视距三角形，需要分别考虑单向交通交叉口和双向交通交叉口两种情况，如图 8-10 和图 8-11 所示。

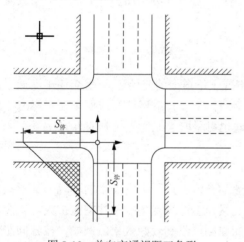 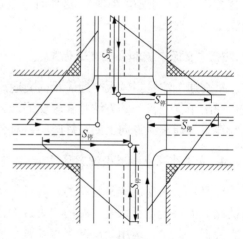

图 8-10　单向交通视距三角形　　　　图 8-11　双向交通视距三角形

图 8-10 和图 8-11 中 $S_{停}$ 是相交道路上同时到达交叉口的车辆在冲突点前能及时制动，避让冲突所需要的停车视距。

1）单向交通视距三角形表示法

在单向交通的道路交叉口，对于从左侧进入交叉口车辆的视距线，应画在最靠近其右边的车道上；对于从右侧进入交叉口车辆的视距线，应取最靠近其左边的车道，如图 8-10 所示。

2）双向交通视距三角形表示法

在双向交通的道路交叉口，对于从左侧进入交叉口车辆的视距线，应画在最靠近人行道的车道上；对于从右侧进入交叉口车辆的视距线，应取最靠近道路中线的车道，如图 8-11 所示。

8.4.3 主路优先控制交叉口

无控制交叉口的延误是较小的,即使流量增加,延误增加也有限,理论和实测都表明了这一点。鉴于安全性考虑,无控制交叉口在低流量时要求加以管制,由无控制变为信号灯控制,此时交叉口延误将明显增加,因此应综合考虑种种因素,权衡利弊后做出决定。其中,较好的措施是在这两种控制方式之间,考虑一种过渡形式的控制,既能解决安全问题,又不至于使延误增加太多,主路优先控制就能满足这种要求。主路优先控制分为停车让行标志控制和减速让行标志控制。

1. 停车让行标志控制

相交的两条道路中,常将交通量大的道路称为主路或干路,交通量小的道路称为次路或支路。规定主路车辆通过交叉口有优先通行权,次路车辆必须让主路车辆先行,这种控制方式称为主路优先控制。停车让行标志控制也称停车控制,是指进入交叉口的次路车辆必须在停车线外停车观察,确认安全后,才准许通行。停车让行标志控制按相交道路条件的不同分单向停车控制和多向停车控制。

1) 单向停车控制

单向停车控制简称单向停车或两路停车。这种控制在次路进口处画有明显的停车交通标志,相应的在次路进口右侧设有停车交通标志,同时次要道路进口处路面上写有非常明显的"停"字。

2) 多向停车控制

多向停车控制又称多路停车,各路车辆进入交叉口均需先停车后通过,其中四路停车较多。停车标志设在交叉口所有入口右侧。

2. 减速让行标志控制

减速让行控制又称让路控制,是指进入交叉口的次路车辆,不一定需要停车等候,但必须放慢车速瞭望观察,让主路车辆优先通行,寻找可穿越或汇入的主路车流的安全"空档"机会通过交叉口。让路控制与停车控制的差别在于后者对停车有强制性。让路控制一般用在交通量不太大的主次路相交的次路路口,其标志和标线的设置位置与单向停车控制相同。

8.4.4 现代环形交叉口

与传统环形交叉口不同的是,现代环形交叉口克服了传统环形交叉口的固有缺陷,主要体现在两大方面:

(1) 环内车流优先通行,入环车流必须让行于环内车流。
(2) 交叉口进行渠化。

现代环形交叉口把传统环形交叉口允许车辆在环道内的自由交织运行改为要求车辆相对有组织地运行,这不仅减少了车流进行交织,而且可以通过增加进口道的车道数来提高交叉口的通行能力。

8.5 城市道路交通组织管理

行车道交通管理是交通系统管理中线路交通管理最基本、最简单的形式,行车道交通管理包括单向交通管理、变向交通管理、专用车道管理和禁行交通管理几种形式。

1. 单向交通管理

单向交通又称单行线,是指道路上的车辆在一定时段内只能按一个方向行驶。国内外的实践均表明:单向交通有利于提高通行能力和行车速度,降低交通事故。

当道路上的交通量超出其自身的通行能力时,将造成交通阻塞、延误及交通事故增多等问题。此时,在道路交通系统中,若对于某条道路或几条道路,甚至对于某些路面较宽的巷、里弄,考虑组织单向交通,则将会使上述交通问题明显得到缓解和改善。故单向交通是在道路交通系统中,解决交通拥挤,充分利用现有道路网容量的一种经济、有效的交通管制措施。

应该强调,在旧城区街道狭窄、道路网密度大,便于画出一组平行的单向交通道路。

1) 单向交通的种类

(1) 固定式单向交通。

对道路上的车辆在全部时间内都实行单向交通称为固定式单向交通。常用于一般辅助性的道路上,如立体交叉桥上的匝道交通多是固定式单向交通。

(2) 定时式单向交通。

对道路上的车辆在部分时间内实行单向交通称为定时式单向交通。例如,城市道路交通在高峰时间内,规定道路上的车辆只能按重交通流方向单向行驶(重交通流方向是指方向分布系数 $K_D > 2/3$ 的车流方向),而在非高峰时间内,则恢复双向运行。必须注意,实行定时式单向交通,应给非重交通流方向的车流安排出路,否则会带来交通混乱。

(3) 可逆性单向交通。

可逆性单向交通是指道路上的车辆在一部分时间内按一个方向行驶,而在另一部分时间内按相反方向行驶的交通,如上下班高峰期。这种可逆性单向交通常用于车流流向具有明显不均匀性的道路上。其实施时间应根据全天的车流量及方向分布系数确定,一般当 $K_D > 3/4$ 时,即可实行可逆性单向交通。同样,应注意给非重交通流方向的车流以出路。

(4) 车种性单向交通。

车种性单向交通是指仅对某一类型的车辆实行单向交通的交通组织。这种单向交通常应用于具有明显方向性及对社会秩序、人民生活影响不大的车种,如货车。实行这类单向交通的同时,仍可对公共汽车和自行车维持双向通行,目的是充分利用现有道路的通行能力。

(5) 混合型单向交通。

在实际交通管理中,可以根据道路及车流特点,一条道路上可以同时实行几种行驶的单向交通,如一条南北向的城市道路上,上午 7:00~9:00 只允许社会车辆由南向北单向通行,公交车辆双向通行,大型货车禁止通行;晚上 5:00~7:00 只允许社会车辆由北向南单向通行,公交车辆双向通行,大型货车禁止通行;其他时间社会车辆双向和公交车辆双向通行,货车由南向北单行。上述通行方式包括定时式、车种性、可逆性几种单行方式,是一种混合型单向交通方式。

2) 单向交通的优点

单向交通在路段上减少了与对向行车的可能冲突,在交叉口上大量减少了冲突点,故单向交通在改善交通方面具有以下较为突出的优点:

(1) 提高道路通行能力。

由于单向交通减少了与对向行车的可能冲突,减轻了快慢车之间的干扰,因此道路通行能力将会明显提高。根据有关统计资料表明,国外单行道可提高通行能力达 20%~80%,国内单行道提高通行能力也可达 15%~50%。

(2) 减少交叉口的冲突点。

实施单向交通后,可以大大减少在交叉口的冲突点数和交织点数。例如,两条双向两车道的交叉口,实行单向交通后其冲突点数从 16 个降低到 4 个,仅为双向时的 25%;机动车与机动车、机动车与非机动车之间的干扰也明显减少。

(3) 提高行车安全性,减少道路交通事故。

冲突点是导致交通事故的重要因素。由于单向交通能大量减少冲突点数目,因此行车的安全性将会明显提高。单向交通所发生的事故多为追尾事故,故恶性事故率也将下降。此外,双向交通改成单向交通后,可消除对向车辆的炫光影响,行人过街只需注意一个方向,事故率也会有所下降。

(4) 提高了车辆的行车速度,减少了延误。

单行线上车辆只能按规定路线行驶,没有左转弯和对向行驶车辆的干扰,所以冲突点和交叉口的延误时间减少,车速得到提高,交织和超车也比较容易。实行单向交通还能提高行车速度均匀性和稳定性,当双向交通改为单向交通后,由于方向一致,车流波动小,因此行车速度较为稳定。例如,英国伦敦的一些街道实行单向交通后,平均行驶车速从 13~16 km/h 提高到了 26~32 km/h。

(5) 其他优点。

单向交通有利于路边停车规划和公交专用道规划,例如,双向通行的狭窄道路,若有车辆因故障等原因停车,就会引起交通阻塞,若将其改为单向交通,则能有效地解决交通阻塞及停车困难等问题。单向交通还有利于信号灯配置和管理,单向交通采用线控具有优越条件,其绿灯利用率比双向交通提高 50%。此外,单向交通可充分利用狭窄的街巷,弱化主干道上的交通负荷,在一定程度上避免了旧城道路的改建,能带来较大的经济效益。

3) 单向交通的缺点

(1) 增加了车辆绕道行驶的距离和时间,给驾驶员增加了工作量。

(2) 由于车辆绕行,增加了路网上无效的交通量。

(3) 给公交车辆乘客带来不便,增加步行距离。

(4) 容易导致迷路,特别是对不熟悉情况的外地驾驶员。

(5) 增加了单向管制所需的道路公用设施。

(6) 给道路两侧商业活动带来影响,人们不便去单行道两侧进行商业活动,从而影响商家的经济效益。

2. 变向交通管理

变向交通（又称潮汐交通）是指在不同的时段内，变换某些车道上行车的方向性或种类性的交通。变向交通按其作用可以分为方向性变向交通和非方向性变向交通。

方向性变向交通指在不同时间内，变换某些车道上行车方向的交通。方向性变向交通可以使车流的方向分布不均匀现象得到缓解，从而提高道路的利用率。它适用于车流方向在不同时段分布不均匀的情况，如早高峰时一条道路上所有车道均为城市外围进入中心区通行，晚高峰时所有车道为中心区向城市外围方向通行。

非方向性变向交通指在不同时间内，变换某些车道上行车种类的交通。非方向性变向交通对缓解各种不同类型的交通在时间分布上的不均匀性矛盾有较好的效果。它可分为车辆与行人、机动车与非机动车之间相互变换使用的变向车道。例如，在早晨自行车高峰时间，变换机动车外侧车道为自行车道，到了机动车高峰时间，则变换非机动车道为机动车道。又如，在中心商业区变换车行道为人行道及设置定时步行街等，这些都是非方向性变向交通。

变向交通的缺点是增加了交通管制的工作量和相应的设施，且要求驾驶员有较好的素质，集中注意力，特别是在过渡阶段。

3. 专用车道管理

规划设计专用车道是缓解城市交通问题的途径之一，它主要是指公共交通车辆专用车道和自行车专用车道。

1）公共交通车辆专用车道

公共交通车辆是指公共汽车、电车、轻轨、地铁及城市铁路列车等。此外，出租车也属于公共交通车辆。公共交通车辆载客量大，人均占用道路面积小，且可有效地利用路，故可采用公共交通车辆专用车道来提高公共车辆的服务水平，吸引公众，达到减少小汽车交通量的目的，使整个城市的交通服务质量得到改善，带来较大的社会经济效益。例如，开辟公交专用车道、公交专用街，投资发展轻轨和地铁等。

公交专用车道的开辟，可在双向六车道及其以上道路上画出一条车道，用路面标示或交通岛同其他车道分隔，专供公交车辆通行，这可避免公交车辆同其他车辆的相互干扰。或者，在单向交通的多车道街道上，若车道有余，则可画出一条靠边车道，专供对向公交车辆行驶，称为逆向公交专用车道，即在单向交通街道上，只允许公交车辆双向通行。

公交专用街是只允许公交车辆和行人通行的街道。对于较宽的街道上也可允许自行车通行。

城市的中心商业区或只有两条车道而又必须行驶公交车辆的窄街道，特别适宜划为公交专用街。通过设置公交专用车道和公交专用街可以提高公交车辆的运行效率和服务质量，达到减少城市交通总量的目的，改善整个城市的交通服务质量。

2）自行车专用道

根据自行车交通早高峰流量最大的特点，将自行车和公共流量大的路线、路段开辟成自行车和公共汽车专用线路，定时将自行车与公共汽车及其他车辆分开，还可以开辟某些街巷作为自行车专用道。

4. 禁行交通管理

为了均衡道路上的交通负荷，根据道路条件和交通条件，将一部分交通流量分配到负荷较低的道路上去，或机动车和非机动车实行某种限制性管理，称为禁行管理。禁行管理通常有以下几种情况：

1）时段禁行

根据机动车和非机动车的不同高峰时段，安排不同的通行时间，如上午9:00至下午5:00禁止自行车进入规定的主要道路。

2）错日禁行

在某些主要道路上规定某些车辆单日通行，某些车辆双日通行；或规定牌照号为单数的货车单日通行，双数的双日通行。

3）车种禁行

禁止某几种车（载货汽车和各类拖拉机）进入某些道路。

4）转弯禁行

在某些交通拥挤的交叉口，禁止机动车和非机动车左（右）转弯，或禁止自行车左转弯。应注意，在禁止左转弯交叉口的邻近路口必须允许左转弯。

5）超限禁行

禁止机动车和非机动车超吨位（高度、速度）通行。

8.6 道路交通信号控制

8.6.1 交通信号控制基本概念

1. 交通信号和交通信号灯

凡在道路上用来传递具有法定意义并且能指挥交通流通行或停止的光、声、手势等，都是交通信号。在道路交通信号控制中，常用的交通信号主要有灯光信号和手势信号。灯光信号用交通信号灯的灯色来指挥交通，手势信号由交通管理人员通过法定的手臂动作姿势或指挥棒的指向来指挥交通。手势信号现在仅在交通信号灯出现故障时或在无信号灯的地方使用。

交通信号是在道路空间上无法实现分离原则的地方，主要是在平面交叉口上，用来在时间上给交通流分配通行权的一种交通指挥措施。交通信号灯通过轮流显示不同的灯色来指挥交通的通行或停止。世界各国对交通信号灯各种灯色的含义都有明确规定，其规定基本相同。我国对交通信号灯的具体规定如下：

1）对于指挥灯信号

（1）绿灯亮时，准许车辆、行人通行，但转弯车辆不准妨碍直行的车辆和被放行的行人通行。

（2）黄灯亮时，不准车辆、行人通行，但已越过停止线的车辆和已进入人行横道的行人，可以继续通行。

(3) 红灯亮时,不准车辆、行人通行。
(4) 绿色箭头灯亮时,准许车辆按箭头所示方向通行。
(5) 黄灯闪烁时,车辆、行人须在确保安全的原则下通行。

2) 对于车道灯信号
(1) 绿色箭头灯亮时,本车道准许车辆通行。
(2) 红色叉形灯亮时,本车道不准车辆通行。

3) 对于人行横道信号
(1) 绿灯亮时,准许行人通过人行横道。
(2) 绿灯闪烁时,不准行人进入人行横道,但已进入人行横道的行人,可以继续通行。
(3) 红灯亮时,不准进入人行横道。

2. 交通信号灯的设置依据

设有停车或让路标志的交叉口在交通量接近其通行能力时,车流就会因为不通畅而大大增加车辆的停车和延误,尤其是次要道路上的车辆。此时,设置交通信号灯,可改善次要道路上的通行,从而提高整个交叉口通行效率。另外,设置交通信号灯还能够使不同方向的交通流在时间上分离,增强交叉口的安全性。

如果交通量未达到设置信号灯的标准,则不合理地改成信号灯控制就会适得其反。在设有停车或让路标志的交叉口,主路是畅通无阻的,因此,主路延误很少,如果流量很小的情况下改为信号灯,则要为少量的次要道路车辆放绿灯,势必给主路车辆增加很多不必要的红灯,从而产生大量的延误。而在次路上,由于车少,有时候亮着绿灯而无车通过,造成资源浪费,并且信号灯的设置不合理也会产生更多的交通事故。由于主路上驾驶员遇红灯而停车,但驾驶员在相当长时间内并未看到次要道路上有车通行,往往会无意或有意地闯红灯,容易造成交通事故。因此,应该合理设置交通信号灯,根据《道路交通信号灯设置与安装规范》的规定,信号灯的安装依据如下:

(1) 当进入同一交叉口高峰小时及 12 h 交通量超过规范中所列数值,或有特别需要的路口可设置交通信号灯。
(2) 设置机动车道信号灯的路口,当道路具有机动车、非机动车分道线且道路宽度大于 15 m 时,应设置非机动车道信号灯。
(3) 设置机动车信号灯的路口,当通过人行横道的行人高峰小时流量超过 500 人次时,应设置人行横道信号灯。
(4) 实行分车道控制的路口应设置车道信号灯。
(5) 当路口间距大于 500 m、高峰小时流量超过 750 辆及 12 h 流量超过 8 000 辆的路段上,当通过人行横道的行人高峰小时流量超过 500 人次时,可设置人行横道信号灯及相应的机动车信号灯。
(6) 每年发生人身伤害事故 5 次以上的交叉口。

3. 信号控制类别

1) 按控制范围分类
(1) 单个交叉口交通信号控制。每个交叉口的交通控制信号按照交叉口的交通情况独立运行，不与其邻近交叉口控制信号有任何联系的，称为单个交叉口交通信号控制，又称单点信号控制，俗称点控制。这是交叉口交通信号控制的最基本形式。

（2）干道交叉口信号联动控制。把干道上若干个交叉口的交通信号通过一定的方式连接起来，同时为各交叉口设计一种相互协调的配时方案，各交叉口的信号灯按此协调方案联合运行，使车辆通过这些交叉口时，不会经常遇上红灯，称为干道交叉口信号联动控制，又称绿波信号控制，俗称线控制。

（3）区域交通信号控制系统。以某个区域中所有信号控制交叉口作为协调控制的对象，称为区域交通信号控制系统，俗称面控制。

2）按控制方式分类

（1）定时控制。定时控制是指交叉口交通信号控制机按事先设定的配时方案运行，又称定周期控制。其适用于流量变化很有规律的交叉口。一天流量变化非常规律，且波动不大，只能用一种配时方案进行控制，称为单段式定时控制；一天内流量变化非常规律，且存在明显的早晚高峰，可以按不同时段的交通量采取几个配时方案，称为多段式定时控制。

（2）感应控制。感应控制是在交叉口进口道上设置车辆检测器，信号灯配时方案由计算机或智能化信号控制机计算，可随检测器检测到的车流信息而随时改变的一种控制方式。随检测器安装位置不同，感应控制可以分为以下几个方面。

① 半感应控制：只在交叉口的部分路口设置检测器的感应控制。

② 全感应控制：在交叉口的所有路口都设置检测器的感应控制。

（3）自适应控制。自适应控制是把交通系统作为一个不确定系统，能够连续测量其状态，如车流量、停车次数、延误时间等，逐渐了解和掌握对象，把它们与希望的动态特性进行比较，并利用差值以改变系统的可调参数或产生一个控制，从而保证无论环境如何变化，都可使控制效果达到最优或次最优的一种控制方式。

8.6.2 单个交叉口交通信号控制

1. 定时信号控制

1）基本控制参数

（1）信号相位和信号阶段。交通信号灯灯色的周期性变化，控制着路口各方向车辆的行或止。信号相位就是一股或多股交通流，在一个周期时间内无论任何瞬间都获得完全相同的信号灯色显示。信号相位是按路口车流获得信号显示的时序来划分的，有多少种不同显示时序排列就有多少个信号相位。

信号阶段则是根据路口通行权在一个周期内的变更次数来划分的，一个信号周期内通行权有几次更迭就有几个信号阶段。

图 8-12 所示为三岔路口由三个信号阶段构成一个信号周期，而相位则有四个相位。

一般路口可采用二相位，即东西一个相位，南北一个相位，某些情况下也会采取三相位、四相位，甚至八相位。对于行车而言，相位越多越安全，但相位越多，周期越长，延误的时间也越长，效率也就越低。相反，相位少，交叉口车流虽然较乱，但通行效率反而较高。在选用时应根据道路交通实况具体分析，综合优化。

（2）主要信号参数。

① 周期时间。周期时间就是红绿灯信号显示一个周期所需的时间，为信号阶段的一个完

整的系列。

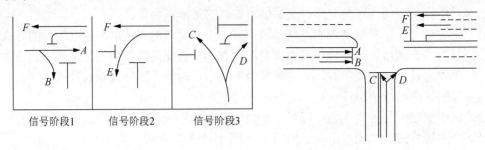

图 8-12 信号相位和信号阶段示意图

② 绿信比。绿信比是评价交通控制效率的一个指标，是指有效绿灯时间与周期的比值。

2）配时设计

（1）英国方法。韦伯斯特提出了使车辆延误最小的最佳周期公式为

$$C_o = \frac{1.5L + 5}{1 - Y} \tag{8-1}$$

$$L = \sum_k (L_s + I - A)$$

$$Y = \sum_{j=1}^{n} \max(y_j, y'_j \cdots) = \sum_{j=1}^{j} \max\left[\left(\frac{q_d}{s_d}\right)_j, \left(\frac{q_d}{s_d}\right)'_j \cdots\right] \tag{8-2}$$

式中：L——一个周期内总的损失时间（s）；

L_s——起动损失时间（s）；

I——绿灯间隔时间（s）；

A——黄灯时间，可定为 3s；

k——一个周期内的绿灯间隔数；

Y——各相位最大流量比之和；

q_d——设计交通量（pcu/h）；

s_d——设计饱和流量（pcu/h）。

总的有效绿灯时间为

$$G_e = C_o - L \tag{8-3}$$

各相位有效绿灯时间为

$$g_{ej} = G_e \frac{\max(y_j, y'_j \cdots)}{Y} \tag{8-4}$$

各相位绿信比为

$$g_j = g_{ej} - A + l_j \tag{8-5}$$

（2）美国方法。信号灯配时所采用的周期为

$$C = \frac{13\,330P}{1\,333 - Q_{e,\max}} \tag{8-6}$$

式中：P——相位个数；

$Q_{e,max}$——各个相位最大等效交通量之和。

等效交通量表达式为

$$Q_e = \frac{Q + 0.5H + 0.6L}{n} \quad (8-7)$$

式中：Q——交叉口进口实际交通量（辆/h）；

H——公交车、货车的交通量（辆/h）；

L——左转车数量（辆/h）；

n——进口有效车道数。

绿灯时间为

$$g_{ej} = G_e \frac{\max(Q_{ej}, Q'_{ej})}{Q_{e,max}} \quad (8-8)$$

$$G_e = C - 2A \quad (8-9)$$

按照式（8-9）确定的绿灯时间是否满足车辆通行的要求，可通过下式来检验，即

$$g_{ej} = 2.1x + 3.7 \quad (8-10)$$

式中：x——周期内的来车数，假设服从泊松分布，可查阅表8-1。

表8-1 泊松流平均到达率 m、置信度、周期来车数 x 关系表

m			x/辆
置信度95%	置信度90%	置信度75%	
	0.0～0.1	0.0～0.2	0
0.0～0.3	0.2～0.5	0.3～0.9	1
0.4～0.8	0.6～1.1	1.0～1.7	2
0.9～1.3	1.2～1.7	1.8～2.5	3
1.4～1.9	1.8～2.4	2.6～3.3	4
2.0～2.6	2.5～3.1	3.4～4.2	5
2.7～3.2	3.2～3.8	4.3～5.0	6
3.3～3.9	3.9～4.6	5.1～5.9	7
4.0～4.6	4.7～5.4	6.0～6.8	8
4.7～5.4	5.5～6.2	6.9～7.7	9
5.5～6.1	6.3～7.0	7.8～8.6	10
6.2～6.9	7.1～7.8	8.7～9.5	11
7.0～7.7	7.9～8.6	9.6～10.4	12
7.8～8.4	8.7～9.4	10.5～11.3	13
8.5～9.2	9.5～10.3	11.4～12.2	14
9.2～10.0	10.4～11.1	12.3～13.1	15
10.1～10.8	11.2～11.9	13.2～14.0	16
10.9～11.5	12.0～12.8	14.1～14.9	17
11.7～12.4	12.9～13.6	15.0～15.8	18

2. 感应式信号控制

1）控制原理

感应式信号控制没有固定的周期长度，其工作原理：在交叉口进口车道安装车辆检测器检测车辆的到达情况，在感应信号控制器内设置一个初始绿灯时间，到初始绿灯时间结束的时候，如果在一个预设时间间隔内没有后续车辆到达，则变换相位；如果有后续车辆到达，

则绿灯延长一个预设的单位绿灯延长时间，只要不断有车辆到达，绿灯时间就可以继续延长，直到预设的最长绿灯时间变换相位。

2）控制参数

（1）初始绿灯时间 G_0：给每个相位预先设置的最短绿灯时间，在此时间内，无论是否有车辆进入进口车道，都必须为绿灯时间，初始绿灯时间的长短取决于检测器的位置和检测器到停车线可停放的车辆数。

（2）单位绿灯延长时间 G_u：它是初始绿灯时间结束后，在一定的时间间隔内测得有后续车辆时所延长的绿灯时间。

（3）最长绿灯时间 G_1：它是为了保障交叉口信号灯具有较好的绿信比而设置的某相位无论车辆到达情况如何的最大绿灯时间，一般为 30~60 s。当某个相位的初始绿灯时间加上后来增加的多个单位绿灯时间达到最长绿灯时间时，信号控制会改变相位，使另一相位的信号灯设置为绿灯，该方向的车辆获得通行权。

8.6.3 线、面控制系统

限于篇幅，本书对于线控和面控制交通系统仅做简短介绍，至于其理论和方法的进一步研究，将在后续课程《交通管理与控制》中介绍。

1. 线控系统

线控系统是将主要干道上多个相邻的交通信号联动起来，进行集中控制，以提高整个干道的通行能力。

1）控制参数

（1）周期长度。在线控系统中，为了使各交叉口的信号能取得协调，各个交通信号的周期必须是统一的。先按单点配时方法，算出每个交叉口的周期时长，取最大的周期时长作为这个系统的周期时长。

（2）绿信比。线控系统中，各个交叉口的绿信比可根据交叉口的交通量来确定。

（3）相位差。相位差是线控系统的关键参数，通常相位差有两种：绝对相位差和相对相位差。绝对相位差是指各个交叉口的绿灯时间或红灯时间起点相对于某一标准交叉口的绿灯或红灯起点的时间差。相对相位差是指相邻两个交叉口信号的绿灯或红灯起点的时间差。

2）配时设计方法

（1）时间-距离图。线控制系统配时方案通常可用时间-距离图来描述，如图 8-13 所示，图中以时间（即信号配时）为纵坐标，干道上交叉口间距为横坐标。

图 8-13 中所绘一对平行斜线所标定的时间范围称为通过带，其宽度就是通过带宽，简称带宽。它确定干道上交通流所能利用的通车时间，以秒或周期时长的百分数计。

平行斜线的斜率的倒数就是车辆沿干道可连续通行的车速，称为通过带速度，简称带速。

（2）计算周期。先按单点配时方法确定每个交叉口周期，

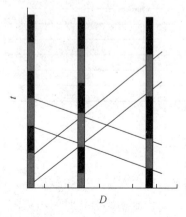

图 8-13 时间-距离图

选最大的周期作为线控系统周期。

(3) 计算绿灯时间。根据交叉口周期时长和主次流量比，确定绿灯时间。

(4) 计算时差。有两种办法：图解法和数解法。在后续课程中详细介绍，这里不再详细说明。

2. 面控制系统

面控制系统是把城区内的全部交通信号的监控，作为一个指挥控制中心管理下的一部整体的控制系统，是单点信号、干线信号系统和网络信号系统的综合控制系统。它是随着交通控制理论的不断发展，以及通信、检测、计算机技术在交通控制领域的广泛应用而发展起来的。现代交通控制系统是多种技术的综合体，包括车辆检测、数据采集与传输、信息处理与显示、信号控制与最优化、电视监控、交通管理与决策等多个组成部分。

8.7 快速道路的交通控制

为了使在快速道路上的车流能畅通流动，充分发挥投资昂贵的快速道路系统的功能，有必要且必须对快速道路实行交通控制。快速道路的控制系统分为三个部分：主线控制系统、入口匝道控制系统、出口匝道控制系统。

8.7.1 主线控制系统

1. 主线控制的作用

快速道路主线控制的作用有以下几方面：
(1) 取得最佳均匀车速，从而使瓶颈路段的通行能力达到最大。
(2) 一旦因车速或交通流密度发生变化而产生冲击波时，可防止汽车追尾冲撞。
(3) 当出现事故或因维修而使主线通行能力受到限制时，可提高快速道路的使用效率。

2. 几种控制方法

1) 可变限速控制方法

在快速道路上设置可变限速标志，指示随交通状况变化的限制车速。其作用是向驾驶员预告前方交通拥堵或将要通过瓶颈路段，驾驶员应按指示的限速行驶，以使车流平稳，车速均匀，从而提高通过瓶颈路段的通行能力。

2) 车道封闭控制法

美国底特律以试用车道封闭标志来提高快速道路的使用效率。这些标志通常在各车道上用垂直绿箭头表示。如果某车道由于养护作业而需要提前封闭，这时，该车道上面的绿箭头标志就改变为红叉标志。这种标志的效果与交通量有关。当交通量小于快速道路的通行能力时，车辆会服从红叉标志的指示，并在车道封闭前比平时更早地离开已封闭的车道；当交通量大于快速道路的通行能力时，即使较早地离开已封闭车道，在瓶颈路段的通过量也不会有所提高。因而在高峰期间封闭某个车道，不能期望它将会带来较大的效果。

3）可逆车道控制法

快速道路在高峰期间，交通量将会出现较大的方向不平衡，这种不平衡在将来若干年仍会存在，较为合理的解决办法是设计可逆车道。为安全起见，为一条新的快速道路设计可逆车道时，最好将可逆车道与一般车道分开，形成第三车道。在匝道与可逆车道连接处，可用水平移动的剪刀式栅栏或垂直吊动的栅栏和可变情报标志加以控制。可变情报标志通告驾驶员该走哪一个车道。

8.7.2 入口匝道控制系统

1. 入口匝道控制的作用

入口匝道控制一般被认为是快速道路的主要交通控制措施，它的作用有以下几方面：
（1）减少整个快速道路系统内车辆的行程时间。
（2）使交通流量均匀平滑。
（3）消除或减少交汇中的冲突和事故。
（4）由于交通流量均匀平滑，车流状况得到改善，因此减少了不舒适感和环境的干扰。

2. 入口匝道控制的条件

要实现上述匝道控制目标，给快速道路提供一种更高的预测性和更好的服务水平，则入口匝道要满足以下条件：
（1）在通道上应该有可供使用的额外容量。
（2）在进口匝道上应有足够的停车空间。
（3）交通模式（即主车道流量与快速路该路段流量）必须合适。

3. 入口匝道控制法

1）封闭匝道法

在以下情况下考虑匝道封闭：
（1）互通式立交非常接近，交织问题十分严重的地方。
（2）有较多车辆要在匝道上排队，但没有足够长度容纳排队车辆的匝道。
（3）附近有良好的道路可供绕道行驶。
封闭的方法有人工设置栅栏、自动弹起式栅栏、采用"不准驶入匝道"标志。

2）匝道调节

匝道调节是利用交通信号灯来限制进入快速道路的交通流量，从而改善快速道路的交通状况和提高车流汇合时的安全性。
（1）定时调节。定时调节是指限流率按照不同的周期及每天的不同时段预先加以固定的控制方法。
（2）感应调节。感应调节是指在快速道路上和匝道上都装有检测器，以取得交通信息。根据不同的控制方案，通过就地控制器或中央计算机实施限流控制，限流率可依据交通信息做相应的调整。

3）匝道系统控制

将一系列匝道集中起来作为一个整体统一考虑交通控制的系统，称为匝道系统控制。其限流率根据整个系统的交通量与通行能力之差确定。它与独立的限流控制相比，匝道系统控制的优点是能够兼顾整个系统。

整体车辆感应下限流控制能适应交通量变化的要求，使整个系统的车流保持最佳化。若快速道路某段发生交通事故，这种控制就显得特别有效。此时，发生事故的下游匝道，其限流率会自动增加，而上游匝道的限流率会自动减少。

8.7.3 出口匝道控制系统

就理论而言，出口匝道控制可采用如下两种方法：
（1）调节驶离快速道路的车辆数。
（2）封闭出口匝道。

第一种控制方法不是一种有效的方法，唯一有利之处是缓解了接近快速道路交叉口的交通拥挤程度。但是，这将意味着要承担一些交通事故的风险，因为在信号灯前停车，车辆急剧减速又发生滑行，有造成追尾的危险，且使等待驶离快速道路的车辆排队从信号灯向后延伸到快速道路上。

第二种控制方法可以大大减少车辆在出口的交织及随之而带来的交通安全问题。特别是一个出口匝道连接着一个大型互通式立体交叉口的沿街道路或近郊道路的距离较短时（小于 0.8 km），封闭匝道是一种很实用的解决办法。

封闭出口匝道的缺点有以下几点：
（1）大大增加驾驶员的行车时间及距离。
（2）若使用人工控制的栅栏，或某种形式的自动门，则在高峰时期间封闭匝道，其费用很高。
（3）由于限制了出口，因此将会激起公众强烈的反对。
（4）追尾事故的可能性大大增加。

8.7.4 快速道路控制管理系统

快速道路控制管理系统如图 8-14 所示。
（1）情报收集系统。该系统主要为驾驶员和交通控制提供必要的信息，包括车辆检测器、紧急电话等。
（2）信息传输系统。该系统主要收集交通信息和发送控制指令的信息通道，包括直达电缆、电话线、无线电和微波传输等。
（3）控制中心。控制中心一般有地图显示系统、中心计算机和控制台，这里是控制管理的神经中枢。
（4）信息提供。交通信息部分可以提供文字、图像、声音等多种信息，还有可以对普通电话进行自动接受应答的自动电话导向等服务，在当今先进的快速道路交通控制系统中还有可以提供行驶时间等信息的功能。

设置快速道路交通控制管理系统的主要目的是从整体上协调控制路网交通流的运行。

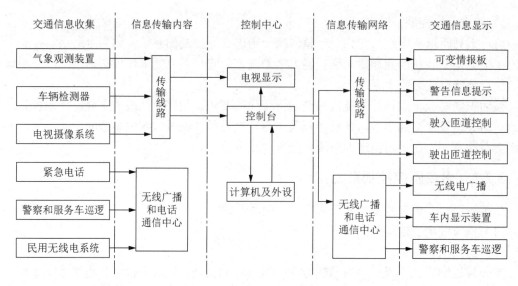

图 8-14 快速道路控制管理系统

小 结

交通标志标线是道路上的交通语言，是向道路使用者传递交通信息的设施，掌握其设计原则及设置方法，合理地进行设计是保证交通顺畅的条件之一。平面交叉口是道路网络的瓶颈，对交叉口实施有效的管理措施显得至关重要，交叉口交通信号控制是利用信号装置对交通进行诱导，以实现人车分离，交通畅通。本章重点介绍了单点定时信号配时方法、交通组织管理方法和快速路的交通控制策略。

练 习 题

1. 交通标志有哪些种类？各有何用途？设置道路交通标志需考虑哪些因素？
2. 平面交叉口的交通管制有哪几种类型？如何选择？
3. 组织单向交通的优缺点是什么？基本条件是什么？
4. 解决我国城市混合交通问题的主要途径有哪些？
5. 在城市路网的一个信号控制交叉口，若采用两相位信号控制，各入口为两车道，各方向车辆到达率：北方向 700 辆/h，南方向 850 辆/h，东方向 800 辆/h，西方向 1 250 辆/h，绿灯间隔时间为 7 s，黄灯时间为 3 s，起动损失时间为 3 s，每车道饱和流量 S=1 950 辆/h。试计算该路口信号控制的有关配时参数。
6. 某市区一平面交叉口为主、次干路相交，并均为双车队进口，主干路两个方向的高峰小时交通量分别为 723 辆/h 及 650 辆/h，次干路两个方向高峰小时交通流量分别为 180 辆/h 和 160 辆/h，若采用二相位信号机控制，主次干路在进口处有 8% 的左转车、5% 的货车及 5% 的公共汽车，试设计该信号交叉口的周期、主次干路绿灯时间及绿信比。

第 9 章

道路交通安全

9.1 概 述

9.1.1 交通事故的定义、构成要素与现象

1. 定义

由于国情不同，世界各国的交通规则和交通管理规定也不同，对交通事故的定义也不尽相同。

中国对道路交通事故的定义是根据国情、民情和道路交通状况提出的，即《道路交通安全法》给出的定义：车辆在道路上因过错或意外造成的人身伤亡或财产损失的事件。它基本上适合中国道路、车辆和人员参与交通行为的状况，得到了国家和社会各方面的肯定。

美国国家安全委员会对交通事故的定义：在道路上所发生的意料不到的、有害的或危险的事件。这些有害的或危险的事件妨碍交通行为的完成，常是不安全的行为、不安全的因素或二者的结合造成的。

日本对道路交通事故的定义：车辆在交通中所引起的人的死伤或物的损坏，在道路交通安全中称为交通事故。

2. 构成因素

从对交通事故的定义中可以看出，构成道路交通事故应具备以下的七个因素，缺一不可。

1）车辆

交通事故各方当事人中，必须至少有一方使用车辆，包括机动车和非机动车。车辆是构成交通事故的前提条件，无该条件参与则不认为是交通事故。

2）在道路上

这里的道路是指公用的道路，即《道路交通安全法》规定的"公路、城市道路和所在单位管辖范围但允许社会机动车通行的地方，包括广场、公共停车场等用于公共通行的场所"。只供本单位车辆和行人通行的，交通管理部门没有义务对其进行管理的，不能属于道路。此外，还应以事态发生时车辆所在的位置，而不是事故发生后车辆所在的位置来判断其是否在道路上。

3）在运动中

在运动中是指在行驶或停放过程中。停放过程应理解为交通单位的停车过程，而交通单位处于静止状态停放时所发生的事故（如停放后装卸货物时发生的伤亡事故）不属于交通事故。停车后溜车所发生的事故，在道路上属于交通事故，在货场中则不属于交通事故。所以，关键在交通事故各当事方中，是否至少有一方车辆处于运动状态。例如，乘车人在车辆行驶时，由车上跳下造成的事故属于交通事故；停在路边的车辆，被过往车辆碰撞发生事故，由于对方车辆处于运动中，因此也是交通事故。

4）发生事态

发生事态是指发生碰撞、碾压、刮擦、翻车、坠车、爆炸、失火等其中的一种或几种现象。若没有发生上述事态，而是行人或旅客因其他原因（如疾病）造成死亡的不属于交通事故。

5）违章

违章是当事人有违反《道路交通安全法》和其他道路交通管理法规、规章的行为。这是依法追究肇事责任，以责论处，予以处罚的必要条件。没有违章行为而出现损害后果的事故不属于交通事故；有违章行为，但违章与损害后果无因果关系的也不属于交通事故。

6）过失

过失是当事人因疏忽大意没有预见到应该预见的后果或已经预见而轻率地认为可以避免，以致发生的损害后果，即造成事态的原因是人为的，而不是因为人力无法抗拒的自然原因，如地震、台风、山崩、泥石流、雪崩等造成的事故。行人自杀或利用交通工具进行其他犯罪，以及精神病患者在发作期间行为不能自控而发生的事故，均不属于交通事故。

7）有后果

交通事故必定有损害后果，即人、畜伤亡或车、物损坏，这是构成交通事故的本质特征。因当事人违章行为造成了损害后果，才属于交通事故；如果只有违章而没有损害后果则不属于交通事故。

以上七个因素可以作为鉴定道路交通事故的依据和必要条件，在实际工作中加以运用。

3. 现象

交通事故现象又称交通事故的形式，即交通参与者之间发生冲突或自身失控造成肇事所表现出来的具体形态，基本上可以分为碰撞、碾压、刮擦、翻车、坠车、爆炸和失火七种。

9.1.2 交通事故的分类

1. 按事故责任分类

根据交通事故的主要责任方所涉及的车种和人员，在统计工作中可以将交通事故分为机动车事故、非机动车事故和行人事故三种。

2. 按事故后果分类

根据人身伤亡或财产损失的程度或数额，交通事故可以分为轻微事故、一般事故、重大事故和特大事故。

3. 按事故原因分类

从原因上可以把交通事故分为主观原因造成的事故和客观原因造成的事故两类。

4. 按事故的对象分类

按事故的对象可将交通事故分为车辆间的交通事故、车辆与行人的交通事故、机动车对非机动车的交通事故、车辆自身事故、车辆对固定物的事故五种类型。

5. 按交通事故发生地点分类

交通事故发生地点一般是指哪一级道路，在我国，公路可分为高速公路，一、二、三、四级公路五个等级；城市道路可分为快速路、主干路、次干路、支路四个等级。

另外，还可按在道路交叉口和路段发生的交通事故来分类。

9.1.3 交通事故的特点

交通事故具有如下特点：随机性、突发性、频发性、社会性及不可逆性。

1. 随机性

交通工具本身是一个系统。当它在交通系统中运行时，牵涉到一个更大的系统。在交通系统这样的动态大系统中，某一个因素就可以引起一系列其他失误，从而引发危及整个系统的大事故，而这些失误绝大多数是随机的，即是纯粹的随机事件。

道路交通事故往往是多种因素共同作用或互相引发的结果，其中许多因素本身就是随机的（如气候因素），而多种因素互相引发具有更大的随机性，因此道路交通事故的发生必定带有极大随机性。

2. 突发性

道路交通事故的发生通常并没有任何先兆，即具有突发性。驾驶员从感知到危险至交通事故发生这段时间极为短暂，往往短于驾驶员的反应时间与采取相应措施所需的时间之和。即使事故发生前驾驶员有足够的反应时间，但驾驶员反应不正确、不准确，操作失误或不适宜，从而导致交通事故。

3. 频发性

汽车工业的高速发展，车辆急剧增加，交通量增大，使车辆与道路比例的严重失调，加之交通管理不善等原因，造成道路交通事故频繁，伤亡人数增多，道路交通事故已成为世界性的一大公害。因此，人们称道路交通事故是"不休止的交通战争"。

4. 社会性

道路交通是随着社会和经济的发展而发展的客观的一种现象，是人们客观需要的一种社会活动，这种活动是人们日常生活和工作必不可少的。在目前现代化的城市中，大生产带来的社会分工越来越细，人际间的协调和交往也越来越密切，使人们在道路上的活动日趋频繁，成为一种社会的客观要求。

道路交通事故是伴随着道路交通的发展产生的一种现象，无论何时，只要人参与交通，就存在涉及交通事故的危险性。道路交通随社会的发展不断地进行演变，从步行到马车再到今天的汽车，这个过程不仅表明了人们对道路交通的追求意识和发展意识，也证明了道路交通事故是随着社会发展和经济发展而发展的客观存在的社会现象，即道路交通事故具有社会性。

5. 不可逆性

道路交通事故的不可逆性是指其不可重现性。事故是人、车、路组成的系统发展的产物，与该系统的变量有关，并受一些外部因素的影响。尽管事故是人类行为的结果，但不是人类行为的期望结果。

从行为科学的观点看，社会上没有哪种行为与事故发生时的行为相类似，无论如何研究事故发生的机理和防止措施，也不能预测何时何地何人发生何种事故。因此，道路交通事故是不可重现的，其过程是不可逆的。

9.2 交通事故分析

9.2.1 交通事故统计分析

1. 交通事故统计调查

交通事故统计调查是收集事故及其相关资料的过程，对整个统计分析具有重要意义，如果调查获得的资料不准确、不全面，即使后面的工作做得再好，也不能得出正确结论。因此，在进行交通事故统计调查时，一定要确保资料的准确、全面和及时。

交通事故统计资料的汇总，广泛应用的是分类统计方法，其有四种常见的分类形式。

1）按地区分类

按地区分类即按交通事故的发生地区进行分组统计和汇总，全国性的统计资料多按省、市分组；省一级按市（地）、县分组；国际性统计资料按国别分组。

2）按时间分类

按时间分类即按交通事故的发生时间进行分组统计和汇总，从按时间分类的统计结果中可明显看到交通事故随时间而变化的情况，所以统计结果具有动态性质。

3）按质别分类

按质别分类即按交通事故统计对象的属性不同进行统计和汇总，如按车辆类型、事故原因、伤亡人员类型、道路状况、天气条件、事故形态等分组统计和汇总。

4）按量别分类

按量别分类即按统计对象的数值大小进行分组统计和汇总，如按事故直接经济损失的数额、肇事驾驶员的年龄、车速、道路坡度等分组。

2. 交通事故统计分析指标

1）绝对指标

绝对指标是用来反映事故总体规模和水平的绝对数量。我国目前在交通管理上常采用的绝对指标有交通事故次数、受伤人数、死亡人数和直接经济损失四项指标，即交通安全四项指标。

2）相对指标

相对指标是通过事故总体的有关指标进行对比而得到的。相对指标可分为结构相对数、比较相对数和强度相对数。

3）平均指标

平均指标即平均数，是说明事故总体一般水平的统计指标，通常用以表明某地或某一时间段内的平均事故状况。

4）动态分析指标

为进一步认识事故现象在时间上的发展变化规律，需要一些动态分析指标。在交通事故统计分析中，常采用的动态分析指标有动态绝对数、动态相对数和动态平均数。

5）事故率

道路交通事故率表示一定时期内，某一国家、某一地区或某一具体道路地点的事故次数、伤亡人数或其人口数、登记机动车辆数、运行里程的相对关系。事故率作为重要的强度相对指标，既可表示综合治理具体的水平，又是交通安全评价的基础指标，应用广泛。根据计算方法和用途的不同，事故率可分为亿辆公里事故率、人口事故率、车辆事故率和综合事故率等，具体计算方法如下：

（1）亿辆公里事故率为

$$R_V = \frac{D}{V} \times 10^8 \tag{9-1}$$

式中：R_V——1 年间亿辆公里事故数或伤、亡人数；

D——全年交通事故次数或伤、亡人数；

V——全年总体运行辆公里数。

（2）百万辆车事故率为

$$R_M = \frac{D}{M} \times 10^6 \tag{9-2}$$

式中：R_M——1 年间百万辆车事故数或伤、亡人数；

D——全年交通事故次数或伤、亡人数；

M——全年交通量或某一交叉口进入车辆总数。

（3）人口事故率为

$$R_P = \frac{D}{P} \times 10^6 \tag{9-3}$$

式中：R_P——每 100 万人的事故死亡率；

D——全年交通事故次数或伤、亡人数；

P——统计区域人口数。

(4) 车辆事故率为

$$R_V = \frac{D}{V} \times 10^5 \qquad (9-4)$$

式中：R_V——每 10 万辆机动车的事故死亡率；
　　　D——全年或一定期间内事故死亡人数；
　　　V——机动车保有量。

(5) 综合事故率为

$$R = \frac{D}{\sqrt{VP}} \times 10^4 \qquad (9-5)$$

式中：R——综合事故率，又称死亡系数，即一年间或一定时期内道路交通事故死亡率；
　　　D——全年或一定时期内事故死亡人数；
　　　V——机动车拥有量；
　　　P——人口数。

3. 统计分析方法

交通事故统计的方法主要有统计表法和统计图法。

1) 统计表法

根据不同的分析目的，将统计分析的结果编成各种表格，即为统计表。其内容包括各种必要的绝对指标和相对指标，是交通事故统计中常用的一种方式。按照统计数字或统计指标的不同特点，统计表可分为静态统计表和动态统计表。

仅列出同一时期事故统计数的表格称为静态统计表。从时间状态上看，静态统计表中的统计数是静止的，从而便于对于不同地区或不同性质条件的事故现象进行相互对比。静态统计表中可同时列出相对数和绝对数。

将不同时间事故统计数字列成表格，称为动态统计表，可用于反映交通事故随时间变化或分布的情况。

2) 统计图法

统计图法是利用一些几何图形或象形图形等，将统计数字或计算出的统计指标形象化，从而反映事故现象的数量关系和发展的变化趋势。统计图法的主要作用：表明现象之间的对比关系，反映事故现象的发展变化趋势，表明事故总体的内部结构，表明事故的分布情况，揭示事故现象之间的相互依存关系等。作为数字的语言，统计图比统计表更鲜明、直观、生动有力。但图形只能起示意作用，数量之间的差距，往往被抽象化。因此，在实际工作中，统计图常与统计表、文字分析综合应用。

常用的统计图有条形图（直方图）、圆形图（扇形图）、散布图、排列图和统计地图等。

9.2.2 交通事故成因分析

交通事故是在特定的交通环境下，由于人、车、路、环境诸多要素配合失调而发生的。因此，分析交通事故的成因分布特点最主要的就是分析人、车、路、环境等因素对交通事故形成的影响程度。

国外大量的事故统计分析结果表明，在所有的道路交通事故中，直接因人的原因引发的交通事故约占总数的90%，因道路和车辆原因引发的交通事故约占10%，我国各地的交通事故统计结果也表明了这一点。

1. 人的原因

交通活动中的行为人主要有机动车驾驶员、骑车人、行人和车上乘员。据全国交通死亡事故情况分析显示，因行人过失造成的死亡人数约占全部死亡人数的12%，行人违章发生交通事故主要表现在不走人行道、无视交通信号和交警指挥而横穿道路。乘车人违章导致交通事故主要表现：将身体伸到车外及在车辆还没有停稳就上、下车。此外，还可对事故责任人的年龄、驾龄、职业分布及事故受害者的年龄、职业等进行更详细的统计研究。

2. 车辆的原因

车辆作为现代道路交通的主要运载工具，其性能的好坏，是影响道路交通安全的重要因素。虽然因车辆技术性能不良引起的交通事故所占比例并不大，但这类事故一旦发生，其后果一般是比较严重的。

车辆原因造成的交通事故通常是制动失灵，灯光失效，零件损坏，车辆装载超高、超宽、超载及货物绑扎不牢等原因所致。另外，由于车辆在行驶过程中，各种零件承受着反复交变荷载，当超过一定数量后也会突然发生疲劳而酿成交通事故。除此之外，一些单位维修制度不完善、不落实，车辆检验方法落后，致使一些车辆常因"带病"行驶而肇事，这也是车辆本身造成事故的原因之一。据典型调查统计，现有运行车辆中，有50%左右的车辆属于机构失调、"带病"运行，特别是个体车辆更为严重。

上述因车辆原因引发的交通事故，在排除责任事故后，其他可统称为车辆机械事故。根据1995年我国道路交通事故的统计资料（图9-1）可知，车辆机械事故主要发生在车辆制动系统和转向系统，其中因制动方面故障而引发的交通事故约占机械故障事故总数的70%。

随着汽车技术的不断发展，因车辆机械故障导致的事故比例越来越小。据近年来统计，发达国家这类事故占事故总数的比例在0.5%以下。我国目前这类事故还比较多，占事故总数的5%左右。

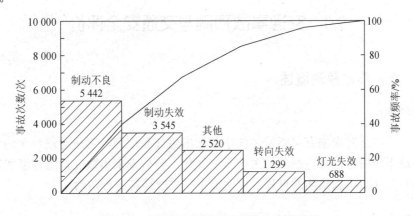

图9-1 我国道路交通机械故障事故排列图

3. 道路的原因

我国每年因道路原因造成的交通事故占交通事故总数的 3%~5%，从道路线形上看，死亡事故多发生在平直道路上（图 9-2），这与道路里程中平直路段所占比例有关。另外，平直路上车速快，也是事故多发的重要原因。急弯陡坡路段事故虽然不多，但是损失严重的群死群伤事故多发生在急弯陡坡路段。

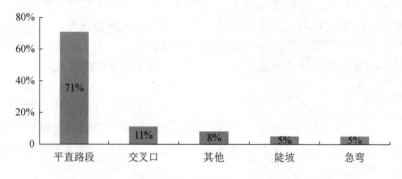

图 9-2　我国道路交通死亡事故的地点分布

4. 环境因素

道路周围的环境对交通事故有较大影响。一般来说，城市交通干道两侧商业化程度高的路段和公路通过村镇、街道化程度高路段的事故率高于其他路段。据美国加利福尼亚州交通事故死亡率调查发现，不同地区道路交通事故率分布有较大差别，市区和野外的高速公路亿辆公里事故率分别为 2.34 人/亿辆公里和 1.35 人/亿辆公里，后者仅为前者的 50%。城市不同区域内道路上的事故率也有较大差异，一般市区商业中心道路上的事故率最高，因此应加强交通复杂地区的交通管理和事故预防工作。

风、雨、雾和冰雪等恶劣天气，严重影响驾驶员正常驾驶，导致事故多发。尽管不良天气在一年中所占比例不大，但在此期间的事故率却明显高于正常天气。

9.3　交通事故预测与交通安全评价

9.3.1　交通事故预测概述

1. 预测的含义

交通事故预测是对未来有可能发生的事故做出估计和推测，它是通过对交通事故的过去和现在状态地系统探讨，并考虑其相关因素的变化，分析未来事故的危险程度和发展趋势，做出对交通事故未来状态描述的过程，以便能及早采取措施进行防治。

2. 预测的特点

交通事故预测的特点主要有以下几点：

1）预测的自负效应

交通事故预测属于警告性预测，它会引起社会、团体及某些人的自适应响应，及时采取相应对策，从而对预测结果施加影响。根据这种自负效应的特点，可用交通事故预测来唤醒人们的交通安全意识，取得预防事故的效果。

2）预测的反复性

交通事故的初次预测有"起点"，但没有"终点"。初次预测模型需要随时间的推移，根据最新的信息不断地修改，特别是交通事故正处在不稳定的时期，更需要反复推测。初次预测应按全部预测程序进行，以后的各次预测，则只是对初次预测的修改或扩充。

3）预测的组合性

交通事故预测的组合性特点是指建立多个模型进行预测，或使用多种预测技术组合，建立一个组合模型进行预测。例如，时间序列-回归组合模型、加法型组合模型等。使用组合预测技术的目的是保证预测方法尽可能灵活，避免片面性，使预测模型能适应时间序列变化。

3. 交通事故预测的分类

交通事故预测按预测范围可分为宏观预测和微观预测，按预测的结果可分为定性预测和定量预测。

宏观预测是指对时间较长或区域较大的总体性能和趋势性的交通事故进行预测。微观预测是对时间较短或某一地点、路段交通事故变化情况的进行预测。

定性预测是运用定性预测技术，对交通事故未来情况的性质进行预断。定量预测是运用定量分析技术，对交通事故未来状态做出数量的估计。定性预测除单独使用外，还常与定量预测结合使用，用作定量预测的先期分析和后期判断，这样有助于提高预测精度。

4. 预测的目的

交通事故预测的目的是掌握交通事故的未来状况，以便及时采取相应的对策，避免工作中的盲目性和被动性，有效地控制各影响因素，以减少交通事故。

5. 预测的作用

交通事故预测的作用主要有以下几点：

（1）预测交通事故的发展趋势，为制定预防交通事故对策和交通安全宣传教育提供依据。

（2）预测交通事故的变化特点，为制定针对性防范措施和交通法规提供依据。

（3）预测交通事故的近期状态特征，为制定合理的交通安全管理目标提供依据。

（4）预测控制条件下的交通事故状态，对交通安全措施的可行性和实施效果进行合理评价。

6. 预测的意义

预测是科学决策的重要前提，交通安全决策也不例外。我国的交通事故目前正处在多发的关键时期，交通事故在一段时间内，还将随着车辆保有量的迅速增加，呈增长的趋势。在道路交通规划、设计、管理、法规和教育等方面，交通安全的科学决策显得越来越重要。交通安全的科学决策不仅在数量上越来越多，而且在时间和质量上要求也越来越高。因此，做好交通事故预测工作，对提高交通安全管理工作水平，具有十分重要的意义。

9.3.2 事故预测程序

交通事故预测一般分为三个阶段：

第一个阶段是设计过程，从确定预计目标开始，经过采集、分析有关信息，到初步选定预测技术。

第二阶段是建模过程，建立预测模型并验证模型的合理性。

第三阶段是评价过程，进行预测并对预测值进行检验、评价。在此过程中，要综合分析各种因素的影响，采用多种方法研究和修正，通过科学的判断后，得到最后的预测结果。此后，要对预测结果继续跟踪检测，以证实是否适用，并在必要时建议修正预测值。

交通事故预测程序如图9-3所示，具体如下：

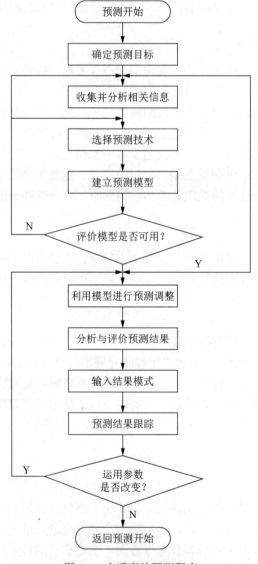

图9-3 交通事故预测程序

（1）确定预测目标。交通事故预测目标是指预测的项目、类型、范围，以及预测精度要求等。预测目标应根据决策的要求确定。预测目标直接影响预测过程的具体要求和做法。

（2）收集并分析相关信息。相关信息是指与交通事故预测相关的各种数据和资料，是进行预测的基础。因此，应根据预测目标的具体要求，收集预测所需的各种数据和资料，同时对收集的各种信息进行分析、处理，整理出真实而可用的信息。交通事故的内在变量资料主要通过具体事故档案和统计报表获得，其外在影响因素资料主要从国家及有关管理部门统计资料或信息中心数据库获得。

（3）选择预测技术。每项预测虽然可以使用多种预测技术，但是，由于预测目标的要求，以及预测技术和环境的限制，实际预测中，只能选择一种或几种预测技术。选择预测技术的过程包括选择的原则和比较分析。

（4）建立预测模型。选定了预测技术后，就要估计预测模型的参数，建立预测模型。通过检查和评价，确定预测模型能否反映交通事故未来的发展规律。如果能，则说明该模型可用；如果不能或相差较大，则应舍去该模型，重新建立模型。

（5）进行预测。根据收集并分析、处理的与预测相关的数据和资料，利用预测模型，进行预测计算或推测预测结果。

（6）分析与评价预测结果。未来绝不会与过去完全一样，利用预测模型预测的结果，不一定与实际完全相符。因此，有必要对预测结果加以分析和改正，通常的做法如下：

① 根据经验检查、判断预测结果的合理性和真实性，并对预测结果加以改正。

② 可以采用多种方法进行预测，再经过比较或综合，确定最佳的预测结果。

③ 通过对政策、重大事件及突发因素对交通事故产生影响的分析，对预测结果进行合理修正。

（7）预测结果跟踪。输出预测结果后，还需要对得到的实际数据进行跟踪，以便解释预测结果或必要时进行修正，并在预测过程中不断地修改完善预测模型，使之继续适用。预测跟踪的另一个作用是可以分析预测误差的主要原因。

9.3.3 交通事故预测技术

道路交通事故预测技术可分为定性预测和定量预测两大类。

（1）定性预测是在数据资料掌握不多，或需要短时间内做出预测的情况下，运用专家的经验和判断力，用逻辑思维方法，把有关资料予以加工，对交通事故的发展趋势和特点做出定性描述。常用的定性预测技术有专家会议法、德尔菲法（专家调查法）、主观概率法、趋势判断法、类推法和相互影响分析法等。

（2）定量预测是在历史数据和统计资料的基础上，运用数学或其他分析技术，建立可以表现数量关系的模型，并利用它来预测交通事故在未来可能出现的数量。常用的定量预测技术有时间序列趋势外推法、回归分析法、灰色预测法和组合预测法等。

预测技术的选择和预测的目的、精度要求、预测的时间和费用有关，也与预测建模所需的信息资料有密切的关系。在具体选择预测技术时应综合考虑以上各方面的关系。

9.3.4 交通安全评价

交通安全评价是对某一地区、路线、路段或地点（断面）的交通安全程度的评估，是对交通事故发生情况的客观描述，同时也为客观分析道路条件提供非常重要的依据。交通安全评价可用交通安全度来表征，交通安全度又称交通安全的程度，是指用各种统计指标，通过一定的运算方式来评价客观交通安全状况。

国内外有关于城市道路交通安全度的评价方法很多，如图9-4所示。

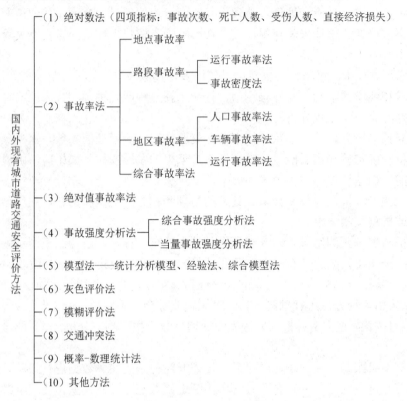

图 9-4 交通安全评价方法

1. 宏观评价

1）绝对数法

用事故次数、死亡人数、受伤人数及直接经济损失四项绝对指标评价安全，是目前我国使用的最普遍方法。它比较简单直观，但由于不涉及影响交通事故发生的主要因素的差异，因此不能揭示交通安全的实质。

2）事故率法

作为交通安全度的宏观评价方法，常用的有三种事故率法，即人口事故率法、车辆事故率法和运行事故率法。其中，人口事故率法和车辆事故率法能够反映交通安全的不同侧面，运行事故率法较为科学，但目前交通运营量难以及时掌握，一般采用估算值。

（1）人口事故率为

$$R_P = F/P \times 10^5 \tag{9-6}$$

式中：R_P——道路交通事故 10 万人口死亡率（人/10 万人）；

F——道路交通事故死亡人数（人）；

P——统计区域的常住人口数（人）。

（2）车辆事故率为

$$R_V = F/V \times 10^4 \tag{9-7}$$

式中：R_V——道路交通事故万辆车死亡率（人/万辆）；

V——统计区域机动车保有量（辆）。

（3）运行事故率为

$$R_t = F/T \times 10^8 \tag{9-8}$$

式中：R_t——道路交通事故亿辆公里死亡率（人/亿辆公里）；

T——统计区域内总运行车辆公里数。

3）模型法

现代模型法有两类，一类是统计分析模型，利用多远回归法建模；另一类是经验法建模。前者国外应用较多，后者国内应用较多。

（1）统计分析模型。

① 斯密德模型为

$$D = 0.0003\sqrt[3]{NP^2} \tag{9-9}$$

式中：D——交通事故死亡数（人）；

N——机动车登记数（辆）；

P——人口数（人）。

② 意大利特里波罗斯多元回归模型为

$$y = 58.770 + 30.322x_1 + 4.278x_2 - 0.107x_3 - 0.776x_4 - 2.87x_5 + 0.147x_6 \tag{9-10}$$

式中：y——人口事故率（人/10万人）；

x_1——交通工具机动化程度（km/km^2）；

x_2——平均每平方公里道路长度（km/km^2）；

x_3——居住在大城市的人口比例（%）；

x_4——19岁以下青少年所占人口比例（%）；

x_5——65岁以上的老年人口比例（%）；

x_6——小客车与出租汽车在车辆中所占的比例（%）。

（2）经验法模型。经验法常用的安全评价模式为

$$R = D_d / (365 \times K_1 \times 10^3)$$
$$D_d = D_1 + a_1 D_2 + a_2 D_3 + a_3 D_4 \tag{9-11}$$

式中：D_1——交通事故直接死亡人数（人）；

D_2——交通事故轻伤人数（人）；

D_3——交通事故重伤人数（人）；

D_4——交通事故直接经济损失（万元）；

K_1——经换算后的辖区道路长度内车辆运行公路数（km）；

a_1、a_2、a_3——轻伤人、重伤人、经济损失与死亡的当量系数。

4）事故强度分析法

(1) 综合事故强度分析法。死亡强度指标为

$$K = \frac{M \times 10^4}{\sqrt{RCL}} \tag{9-12}$$

式中：K——死亡强度指标，K 越小，安全度越高；

M——当量死亡人数，M=死亡人数+0.33×重伤人数+0.10×轻伤人数+2×直接经济损失（万元）；

C——当量汽车数，C=汽车+0.4 摩托车和三轮车+0.3 自行车+0.2 畜力车；

R——人口数，$R=0.7P$（P 为人口总数）；

L——不同道路条件下的修正系数，如表 9-1 所示。

表 9-1　不同道路条件下的修正系数 L

公路等级	里程/km <50	50～500	500～2 000	2 000～10 000	>10 000
一	0.8	0.9	1.0	1.1	1.2
二	0.9	1.0	1.1	1.2	1.3
三	1.0	1.1	1.2	1.3	1.4
四	0.9	1.0	1.1	1.2	1.3
等外	0.8	0.9	1.0	1.1	1.2

(2) 当量事故强度分析法。当量综合死亡率为

$$K_d = 10^3 \times \frac{D_d}{\sqrt[3]{P \cdot N_d \cdot L}} \tag{9-13}$$

式中：K_d——当量综合死亡率（%）；

D_d——当量死亡人数（人）；

N_d——当量车辆数（辆）；

P——人口数（人）；

L——公里里程（km）。

K_d 采取了当量值，且考虑的因素全面，基本包括人、车、路对交通事故的影响。但当量死亡人数、当量车辆数、道路里程的标准化问题尚需研究。

5）四项指标相对数法

四项指标相对数法是把不同类型道路交通事故四项指标的绝对数占总数的百分比作为一个相对指标，利用此相对指标可深入地认识各种道路类型交通事故的对比情况，判断各种道路类型交通事故发生的比例，计算公式为

$$\eta = \frac{A_i}{\sum A_i} \times 100\% \tag{9-14}$$

式中：η——指标的相对数；

A_i——不同道路类型的交通事故各项指标的绝对数；

$\sum A_i$——各种道路类型交通事故各项指标总数。

应用四项指标相对数法可以从总体上对各种类型道路的交通事故情况进行分析，确定不

同类型道路的交通事故分布比例。

2. 微观评价

下面将交通安全微观评价分为路段评价与交叉口评价两个方面进行介绍。

1）路段评论

（1）绝对数-事故率法。绝对数-事故率是将绝对数法和事故率法结合起来评价交通安全度的方法。以事故绝对数为横坐标，以每公里事故率为纵坐标，按事故绝对数和事故率的一定值，将绝对数-事故率分析图划分不同的危险级别，Ⅰ区、Ⅱ区、Ⅲ区分别代表不同的危险级别，Ⅰ区为最危险区，即道路交通事故数和事故率均为最高的事故多发道路类型，据此，可以直接判断不同路段的安全度，如图9-5所示。

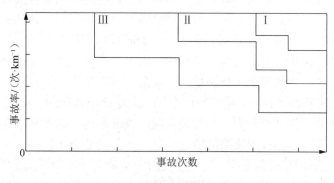

图9-5 绝对数-事故率分析图

（2）交通事故率法。路段交通事故率指标，以每亿公里交通事故次数表示，即

$$\mathrm{AH} = \frac{N}{QL} \times 10^8 \tag{9-15}$$

式中：AH——事故率（次/亿辆公里）；

Q——路段年交通量，$Q = 365 \times \mathrm{AADT}$（年平均日交通量）；

L——路段长度（km）；

N——路段内发生的交通事故次数。

交通事故率表征了某一路段发生交通事故的危险程度。它与交通参与者遵章行驶的状态有关，与交通流量紧密相连，故而是值得推荐的较为科学的路段安全评价指标。

2）交叉口评价

（1）交通事故率法。交叉口事故率用每百万辆车发生交通事故的次数表示，即

$$A_1 = \frac{N}{M} \times 10^7 \tag{9-16}$$

式中：A_1——交叉口事故率（次/100万辆）；

N——交叉口范围内发生的事故次数；

M——通过交叉口的车辆数（辆）。

交叉口事故率是评价路口安全的综合指标。

（2）速度比辅助法。速度比以通过交叉路口的机动车行驶速度与相应路段上的区间车速的比值表示，即

$$R_1 = V_1/V_H \tag{9-17}$$

式中：R_1——速度比；

V_1——路口速度（km/h）；

V_H——区间车速（km/h）。

一般在交叉路口冲突点多，行车干扰大，车速低，甚至造成行车拥堵。因此，速度比能够表征交叉口的行车秩序和交通管理状况。速度比不仅是一项综合指标，而且是一个无量纲的值，它与交通事故率法结合使用，可使之更具有可比性。

（3）交通冲突法。

① 交通冲突技术基本概念。交通冲突技术 20 世纪 60 年代在美国开始应用，它的最初目的是调查通用汽车公司的车辆在驾驶时是否与其他车辆一样，该法很快被一些交通安全组织应用于预测评价交叉口潜在事故数和鉴别系统缺陷。1970 年以后，该法被加拿大和一些欧洲国家使用。1979 年以后，陆续在法国、瑞典、比利时等国家举办了国际冲突技术会议，并出版了国际交通冲突会议论文集。目前，交通冲突技术在世界许多国家得到广泛应用，成为国际上用于定量研究多种交通安全（特别是地点安全）问题及其对策的重要方法。

交通冲突是在可观测条件下，两个或两个以上道路使用者在同一时间、空间上相互接近，如果其中一方采取非正常交通行为，如转换方向、改变车速、突然停车等，除非另一方也相应采取避险行为，否则，会处于碰撞的境地，这一现象就是交叉口的交通冲突。

② 交通冲突与交通事故的关系。交通冲突的实质是交通行为不安全因素的表现形式，其发展既可能导致事故发生，也可能因采取的避险行为得当而避免事故发生，因而事故与冲突存在着极为相似的形式，两者的唯一差别在于是否发生了直接的损害性后果。事故与冲突的关系可用冲突的严重性程度进行描述，交通冲突研究的关键在于判定是否为严重冲突，以及确定严重冲突与事故的定量关系。

③ 交通冲突的测定。事故分析方法的研究表明，事故勘察测量主要根据 $T = S/V$（时间 T、距离 S、速度 V）的基本关系式，即可用 V-S、T-V 或 T-S 三类测量参数来研究肇事责任者与事故接触点的关系。交通冲突作为未产生损害后果的"准事故"，测量参数可以做如下选择。

a. 冲突距离（TS）：指冲突当事者避险行为生效的瞬间位置距事故接触点的距离（m）。

● 由经过专门训练的冲突观测员根据定义进行现场测量。

● 由定点摄像-屏幕监控系统进行遥测记录。

b. 冲突速度（CS）：指冲突当事者避险行为生效时的瞬间速度（m/s）。

● 由经训练的冲突观测员用雷达测速仪进行现场测量。

● 由雷达测速仪-自动摄像-计算机接口监控系统进行测量记录。

● 由车载记录仪-计算机接口监控系统跟踪测量记录。

c. 冲突时间（TA）：指冲突当事者避险行为生效的瞬间至事故接触点的时间过程（m）。

● 由冲突观测员根据目测的（T）值和（C）值，查标准表得到。

● 由中心监控室计算机编程输入处理。

根据对部分国家的交通冲突技术研究表明，如果选用现场人工观测，则应选择 TS、CS 作为测量参数，并以 TS、CS 观测值导出 TA 值作为冲突严重性判别参数较为合理。对冲突严重性的分类方法主要有以下两种：

方法一，选择距离作为度量参数，即空间距离法。该方法在实际应用中十分直观且合乎逻辑，冲突双方之间的距离越小，则相撞的可能性越大，当趋于无穷小时，即发生事故。

方法二，选择时间作为度量参数，即时间距离法，它在一定程度反映了道路使用者避让事故所需要的空间距离、速度、加速度及转向能力。时间距离小可以反映出距相撞点距离很短或速度很高，或两者都有。这也正是部分国家建议采用时间距离作为严重冲突度量参数的原因。

以上两种方法在安全评价中各有优缺点，针对具体情况，可选择不同的度量参数。无论采取何种参数，其目的都只有一个，即迅速准确地判定严重冲突。

9.4 交通事故的预防

交通事故预防是交通安全的主要任务之一，也是交通工程学研究的重要内容。从交通工程学的角度，认定预防交通事故应从法规、教育和工程三方面着手；从构成道路交通四要素人、车、路、环境的角度，认定预防交通事故也应从这四要素着手。

9.4.1 健全交通法制

加强道路交通安全法规体系建设是改善道路交通安全整体水平直接、有效的措施。我国目前道路交通安全法规体系的内容也涵盖在若干不同的法律、法规及其他交通管理的规范性文件之中，并且在我国道路交通运营实践中发挥着积极和重要的作用。随着时代的发展，法律体系也要相应地加以修改和调整。

9.4.2 加强交通安全宣传与教育

1. 开展交通安全宣传

交通安全宣传活动是宣传群众、教育群众的重要方法。进行宣传活动应重视取得实际的效果，要把交通安全和每个人的切身利益联系起来，引起人们对交通安全的关注，要采用群众喜闻乐见的宣传形式，寓教于人们日常工作生活之中，于文化娱乐之中。同时，宣传活动必须尽最大可能调动社会的力量，力求宣传的深度和广度，保证宣传质量。

2. 加强交通安全教育

交通安全教育应像其他文化知识一样，从幼儿开始就进行系统的教育，在高中以前的各个教育阶段都列为必修课，使学生从接受教育开始就不断地树立交通法制的观念、交通道德的观念和安全通行的观念。对社会面上的教育，要针对不同的对象，采取不同的方式、方法，有的放矢地进行。

9.4.3 提高车辆安全性能，保持良好车况

1. 主动安全措施

（1）改善侧面和前部的视野，安装倒车灯和倒车警报器，以预防因盲区而引起的交通事故。

（2）提高风窗玻璃的透视性能，以预防因雨雪和结霜而引起的交通事故。

（3）采取防炫目的措施，提高前照灯的照度，以预防因炫目和前照灯照度不足而引起的交通事故。

（4）在动力性方面，提高超车加速能力，安装驱动防滑系统。

（5）在操稳性方面，提高操作稳定性和轻便性。

（6）在制动性方面，安装辅助制动系统。例如，防抱死系统和缓速器、制动系统故障的报警系统，提高轮胎的防滑性能等措施，以保障安全。

（7）在车辆本身预防事故措施方面，还要提高车辆的被视认性能，包括后部、标志、行驶方向的被视认性，以预防事故的发生。

2. 被动安全措施

1）车内措施

车内措施主要包括尽可能提高乘员空间，即车身的强度，以减小碰撞时的变形，采用钢化玻璃或隔层玻璃，以减轻发生事故时玻璃对乘员的伤害；加大转向盘的面积，使之具有一定的弹性；车内的开关、旋钮、把手等要尽量圆滑并柔软；车门和棚顶具有足够的强度，以保护乘员的安全和便于抢救。此外，预防火灾的性能和安全带、安全气囊对乘员安全的防护，均有重要的作用。

2）车外措施

车外措施主要是指碰撞自行车和行人时尽可能地减轻伤害，如保险杠尽可能地圆滑并有弹性，活动式的后视镜和挡泥板，与挂车连接部分的防护网等，对保护交通弱者都会收到一定的效果。

9.4.4 加强道路及其交通安全设施建设

1. 改善道路条件

从道路线形设计方面考虑，应严格按照设计道路的平曲线和竖曲线，使弯道、坡道符合公路工程设计标准。各种线形组合要充分考虑安全性。

2. 完善道路安全措施

道路安全设施主要包括分隔带、安全护栏、交通标志、标线、视线诱导设施和防炫设施等，对于城市交通还包括行人天桥、地下通道、交通安全岛等。

3. 实施交通控制

交通控制可分为交通信号控制和交通法规控制，交通信号控制是指在道路入口和交叉口处设立交通信号灯，合理控制车辆的行驶。交通法规控制包括设立单向交通路段、变向车道、公交车专用道等。

4. 建立交通信息系统

交通信息又称交通情报，公安与管理部门为保证行驶于汽车专用道或城市主干道的车辆安全、迅速，应及时向驾驶员通报交通阻塞情况、天气情况、前方道路或临时交通管制的情况，以便驾驶员及时改变行驶策略。

5. 建立事故紧急救援系统

监视预报体系，根据异常气象等条件估计可能出现事故的区域，采取信息收集和联络体制，同时派人专门负责监视与做好各项准备工作，事故发生时，应用先进的通信设备与手段，快速、可靠地联系有关部门，及时有效地处理事故，确保道路安全畅通。

6. 改善道路交通环境

道路交通环境的改善主要从两个方面入手：一方面改善道路环境，使驾驶员具有良好的行车视距和不断变化的视觉效果，改善使驾驶员产生疲劳、烦躁的单调环境；另一方面改善交通流环境，尽量保持良好的疏密程度，且尽量避免混合型交通流。

小 结

随着社会的发展及汽车拥有量的增长，交通安全形势越发严峻，因此有必要收集交通事故资料，统计分析其形成原因，对交通事故进行预测，从而寻求交通事故的预防措施，保障交通参与者安全通行。本章主要对交通事故的概念、分类、特点，事故预测与交通安全评价，事故的预防措施等方面进行了介绍。

练 习 题

1. 什么是交通事故？交通事故有哪几个要素？
2. 衡量交通事故的指标有哪些？各有什么优缺点？
3. 交通安全管理措施有哪几种？对于我国目前的交通状况，你认为在道路工程、设施、管理、安全措施等方面应采取哪些必要措施？

第 10 章

停车场规划与设计

10.1 城市停车问题概述

城市停车问题是城市发展过程中出现的交通问题，也可以说，是城市现代化过程中必然出现的问题。从总体上看，城市停车问题主要表现为停车需求与停车设施供应不足的矛盾和停车空间扩展与城市用地不足的矛盾，具体表现为停车设施的缺乏、车辆占道停放现象比较严重，不仅影响道路交通功能的正常发挥、妨碍市容美观，而且不规范的停车行为也容易引发交通事故，给居民工作、生活带来不利影响。

城市中车辆的增多，停车需求增长，如果与城市社会经济发展相协调，并且没有超过城市空间理论容量所能容纳的限度，就是正常现象。在研究两者关系时，应当考虑三种情况：一是大部分车辆的停放时间比行驶时间长得多，也就是说，城市中的车辆大部分处于停放状态；二是无论采取何种停放方式，都需要占用一定的空间，即停车车位和进出车位的行车通道所需要的空间，这个空间的面积比车辆本身的水平投影面积要大 2~3 倍；三是每一辆车所需要的停放空间不止一处，因为车辆的出行端点均需要停车空间。以上三种现象的综合表现就是城市停车设施的增长常落后于车辆的增长，城市停车问题的解决经常处于比较被动的局面。

长期以来对停车问题缺乏系统的研究，在现实中表现为停车场规划布局不合理，停车场规划、建设与管理通道不畅，停车规划不能落实，建设停车场的积极性不高，管理经营存在困难。

因此，解决我国城市的停车问题，首先，必须提高对停车问题的认识，加强停车场规划的科学性，落实停车设施用地，通过各种手段积极推动停车场建设，并且借助交通需求管理及停车场管理等手段来解决停车供需的矛盾；其次，必须重视停车场的交通组织设计，减少车辆进出停车场时对道路上交通的影响。

10.2 停车设施的分类

停车问题归根结底是合理预测停车需求，并对应规划布设停车设施。

不同类型的停车设施，其停放车辆类型、服务对象、场地位置、土地使用和管理方式也不同。一般可以从以下方面对停车设施进行分类。

(1) 按停放车辆类型划分：机动车停车场和非机动车停车场。

(2) 按服务对象划分：专用停车场和公共停车场。专用停车场是指只供特定对象（本单位车辆或私人车辆）停放的停车设施。公共停车场是指供公共从事各种活动出行时停放机动车的停车设施，其大多设置在城市商业区、城市中心、分区中心、交通枢纽点及城市出入口干道过境车辆停车需求集中的地段，一般占城市停车场的10%左右。

(3) 按土地使用划分：永久停车场（或称固定停车场）和临时停车场。永久停车场是根据固定需要而固定设置的停车场地，场地的使用性质一般不易发生变化。临时停车场是根据需要而临时划定的停车场地，场地的使用性质随时可能发生变化。

(4) 按场地位置划分：路内停车和路外停车。其中，路内停车是指车辆的停放地点为道路结构的一部分（如路肩、非机动车道等）。路外停车主要是指车辆停放在道路结构以外的停车场。尽管路外停车也包括路外的非停车场等地点，但通常如果没有特殊声明，它主要是指路外停车场。

(5) 按停车设施结构划分：露天停车场和位于建筑物内停车场（室内停车场）。露天停车场具有布局灵活、不拘形式、泊车方便、管理简单、成本低廉等优点，适合于城市各个地方，是最为常见的一类停车场，但其占城市用地较大。

室内停车场一般可分为停车楼和地下停车库。停车楼的形式有坡道式（图10-1）和机械式（10-2）两类。前者是驾驶员驾驶车辆由坡道上进出停车楼，车辆出入便利且迅捷，建筑费用与维修费用较少。后者是用升降机和传送带等机械运送车辆到停放位置，占地较少，有效停车面积大。

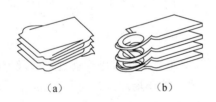

图10-1 坡道式停车楼示意图

(a) 曲线式匝道；(b) 螺旋式匝道

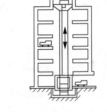

图10-2 机械式停车楼示意图

地下停车库是将停车场建在地下，是节省城市用地的有效措施。结合城市规划和人防工程建设，在不同的地区修建各种地下停车库，如在公园、绿地、道路、水域、广场及建筑物下面等。建设和维护地下停车库的费用较高，但容量也大，改善状况的效果也很显著。

10.3 停车需求分析与预测及停车场规划

10.3.1 停车需求分析与预测

1. 停车需求分析考虑因素

需求分析的关键在于正确估计在实际交通运行中能够影响交通出行和停放特征的因素对产生停车需求的影响，主要从四个方面考虑，即停车政策、停车特征、城市特征、停车者特征。

城市停车政策方面主要包括城市交通发展模式的引导政策、城市交通需求管理政策、对交通设施使用政策和停车场收费政策等。

停车特征方面主要包括停车场容量、停车服务半径、停车空间分布、停车方式和停车场利用率等。

城市特性方面主要包括城市规模和性质，城市布局结构（不仅包括土地使用功能布局，还包括人口分布、就业水平等），城市车辆发展水平和城市交通构造等。

停车者特征方面主要包括停车者年龄和性别、停车者的收入水平和职业，以及停车者偏好等。

在停车需求分析时，不仅要考虑以上因素的现状水平，还应该考虑未来发展的趋势。

2. 停车需求分析与停车规划阶段划分

停车需求分析方法根据各自规划目标的要求，在对不同规划阶段数据输入进行综合分析的基础上确定。停车需求分析模型建立主要受需求分析目标和数据资料的限制，对于不同的分析目标和数据资料情况可以有不同的分析方法，建立不同的分析模型。停车供应和政策规划的要求是停车需求分析的根本出发点。按照停车规划的不同要求，不同停车规划阶段停车需求分析的内容不同。

1) 总规划阶段

如果仅仅考虑停车用地在总用地分配中的比例，停车的需求分析就相对较简单，因不考虑停车的具体管理政策，停车的需求分析仅根据车辆出行端的分布估计各交通分区的停车需求。

2) 分区规划阶段

如果在停车规划中要对停车设施的详细用地分配和停车管理政策进行规划（如确定停车用地的详细规模），则在规划中就应当考虑用地的利用率（停车场形式），相应的停车需求分析就要对车辆的不同停放方式进行估计。

3) 详细规划阶段

如果在停车规划中要求对不同停车用地形式内部的用地停车管理的具体措施进行规划（不同的泊位数量），在停车分析中就相应地要求对不同车型的停车需求进行比较精确的估计。

3. 停车需求分析预测模型

根据停车需求预测的出发点及所需求的基本数据不同，停车需求预测模型主要有以下三类。

1) 以土地利用与停车设施供需之间关系为基础的模型

该模型假设停车供需与土地利用之间存在某种关系，城市土地利用和车辆拥有短期内变化不大，停车和交通出行管理的政策基本一致。当交通出行的资料不完全，难以利用出行的需求进行停车需求分析时，可以采用这一类简化的方法进行停车需求分析。该模型应用简便，但由于此类方法无法预知出行的情况，因此只能作为交通变化不大的短时期的停车需求分析，难以应用于交通政策的评价和长期分析。

采用本方法不但要进行停车调查，而且要进行土地利用的调查。用地调查应根据建立回归模型的目的和数据要求设计调查方案,调查用地类型的划分应与可能获得的用地资料一致,避免数据处理和建立模型时出现不必要的误差;由于建模的样本要求足够多,因此,用地调查的数据量较大,相应的数据处理工作量也较大,成功地处理调查数据是直接影响本方法计算精度的最重要环节。

根据分析原理及考虑的土地利用率的不同,目前该类型模型有以下三类:

(1)停车生成率模型。

数学表达式如下:

$$P_{di} = \sum_{j=1}^{n}(R_{dij} \cdot L_{dij}) \quad (j=1, 2\cdots, n) \tag{10-1}$$

式中:P_{di}——第 d 年 i 区高峰时间停车需求量(车位);

R_{dij}——第 d 年 i 区 j 类性质用地单位停车需求数量,即停车生成率;

L_{dij}——第 d 年 i 区 j 类性质用地的数量(土地面积、建筑面积、就业岗位或营业额)。

该模型需要确定 R_{dij},必须依靠广泛的调查资料才能够确定;同时,由于将各地块看作简单的单一用地性质,并将总停车需求看作各地块需求的简单相加,不考虑各区域之间的影响,这些基本假设脱离实际太大。因此,尽管它的计算相对简单,但在应用上存在很大的局限性。

(2)用地与交通影响分析模型。

该模型根据现有机动车拥有水平和现行交通政策所产生的停车需求与不同性质的建筑面积之间的关系、未来的用地发展规模,确定土地利用影响函数所产生的停车需求;同时,考虑未来机动车拥有水平和道路交通量的增长情况,确定高峰停车需求的交通影响函数;综合土地利用函数和交通影响函数,推算机动车高峰停车需求量。其基本的预测过程如图 10-3 所示。

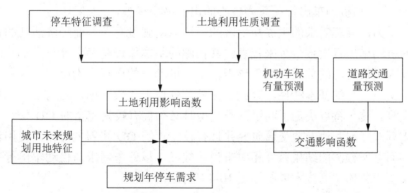

图 10-3 用地与交通影响分析模型基本的预测过程

模型可用式(10-2)表示。

$$P_i = f(x_i) \cdot f(\gamma_q) \tag{10-2}$$

式中:P_i——规划 i 小区全日的停车需求;

$f(x_i)$——停车需求的土地利用影响函数;

x_i——第 i 种类型土地利用的规模,可用相应类型用地的建筑面积来表示;

$f(\gamma_q)$——停车需求的交通影响函数;

γ_q——区域内交通量的增长率。

该模型是停车产生率模型的扩展,虽然较好地兼顾了停车与土地利用、交通发展之间的关系,其分析与预测的结果要比停车产生率模型更为合理,但是具有与停车产生率规模类似的一些缺陷,因此在使用上也存在一定的局限性。

(3)土地利用模型。

该模型主要是基于停车需求与用地特性、雇员数量之间的关系来进行未来规划年的停车需求预测。其最基本假设:一个以商业为主的地区长时间停车需求是由雇员上班出行引起的,而短时间停车需求是由该地区进行的商业活动引起的。该模型是 1984 年由美国的莱文森(H.S.Levinson)提出并在新哈文(New Haven)区的综合交通规划研究中应用于停车需求预测。其数学表达式如下:

$$d_i = A_L \cdot \left(e_i / \sum_{i=1}^{n} e_i \right) + A_s \cdot \left(F_i / \sum_{i=1}^{n} F_i \right) \quad (10\text{-}3)$$

式中:d_i——第 i 区的停车需求;

A_L——规划区域内长时间停车的停车总数;

A_s——规划区域内短时间停车的停车总数;

e_i——第 i 区雇员数;

F_i——第 i 区零售与服务业的建筑面积。

该模型对数据的要求简单,预测的成本较低;但模型所需建筑面积和雇员数的准确性对模型的精度影响较大。通过模型的假设及模型的公式可以看出,该模型比较适用于用地比较单一、以商业服务为主的城区,对用地十分复杂的大城区的停车需求分析精度比较差。

2)以停车需求与机动车出行关系为核心的出行吸引模型

该类模型认为,停车需求的生成与地区的经济活动强度有关,而经济活动的强度又可用该地区吸引的机动车出行次数多少来代表。其预测的基本原理是确定停车需求泊位数与区域的机动车出行吸引量之间的关系。由于该类模型以机动车的出行作为停车生成的基础,考虑了停车是源于交通出行的基本特性,因此,在预测理论上比较合理,可用于近期和远期的停车需求分析预测。这一特点决定了利用该类模型时必须拥有较为完全的 OD 资料。对于已编制城市交通规划或开展其他专项交通研究并且有较完善的 OD 资料的城市,使用该类方法计算较为方便,而且所预测的结果精度相对来说比较高。以停车需求与机动车出行关系为核心的出行吸引模型的总体预测技术框图如图 10-4 所示。

图 10-4 以停车需求与机动车出行关系为核心的出行吸引模型的总体技术框图

3)以相关分析法为核心的多元回归分析预测模型

该类模型主要认为,停车需求与城市经济活动、土地利用等许多因素之间存在某种关系,如下式所示:

$$P_{di} = K_0 + K_1(\text{Ep}_{di}) + K_2(\text{PO}_{di}) + K_3(\text{FA}_{di}) + K_4(\text{DU}_{di}) + K_5(\text{RS}_{di}) + K_6(\text{AO}_{di}) + \cdots \quad (10\text{-}4)$$

式中:P_{di}——第 d 年 i 区的高峰时间停车需求量(车位);

Ep_{di}——第 d 年 i 区的就业岗位数；

PO_{di}——第 d 年 i 区的人口数；

FA_{di}——第 d 年 i 区的建筑面积；

DU_{di}——第 d 年 i 区的单位（企业）数；

RS_{di}——第 d 年 i 区的零售服务业数；

AO_{di}——第 d 年 i 区的小汽车保有量；

K_j——回归系数（j=0，1，2，3，…）。

上述模型是根据若干年所有变量的资料，用回归分析方法计算出其回归系数值，并需要经过统计检验。值得注意的是，在对未来进行预测时，须对模型中的参数 K 做适当的修正，才能符合未来情况的变化。

此外，如果分析过程中缺乏停车调查等资料，可以采用类比分析法，通过参照同类地区或城市停车调查参数或停车分析结论来分析预测所在地区或城市的停车需求。该分析方法简单，但仅能求得需求总量，而且准确率较低。

10.3.2 停车场规划

1. 城市总规划和分区规划阶段的停车场规划

停车场规划是城市规划的组成部分之一，在城市总体规划和分区规划过程中，停车场规划的范围主要是公交公司、运输公司、出租汽车公司等运输部门的专用停车场及城市出入口、外围道路、市中心区、商业区、体育场（馆）、机场、车站、码头等处的公共停车场，这些停车场一般较大，总体规划就是对这些停车场的定点位置、规划容量、占地面积等进行科学论证、合理布设，以便城市规划管理部门对这些停车场的规划用地进行控制。

1）规划停车场总面积

一个城市所需的公共停车场总停车面积可通过该城市拥有的人口数量或机车数进行估算，并参考城市社会经济发展水平等因素进行修正。

（1）按城市人口数量估算。

$$F = P \cdot b \tag{10-5}$$

式中：F——规划期末城市所需的公共停车场总停车面积（m^2）；

P——规划期末城市的人口数量（人）；

b——每个城市人均所需的公共停车场停车面积（m^2/人）。

根据《城市道路交通规划设计规范》（GB 50220—1995）规定，城市公共停车场（包括自行车停车场）的规划总面积按照规划人口每人 0.8～1.0 m^2，其中机动车停车场用地所占比例宜为 80%～90%。

（2）按城市机动车拥有量估算。

$$F = m \cdot n \cdot a \tag{10-6}$$

式中：F——规划期末城市所需的公共停车场总停车面积（m^2）；

m——规划期末城市的机动车拥有量（辆），估算时可以参照表 10-1 中的车辆换算系数将所有机动车换算成当量车型（小型汽车）；

n——使用停车场的车辆数占总数 m 的百分比，一般为 5%～15%；

a——小型汽车的单位停车面积（m²），估算时间可以根据停车方式从表 10-2 中选取。

表 10-1 车辆换算关系表

车辆类型			各类车辆外廓尺寸/m			换算关系
			总长	总宽	总高	按小型汽车
机动车	微型车		3.8	1.6	1.8	0.7
	小型车		4.8	1.8	2	1
	轻型车		7	2.25	2.75	1.5
	中型车	客车	9	2.5	3.2	2
		货车	9	2.5	4	
	大型车	客车	12	2.5	3.5	2.5
		货车	11.5	2.5	4	
			总长	总宽	总高	按自行车
非机动车	自行车		1.9	0.6	1.2	1
	三轮车		2.5	1.2	1.2	3
	电动自行车		2	0.8	1.2	1.2
	机动轮椅车		2	1	1.2	1.5

资料来源：根据《车库建筑设计规范》（JGJ 100—2015）整理。

注：1）换算系数是按各车型的停车车位面积确定的。
　　2）外廓尺寸可区别车型，以选择换算系数。

表 10-2 最小每停车位的面积

停车方式		最小每停车位面积/m²					
		微型车	小型车	轻型车	中型车	大货车	大客车
平行式	前进停车	17.4	25.8	41.6	65.6	74.4	86.4
斜列式	30° 前进（后退）停车	19.8	26.4	41.6	59.2	64.4	71.4
	45° 前进（后退）停车	16.4	21.4	40.9	53	59	69.5
	60° 前进停车	16.4	20.3	34.3	53.4	59.6	72
	60° 后退停车	15.9	19.9	40.3	49	54.2	64.4
垂直式	前进停车	16.5	23.5	33.5	59.2	59.2	76.7
	后退停车	13.8	19.3	41.9	48.7	53.9	62.7

资料来源：根据《车库建筑设计规范》（JGJ 100—2015）整理。

注：此面积只包括停车和紧邻车位的面积，不是每个停车位所需的车库建筑面积。

2）停车场用地布局原则

城市总体规划和分区规划阶段的停车场规划布局，直接影响车流的控制和客流的调整，关系到城市道路系统的全局及整个城市的未来发展，影响较大。在考虑停车场用地布局时应考虑如下原则：

（1）停车场设置应符合城市总体规划用地布置、规划期的停车数和道路交通组织的要求，做到大中小型停车场相结合，形成一个合理的停车场系统。

（2）对外交通服务的停车场，应设置在城市的外环路和城市出入口道路附近，并考虑换乘交通的方便性。

（3）市内公共停车场应靠近主要服务对象，其场址选择应符合城市环境和车辆出入不妨碍道路畅通的要求。城市中心区的公共停车场应尽量均衡分布，其服务半径一般为 100～

300 m。

（4）市内机动车公共停车场车位数的分布：在市中心和分区中心地区应为全部停车位数的 50%～70%，在城市对外道路的出入口地区应为全部停车位数的 5%～10%，在城市其他地区应为全部停车位数的 25%～40%。

（5）各个停车场的规划规模，应根据城市的总停车需求量，并考虑各个停车场的服务对象、性质和用地条件等因素合理确定。

2. 城市详细规划阶段的停车场规划

城市详细规划（包括控制性详细规划和修建性详细规划）过程中，停车场规划的任务：提出更具体的布置要求和技术经济指标，确定用地的控制性指标，为工程设计提供依据；对上一层次不能做出规划而按有关要求需设的、规模较小的停车场进行具体规划。

1）停车场规划容量

停车场容量与其服务对象、性质、车辆到达和离去特征、高峰日吸引车次总量、停车场地周转次数、平均停放时间、停车不均衡系数、城市性质、规模、公共建筑布局及周围停车场的情况因素等有关。近年来，我国很多城市或地区提出了各类建筑配建的停车场车位指标，国家在《车库建筑设计规范》中对停车配建做出了要求。但是，由于我国正处于城市机动化迅速提高的时期，城市规模及发展程度不同，这些标准或指标不具有普遍的适用性，应当根据各个城市的具体情况，制定适合于本城市的各类标准和指标。当然，对于具有相同或相近状况的城市，可以相互参考。表 10-3 所示为上海市各类建筑配建停车场的车位指标，可供参考。

表 10-3～表 10-21 资料来源：上海市标准《建筑工程交通设计及停车库（场）设置标准》（DGJ 08—7—2006），其中，机动车以小型车为计算当量，非机动车以自行车为计算当量。

表 10-3 宾馆停车位指标

项目		机动车	非机动车	
			内部	外部
中高档宾馆、旅馆、酒店	停车位/客房	0.5	0.75	—
一般旅馆、招待所		0.3	0.75	0.25

注：中心城外汽车旅馆泊位应增加 30%倍。

表 10-4 饭店、娱乐场所停车位指标

项目		机动车	非机动车	
			内部	外部
停车位/每 100 m² 建筑面积	建筑面积≤1 000 m²	0.75	0.5	—
	建筑面积≥1 000 m²	1.25	0.5	0.25

注：1）饭店指餐馆、酒店等。
2）桑拿、健身参照表 10-4 规定执行。

表 10-5 办公楼停车位指标

项目		机动车	非机动车	
			内部	外部
停车位/每 100 m² 建筑面积	内环线以内	0.6	1	0.75
	内环线以外	1	1	0.75

表 10-6　商业场所停车位指标

项目		机动车	非机动车	
			内部	外部
商业	停车位/每 100 m² 建筑面积	内环线以内　0.3	0.75	1.2
		内环线以外　0.5	0.75	1.2
超级市场		内环线以内　0.8	0.75	1.2
		内环线以外　1.2	0.75	1.2

注：1）建筑面积小于 500 m² 的小型商店、便利店可不配建停车位。
　　2）对商业建筑面积无法标定的，按营业面积计。

表 10-7　体育场馆的分类

类别	容量规模/座位数	
	体育场	体育馆
一类	≥15 000	≥4 000
二类	<15 000	>4 000
三类	娱乐性体育设施	

表 10-8　体育场馆停车位指标

项目	机动车	非机动车	
		内部	外部
一类停车位/每百座	3.5	*	17.5
二类停车位/每百座	2	*	17.5
三类停车位/每百座	10	*	14

注：*表示内部非机动车停车数按职工总人数的 30% 计算；其中大型车停车位比例按照交通影响分析来确定。

表 10-9　影（剧）院停车位指标

项目	机动车	非机动车	
		内部	外部
停车位/每百座	2.5	3.5	7.5

注：图书馆停车位参照影剧院停车位指标执行。

表 10-10　展览馆停车位指标

项目	机动车	非机动车	
		内部	外部
停车位/每 100 m² 建筑面积	0.6	0.75	1

注：博物馆、会议中心停车位参照展览馆停车位指标执行。

表 10-11　医院停车位指标

项目		机动车	非机动车	
			内部	外部
门诊部、诊所	停车位/每 100 m² 建筑面积	0.4	0.7	1
住院部	停车位/床位	0.12	0.3	0.5
疗养院	停车位/床位	0.08	0.3	—

表 10-12 游览场所停车位指标

项目	机动车	非机动车	
		内部	外部
市区停车位/每 100 m² 建筑面积	0.07	*	0.3
郊区（县）停车位/每 100 m² 建筑面积	0.15	*	0.2

注：*表示内部非机动车停车数按职工总人数的30%计算。

表 10-13 住宅分类

类别	性质
一类	平均每套建筑面积>150 m²
二类	100 m²≤平均每套建筑面积≤150 m²
三类	平均每套建筑面积<100 m²

表 10-14 住宅机动车停车位指标

项目		内环线内	内外环线之间	外环线以外
一类	停车位/套	≥0.8	≥1.0	≥1.1
二类	停车位/套	≥0.5	≥0.6	≥0.7
三类	停车位/套	≥0.3	≥0.4	≥0.5

表 10-15 住宅非机动车停车位指标

项目		内环线内	内外环线之间	外环线以外
一类	停车位/套	≥0.8	≥0.5	≥0.5
二类	停车位/套	≥1.0	≥0.9	≥0.9
三类	停车位/套	≥1.2	≥1.1	≥1.1

表 10-16 长途汽车客运站分类

等级	发车位	年平均日旅客发送量/人次
一级	20～24	10 000～25 000
二级	13～19	5 000～9 999
三级	7～12	1 000～4 999
四级	6 以下	1 000 以下

注：该分类按照《汽车客运站级别划分和建设要求》（JT/T 200—2004）规定。

表 10-17 长途汽车客运站停车位指标

项目	等级		机动车	非机动车
停车位/年平均日每百位旅客	二级站及以下	内环线以内	2.2	30
		内环线以外	2	3
	一级站	内环线以内	2	3
		内环线以外	1.8	3
	高于一级站	内环线以内	1.6	3
		内环线以外	1.2	3

注：由于上海特大城市的实际情况，高峰小时交通量较大，因此在一级站以上另外增加了"高于一级站"的指标。

表 10-18 客运码头、火车站停车位指标

类别	项目	机动车	非机动车
客运码头	停车位/年平均日每百位旅客	3	1.5
火车站		1.5	1.5

表 10-19 轨道交通车站停车位指标

项目		机动车		非机动车
一般站	停车位/远期高峰小时每百位旅客	—	—	10
换乘站	停车位/远期高峰小时每百位旅客	中环线以外	0.2	7
枢纽站	停车位/远期高峰小时每百位旅客	中环线以外	0.3	4

注：1）换乘站有 2 条轨道交通通过的车站。
2）枢纽站 3 条及 3 条以上轨道交通通过的车站。
3）中环线以内，轨道交通站不配建机动车停车场。
4）每个轨道交通站均应设非机动车停车库（场）。

表 10-20 客运机场停车位指标

项目	机动车	非机动车	
		内部	外部
停车位/高峰日进出海港每百位旅客	4	*	—

注：*表示内部非机动车停车数按职工总人数的 15%计算。

表 10-21 公交枢纽停车位指标

项目		机动车		非机动车	
				内部	外部
首末站	停车位/高峰日每百位旅客	中环线以外	0.1	*	4

注：1）3 条以上常规公交线路或 1～2 条快速公交线路即构成公交枢纽。
2）*表示内部非机动车停车数按职工总人数的 30%计算。
3）出租车泊位不小于高峰日每百位旅客 0.2 个。

对于城市外围的公路停车场所需的停车泊位数，可以参照日本的做法，即根据公路交通量与停车场利用率按下式估算。

$$N = \frac{Q_B \cdot A \cdot B}{C} \tag{10-7}$$

式中：N——所需的停车泊位数（个）；

Q_B——规划期末一侧公路的交通量（辆/d）；

A——中途停车率（%）；

B——高峰小时系数；

C——停车场周转率，等于 1 h 除以平均停车时间。

我国对于高速公路沿线服务区和停车区确定的停车泊位数规模如表 10-22 所示。

表 10-22 我国高速公路服务区和停车区的停车泊位数规模（一侧）

类别	最大	标准	最小
服务区	250（小型 200、大型 50）	100（小型 70、大型 30），200（小型 150、大型 50）	70（小型 50、大型 20）
停车区	60（小型 40、大型 20）	25（小型 20、大型 5），40（小型 30、大型 10）	15（小型 200、大型 5）

2）停车场的用地布局原则

城市详细规划阶段的停车用地布局除应遵守城市总体规划阶段停车用地布局规划的原则外，还应做到：

（1）停车场应设在需要停车最多的地方，中型以上车库应临近城市道路。

（2）从方便停车场使用者的角度出发，专用和公共建筑配建的停车场原则上应在主体建筑用地范围之内；如不能满足，则必须紧靠使用单位设置并与使用单位在道路的同一侧，步行距离应控制在 300 m 以内，最远不得超过 500 m。

（3）地下汽车库宜结合城市人防工程设施选择，并与城市地下空间开发相结合。

（4）应结合城市公共交通场站规划，布设不同交通方式之间的换乘停车场，以方便乘客换乘，形成合理的交通结构。

（5）风景区的停车场应布设在主要入口附近，与旅游道路在同一侧，距入口不宜太近，以避免人车混杂及噪声干扰，也不宜太远，最好大于 50 m 但不大于 300 m。

10.4 停车场设计

停车场的设计主要是指路外停车场的设计。停车坪是停车场的主要组成部分，而停车坪又由停车带和通道组成。因此，对路外停车场的设计就可以归结为主要设计停车带、通道的尺寸。此外，还应特别重视周围道路的疏解能力和进出通道、上下通道、安全紧急通道及驾驶人员通道，以及通风、照明、机械设备、环保、防灾及管理设施等问题。

1. 设计车型的确定

不同类型的车辆，其尺寸也不一样。不同性质的停车场停放不同类型的车辆，从而决定停车带、通道宽度不同。《车库建筑设计规范》（JGJ 100—2015）中根据外廓尺寸将车型划分为 8 种，各种车型的外廓尺寸如表 10-23 所示。

表 10-23 机械式汽车库设计车型外廓尺寸

车型	外廓尺寸/m			质量/kg
	长	宽	高	
小型车	4.4	1.75	1.45	≤1 300
中型车	4.7	1.85	1.45	≤1 500
大型车	5.0	1.85	1.55	≤1 700
特大型车	5.3	1.90	1.55	≤2 350
超大型车	5.6	2.05	1.55	≤2 550
客车组	5.3	1.90	1.85	≤1 850

设计停车场时，选哪种车型为设计车型应通过调查分析确定，城市（特别是大中城市）中的停车场，一般可选用小型汽车作为设计车型；对于为公路服务的停车场，因路上主要是中型客车，故可选用中型汽车作为设计车型。特别需要说明的是，《车库建筑设计规范》(JGJ 100—2015)中另外规定了针对机械式汽车车库设计的车型外廓尺寸，如表 10-23 所示。

2. 车辆进出车位方式和停放方式

1）车辆进出车位方式

由于车辆进出车位的方式不同，因此其所需回转面积和通道的宽度也不相同。通常，车辆进出车位有下列三种方式：

（1）前进式进车位、后退式离车位，如图 10-5（a）所示。
（2）后退式进车位、前进式离车位，如图 10-5（b）所示。
（3）前进式进车位、前进式离车位，如图 10-5（c）、(d) 所示。

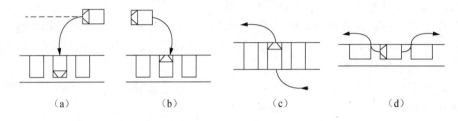

图 10-5 车辆进出车位方式

后退式进车位、前进式离车位的方式，发车迅速方便，占地不多，多被采用，图 10-5（c）所示的前进式进车位、前进式离车位方式，虽更方便，但因占地大，有条件时采用。

2）车辆停放方式

车辆停放方式相对于行车通道来说有下列三种方式：平行式、垂直式和斜列式。

（1）平行式。车辆沿行车通道两侧平行停放，其相对于行车通道的角度为零度，如图 10-6（a）所示。该方式的特点是占用的停车带较窄，车辆进出方便、迅速，但单位长度内停放的车辆最少。在停车种类很多，未以标准车位设计或沿周边布置停车时，可采用这种方式。

（2）垂直式。车辆垂直于行车通道方向停放，其相对停车通道方向的角度为 90°，如图 10-6（b）所示。该方式的特点是车辆进出比较便利且用地紧凑，单位长度内停放的车辆数最多，但所需停车带最宽。

（3）斜列式。车辆与通道的行车方向成一定角度 α，如图 10-6（c）所示。倾斜角度 α 一般有 30°、45°、60°三种角度。该方式的特点是车辆进出最为便捷，但车辆进出车位时，驾驶员视野受到的妨碍较大，较平行式停车更具有危险性。停车带宽度随车身长度和停放角度而异，但单位停车面积界于垂直式和平行式之间，用地不太经济。该方式适合在停车场的形状和面积受限制时使用。

在选取具体的车位排列形式时应在保证车位排列紧凑、通道短捷、出入方便、保证安全的前提下，结合停车场实际情况，包括停车场内部柱网的安排情况、停车位提供的服务对象的出行目的、停车场的停车带和通道的安排情况、停车的特性，并按照各种车位排列形式的优缺点来选取。

对路外停车场宜采用垂直式停车位的排列形式。

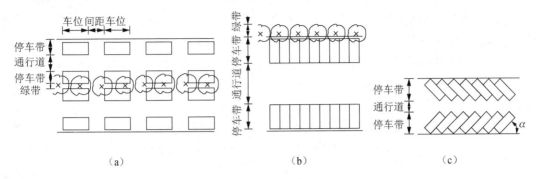

图 10-6 车辆停放方式

(a) 平行式；(b) 垂直式；(c) 斜列式

3. 停车带和通道宽度

停车带和通道的宽度是停车场设计的主要内容，它与车辆尺寸、停放方式、驾驶员的技术水平有关系。

1) 停车带宽度

停车带宽度分为垂直通道方向的停车带宽度 W_e 和平行通道方向的停车带宽 L_t，除应能保证车辆安全出入停车位置外，还应保证车门能够安全开启。表 10-24 所示为机动车之间及机动车与墙、柱、护栏之间的最小净距要求。表 10-25 所示为《车库建筑设计规范》（JGJ 100—2015）中规定的最小停车带、停车位、通道宽度。

表 10-24　机动车之间及机动车与墙、柱、护栏之间最小净距

项目		微型车、小型车	轻型车	中型车、大型车
平行式停车时机动车间纵向净距/m		1.2	1.2	2.4
垂直式、斜列式停车时机动车间纵向净距/m		0.5	0.7	0.8
机动车间横向净距/m		0.6	0.8	1
机动车与柱间净距/m		0.3	0.3	0.4
机动车与墙、护栏及其他构筑物间净距/m	纵向	0.5	0.5	0.5
	横向	0.6	0.8	1

表 10-25　机动车停车场最小停车带、停车位、通道宽度　　　　　（单位：m）

停车方式		垂直通道方向的最小停车带宽度 W_e		平行通道方向的最小停车带宽度 L_t	通道最小宽度 W_d
		W_{e1}	W_{e2}		
平行式	后退停车	2.4	2.1	6.0	3.8
斜列式	30° 前进（后退）停车	4.8	3.6	4.8	3.8
	45° 前进（后退）停车	5.5	4.6	3.4	3.8
	60° 前进停车	5.8	5.0	2.8	4.5
	60° 后退停车	5.8	5.0	2.8	4.2
垂直式	前进停车	5.3	5.1	2.4	9.0
	后退停车	5.3	5.1	2.4	5.5

注：W_{e1} 为停车位毗邻墙体或连续分隔物时，垂直于停车通道（停）车道的停车位尺寸；W_{e2} 为停车位毗邻时，垂直于停车通道（停）车道的停车位尺寸。

2）通道宽度

通道是停车场平面设计的重要内容，其形式和有关参数（宽度、最长纵坡、最小转弯半径等）宜结合实际情况正确选用。

由于不同的进出车位方式的车辆的行驶轨迹不同，因此对通道宽度的计算分为两种情况：

1. 前进停车、后退开出停车方式（图 10-7）

$$W_d = R_e + Z - \sin\alpha[(r+b)\tan\alpha + e - L_r] \quad (10\text{-}8a)$$

$$L_r = e + \sqrt{(R+S)^2 - (r+b+c)^2} - (c+b)\tan\alpha \quad (10\text{-}8b)$$

$$R_e = \sqrt{(r+b) + e^2} \quad (10\text{-}8c)$$

式中：W_d——通车道宽度；

S——进出口处与邻车的安全距离可取 300 mm；

Z——行驶车与车或墙的安全距离可取 500~1 000 mm；

R_e——汽车回转中心至汽车后外角的水平距离；

c——车与车的间距；

r——汽车环行内半径；

b——汽车宽度；

e——汽车后悬尺寸；

R——汽车环行外半径；

α——汽车停车角度；

注意：式（10-8）适用于停车倾角 60°~90°，45° 及 45° 以下可用其他方法（如作图法）。

2. 后退停车、前进开出停车方式（图 10-8）

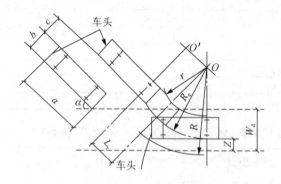

图 10-7 前进停车平面

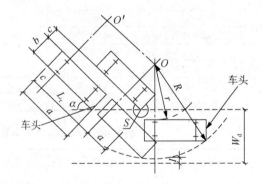

图 10-8 后退停车平面

$$W_d = R + Z - \sin\alpha[(r+b)\tan\alpha + (a-e) - L_r] \quad (10\text{-}9a)$$

$$L_r = (a-e) - \sqrt{(r-S)^2 - (r-c)^2} + (c+b)\tan\alpha \quad (10\text{-}9b)$$

式中：a——汽车长度；其他各参数含义同式（10-8）。

《车库建筑设计规范》（JGJ 100—2015）中规定，通车道宽度可以按照式（10-9）进行计算，但应等于或大于 3.0 m。通道的最小宽度见表 10-25 中的 W_d。

车库内坡道可采用直线形、曲线形。可以采用单车道或双车道,其最小净宽应符合表 10-26 中的规定,严禁将宽的单车道兼做双车道。

表 10-26　坡道最小宽度　　　　　　　　　　　　　　（单位：m）

坡道形式	计算宽度	最小宽度	
		微型、小型车	中型、大型、铰接车
直线单行	单车宽+0.8	3.0	3.5
直线双行	双车宽+2.0	5.5	7.0
曲线单行	单车宽+1.0	3.8	5.0
曲线双行	双车宽+2.2	7.0	10.0

注：此宽度不包括道牙及其他分隔带宽度。行车通道设计的其他要求可以参照《车库建筑设计规范》(JGJ 100—2015)。

3. 单车停车面积

停放一辆汽车所需的用地面积大小与车型（车辆尺寸）、停放方式、通道条数等有关。设计停车场时,按使用和管理要求,预估停车数量、车型、停放方式,确定停车面积。

单车停放面积应包括停车车位面积,且应均摊的通道面积、绿化面积、辅助设施面积。停车车位面积可以根据车型大小及安全间距等来计算。表 10-27 所示为最小单位停车车位面积。

表 10-27　最小单位停车车位面积　　　　　　　　　　（单位：m²/辆）

停车方式		最小单位停车车位面积					
		微型车	小型车	轻型车	中型车	大货车	大客车
平行式	前进停车	17.4	25.8	41.6	65.6	74.4	86.4
斜列式	30° 前进停车	19.8	26.4	40.9	59.2	64.4	71.4
	45° 前进停车	16.4	21.4	34.9	53.0	59.0	69.5
	60° 前进停车	16.4	20.3	40.3	53.4	59.6	72.0
	60° 后退停车	15.9	19.9	33.5	49.0	54.2	64.4
垂直式	前进停车	16.5	23.5	41.9	59.2	59.0	76.7
	后退停车	13.8	19.3	33.9	48.7	53.9	62.7

资料来源：《车库建筑设计规范》(JGJ 100—2015) 条文说明。

4. 停车场的出入口设计

根据《城市道路交通规划设计规范》(GB 50220—1995),机动车公共停车场出入口的设置应符合下列规定：

（1）出入口应符合行车视距的要求,并应设右转出入车道。

（2）出入口应距离交叉口、桥隧坡道起止线 50 m 以外。

（3）少于 50 个停车位的停车场,可设一个出入口,其宽度宜采用双车道；50~300 个停车位的停车场,应设两个出入口；大于 300 个车位的停车场,出口和入口应分开设置,两个出入口之间的距离应大于 20 m。

5. 停车场内的交通组织

停车场是车流和人流混杂的场所,停车场的设置对附近道路交通又有直接影响,因此,必须对停车场的交通组织进行设计。具体设计师应在遵循以下原则的同时,视停车场的规模、车流量、人流量、用地条件、地形等来确定。

（1）停车场必须按不同的车型分别设置停车区，至少应将微型和小汽车与其他车型分开，以利于场地的充分使用和出入方便，也利于交通组织和管理。

（2）停车场内交通路线宜实行单向交通，车辆右转驶入并右转驶出，避免或尽量减少车辆的交叉冲突。

（3）车库车辆出入口的进出车方向，应与所在道路的交通管理体制相协调。禁止车辆左转弯后跨越右侧行车线进出地下车库。为使车辆出入口有良好的视野，地下车库出入口应距离城市道路规划红线（一般为人行道边缘）不小于 7.5 m，并保持 120°的视角。

（4）为了便于组织车辆右行，应在停车场周边开辟道路，由停车场出来的车通过辅路，绕到交叉口，减少交叉，便于管理。旅馆的汽车库（场）的出入口，最好布置在次干道上，避免车辆直接驶入城市干道或快速道路。

（5）入口处及停车场内应设置明显的行驶方向指示标志和停车位置指示牌。

（6）进出停车场的最高行驶车速不得超过 15 km/h，匝道上的最高行驶车速不得超过 10 km/h，视线限制较大时最高行驶车速不得超过 5 km/h。

6. 路内停车规划

道路的正常功能是为车辆出行行驶提供服务的，而路内停车是占用道路资源的一种行为，其设置对道路的通行能力有很大的影响。据国外的统计资料，如果 1 km 路段上沿路边停放 3 辆车，在路段上平均车速为 24 km/h 时，路段通行能力损失为 200 辆/h；如道路两边停放车辆达 310 辆，亦即 1 km 路段两边几乎都停满时，路段通行能力损失约为 800 辆/h。如车辆沿道路零散停车，则路段通行能力的损失率比沿道路整齐停放还大。此外，车辆在道路上的乱停乱放，不仅严重影响居民的出行方便而且容易造成交通事故，而且也容易造成城市市容不良的形象。

因此，为了有效地对路内停车进行管理，有必要对路内停车做出科学、合理的规划。在规划的时候，一般应考虑以下因素：道路条件及道路交通状况，路外停车设施的状况，路外、路内停车特征，道路交通管理政策与管理水平等。一般应遵循以下原则：

（1）路内停车规划必须符合城市交通发展战略、城市交通规划及停车管理政策的要求，路内停车规划应与城市风貌、历史、文化传统相适宜。

（2）应根据城市路网状况、交通状况、路外停车规划及路外停车设施建设状况，按路内停车的功能确定设置路内停车泊位的控制总量。

（3）路内停车位设置应满足交通管理要求，并保证车流和人流的安全与畅通。

（4）路内停车应与路外停车相协调，随着路外停车设施的建设与完善，路内停车应做相应的调整，路内停车规划年限以 3 年为宜。

（5）城市主、次干道及交通量较大的支路，不宜设置路内停车位。

（6）在居民生活影响较大的道路上不宜设置路内停车位。对社会开放的大型路外停车场服务半径范围内，一般不能设置允许长时间停车的路内停车位。

（7）当道路行车道宽度小于表 10-28 中禁止停放的最小宽度时，不得在路内设置停车位。

表 10-28 路内停车场设置与道路宽度关系表

道路类型		道路宽度 B/m	停车状况
街道	双向道路	$B \geq 12$	允许双侧停车
		$8 \leq B < 12$	允许单侧停车
		$B < 8$	禁止停车
	单行道路	$B \geq 9$	允许双侧停车
		$6 \leq B < 9$	允许单侧停车
		$B < 6$	禁止停车
巷弄		$B \geq 9$	允许双侧停车
		$6 \leq B < 9$	允许单侧停车
		$B < 6$	禁止停车

（8）路内停车位主要设置在支路、交通负荷度较小的次干道及有隔离带的非机动车道上。

（9）路内停车位与交叉口的距离以不妨碍行车视距为设置原则，建议与相交的城市主、次干道缘石延长线的距离不小于 20 m，与相交的支路缘石延长线的距离不小于 10 m；单向交通出口方向，可根据具体情况适当缩短与交叉口的距离。

（10）路内停车位与有行车需求的出口之间，应留有不小于 2 m 的安全距离，并保证必要的安全视距。

（11）路内停车位的设置不得侵占消防通道，消防栓前后 4 m 内不得设置停车泊位。

（12）路内停车位的设置应给重要建筑物、停车库等的出入口留出足够的空间，人行横道、停车标志、让路标志、公交车站、信号灯等前后一定距离内不应设置路内停车位。

小　结

当今世界许多大中城市的停车难，已成为一个突出的交通问题。停车设施的规划建设是综合交通规划不可分割的组成部分。本章主要介绍停车设施的分类、停车需求分析与预测及停车场规划、停车场设计。

练　习　题

1. 解决我国城市停车问题的主要途径有哪些？
2. 停车设施的形式主要有哪些？各自有什么特点？
3. 停车调查包括哪些内容？
4. 停车需求量与哪些因素有关？如何预测这些因素与停车需求量的关系？
5. 机动车停车方式有哪些？各自有什么特点？

第 11 章

道路交通环境保护

11.1 概 述

11.1.1 道路交通环境

1. 环境的定义

环境是指影响人类生存和发展的各种天然的和经过人工改造的自然因素的总和,包括大气、水、土地、矿藏、森林、草原、野生动物、自然遗迹、人文遗迹、自然保护区、风景名胜区、城市和乡村等。环境是以人类为主体的外部世界,即人类赖以生存和发展的物质条件的整体,包括自然环境和社会环境。

环境与发展是当今世界普遍关注的重大问题。人类经过漫长的奋斗历程,特别是从产业革命以来,在改造自然和发展经济方面做出了巨大的成就。但与此同时,由于工业化过程中的处置失当,尤其是不合理的利用自然资源,造成了全球性的环境污染和生态破坏,对人类的生存和发展构成了现实威胁。保护生态环境,实现可持续发展,已成为全世界紧迫而艰巨的任务。

2. 道路交通环境

道路交通环境是人们借道路进行交通运输的客观条件。自汽车诞生以来,以汽车为主要运输工具的道路交通给人类带来了莫大的效益和便利,促进了社会经济的发展,提高了人们的生活、生产水平。但事物的发生和发展总是一分为二的,道路交通在给人类社会发展带来巨大正面影响的同时,也带来了负面影响,即道路交通引起了严重的环境污染。

目前,道路交通对环境的影响主要划分为两大类:

(1) 对社会环境的影响,主要包括社会的结合力,服务设施的可利用性,人口迁移和重新安置,就业、收入及商业活动,居住条件,地区发展和经济增长,资源的利用等。

(2) 对自然环境的影响,主要包括环境设计、美学和公路的历史价值,陆地生态系统,水中生态系统,大气质量,噪声、振动等。

3. 我国道路交通环境的现状

1)公路交通环境的现状

我国 20 世纪 80 年代以前的公路建设以普及为主,为交通闭塞地区修建了大量的低等级公路。当时限于投资且交通量不大,大多没有采取环境保护措施,边坡裸露,缺乏排水系统和防护工程,对生态环境造成不同程度的破坏,致使有些公路存在塌方滑坡、水土流失等问题。特别是当时人们要求公路穿过城镇,以利于交通,交通噪声和汽车尾气排放污染着这些城镇的大气和声环境,只是当时交通量不大,矛盾并不突出。

20 世纪 80 年代后,我国公路建设以提高为主,并开始了对环境的研究、评价和保护工作。目前,在新建高等级公路及大型改扩建公路时,基本上考虑了对环境的保护。根据行车试验证明,新建高速公路运行顺畅,在同等交通负荷下比一般二级公路可减少一氧化碳(CO)排放量 47%,碳氢化合物(HC)排放量 48%,碳氧化物 NO_x 排放量 35%,这说明高速公路比普通公路可以大大减少大气污染,从而证明兴建高速公路的环境正面效益是十分显著的。另外,原有已建成的公路,有的已形成新的生态平衡,有的尚未形成。对尚未形成生态平衡的,要求通过养护、绿化栽植,恢复植被,解决各种环境问题。此外,在有些路段上,沿线街道化严重,使汽车排放的废气和总悬浮微粒存在超标现象。

2)城市道路交通环境的现状

目前,城市道路交通量的剧增,对大气环境的污染相当严重。据北京市统计,70%以上的街道两侧的一氧化碳(CO)浓度和氮氧化物(NO_x)浓度常年超过国家标准,甚至在二环、三环等平均车速较高的路段上,NO_x 常年超标。在城市中心地区的交叉路口上,CO 浓度值更是常年超标数倍。我国其他一些大城市也是如此。

噪声污染同样是大城市中普遍存在的社会公害之一。以天津市为例,从 1986~1994 年市区道路交通噪声平均声级昼间在 70~75 dB;夜间道路交通噪声的污染程度要大于白天,特别是在夏季,大、重型车普遍在夜间才允许通过市区,周围环境居民多开窗休息,其噪声干扰比冬季要严重得多。

11.1.2 道路交通污染的种类与危害

道路交通污染主要指公路和城市道路在建设过程中和建成后形成的带状构造物及汽车运行的排放物和噪声等对环境产生不利影响。道路交通污染主要包括以下几个方面:

1. 生态环境方面

道路交通对生态环境的影响包括道路的建设导致沿线水文地质和天然植被的破坏,使自然生态环境失去原有的平衡,加剧水土流失,造成塌方滑坡等;破坏珍稀动物、植物的生活和生存条件,使其繁衍生息受到影响;汽车运行的排放物对农业土壤和农作物的污染;对水资源的污染四个方面。对生态环境其他方面的影响,我国目前尚缺少研究。

2. 大气环境方面

道路交通对大气环境方面的影响主要是汽车运行所产生的悬浮微粒(TSP)、一氧化碳(CO)、氮氧化物(NO_x)、碳氢化合物(HC)及柴油车排放物中的二氧化硫(SO_2)等有害物质。

3. 声环境方面

道路交通对声环境的影响主要表现为机动车加速、机件运转及车体颠簸等造成的噪声和振动，喇叭声、制动声和轮胎与路面的摩擦声等。另外，在道路建设施工中，各种施工机械产生的噪声和振动，虽然只是在施工期间的影响，但这种声污染同样是各大城市中普遍存在的一种重要的环境污染。

4. 社会环境方面

道路交通对环境的正面影响主要是改善了社会环境，但其也给社会环境带来一些负面影响，如征地拆迁、行政区划的改变，人们生活、生产通道的割断和改变，历史文物的破坏等。

环境保护是防止自然界和人类对环境的破坏，而这种破坏与工业、农业、交通运输等活动分不开的。在破坏环境的各种因素中，道路交通占有不可忽视的地位。因此，研究解决道路交通污染问题的方法与措施是相当重要的，特别是当前人们对道路交通的需求与日俱增的时候。本章将主要介绍道路交通产生的大气、噪声、振动等污染的危害与控制。

11.2 大气污染

11.2.1 大气污染的含义、来源和类型

1. 大气污染的含义

大气污染是指大气中一些物质的含量达到有害的程度，以致破坏人类和生态系统的正常生存和发展，对人体、生态和材料造成危害的现象。

大气污染物由人为源或天然源进入大气（输入），参与大气的循环过程，经过一定的滞留时间后，又通过大气中的化学反应、生物活动和物理沉降等过程从大气中除去（输出）。如果它们输出大气的速率小于输入大气的速率，就会在大气中相对地积聚，造成大气中的某种物质浓度的升高。当浓度升高到一定程度时，就会直接或间接地对人体、生态或材料等造成急、慢性危害。一般地说，自然界所具有的物理、化学和生物作用过程（自然的净化作用），使天然源造成的大气污染，经过一定时间后会得到恢复，所以说，大气污染主要是人类活动造成的。

2. 大气污染物质的来源

大气污染物质的来源可分成天然污染源和人为污染源。

1) 天然污染源

自然界中某些自然现象向环境排放有害物质或造成有害影响的场所，是大气污染一个很重要的来源。大气污染物的天然源主要有火山喷发、森林火灾、自然尘埃、森林植物释放、海浪飞沫。

2) 人为污染源

大气的人为污染源可概括为四个方面：燃料燃烧、工业生产过程排放、交通运输过程排放、农业活动排放。

3. 大气污染的类型

大气污染按照污染物的性质可划分为以下两类：

（1）还原型（煤炭型）。这种类型常发生在以使用煤炭和石油为燃料的地区，主要污染物是 SO_2、CO 和颗粒物，在低温、高湿度的阴天，风速很小，并伴有逆温存在的情况下，一次性污染物在低空聚积，生成还原性烟雾，如"伦敦烟雾"事件发生时的大气污染类型，所以人们也将其称为伦敦烟雾型。

（2）氧化型（汽车尾气型）。这种类型大多发生在以石油为燃料的地区，污染物的主要来源是汽车尾气排放、燃油锅炉及石油化工生产。其主要的一次性污染物是 CO、NO_x 和 HC。这些大气污染物在阳光照射下能引起光化学反应，并生成二次性污染物——臭氧、醛、酮类、过氧乙酰硝酸酯等物质。它们具有强氧化性质，对人眼等黏膜组织有强烈刺激，如洛杉矶的光化学烟雾就属于这种类型。

11.2.2 道路交通大气污染物的产生危害

1. 道路交通大气污染物的产生

道路交通对大气的污染是指交通运输中，车辆排出的烟、尘和有害气体，其数量、浓度和持续时间都超过大气的自然净化能力和允许标准，使人们和生物等受到伤害。

交通污染与车流量、车型、燃料、运行状态、道路条件及地理气象等有着密切的关系，在不同的季节与时间中都在随机变化。有关统计资料表明，在一些大城市中 60%左右的大气污染来源于交通废气，且对人及其他生物的危害是严重的。

2. 道路交通大气污染物的危害

汽车排出的污染物对人体有多方面的影响，主要表现为呼吸道疾病与生理机能障碍。

1）呼吸道疾病

近百年来，世界各大城市呼吸道疾病日益增多，很重要的一个原因就是大气污染。国外出现过光化学烟雾事件（如英国伦敦烟雾事件、美国洛杉矶光化学烟雾事件等），其中大量的受害者均系患呼吸道疾病，日本横滨哮喘更是直接由以硫酸烟雾和光化学烟雾为主的第二代污染物引起的。

2）致癌

汽车废气中，粉尘附着的苯并芘是氧化氮和氮氢化合物相互作用生成的硝基化合物，具有放射性的物质（PD_{210}），是致癌的。据有关资料介绍，英国和美国城市癌病死亡率比乡村高 1.26~2.23 倍；日本大阪市 1964~1967 年中，污染区的肺癌发病率比非污染区高 2~3 倍，烟雾期间死亡率比非烟雾期间高 20%。

3）对心血管系统的影响

污染物中的一氧化碳、硫化合物、铅化合物对心管系统有不良影响，一氧化碳侵入人体可吸取血液里的氧，浓度低时会使人眩晕、头痛、精神呆滞、心律异常；浓度高时可能诱发其他疾病造成死亡。

世界上的烟雾事件证明，硫酸烟雾和光化学烟雾对心脏均有严重影响。例如，1952 年 12 月伦敦烟雾事件中，患心脏病者为平时的 3 倍，在事件发生的一周内，因支气管炎死亡 704

人，为前一周的 9.3 倍；冠心病死亡 218 人，为前一周的 2.4 倍；心脏衰竭死亡 244 人，为前一周的 2.8 倍。

4) 对消化系统的影响

污染物对消化系统的影响，以损害肝脏最为突出，常见的症状是肝大、肝区不适、头晕、乏力、记忆力衰退和睡眠障碍等神经衰弱症。

5) 其他影响

一氧化碳、二氧化碳等影响神经系统的污染物称为亲神经性病毒，它们常使人头晕、头痛、乏力、食欲不振等；光化学作用产生的第二代污染物对眼睛有强烈的刺激，能引起眼底病变，导致视神经萎缩、视野缩小及晶体炎等；许多污染物还会引起坏死性肾炎、阻塞性肾炎等泌尿系统的疾病；与其他污染源所产生的污染物一样，汽车排出的污染物对植物、牲畜和各种物品（金属制品、油漆涂料等）也有各种损害或腐蚀作用。

11.2.3 道路交通大气污染的控制方法

防止大气污染是改善自然环境（特别是城市环境）、保护人民健康的重要工作，其措施有以下几个方面：

(1) 制定严格的排放标准和环境法。

20 世纪 60~70 年代，许多国家开始在刑法中列入"公害罪法"，对违反环境保护法、排放大量污染物、危及人类生命健康者进行处罚。在车辆运营过程中，要做好对车辆排污性能的监督和管理。为了统一评价大气的环境质量、保护环境，我国颁布了《中华人民共和国环境保护法》和《环境空气质量标准》(GB 3095—2012)，对空气污染物的浓度限值分两个级别做出了规定，如表 11-1 所示。这个标准是检查大气环境质量的依据，也是检查交通排放物是否造成了污染、是否进行了控制的标准。

表 11-1 空气污染物基本项目浓度限值

污染物名称	取值时间	浓度限值/($\mu g \cdot m^{-1}$)	
		一级	二级
二氧化硫	年平均	20	60
	24 小时平均	50	150
	1 小时平均	150	500
二氧化氮	年平均	40	40
	24 小时平均	80	80
	1 小时平均	200	200
一氧化碳	24 小时平均	4	4
	1 小时平均	10	10
臭氧	日最大 8 小时平均	100	160
	1 小时平均	160	200
颗粒物（粒径小于等于 10 μm）	年平均	40	70
	24 小时平均	50	150
颗粒物（粒径小于等于 25 μm）	年平均	15	35
	24 小时平均	35	75

（2）建立空气质量监测系统。

在建立空气质量监测系统时，可以在需要控制的道路和地区安装空气监测装置，记录 1 h 内的污染浓度，也可以根据长期监测结果制成图表，直接查用。

道路空气监测系统可以与交通自动控制系统联系起来，作为交通自动控制的一个组成部分，道路空气监测站所得空气质量情报可及时传至中央控制室，当空气污染浓度超过规定标准时，控制室可调整交通流，控制车速或采取其他措施予以解决。

（3）控制汽车排污量，发展无公害汽车。

世界各工业发达国家早已对汽车的尾气排放做过多年研究，并取得了很大进展。美国已有 85%以上的汽车装了净化装置，日本采用延迟点火时间的方法，使氮氧化合物的排放量减少 30%～40%，不少国家还积极研制无公害汽车（如太阳能汽车、电动汽车等），以新的能源代替汽油、柴油。

（4）道路绿化。

要按照道路标准化美化工程的要求，科学合理地实行草、花类与灌木、乔木相结合的立体绿化，实现恢复植被，保护边坡，减少水土流失，减少交通噪声和汽车废气污染，美化环境，改善景观的综合环境效益。对低等级公路和有条件的城市道路，应及时洒水，降低大气环境中总悬浮微粒的含量。

（5）加强交通管理。

加强城市交通管理，保护良好的交通秩序，减少交通拥挤、阻塞和各种干扰，使汽车以均匀速度行驶，既可减少排放的污染物质，又可节约能源，提高道路的通行能力。

11.3 噪声污染

11.3.1 道路交通噪声的含义、特性及危害

1. 道路交通噪声的含义

噪声通常指一切频率混杂、呆板、凌乱，对人们的生活、工作、学习和健康有妨碍的声音，即凡人们所不需要，令人厌烦的声音，统称噪声。

道路交通噪声与车流量、车型、车速、路况等有密切的关系，在一天中是随机变化的，是一种变化范围很宽的随机噪声。许多国家的研究结果表明，城市环境噪声的 50%～70%来自道路交通噪声，它主要来源于行驶车辆发动机产生的声音、排气管产生的声音、车辆各零部件振动产生的声音，以及车轮胎与路面摩擦产生的声音等。

道路交通噪声有 A 计权声级、等效声级（L_{eq}）和统计声级几种评价指标，人们常用 dB（A），即分贝来衡量噪声大小。

2. 道路交通噪声的特性

道路交通噪声的源头具有流动性，是一种随机非稳态噪声，它受到道路与交通条件的密切影响，并有以下特点：

(1) 道路交通噪声的分布与道路网的分布一致，其影响范围主要是道路两侧一定范围内的居民及其建筑物等。

(2) 道路交通噪声与道路的坡度、路面的粗糙度、路段位置等有关。道路坡度越大，发动机负荷越增加，噪声越高；越接近交叉口噪声越高；路面粗糙度越大噪声越大。

(3) 道路交通噪声与道路交通状况有着密切的关系。车流量与噪声关系的总趋势是随车流量的增加噪声越大。

3. 道路交通噪声的危害

噪声广泛地影响着人们的各种活动。例如，妨碍交谈、影响睡眠和休息，干扰工作，使听力受到损害，甚至引起神经系统、心血管系统、消化系统等方面的疾病。所以，噪声是影响面最广的一种环境污染，它的危害主要表现在下面几个方面：

1) 听力机构损伤

近几十年来，关于噪声对听觉影响的研究有了很大进展。大量调查和研究证明，强噪声会造成耳聋。根据国际标准化组织的规定，暴露在强噪声下，500 Hz、1 000 Hz 和 2 000 Hz 三个频率的平均听力损失超过 25 dB（A），称为噪声性耳聋。在这种情况下，正常交谈时，句子的可懂度下降13%，而句子加单音节词的混合可懂度降低38%。也就是说，听力发生了障碍。

2) 对睡眠的干扰

睡眠对于人是极为重要的，能够使人的新陈代谢得到调节，使人的大脑得到休息，从而消除体力和脑力的疲劳，所以保证睡眠是关系到人体健康的重要因素。但是，噪声会影响人的睡眠质量和数量。一般来说，40 dB（A）的连续噪声可使 10%的人睡眠受到影响，70 dB（A）可以影响50%的人的睡眠；而突发的噪声在 40 dB（A）时可使 10%的人惊醒，到 60 dB（A）时，可使70%的人惊醒。

3) 对人体的生理影响

许多调查和统计资料说明，大量心脏病的发展和恶化与噪声有着密切的关系。实验结果表明，噪声会引起人体紧张的反应，使肾上腺素增加，从而引起心率改变和血压升高。不少人认为，20 世纪工业生产噪声和交通噪声的升高，是造成心脏病的主要原因之一。

噪声还会引起消化系统方面的疾病。早在 20 世纪 30 年代，就有人注意到，长期暴露在噪声环境中的工人，其消化功能有明显改变。一些研究指出，在某些吵闹的工业行业里，溃疡症发病比安静环境高 5 倍。

在神经系统方面，神经衰弱症候群是最明显的受噪声影响的例子。噪声能引起失眠、疲劳、头晕、头痛、记忆力衰退。

此外，强噪声会刺激内耳腔的前庭，使人眩晕、恶心、呕吐。一般超过 140 dB（A）的噪声会引起眼球振动，视觉模糊，呼吸、脉搏、血压发生波动，全身血管收缩，使供血减少，甚至使说话能力受到影响。

4) 心理影响

噪声引起的心理影响主要是使人烦恼。引起烦恼首先是由于对交谈和休息的干扰，例如，一个人正站在放水的水龙头旁,其背景噪声大约是 74 dB(A),当另一个人离他 6 m 远时,即使放大说话声音,对话也很困难。如果两人相距 1.5 m,环境噪声如果超过 66 dB(A),就很难保证正常交谈。由于噪声容易使人疲劳,因此往往会影响精力集中和工作效率,尤其是对一些不是重复性的劳动,影响更为明显。

此外,由于噪声的掩蔽效应,往往使人不易察觉一些危险信号,从而容易造成工伤事故。美国根据不同工种工人医疗和事故报告的研究发现,吵闹的工厂区域比安静工厂区域出的事故要高得多。

11.3.2 道路交通噪声的控制

为了减少道路的噪声污染,可采取下列措施。

(1)制定切实可行的环境噪声法令条例。

制定切实可行的环境噪声法令条例,并使之得到实施,是保护环境免遭噪声公害影响的重要措施,国外已有较成熟的经验,我国目前基本上已经建立了这套管理法规体系,如《中华人民共和国环境保护法》《中华人民共和国环境噪声污染防治法》《声环境质量标准》等。

表 11-2 所示为我国机动车允许噪声标准,是城市机动车辆噪声管理检查的依据。

表 11-2 我国机动车允许噪声标准

车辆种类	噪声限值/dB(A)	
	第一阶段	第二阶段
	2002 年 10 月 1 日~2004 年 12 月 30 日期间生产的汽车	2005 年 1 月 1 日以后生产的汽车
M_1	77	74
M_2(GVM≤3.5 t)或 N_1(GVM≤3.5 t):		
GVM≤2 t	78	76
2 t<GVM≤3.5 t	79	77
M_2(3.5 t≤GVM≤5 t)或 M_3(GVM>5 t):		
P<150 kW	82	80
P≥150 kW	85	83
N_2(3.5 t<GVM≤12 t),或 N_3(GVM>12 t):		
P<75 kW	83	81
75 kW≤P<150 kW	86	83
P≥150 kW	88	84

注:1)M_1、M_2(GVM≤3.5 t)和 N_1 类汽车装用直喷式柴油机时,其限值增加 1 dB(A)。

2)对于越野车,其 GVM>2 t 时:如果 P<150 kW,其限值增加 1dB(A);如果 P≥150 kW,其限值增加 2 dB(A)。

3)若 M_1 类汽车变速器前进挡多于四个,P>140 kW,P/GVM>75 kW/t,且用第三挡测试时其尾端速度大于 61 km/h,则其限值增加 1 dB(A)。

表 11-3 所示为 2008 年颁布的《声环境质量标准》(GB 3096—2008),表 11-4 所示为国际环境噪声标准,我们应严格贯彻执行。

表 11-3　我国环境噪声限值　　　　　　　　　　　　　　　[单位：dB（A）]

声环境功能区类别		昼间	夜间
0 类		50	40
1 类		55	45
2 类		60	50
3 类		65	55
4 类	4a	70	55
	4b	70	60

注：1）0 类声环境功能区指康复疗养区等特别需要安静的区域。

2）1 类声环境功能区指以居民住宅、医疗卫生、文化教育、科研设计、行政办公为主要功能，需要保持安静的区域。

3）2 类声环境功能区指以商业金融、集市贸易为主要功能，或居住、商业、工业混杂，需要维护住宅安静的区域。

4）3 类声环境功能区指以工业生产、仓储物流为主要功能，需要防止工业噪声对周围环境生产严重影响的区域。

5）4 类特殊住宅指以交通干线两侧一定距离之内，需要防止交通噪声对周围环境生产严重影响的区域，包括 4a 类和 4b 类两种类型。4a 类为高速公路、一级公路、二级公路、城市快速路、城市主干路、城市次干路、城市轨道交通（地面段）、内河航道两侧区域，4b 类为铁路干线两侧区域。

表 11-4　国际标准组织制定的环境噪声标准

性质	标准 L_{ep}/dB（A）
寝室	20～50
生活室	30～60
办公室	25～60
工厂	70～75

（2）控制噪声源。

针对我国车辆状况，首先应改善机动车的构造，对进气、排气采用高效率消声器；对发动机用附加隔声罩。另外，还可采用电气车辆来降低噪声；开发其他类型的车辆如磁悬浮式、气垫式等高效低噪声型的车辆或某些新型热机车辆。

（3）改善运行状况。

采用合理的交通管制与自动控制系统，使交通通畅。合理地控制交通流量，特别是限制载货车的流量，可有效地降低交通噪声。在限制车流量的同时，还应限制车速，使之尽可能地减少加速、减速、按喇叭、制动的噪声。改善路况，提高路面平整度，以降低振动与摩擦噪声。

（4）调整路网规划与城市规划，合理布置路网。

在进行路网规划时，应注意不同功能的道路之间的配合，避免主要干道穿越市中心和文教、住宅区。对噪声特别严重的载重车宜辟专用道，以便集中采取隔音措施。对于住宅区、居民文教区等特别区域，应与交通干线保持一定距离，利用环境自然衰减来降低噪声，必要时还可采用路堑或高架路以减少噪声。对于流量大的一些地区，可采用立体交差和自动信号控制，以保持车辆匀速行驶，降低噪声。

（5）设置防声屏障，限制噪声的传播。

噪声在传播途中，若遇到障碍物尺寸远大于声波波长，则大部分能被反射，一部分被衍射，于是在障碍物背后有一定距离内形成"声影区"，如果被保护点处于声影区，等效声级可降低 8～15 dB。

(6) 道路绿化。

利用树林的散射、吸声作用及地面吸声，可达到降低噪声的目的。一般认为矮的乔木比高的乔木防噪效果好，阔叶树比针叶树好，几条窄林带比一层稠密林效果好，但林带很窄或为灌木时，效果差。

11.4 振动污染

11.4.1 道路交通振动的产生及危害

1. 道路交通振动的产生

当汽车行驶于凹凸不平或有较深车辙的路面上时，汽车产生上下、左右或前后颠簸、摇动，这种不断变换方向的冲击力量作用于车体各部、车上的乘客、路面，路面又将这巨大的外力传给路基，路基土壤又传给道路两侧的房屋，于是沿线一带就产生不同程度的振动。这就是一列火车、一队汽车从路面驶过或从桥上通过时，人们明显地感到振动或摇晃的原因，尤其是夜深人静时感受倍增。当振动超过某种限度就会对人的心理和生理产生某种有害的影响。

2. 道路交通振动的危害

近年来，由于重型车辆、超重型车辆及拖挂列车的迅速增长，发动机功率增大，汽车在运行中产生的振动越来越大，不仅对周围环境、人们生活产生影响，而且破坏安静的气氛，使道路两旁的房屋门窗振动、墙面发裂。另外，由于汽车引起的振动在时间上不分昼夜、连续发生，因此会对沿线居民的身体健康产生不利影响，使人感到疲劳烦躁、焦虑不安。

11.4.2 道路交通振动的感觉

根据国际标准化组织对人体振动的研究表明，振动对人体的振动方式有三种情况：①振动作用于人体的表面或基本部分；②振动通过支撑面传递给人（如站立或坐在汽车上）；③振动作用在人的某一部分或器官（振动的手柄或枕头）。道路交通中的振动主要为第二种，即人站或坐在车上，以及在路旁建筑物中感受到振动。由于受振动的部位、频率、强度、方向和振动持续时间等的不同，其感受反应亦不同，人体感受振动的范围一般在 0.1～500 Hz，受害的主要振动领域为 1～90 Hz。

从人体受害程度，振动又可分为三种：①降低人的舒适性（使人产生不快）的振动；②降低人的工作效率（增加人的疲劳）的振动；③降低人的健康素质的振动。

根据国家标准《城市区域环境振动测量方法》（GB 10071—1988）规定，人体全身振动的感受与振动加速度的对数值大体成正比，故振动大小可以用振动加速度与基准振动加速度之比的常用数值乘以 20 来表示，记为 VAL，单位为分贝（dB）。其定义为

$$\text{VAL} = 20 \lg \frac{A}{A_0} \tag{11-1}$$

式中：A——振动加速度的有效数值（m/s²）；

A_0——基准振动加速度，且假定振动频率为 f（Hz）时：

$$A_0 = 2 \times 10^{-5} f \quad (1<f\leqslant 4)$$
$$A_0 = 10^{-5} f \quad (4<f\leqslant 8)$$
$$A_0 = 0.125 \times 10^{-5} f \quad (8<f\leqslant 90)$$

当垂直振动时，振动频率为 4~8 Hz，一般认为人感受出最小振动加速度为 10^{-2} m/s²，所以

$$\text{VAL} = 20\log \frac{10^{-2}}{10^{-5}} = 60 \text{（dB）} \tag{11-2}$$

由于人体对振动的感受十分复杂，影响因素众多，且很多参数难以测量和取得定量指标，因此我国目前未制定全国性的统一标准，国际标准 ISO 2631：1987E 也仅就 1~80Hz 频率范围做出了规定。我国于 1988 年正式颁布了《城市区域环境振动标准》(GB 10070—1988)（表 11-5），对不同地带白天、夜间允许振动的临界值做出了规定，其中稳态振动是指观测时段内振级变化不大的环境振动，冲击振动为具有突发性振级变化的环境振动，无规则振动为未来任何时刻不能预先确定的环境振动。

表 11-5　城市区域环境振动标准（GB 10070—1988）　　　　（单位 dB）

适用地带范围	昼间铅垂向下	夜间铅垂向下	
特殊住宅区	65	65	本标准适用于连续发生的稳态振动，冲击振动和无规则每日几次冲击振动，最大值昼间不许超标 10 dB，夜间不许超标 3 dB
居民、文教区	70	67	
混合区、商业中心	75	72	
工业集中区	75	72	
交通干线道路两侧	75	72	
铁路干线两侧	80	80	

注：地带范围含义参见表 11-3 的注释。

北京市为保护居民的身心健康，参考国外资料和北京市实际情况制定了一项限制振动的规定《北京市区环境振动标准》（表 11-6），对道路交通的振动提出了要求。

表 11-6　北京市区环境振动标准　　　　（单位：dB）

区域类别	白天	夜间
一类区（安静的居民区）（L_{10}）	65	60
二类区（工商业混杂区）（L_{10}）	70	65

11.4.3　道路交通振动的防治措施

关于振动公害的预防，日本早就有文件规定。1971 年 7 月，日本环境厅开始研究振动限制法。1987 年，国际标准化组织对于人体振动评价提出了一个 ISO 2631 号文件，主要预防措施如下：

（1）道路规划设计时的预防措施。根据类似情况发生振动的实测资料，预估规划道路可能发生振动的场所、范围和严重程度，在规划设计时采取减轻或防止振动的措施。

（2）对振源的措施。交通产生振动的源是汽车，尽可能使汽车本身具有弹性或安装减振

设施以减低行驶中的波动,从而使传给道路的波动变小。路面凹凸与沿路地基的振动有很大关系,故提高道路质量,严格规定道路的平整度加强检测,及时整平路面修补裂缝可以减小振动。其次对车种、车速、质量和交通量的限制也能影响振动。根据国外经验,对损坏的水泥混凝土路面采用沥青罩面能大大减小振动,一般可减少 15~25 Hz。

(3) 加强交通管理是汽车匀速流畅地通行,并及时排除故障或交通事故造成的拥挤阻塞。

(4) 加宽两侧用地,使两旁的房屋远离道路,或在车道两旁布置绿化或设置缓冲地带,依靠土壤吸收振动能以减轻振动的传递,因此有许多国家将道路用地定得很宽,将两旁居民建筑限制在很远的地方,以免受车辆振动的影响。

小　　结

本章介绍了道路交通环境、道路交通污染的种类与危害,并给出了大气污染、噪声污染、振动污染三种主要道路交通环境污染的产生、危害及控制方法。读者只需了解上述内容即可。

练 习 题

1. 叙述道路交通环境的含义。
2. 叙述大气污染的含义、来源和类型。
3. 叙述道路交通大气污染物的产生、危害及控制方法。
4. 叙述道路交通噪声的危害及控制方法。
5. 叙述道路交通振动的产生、危害及防治措施。

第 12 章
城市交通系统

12.1 概 述

城市的形成和演变取决于交通,城市的布局结构、规模大小、生活方式都需要城市交通系统支撑,城市的发展反过来又促进了交通的发展。随着人口的增长、国民经济的高速发展及城市化进程的推进,城市交通需求量急剧增长,交通日趋拥挤、事故频繁,城市交通问题已成为全球范围内的问题。因此,把握城市交通的发展和演变的机理,缓解日趋严重的交通问题,对城市经济发展和人民生活水平的提高起着极其重要的作用。

12.1.1 城市客运交通

城市客运交通从交通方式的角度划分,可以分为行人交通、自行车交通、摩托车交通、小汽车交通、公共汽车交通、轨道交通、出租汽车交通及作为公共交通补充的各类班车等,以上各种交通方式又可以概括为公共交通及私人交通两大体系。

1. 城市公共交通

公共交通体系指按规定路线、一定站距及一定发车频率行驶的公共汽车、无轨电车、有轨电车、地铁、轻轨交通等,也有按固定路线和不固定路线行驶、随上随下的小公共汽车及出租车交通等;有水域交通的城市,旅客轮渡与城市短程客航,也属于城市公共交通范畴。各种公共交通方式之间相互配合,为乘客在速度、价格、舒适程度等方面提供更多的选择,更好地满足城市社会经济活动的交通需求。

城市公共交通是城市客运交通系统的主体,沟通着社会生产的各个环节,维系着千家万户的日常生活,担负着每日大量的上下班出行客流运送任务和生活游息出行的客运任务,给城市居民提供优质、高效的出行条件,是城市建设和发展的重要基础之一。政府在制定国民经济和城市建设发展规划时,都必须包括城市公共交通运输的发展规划,以便促进城市公共交通与城市建设同步、协调发展。

城市公共交通规划,应根据城市发展规模、用地布局和道路网规划,在客流预测的基础上,合理确定公共交通方式的地位、车辆数、线路网、换乘枢纽和场站设施用地等指标,并应使公共交通的客运能力满足高峰客流的需求。

2. 自行车交通

自行车交通属于个体交通。自行车交通的特点是行动灵活，路线可随个人意愿任意选择，平均出行距离不太大，按骑行时间来看以 20～30 min 为宜，它的一般速度（在人的体力胜任的条件下）为 10～18 km/h。因为可以实现门到门服务，所以是一种比较理想的、近距离的代步交通工具，或作为公共交通的辅助交通工具。在我国城市，大部分用作上下班出行工具或换乘工具，平时或假日也用作生活或游息出行活动的交通工具。

3. 小汽车交通

小汽车交通的特点是快速、舒适，是现代城市优越而能自由行动的一种交通手段。国外一些工业发达国家，尤其在美国以私人小汽车作为个体交通工具是极为普通的。如果拿小汽车和我国的自行车交通相比，虽同属个体私人交通，但其在速度、舒适性等方面优于后者。但是，在城市的有限空间内行驶这种无限增长的个体交通工具，给城市带来的后果是严重的，主要表现在城市环境的污染、世界能源的消耗。再者小汽车的单位乘客占用车行道（即动态净空）面积多达 25 m^2/人，也是极大的浪费，在节约城市空间上是低效的。因此，小汽车也只能是有控制地增长，并有规划地纳入以公共交通为主干的综合城市交通结构中去，以发挥它的优越性。

4. 行人交通

以下情况都属于行人交通：不具备私人交通工具（指小汽车、自行车）或无能力操纵交通工具，也不愿乘公共交通工具；出行目的地近；节假日购物出游无须也不愿乘公交车辆；乘坐公交车辆总行程两端的先导或后续行程（指家门至公交站点或下车后到达目的地的两端行程）长；换乘行程长等。

5. 社会客运交通

社会客运交通即厂矿、企业、机关学校等大、中、小型客车交通。其中，有的是上述各单位的定时班车（一般为定时、定点、行驶间断），有的是厂矿企业在任务空闲时间以收费方式支援城市上下班高峰客流的运送，也有节假日或旅游季节企业一部分客车以营业方式负担客运。所有这些对于协助城市公共交通解决上下班高峰的客流运送，起了一定作用。另外，还有一些大城市（如北京）接运国内外大型参观团、代表团或全国性集会、体育运动集会的客流等都是社会客运交通。但其行驶路线相对固定，从交通流的角度来看，增加了城市交通的负担。

12.1.2 城市客运交通结构类型

交通结构随着科技的进步也在不断地变化发展。交通工具从古代社会的马、马车到现代社会的公共汽车、各类电车、小汽车及采用双轨、独轨、导轨、磁悬浮轨道的各类列车，交通网络从地面道路网扩展到地下轨道网络、地上高架道路、高架轨道，形成了立体综合客运交通系统。不同城市的客运交通虽然各有不同，但均可概括为两大类型。

第一类是以运量大的公共交通作为主要客运交通工具的类型，公共交通在这类城市客运结构中处于主导地位，这里的公共交通包括公共汽车、无轨电车、小型公共汽车、地铁、城市铁路、新交通系统等在内的综合客运公共交通。这一类型的城市一般是城市建设密度较大的城市，如日本八个主要城市的公交客运量占总客运量的 51.6%，而小汽车只占 12.3%。俄罗斯的莫斯科、新加坡及中国的香港地区，城市客运都是以公交为主体。

第二类是以私人小汽车作为城市主要客运交通工具的类型，这一类型的城市建设密度小，公共运营费用昂贵，效率很低。例如，美国的旧金山、洛杉矶、底特律、达拉斯等城市公交均不到 10%，而小汽车出行大多占总出行量的 70%以上。旧金山市的客运交通结构中，小汽车占城市总出行量的 75%，公交车则只占 8%，步行占 15%，其他占 2%。

我国是发展中国家，受国民经济基础的制约，城市建设尚在发展中，还没有形成合理的客运交通结构。近年来，由于城市化发展进程的加快，人口加速向城市集中，客流量增长迅猛，交通设施明显不足，城市范围不断扩大，出行距离增长、时耗延长，公共交通主要以地面公共电汽车为主，受地面交通状况影响严重，难以满足居民的出行需求；而个体交通工具如自行车、轻骑、摩托车、私人小汽车，以及单位用车的数量快速增长，又使城市的交通更加拥挤，乘车难、开车难、交叉口排队长的情况日益加剧，道路与交通服务水平不断下降，多数城市公共交通出行率呈萎缩状态，供给与需求的矛盾日益加大。因此，不同城市应根据其自身特点，确定合理的城市客运交通结构，解决供需间的矛盾，促进城市的经济更好地发展。

我国人口众多，城市多数属于密集型，土地资源缺乏，客运交通结构应大力发展以公共交通为主，其他交通形式为辅的形式。不同城市的公共交通方式结构应根据城市规模、用地形状、客流流量和流向、各种公交方式的运载能力、建成区现状、土地利用规划及资金拥有状况，综合考虑社会、经济、交通、环境效益确定。对于中小城市，城市公共交通方式一般采用公共汽车、无轨电车。对于大城市，特别是带状大城市、特大城市，其客流一般较大，而且集中，应考虑采用轻轨、地铁等中运量、大运量公交方式。不同规模城市的主要公共交通方式如表 12-1 所示。

表 12-1 不同规模城市的主要公共交通方式

城市规划与人口		主要公共交通方式
大城市	>200 万人	大、中运量快速轨道交通，公共汽车，电车
	100~200 万人	中运量快速轨道交通、公共汽车、电车
	<100 万人	公共汽车、电车
中等城市		公共汽车
小城市		公共汽车

近年来，北京、上海、广州等城市，已在加快进行地铁、轻轨等大运量快速交通系统的建设。

不同的公共交通方式有不同的运载能力，每条线路的公共交通方式应尽可能地考虑采用其运输能力与线路上的客流量相适应的方式。常用的公共交通方式单向客运能力如表 12-2 所示。

表 12-2　常用的公共交通方式单向客运能力

公共交通车种	运送速度/(km·h^{-1})	发车频率/(车次·h^{-1})	单向运载能力/(万人次·h^{-1})
公共汽车	16～25	60～90	0.8～1.2
无轨电车	15～20	50～60	0.8～1.0
有轨电车	14～18	40～60	1.0～1.5
轻轨	20～35	40～60	1.0～3.0
地铁	30～40	20～30	4.0～6.0

12.1.3　不同类型城市交通方式优先发展次序

因为不同规模城市居民的平均出行距离不同、平均出行时耗不同、客运交通需求量不同、对不同客运交通方式的需求有很大的差异，所以对各种交通方式的合理结构及优先发展次序自然有不同的要求和选择，在表 12-1 中列出了不同规模城市的主要客运方式，但相同规模城市也不一定有完全相同的客运结构。下面简要说明三类不同规模城市的客运交通优先发展次序。

1. 规模大于 200 万人以上的大城市

规模大于 200 万人以上的城市，应以大运量的轨道运输方式为骨干（包括地面快速轨道运输、地下轨道、高架道路与轻轨等），同地面公共汽车、无轨电车、小公共汽车、出租汽车、小汽车及各类班车等组成高速的立体化的综合城市客运交通体系，对自行车出行要适当控制，使其逐步向机动化交通工具转变，同时也要做好步行与自行车交通的统筹规划，使它们能各用其长，各尽其能。在规划时，一般应使公交出行比例占总出行量 50%以上，其中轨道客运量比例占总运量的 30%以上，如暂时有困难无法实现，应预留轨道线路或网络的用地并争取尽快建成。

2. 规模在 50 万～200 万人的城市

规模在 50 万～200 万人的城市，应以大运量的轨道运输与地面公共汽车、无轨电车共同组成的公共交通系统为主干，同小公共汽车、出租汽车、小汽车、各类班车及自行车等共同组成城市快速、方便的综合客运交通系统，以满足城市居民的出行需求。在规划时，公共交通系统的比例应占 50%左右，优先考虑大运量轨道客运系统，并使其客运量比例占 20%左右，对于自行车交通方式既要适当控制，又要认真研究做出较长时期的全局规划。

3. 规模在 20 万～50 万人的中等城市

规模在 20 万～50 万人的中等城市，近期应充分发挥自行车交通的优势，与公共汽车、无轨电车、出租车、小汽车、各类班车等共同组成客运交通综合系统，以满足居民的各种出行需求。在规划时，尽可能使公共交通的客运量逐步增长，有条件的城市应使公交客运量的比例达到全市总客运量的 20%左右。同时，对于步行与自行车交通应做好预测和全面规划，既不要脱离近期的交通结构的实际状况，又要能满足远期居民更高的要求。

12.1.4 客运交通结构的影响因素

不同城市客运交通结构因其交通政策、国民经济发展水平、城市用地布局、交通基础设施及城市自然条件等的影响而各不相同。

1. 交通政策

交通政策对城市客运交通结构有多方面的影响，主要包括国家宏观的交通政策、地方政府的交通政策和经济投资政策的影响。国家制定的交通政策，决定了城市客运交通结构的发展方向；地方政府依据实际的交通状况和经济发展方向所制定的本地区的交通建设发展战略，确保了城市客运交通结构的发展目标，如采取对公共交通的补贴或控制私人小汽车进入市区的收费等政策，以保证公共交通的比例等；政府对某种交通方式的工程建设的投资和贷款予以优惠或限制，会促进或抑制这种交通方式的发展。

2. 国民经济发展水平

建设现代化的城市交通系统，特别是地铁、轻轨等大运量快速交通系统，需要国家投入大量的财力、物力。另外，城市客运交通结构与交通建设投资比例密切相关。发达国家每年用于道路交通建设的投资额很高，占国民经济总产值的 1%~3%，而我国用于发展道路交通建设的资金小于国民经济总产值的 0.5%，资金不足，很难根据需要达到合理的客运交通结构。

3. 城市用地布局

城市用的规模、形态、功能与用地集中程度都影响着城市交通结构。规模方面，随着城市用地规模增大，居民平均出行距离拉长，必然使步行比例减少、公共交通出行比例增加。用地形态方面，我国城市多为单中心中央集团型布局，中心区公交线网密集，人流、车流多，成为交通最复杂、最繁忙的地带，城市中心区的交通量一般占全国总交通量的 30%~35%；而多中心或带状城市中心区的交通量的比例则低很多。用地功能的划分，对出行量的大小、出行距离长短和时间分布也有明显影响。例如，购物中心与就业岗位集中区、居民居住区相距远近，不仅影响出行的平均距离，也影响客运交通结构。在城市功能布局与规划时，如能减少上班、上学的距离，使其尽可能在步行范围之内，可大大减少交通量，减小道路及公共交通的负荷，因为工作出行和学生上学出行要占城市总出行的 80%左右，特别是对早晚高峰的影响很大。城市用地的集中程度高、人口密度高、房屋紧密、公交发达、出行方便等可以提高公交出行率，降低私人方式出行率。

4. 交通基础设施

轨道交通的有无、线路的多少、公共汽车线路数量、线网密度、人均公共汽车数量、覆盖率、换乘时间、发车频率、运行速度等，都影响公共交通分担的出行率。制定优先发展公共交通的政策，大力加强交通基础设施建设，可为公共汽车或其他大容量交通方式的发展创造良好的条件。

5. 城市自然条件

城市的地形、地势、地理环境、气候条件都对城市客运交通方式有影响。天然阻隔，如海湾、河流、湖泊高山等限制城市的形态，阻断了交通线路或改变了网络形态，在一定程度上对客运交通结构产生不同程度的影响；丘陵山地地面坡度很大，不适于自行车运行；极为寒冷地区或海拔很高的高原城市，自行车交通难以适应。

12.1.5 中国城市交通结构发展方向

我国城市居民的出行结构是多元化的。从居民出行要求分析，居民根据自己的经济情况、交通工具拥有情况、出行目的地的远近等各种条件和要求，从便捷性、快速性、舒适性、经济性、安全性等角度出发，选择合适的出行方式。由于不同的出行方式有不同的道路利用效率，并产生不同的交通影响，因此各种交通方式的发展不是无限制的，应通过交通发展策略的引导，使交通结构朝着有利于充分利用道路交通设施运输能力的方向发展。我国城市交通结构的发展方向应顺应我国国情（人口大国），考虑交通基础设施的发展规模，土地利用及土地资源的约束、居民的承受能力等因素，使城市交通的发展符合可持续发展战略。

1. 公共交通占主导地位

城市公共交通是人均道路利用效率最高、消耗资源最少、环境污染程度最轻的大众交通方式。在城市交通系统中，公共交通应该得到优先发展。我国城市的结构多属于密集型，因此，以公共交通系统为主，其他交通形式为辅的形式是我国城市客运交通结构必然的发展方向。提高公共交通方式在交通结构中所占的比例，能提高运营效率、节约能源、减少道路与交叉口的交通负荷和车辆拥挤、改善环境和减少污染。

要保障公共交通的主导地位，必须首先从政策上给予保护，即制定优先发展公共交通的政策。公共交通优先发展政策中，一是优先发展公共汽车交通，从方便、快捷、舒适、经济、安全的角度提高公共汽车综合服务水平，提高公共汽车交通的吸引力。在政策上采取灵活政策，建立多种服务与多种票价相结合的服务体制，采取增加公交线路、延长线路、缩短发车间隔等措施方便居民出行、提高可达性、减少换乘时间；采取增加各类空调车、小区间班车，提高舒适度与直达率。在技术上采取公交专用线、专用道、交叉口专用相位等措施，提高运行速度；通过优化公交网络、优化站点布设及优化车辆调度等提高效率，方便居民换乘车等。

公共交通优先发展的政策中的另一重点是有计划地发展轨道交通，特大城市、大城市在条件允许的情况下应开辟大运量的轨道交通。轨道交通运量大，能较大节省土地资源，不产生环境污染，并且为乘客提供舒适、快速、准时的服务，是最优先的公共交通方式，符合可持续发展战略。

2. 自行车交通占辅助地位

我国是发展中国家，且因人口众多，道路资源有限，虽然大城市私人小汽车的发展已呈快速增长趋势，但自行车仍是我国城市居民个体出行的主要交通工具，并且我国在今后相当长的时间内仍将保留自行车这一特色的交通方式。但我国的许多城市自行车发展有些失控，自行车出行占总出行的50%以上，而且公共交通大大萎缩，造成了道路交通紧张的局面。因此，引导自行车出行量向公共交通转移，能大大减轻城市道路交通压力。

3. 协调发展私人小汽车

进入 21 世纪，无论是从我国居民的购买能力还是从我国经济发展（特别是汽车工业的发展）的需求来看，私人小汽车进入寻常百姓家庭都是必然趋势。但是，我国是人口大国，不能像发达国家那样大规模地发展私人小汽车。我国的私人小汽车发展必须遵循协调发展原则，应做好以下几方面的协调：

（1）与道路交通基础设施建设水平相协调。根据各城市的道路交通设施水平，确定城市的机动车发展规模，避免出现道路交通拥挤及停车难问题。

（2）与环境保护相协调。

（3）与能源开发相协调。

（4）与我国居民素质水平的提高相协调。

12.2 行人交通

12.2.1 行人交通概述

步行是人的一种活动方式，也是最古老、最基本的交通方式。在现代城市交通系统中，步行交通无论是作为一种独立的交通方式，还是作为其他各种交通方式的衔接都是其他交通方式无法取代的辅助系统。

我国是一个人口大国，在我国居民出行中，步行出行和机动车出行一样占有很大的比例。已有的观测资料表明，我国步行交通占全市总出行量的比例：在大城市约占 40%，中等城市占 50%以上，而小城市则可达 60%以上。然而，一直以来存在的重视车忽视人的思想使许多城市不少街道没有合格的人行道。实际上，忽视步行交通没有足够的人行道和人行道被占用，人们只得走向车行道，这是造成交通混乱与交通事故的重要因素之一。

因此，从以人为本的交通规划的基本出发点考虑，应该对步行交通给予充分的重视，其基本目标应该是保障行人的安全。从交通工程的观点看，还应该考虑如何同其他的交通要求取得协调。

12.2.2 行人设施

1. 人行横道

人行横道作为一种过街设施，用来保证行人过街的安全，同时也减少行人过街对车流的干扰和减轻驾驶员的心理负担。实践证明，在人行横道处过街要比非人横道处过街安全，人行过街管理设施越完善处境相对越安全。重视人行横道的设置对于保障交通安全及改善交通秩序有着重大的作用。

人行横道的设置既要保证行人过街的安全性和便捷性，又要尽量减少行人过街对车辆通行的干扰。一般在交叉口因为设置人行横道，然后根据交叉口的间距、道路性质、车流量、沿路两侧大型集散点及公共交通停靠站的位置等情况，考虑路段中间是否必须且可能增设行人过街横道，为确保行人过街安全，以下地段不宜设置人行横道。

（1）弯道或纵坡变化路段，视距不足的地方。

（2）转弯车辆较多而又不能禁行的地方。

（3）瓶颈路段。

人行横道的最小宽度不宜小于 3 m，在此基础上，根据行人过街需求和行人过街横道通行能力适当增加，增加幅度以 1 m 为单位。行过街横道可能通行能力为 2 700 人/（绿灯时间·m）。

2. 人行过街立交

人行过街立交包括人行天桥和人行地道，它的优点是可彻底实现人车分离，尽量减少行人对路段交通流的影响。然而人行立交的投资较大，行人过街必须上下天桥或进出地道，从而增加了许多不便，而且天桥对周围环境也会产生如不协调等影响。因此，在确实需要设置地方，才能设置并使投资见到交通效益，不然，反而会引起行人在天桥或地道之前乱穿道路，诱发交通事故。人行过街立交设置依据如下：

（1）在路段上具备以下情况之一者可修建人行天桥或人行地道。

① 过街行人密集、影响车辆交通、造成交通严重阻塞处。

② 车流量很大、车头间距不能满足过街行人安全穿行需要，或车辆严重危及过街行人安全的路段。

③ 人流集中、火车车次频繁的铁路道口、行人穿过铁路易发生事故处。

（2）在交叉口处过街行人严重影响通行能力时，可根据实际交通情况修建人行天桥或人行地道。

（3）结合其他地下设施的修建，考虑修建人行地道。

12.3 自行车交通

12.3.1 自行车交通概述

1. 自行车分担比例

城市里几乎每个成年人都有一辆自行车。自行车交通是当前我国客运交通的重要组成部分，是近距离交通的有效方式，在城市客运出行结构中占有重要的地位。有关资料表明，自行车出行量占城市总出行量的比例约为 36%，大大超过公交客运量；100 万～200 万人的城市，自行车出行比例平均为 40% 左右，自行车与公交车出行量平均值之比为 72∶28；不足 100 万人的城市，自行车出行比例为 40%～75%，平均为公共交通客运量的 13 倍。

2. 自行车交通特点

从城市可持续发展的角度来看，自行车交通是一种"绿色交通"，具有诸多优点。

1）灵活方便

在所有交通工具中，自行车是最简单灵活的。它服务于个人，属于个人交通，自主性强，能深入到城市的任何地方，可真正实现门到门的服务。尤其是在近距离交通中，由于在时间、空间上比公共交通更具灵活性，因此对市民的吸引力非常大。

2）行驶和停放占用空间小

自行车是占用道路面积较小的交通工具。据研究，3.5 m 宽的行车道，机动车的通行能力约为 1 000 辆/h，而自行车的通行量约为 3 000 辆/h，约为小汽车的 3 倍，停放一辆小汽车的用地可以停放约 10 辆自行车。表 12-3 所示为不同客运方式人均占道路面积的比较。

表 12-3　不同客运方式人均占用道路面积的比较　　　　　　　　　　单位：（m²/人）

客运方式	公共交通	小汽车	自行车
占用道路面积（动态）	1~2	15~20	6~10
占用停车面积（静态）	1.5~2	4~6	1~1.5

注：各种交通方式均以满载情况计算。

3）绿色环保

自行车是一种对环境无污染的"绿色"交通工具，而机动车交通方式都不可避免地产生废气、噪声和振动，其中汽车尾气还是城市大气污染的主要来源之一。自行车基本上不带来任何污染，这是国外提倡自行车的重要原因，也是国内支持自行车继续发展的重要依据。

4）低能耗性

自行车由人力驱动，不消耗任何非再生性能源，因此在城市交通系统中具有独特的优势。

5）经济廉价

在目前城市交通中，经济性和快捷性是乘客选择出行交通工具的主要因素。普通自行车一般价值几百元，能为广大普通市民、学生等阶层所接受。不仅如此，自行车的维修费用和停车费用也要大大低于汽车相应的费用，而且自行车不需要燃料费，也不用向交通管理部门交纳费用。

6）骑自行车有利于健康

自行车具有灵活、方便、经济、污染小等优点，我国作为"自行车王国"，具有发展自行车的良好基础，充分利用现有的这一交通资源，建立合理的交通网络，对解决城市高速发展带来的交通拥挤和城市环境问题，具有重要的现实意义。但是，自行车交通也有不足之处。

（1）自行车交通对时空的消耗远远大于公共交通。搭乘常规公交出行者的时空消耗仅为自行车出行的 1/10。大容量快速轨道交通的乘客的时空消耗更小。自行车出行者在节约自身出行时间的同时，消耗了更多的公共资源。

（2）自行车与机动车的混行，增加了环境污染，限制了公共交通的发展。道路上机动车和非机动车的混行，造成了路段上的交通拥挤和交叉口范围内的交织点和冲突点的增多。同时，非机动车的干扰，使公交车辆运行车速降低，增加了汽车尾气的排放量和噪声的污染。

因此，我们要认清自行车交通的优势和劣势，以便更好地发展自行车交通，使之更好地为人民服务。

12.3.2 自行车交通发展策略

根据可持续发展的要求，结合自行车的交通特点，自行车应发挥其近距离出行优势，使之逐渐成为公共交通的补充，而不是主导出行方式，使自行车和公共交通有机结合、协调发展，重视在行驶过程中人和物的移动，而非车的移动，秉着"以人为本"的观点贯彻始终，更好地适应、支撑城市的发展。具体可以从以下几方面来发展：

（1）规划合理完善的自行车交通网络系统，设置自行车专用道，机动车和非机动车分离，提高行车安全。

（2）在公共交通车站、商业娱乐中心，以及居住地和工作地设置完善的自行车停车设施。

（3）加强自行车交通的管理，保障自行车交通的合理路权，在交叉口可以提供自行车专用车位，同时要严格执法，加强对自行车违章的处罚力度，保障交通安全。

（4）完善自行车的车辆管理机制，加大对自行车盗窃团伙和销赃买赃的打击力度，在自行车的发展创造良好的社会环境。

（5）提高社会的公德水准，增强市民的交通法制观念和交通安全意识，形成人人知法、守法的良好交通文化环境。

12.4 小汽车交通

12.4.1 小汽车交通概述

随着我国汽车工业的发展，全国机动车保有量以每年 10%～15%的速度增长，特别是私人小汽车进入家庭的速度在逐渐加快。据调查数据表明，当人均国内生产总值达到 1 000 美元以上时，私人小汽车发展最快，按照我国城市经济发展趋势，私人小汽车将处于快速发展阶段。虽然小汽车的出现是居民生活水平提高的标志，从一定程度上提高了人们的生活水平和质量，但是由于中国城市用地有限，过度发展私人机动车交通，会使原本严重不足的城市交通设施雪上加霜，以致带来一系列的城市交通问题。小汽车交通是城市综合交通系统中不可缺少的组成部分，为了创造良好的生存环境、节约能源，应该合理发展小汽车交通。

12.4.2 小汽车发展的利与弊

小汽车的发展是一把双刃剑，以其舒适、便捷、准时的运输方式受到了出行者的青睐。但是，它在给人们生活带来便利和促进经济发展的同时，也给城市交通和环境的发展带来各种各样的问题，下面分析发展小汽车的利与弊。

1）发展小汽车的优点

（1）小汽车的发展有利于构建合理的交通结构。

随着人们出行需求的快速增长，多样化的交通方式是出行者的迫切需要。不同的城市居民出行的需求不同，出行的时间和空间也不相同，所以单一的方式不能满足日益增长的出行需求。由于小汽车可以实现门到门出行，因此能满足不同地区不同出行者的需求。

(2) 小汽车的适当发展有利于构建合理的城市结构。

拥有小汽车这样的便利交通工具，可以扩大居民的活动范围，使居民的就业和居住不再受范围限制，可以缓解因城市中心区开发密度过高，造成环境质量下降、用地紧张、交通拥挤等问题，有利于区域内城镇体系的合理规划和布局。

(3) 小汽车的发展能够促进相关工业的发展。

汽车产品涉及众多的工业部门，如冶金、石油、化工、电子、建材等部门。此外，汽车工业的发展还会带动相关的服务业的迅速发展。汽车工业的发展对于调整产业结构、推动工业与国民经济的发展具有良好的作用。

2) 小汽车的弊端

(1) 道路负荷严重。

小汽车的过度发展将加重城市道路网的负荷。小汽车的乘客量一般为2~4人，它的运输效率很低。如果不对小汽车的发展加以控制，将会造成路网严重饱和，产生交通拥挤阻塞，爆发严重的交通问题。

(2) 交通事故增加。

从宏观上看，汽车保有量的大小对交通事故的多少有着决定性的影响。小汽车的过度发展，加重了道路的负担，使产生交通事故的概率增大。

(3) 环境污染严重。

小汽车的过度发展将会使城市的环境质量急剧下降。小汽车排放的尾气含有大量的有毒气体，诱发呼吸道疾病。此外，小汽车噪声对居民日常生活干扰也很严重。

12.4.3 小汽车发展策略

我国城市用地紧缺、能源短缺和环境容量对小汽车发展具有相当大的制约。为此，要制定合适的小汽车发展对策，既能充分发挥其优势，又能实现城市交通的可持续发展。

1. 适度限制小汽车拥有，而不影响汽车工业

随着经济的快速发展，小汽车进入家庭是难以避免的趋势，同时小汽车的发展，能够促进汽车工业的发展。建议城市应该制定制度，限制小汽车拥有且不危及汽车工业的政策。从小汽车拥有方面限制主要有以下对策：

1) 车辆配额和拥有证制度

车辆配额就是政府通过收税来调控车辆拥有。根据这一原理，购买新车必须持有拥车证，而不同车辆的拥车证价格是由市场动态决定的。政府每年根据当前交通状况、能源供应、道路容量、环境容量公布本年度车辆增长率，即车辆配额。每年的年初，根据上年报废车辆的总量，制定当年发放拥车证的总数。一个拥车证可以注册一辆新车，每个拥有证都有使用期限。当拥车证过了使用期限，车主如果要继续使用原来的汽车，必须根据最近几个月拥车证的平均价格购买下一个使用期限的拥车证。通过车辆配额制度可以适当地抑制长期范围内小汽车保有量的增加。

2) 增加小汽车购置税

研究表明，城市居民购买小汽车的需求与汽车价格成弹性关系，即汽车价格上升，居民购车需求下降；居民收入增加，居民购车需求增加。通过增加小汽车购置税，可以适当抑制小汽车拥有量。

2. 合理引导小汽车使用的限制措施

在适度限制小汽车拥有的同时,要进一步运用经济杠杆的调控作用来引导小汽车的合理使用。引导小汽车使用限制主要有以下对策:

(1) 通过道路拥挤收费,减少小汽车的使用。

道路拥挤收费是在特定时间段和路段对车辆实行收费,从时间和空间上来调节交通量,减少繁忙时段和繁忙路段道路上的交通负荷,同时,还将促使客流向高容量的公交系统转移,达到缓解交通拥挤的目的。换句话说,拥挤收费就是将由于交通拥挤而产生的外部负效应通过收费形式内部化,纠正过度地使用道路的状况。拥挤收费带来的财政收入可以作为交通基础设施建设的资金来源和改善公交系统的补助,使交通系统处于良性循环。

(2) 提高小汽车的停车费,减少小汽车的使用。

小汽车的快速发展,使城市的停车设施规模相对短缺,对城区小汽车停车可以收取高的停车费,以控制城区小汽车的使用规模,使小汽车的使用适合城市道路交通设施的容量。

(3) 征收燃油税,鼓励经济型小汽车的发展。

我国是一个能源消耗大国,近年来经常有城市出现能源短缺现象。通过征收燃油税适当控制大功率小汽车使用,对于污染小、小排量、节能型小汽车应给予适当鼓励。因此,应大力发展经济型小汽车。

(4) 合理控制出租车数量,降低出租车空驶率。

目前,很多城市出租车空驶率高,大大增加了无效交通量。有些城市通过预约合用出租车,对相近地点要到达顺路线目的地的乘客可提供预约合用出租。

(5) 适度限制公车的使用。

目前,在城市小汽车中公车占有很大的比例。公车在市区交通中的利用率远高于私车,因此在交通拥堵中的"贡献"应远甚于私车。为此,政府已对公车的使用进行了必要的改革,采取了限制措施。

3. 合理引导小汽车使用的鼓励措施

1) 鼓励停车-换乘

建立城市停车-换乘(Park-and-Ride)系统,引导来自中心区以外的小汽车交通转换为公共交通,在市中区的路口及公共交通换乘枢纽修建收费较低的小汽车停车场,鼓励在郊区及市中心往来的小汽车乘客停车,换乘公共交通工具进入市区,减少对中心城区的交通压力。如在荷兰,上班族可将小汽车停放在城市边缘而转乘地铁,地铁票甚至是免费的。

2) 鼓励"合乘"

在私车拥有量较高的住宅区,鼓励社区组织自愿合乘车辆出行,在使用费、停车费等收费政策上结合乘车优惠。鼓励小汽车乘满人数(4人),乘客少于3人的小汽车要受到交通限制。例如,在美国,有许多地方鼓励多人合乘小汽车。他们规定道路最靠近中心分离线的车道只允许多人合乘的小汽车通行,在一些收费的桥梁和道路,多人合乘的小汽车可以免费通过。又如,新加坡也实行鼓励多人乘车的政策。

12.5 城市公共交通

12.5.1 城市公共交通概述

城市公共交通是与人民群众生产生活息息相关的重要基础设施,是城市交通结构中的重要组成部分,是改善投资环境,发挥城市功能的物质条件,也是城市社会和经济赖以生存、发展的基础。

改革开放以来,我国城市公共交通有了较快的发展,但随着经济社会发展和城镇化进程的加快,一些城市交通拥堵、群众出行不便等问题日益突出,严重影响了城市发展和人民群众生活水平的提高。而优先发展城市公共交通是提高交通资源利用率,缓解交通拥堵的重要手段,也是改善城市人居环境,促进城市可持续发展的必然要求。

1. 公交发展优势

(1) 运载量大,运送效率高,占地面积少,相对于私人交通工具而言,公共交通有着更高的效率。一辆 4 座小汽车,占用的道路空间相当于一辆乘坐 40 名乘客的公交车或 12 辆自行车的道路面积;6 节车厢组成的地铁,相当于 10 km 长的小汽车的载客量。从占用道路空间资源的角度来看,公共交通具有明显的优越性。

(2) 投资相对少,能源消耗低,运输成本低,尾气污染相对少。有资料证明,运载同样数量乘客,公共交通(包括公共汽电车、地铁、轻轨等)与私人小汽车相比,节省土地资源 3/4、建筑材料 4/5、投资 5/6。私人小汽车产生的废气是公共汽车的 10 倍,耗油量是公共汽车的 2~3 倍。2007 年 9 月 16 日至 22 日,110 个城市共同开展了首届中国城市公共交通周及无车日活动。据测算,开展无车日活动一天,可节省燃油 3 300 万升,减少有害气体排放约 3 000 t。大力发展公共交通,有利于控制污染,改善城市环境,对提高能源利用也有较大作用。

(3) 公共交通有利于出行安全,公交车车速相对慢,行驶平稳,一般不易发生交通事故,特别是重大事故更少。有资料表明,小汽车的交通事故率为公共汽车的 7.3 倍,地铁、轻轨等公共交通工具的事故率更低。所以,广大市民对公共交通的安全性是认可的。

(4) 交通方式灵活,适应性强。不同车型为不同地区、不同客流量服务的适应性很强。在客流量大的地方布置大型的公交车,在客流量不能确定的地方则采用灵活的交通方式,如城市公共交通中的出租车可响应需求服务及自取自用。

(5) 能利用技术手段把公共交通资源进行较好配置,这是其他交通方式无法比拟的。

2. 我国公交发展的现状

改革开放特别是 20 世纪 90 年代以来,随着城市进程的加快,我国城市交通建设尤其是城市公共交通建设取得了前所未有的成绩。但是,在许多大中城市,交通问题仍困扰着广大市民的工作和生活,已引起了社会各界的广泛关注。建设部的一组数据显示:和国际化都市相比,我国公交出行比例明显偏低。数据显示,新加坡、东京的公交分担率分别为 63%、86%,而我国城市却普遍在 10%~30%,远低于 60%的理想水平。公交车车速已越来越低,高峰时平均车速只有 10 km/h 左右，比自行车还慢……出行难、行路难、交通时间成本不断增加等成为各地政府不得不面对的问题。

(1) 管理体制不合理，公共交通发展缺乏系统完善的政策支撑体系和法规保障。

一是在市场化进程中，对公交企业还没有形成一套科学合理的财政补贴补偿机制，只注重经济效益，公共交通的公益性难以体现。在 2006 年调查的 117 家公交企业中没有得到政府财政补偿的多达 42 家，占 35.9%。据统计，我国大中城市政府对公交企业的财政补贴占其运营成本的比例不到 10%，而在柏林，政府对公交企业的财政补贴占到其运营成本的 57%、巴黎为 57.5%、华盛顿为 66.1%。

二是城市公交行业分属不同的政府部门，缺乏统一的规划协调，导致轨道交通、公共汽(电)车、出租车等公共交通组成部分难以发挥城市公共交通系统的整体性。在法律法规尚不健全的情况下，公共交通的发展在一定程度上仍依赖于政府行政手段的协调和干预。

三是政府对市场的监管缺乏必要的法律支持，主体不明，权责不清，行为不规范，监管不到位，无法可依的现象影响了城市公共交通事业的发展。

四是投入普遍不足，公交优先战略落实不到位。来自建设部门的资料显示，在 2006 年调查了 117 个城市中，66 个城市在公交场站建设及车辆、设施装备和配置更新方面得不到政府资金支持，占被调查城市的 56.4%。投资结构不合理，资金不足，已经成为阻碍城市公交发展的根本问题。许多城市公交场地建设严重不足，公交停车场规模偏小，中途站和枢纽站没有系统的优化布设，公交专用道建设步伐缓慢，道路交通环境不良，缺乏广泛的公交优先通行保障措施。此外，大运量公交系统建设缓慢，公交运力结构失衡，没有真正发挥大运量城市公共交通方式在城市交通出行中的主力军作用。

(2) 私家车增长迅速，公共交通主导地位逐步丧失。

近年来，小汽车进入家庭，居民机动车出行率不断提高，与此同时，公交分担率却维持不变。结果是形成以个体交通为主、公共交通为辅的低效率、低通行能力和低运作水平的道路交通综合体系。混合交通严重阻碍了公共交通的运行和发展，而公共交通的落后进一步刺激了个体交通的迅速膨胀，从而形成恶性循环。

(3) 运营效率不高，公共交通服务水平日益低下。

我国城市公共交通线路网布局不合理，公交车辆车况较差，营运速度过低，准点率不高，高峰时公交运力紧张，拥挤严重。等车时间长、站点不足、准确率差几乎是城市公共交通的通病。此外，公交从业人员的素质、职业技能和服务意识等还没有得到很好的完善，服务内容和方式亟须创新，人们对公共交通服务水平的需求明显高于现有的服务水平。

(4) 管理手段落后，公共交通调度方式滞后。

公交线路网欠优化，运营调度管理水平落后，现行的调度以人工管理为主，不能根据客流的变化进行动态的调整。公交的实时控制在路段上也无法进行，几乎不能对各个中途站点的情况得到及时的监控和统一的协调。这种缺乏信息化管理和应变能力的公交调度方式导致公交信誉降低，居民转而采用自我时间控制能力较强的私人交通。

3. 解决我国城市公共交通问题的对策

(1) 全面落实公交优先发展政策。

优先发展城市公共交通不仅包括路权的优先，还包括公共交通的政策优先、投资优先、规划用地优先、通行时间优先等。为此，要加大政府对公共交通的扶持力度：一是在财政、税收、贷款、价格等方面向公交倾斜，制定经济优惠政策；二是科学合理地设置公共交通优先车道、专用车道、专用街道等，保障公共交通车辆有必要的道路优先使用权；三是在城市规划中要体现优先发展公共交通的思想。路网的建设规划要与城市规划结合起来，根据城市具体状况，确定城市公共交通发展目标和战略。2007年4月11日，国务院法制办公室公布了《城市公共交通条例（草案）（征求意见稿）》，草案也进一步明确了"公交优先"的原则。

（2）构筑多元化的城市公共交通系统。

公共汽（电）车承担着城市公共客运的主要任务，因此应在稳步增加线路、延长营运里程、扩大站点覆盖面的基础上，优化线网结构和运力配置，尽量向居住小区、商业区、学校聚集区等城市功能区延伸，达到公共汽（电）车运载能力的更优化。同时，经济条件较好，拥堵问题比较严重的大城市可以有序健康地发展轨道交通。其最大运能可达单向5万人次/h，是常规公共汽（电）车的7～8倍。建设轨道交通有困难的城市可以结合城市道路网改造，因地制宜地发展投资少、见效快的大运量快速公交（Bus Rapid Transit，BRT）系统。总之，现代城市要形成一个以地铁、轻轨或BRT系统为骨架，以普通线路为主体，以多种形式的特色线路为补充，辅以灵活响应需求的城市交通模式（如出租车）的公共交通系统。

（3）优化公交线路网，改善公交环境，提高服务水平。

城市公交线路网运输能力的配置应充分考虑公交流量的不均衡性，保证整体运输效能最优。可以在符合条件的地区修建换乘站和换乘枢纽，并在换乘枢纽修建自行车和小汽车停车场，以便于自行车、小汽车、公共汽（电）车和地铁等不同交通方式间的换乘，以及与对外交通之间的有效衔接，实现公共交通的网络化。近年来，在西欧、美国和日本，骑自行车换乘公共交通工具去上班的人越来越多，城市相关部门积极采取措施促进这两种交通方式的协调，这很值得我们借鉴。同时，加快公交车辆更新步伐，开展多层次服务，按不同群体的需要提供不同质量的服务。可以选用多种车型，实施切实可行而又有吸引力的票价政策，既能为低收入者提供稳定、可靠而便宜的服务，又可以向高薪阶层提供舒适豪华的服务，从而增加公交出行的吸引力。

（4）推进公交企业改革，提高信息化水平，实现管理的智能化。

我国城市公共交通行业应该进一步打破垄断，开放市场，改革公交企业产权结构，促进行业合理竞争。广州市试行私人企业经营公共交通就取得了良好的效果。同时，为了统筹安排城市公共交通资源，需要公交企业不断提高科技管理水平。大力推进公共交通线路运行显示系统、车队管理系统、多媒体综合查询系统、乘客出行信息系统等先进的公共交通管理系统在城市公共交通领域的广泛应用，实现公交企业日常经营管理办公的自动化、现代化和智能化。

（5）完善公共交通法规，加强行业管理。

政府职能部门应从实际出发，建立完善的法律体系和组织机构，制定和推行相关技术标准。世界上许多国家和城市均通过公共立法实践取得了成功的经验，如美国的《城市公共交通法》、法国的《公共交通法》等。我国交通运输部积极推动《城市公共交通条例》尽快出台，这将为我国城市公共交通的发展带来更大的机遇。同时，应加强组织领导，强化法规和标准的指导作用，推进城市公共交通行业的市场化进程，维护正常公共交通市场经营秩序，规范公共交通企业经营行为，监督检查企业服务质量，切实保证乘客利益，促进城市公共交通健康有序发展。

（6）重视公共交通文化建设，培养市民自觉遵守和维护交通法规的意识。

一是从小培养交通意识，将城市交通教育融合到学校教学内容体系中。韩国首尔从幼儿园就开始对幼儿进行遵守交通规则的教育，让孩子们扮演交通警察指挥交通；在小学的课程中也设有交通常识科目。首尔还有一个"交通公园"里面设置了各种交通线路和交通信号，供学校组织学生到此学习和实习，以提高学生的交通意识。这些尝试值得我们借鉴。

二是加强对城市居民交通知识的宣传教育，把文明交通作为市民生活规范的组成部分，依靠城市全体市民共同管理好城市交通，逐渐养成文明交通意识，形成公共交通文化。优先发展城市公共交通是建设资源节约型和环境友好型社会的重要途径。

优先发展城市公共交通，有助于引导私家车辆健康发展，合理利用土地，节约能源，减轻污染排放，促进城市交通和谐发展。

12.5.2 常规公交

1. 性能要求

公共汽车以内燃发动机为动力，与其他客运交通工具相比，在线路设置和车辆运行等方面具有高度的机动灵活性，这一点使其具有不可替代的优越性，是任何种类的轨道交通所不能比拟的。但是，公共汽车作为一种常规的街道内地面公共交通方式，不可避免地受到城市道路条件和道路上交通环境的影响，在我国城市机动车与自行车大量交叉混行的条件下更是如此。这一交通特性，恰恰是公共汽车和其他街道内地面公共交通方式的一大弱点，也是促成街道外快速公共客运系统发展的重要原因之一。

公共汽车是城市最常见的一种公共客运交通工具，对它的技术性能要求如下：

1）加速性能好

由于公共交通在城市中时行时停，不可能高速行驶。提高车辆区间行驶速度的主要条件在于车辆的加速性能。公共汽车的加速性能一般用起步距离内的平均加速度来表示。公共汽车的加速性能主要依靠无级变速或挡位变速技术实现。

2）机动性能好

公共汽车机动性能好，表现在转向灵活。公共汽车在设计上采取了前后轴转向装置，机动性能好，意味着它可以随时超越前车行驶。

3）操纵轻便

随着公共汽车大型化发展，驾驶员的劳动强度增大，为减轻驾驶员体力消耗，采用可调高度驾驶座椅、转向器和制动器的加力装置。另外，还可在公共汽车上采用微型计算机以提高汽车驾驶的自动化程度等。

4）乘坐舒适方便

随着城市公共交通客运的发展，为满足乘客对城市公共汽车乘坐舒适性和方便乘客上、下车的要求，采用独立悬架式的专用公共汽车底盘的低地板城市公共汽车，使公共汽车的踏板和通道的离地高度大大降低，极大地方便了乘客的上、下车，并满足了乘坐舒适的要求。

2. 公共交通特性

1）适应性广

从公共交通设线适宜断面流量来看，其适应性很广，在轨道交通发达的地区，起到轨道交通客流的集散作用；在人口密度较低的大城市边缘地区或旧城区的支路上，或大、中型城市的新建居民区或小城市的客流主要方向，都可以优先考虑设置公共汽车线路。

2）线路设置灵活

在公共交通运行空间所需条件方面，虽然公共汽车、无轨电车和常规有轨电车这三种公共客运方式都属于街道内公共客运系统的范畴，而且它们设线的适宜断面客流量和设站条件也基本上相同或相似，但是设置公共汽车线路时，不存在架设动力线和铺设轨道的问题，以及由此带来的线路固定化所出现的种种矛盾；如果不能超车行驶，对路口信号灯配时和街道景观的影响等；车辆运行灵活自由，设线的适用范畴最大，可包括旧城区狭窄街道所覆盖的街区。

3）车站设置灵活

不同的公共交通在线路走向和设站要求确定之后，它们在设站所需空间、工程设施、乘客进出站时的空间联系和为其乘客服务的设施等方面所需要的条件及相应的资金投入量各不相同，而公共汽车和无轨电车车站的设置要求较低，可灵活设置。

4）行车组织灵活

从营运组织上来看，它可以根据客流的变化和具体的营运条件及其他条件，安排不同车型的车辆和行车的组织方案。例如，在高峰小时客流集中的干线上用大容量的车辆组织大站距快车或区间车；在街道狭窄、转弯半径小而客流量又较大的旧城区使用短车身双层公共汽车等。定线和不定线行驶、招手上车和就近下车的小型公共汽车既可以对常规公共电汽车的乘客进行部分分流，为这部分乘客提供便捷、舒适的出行条件，又可以填补常规公共电汽车线路网难以覆盖的"空白区"。

总之，公共汽车所具有的适用性强、灵活性大的交通特性，是其他公共客运方式特别是轨道交通所不能达到的，这一点，是其经久不衰的生命力之所在。

3. 道路交通条件对公交的影响

由于大城市人口众多，当经济发展到一定的规模尚未建立街道外快速公共客运系统时，在交通量与日俱增的条件下，由交通密度不断增加而导致的道路拥挤和阻塞，将对地面常规公共汽（电）车交通的正常运行产生明显的不利影响。

影响地面公共交通车辆正常运行的因素，除了雨、雪天气等自然条件之外，主要还有如下因素：

（1）在未设公共交通专用车道的道路上，公共汽车的运行速率在很大程度上取决于其他机动车辆的数量、运行速度和自行车、过街行人的干扰程度，在交通密集的商业区更为明显。

（2）在路口不实行公共汽车优先通过的情况下，公共汽车常被抢先通过路口的自行车和加速性能好的小汽车所阻挡，而不能及时地通过路口。

（3）在没有公共汽车专用道又无港湾式停靠站的情况下，公共汽车进入、驶出停靠站时会受到行驶中的其他机动车和自行车的干扰,同时在停靠、起动时也会影响到其他车辆。这些影响公共汽车正常和有效运行的因素共同作用的结果集中表现在输送乘客的效率和正点率的降低。

4. 改善公交的对策

为了发挥公共汽车高度机动灵活的优势,克服或减少道路交通环境对其正常运行的不利影响,减少对环境的影响,需要采取政策、规划、工程技术和管理的综合对策。

1) 车辆技术的改进措施

在车辆底盘技术上,德国首先开发出低地板城市公共汽车。由于长期以来城市公共汽车都是在载重货运汽车底盘的基础上进行装配的,而没有自己的专用底盘,因此大部分城市公共交通车辆(包括城市公共汽车、城市无轨电车、小城市公共汽车、双层城市公共汽车等)的乘客地板高度离地面距离比较高,通常地板高度为 700~900 mm,乘客感到上、下车很不方便,尤其是老年人、儿童、孕妇和残疾人。这严重制约了城市公共交通客运的发展,同时难以满足乘客对城市公共汽车乘坐舒适性和方便乘客上、下车的要求。低地板城市公共汽车采用独立悬架式的专用公共汽车底盘,使城市公共汽车地板离地高度大大降低,保持在 320~350 mm,极大地满足了乘客方便上、下车及乘坐舒适的要求。

在环保方面,德国成功研制了低地板导向式轨道的城市公共大客车,瑞典沃尔沃客车公司成功研制了环保概念型低地板型城市公共汽车,其动力为蓄电池和燃气轮机发电机组,以使城市客车乘客室内地板完全平坦又降至最低,地板离地高度仅为 320 mm,蓄电池放置在城市客车车顶。另外,以液化石油气和天然气为燃料的低地板城市公共汽车也投入了批量生产。

2) 公共汽车交通优先管理技术与策略

在交通管理上,在道路条件允许、断面客流量较大的线路,尽量修建港湾式公共汽车停靠站;在过街人流量大的商业街、路口和公共交通枢纽站等地修建行人过街天桥或地道;在重要路段或交叉口实行公交优先管理。

城市道路网络由路段和交叉口组成,是公共车辆运行的载体。公共优先通行系统设计就是在公交车经过的道路网上采取相应的措施,使公交车运行时少受干扰、优先通行。其基本出发点是将公共汽车与其他交通方式在时间或空间上相分隔。公交优先通行设计在欧洲国家十分普遍,常用的公交优先方式有两类:

(1) 路段优先。根据实际情况设置公共汽车专用车道或公交专用道路等。

(2) 交叉口优先。交叉口上的公共优先措施主要有设置专用的公交相位、设置专门的公交车入口车道,以及其他一些特殊的公交车优先排队与通行措施等。

12.5.3 轨道交通

1. 轨道交通介绍

轨道交通是一种运量大、快捷、安全、节能、舒适、低污染的城市公共客运方式。其具有以下交通特点:

1) 运输能力

连续通行的城市快速路,每条车道每小时大约可通过 1 600 辆小汽车,以每辆车 1.5 人计,可运送 2 400 人；在快速道路上开辟公交专用道，每小时运送 4 200 人；地铁每小时单向可运送 3~5 万人，可见，它们的差异高达 6~20 倍。

2）运送速度

地铁运送速度可达 35~40 km/h，轻轨则为 25~35 km/h，而常规公交的运输速度仅为 12~20 km/h。

3）能耗

按每单位运量（以人·km 计）所消耗的能量进行对比，轨道交通系统是小汽车的 1/5，是公共汽车的 1/2.5。

4）污染

小汽车完成单位运量所产生的污染是最高的，公共汽车则要好很多，而地铁和轻轨除噪声及电磁污染之外，几乎对大气没有污染。据预算，中国的大城市轨道交通承担客运量的份额若达到 50% 左右，CO 和 NO_x 可分别降低 92% 和 86%。

5）占用空间

轨道交通与地面道路相比，完成相同运输量，前者占用土地面积仅仅为后者的 1/8~1/3，而且采用电能驱动的地铁和轻轨可以完全不占用地上空间，但道路很难完全布置在地下。

2. 轨道交通的分类

轨道交通基本类型：地铁系统、轻轨系统、市郊铁路、单轨系统、新交通系统、有轨电车。

1）按交通容量分类

交通容量即运送能力，是单方向每小时的断面乘客通过量。按不同的交通容量范围，轨道交通分为特大、大、中、小容量四种系统。

2）按敷设方式分类

按敷设方式分类，轨道交通分为隧道（包括地下、水下），高架和地面三种形式。特大、大容量轨道交通在交通较为繁忙的地区多采用隧道和高架形式，在市郊则采用全封闭的地面形式；中容量也可兼有三种敷设形式，且通常不与机动车混行；小容量轨道交通系统一般采用地面形式，可与机动车混行，运输效率低，相对于普通公交优势并不明显。

3）按路权分类

路权是指轨道交通系统运行线路与其他交通的隔离程度。以此为依据，轨道交通系统可分为 A、B、C 三种类型。

A 类即全封闭系统，与其他交通完全隔离，不受平交道和人车的干扰，一般用于高、大容量及 1.6 万人/h 以上的中等容量轨道交通系统。

B 类即半封闭系统，沿行车方向采用缘石、隔离栅栏、高差等措施与其他交通实体隔离，但在交叉路口仍与横向的人车平交混行，受信号系统控制，一般用于 1.6 万人/h 以下的中等容量轨道交通系统。

C 类即开放式系统，代表地面混合交通，不具有实体分隔，轨道交通与其他交通混合出行，在路口按照信号规定停驶，也可享有一定的优先权，如用道路标线或特殊信号等保留车道，有轨电车通常使用此形式。

4）按导向方式分类

按导向方式分类，轨道交通分为轮轨导向及导向轮导向，一般钢轨钢轮系统（地铁、轻轨、有轨电车）属前一类型，起动较快；单轨及新交通系统等胶轮车辆属后一种类型。

5）按轮轨支撑形式分类

轮轨支撑形式即车辆与转移车重的行驶表面之间的垂直接触与运行方式。从这一标准出发，轨道交通可分为钢轮钢轨系统、胶轮混凝土轨系统及特殊系统。钢轮钢轨系统包括市郊铁路、地铁、轻轨、有轨电车，胶轮混凝土系统主要指单轨及新交通系统，特殊系统包括支撑面置于车辆之上的悬挂式单轨系统、磁悬浮式轨道系统等。

3. 轨道交通的发展

1）地铁

（1）常规地铁。常规地铁多用于超大城市或特大城市市区内部高密度地区间的交通出行，车辆制式和线路特征依各国标准不同而有所不同，运行速度一般为 35～40 km/h，而最大车速可达到 80 km/h。就容量指标而言，单向高峰小时断面流量可达 4 万人次以上，属于大容量快速轨道交通系统。

常规地铁高运量和快速准时的目标，要求其具有专用的运行空间，当地面交通较为繁忙时多采用地下交通，当条件许可时也可采用路堤或高架路方式、实体隔离的平面式或露天置于地下的半降式，但在市区内部仍以地下线居多，如图 12-1 所示。

图 12-1 地铁

但是，地铁造价昂贵，建设周期长，在目前情况下，地铁每公里造价高达 7 亿～9 亿元，而建设周期长又导致了投资回收期长，更加重了投资者的疑虑，给建设筹资造成了很大的困难。

（2）小型地铁。由于土木工程费用在快速轨道交通系统的建设费用中占 75%～80%，其中隧道部分更是占了相当大的比例，而隧道工程费用大致与其断面积成正比，因此致力于达成最小的隧道直径，成为工程设计的重点，而与牵引设施的相关性又导致了小型车厢的使用，于是出现了小型地铁。

小型地铁初期建设费用较低，因此可用于经济条件不允许采用常规地铁的大城市或中等城市，以解决市区内部高密度地区间的交通出行，但由于车辆的轻型化，系统的容量也随之降低，从而限制了小型地铁的广泛使用。

小型地铁的车辆设备、线路特征、容量和车速与常规地铁存着某些相同点和一定的差异，以日本大阪的小型地铁和常规地铁为例进行介绍，如表12-4和表12-5所示。

表12-4　日本大阪常规地铁的车型特征及线路特征

车型特征	长度/m	宽度/m	高度/m	容量/人	最高速度/（km·h^{-1}）	平均速度/（km·h^{-1}）	牵引方式
	18	2.890	3.745	130～140	70	35～45	电力
线路特征	最小转弯半径/m		最大坡度/%		小时断面客流量/（人·h^{-1}）		轨距/m
	正线	支线	正线	支线			
	120	55	3.5	4.5	33 000～66 000		1.435

表12-5　日本大阪小型地铁的车型特征及线路特征

车型特征	长度/m	宽度/m	高度/m	容量/人	最高速度/（km·h^{-1}）	平均速度/（km·h^{-1}）	牵引方式
	12	2.450	2.950	65～74	70	35～45	电力
线路特征	最小转弯半径/m		最大坡度/%		小时断面客流量/（人·h^{-1}）		轨距/m
	正线	支线	正线	支线			
	120/55	55	3.5	4.5	12 800～25 600		1.435/1.067

2）轻轨

城市轻轨的敷设方式有很大的弹性，可依据不同的城市环境和运营条件设计。当地面宽度较大时，在路段上可采用实体隔离的地面轨道，在路口可降至地下或升至空中；在道路空间有限的条件下可采用全程高架。相对于高速道路而言，高架轻轨占地面积仅为其1/3～1/2，宽度有限，更易敷设，如图12-2所示。

图12-2　高架轻轨

与常规地铁相比，轻轨造价低，工期短。从总投资指标来看，地面：高架：地下≈1：3：9，资金限制大大减少，使人口在50万人左右、交通压力不大的中等城市有能力采用；同时，其建设速度快，工期短，适应了城市发展的迫切需要，且交付运营后的资金回收期短，投资风险降低，统筹可能性更大。

从噪声、废气、城市景观三方面综合考虑，轻轨系统对环境影响较小。高架轻轨产生集中型噪声，由于客运量大，因此人均噪声小，而相同运量的道路交通由于产生分散型噪声，人均噪声大且不易治理。

此外，高架轻轨使用电动牵引，不会产生直接废气污染，同时其又吸引了大量的机动车客流，减少机动车废气排放，保护了城市大气环境。城市轻轨可采用钢结构，轻巧美观，影响城市景观程度小，可在不破坏原有风格的前提下大幅度提高交通能力。

3）单轨系统

就技术上的定义而言，单轨系统是指以单一轨梁支撑车厢并提供引导作用而运行的轨道交通系统，如图12-3所示。根据支撑方式的不同，单轨系统可以分为跨座式和悬挂式。

图 12-3　单轨系统

根据车型不同，单轨系统单方面小时运量可达 5 000～40 000 人，一般用于市区内高峰小时单向断面流量在此区间内的客流运送或作为市区通往机场、码头等大型对外交通枢纽的客运交通干线。

单轨系统一般利用城市道路中央隔离带设置结构墩柱，由于采用单一轨梁，因此相对于城市轻轨轨道，其所占的空间更小，对沿线城市景观的影响程度较轻微。以区间双线轨道结构宽度为代表指标，跨座式单轨系统约为 5 m，悬挂式单轨系统约为 7 m，而地铁和轻轨分别为 8.5～9.0 m 和 8.0～8.5 m。

单轨道系统作为专为高架类型所发展的快速轨道交通系统，土方工程量不大，建设成本较低。单轨交通的车辆和轨道容易检查和维修保养，轨道使用寿命长，因此，运营管理费用相对较低。而且，单轨交通轨道结构比较简单，标准轨道梁可在工厂预制，现场拼装，既保证了精度又便于施工，从而可缩短建设工期。

就环境影响而言，单轨车辆采用了橡胶轮胎和空气弹簧转向架，在运行中振动小、噪声低，而电力牵引方式则保障了没有污染空气的废气排出，因此，有利于保持清洁安静的城市环境。

但是，由于单轨系统属于胶轮胶轨体系，轮轨间摩擦较大，因此能源消耗要比地铁约高50%。此外，单轨系统还存在着稳定性问题，跨座式单轨系统需要设置辅助车轮，悬挂式单轨系统的摆动则随车速的提高而加剧，目前还难以有效的解决，从而影响了其广泛应用。

4）市郊铁路

现代城市发展呈现聚散双向运动的特征，"散"表现在城市居住人口为了追求更好的生活环境向郊区扩散，"聚"表现在市中心集约开发和高强度利用，使城市工作人口向市中心凝聚，造成了大量人口在郊区居住，在市中心工作，产生流向集中且时间性差异明显的大量客流，于是运量大、速度快、污染轻的市郊铁路应运而生，把市区和郊区连成一体，提供郊区副中心与市区间、卫星城与城市间的通勤服务，如图12-4所示。

图 12-4 市郊铁路

随着郊区副中心的形成和扩展，市郊铁路也可不限于市区、郊区的连接，而以市中心为核心，覆盖周围地区，承担市中心与郊区及郊区与郊区间长距离、大运量的运输，成为城市快速铁路。

市郊铁路编组灵活，可适应通勤出行的时间集中性和方向性，根据客流大小，调整编车组数及发车间隔，有较高的加减性能和较好的运行秩序，能实现高效运输。在高峰期，市郊铁路可按 10～12 辆编组，单向每小时最大运送能力可达 6 万～8 万人，属于城市轨道交通中的高容量系统。

与地铁、轻轨等轨道交通形式相比，市郊铁路具有大站高速的特点，市区内站间距为 1.5～3 km，运营速度可达到 80 km/h 以上，因而可大大缩短中、远途出行时间。

市郊铁路多采用电力机车牵引，轮轨导向，起动快，对环境没有毒废气排放，空气污染少，噪声小。同时，市郊铁路的能耗也较低，与环境的协调性较好。

市郊铁路的车辆类型、线路特征均接近大铁路，往往与之有方便的联络线或设备共用。在郊区建设时还可以利用既有铁路设施稍加改造成为全封闭的地面轨道，同时市郊铁路站间距长、车站结构简单，因此投资少，工程费用仅为地铁工程费用的 1/5 和高架铁路费用的 1/2。

此外，市郊铁路的建设对城市形态合理发展也具有良好的作用。一方面，市郊铁路运量大、运点长、准点率高，可有效缓解城区向外扩展过程中新开发居住区的道路交通拥挤，解决卫星城居民的通勤通学问题，提高新开发居住区、工业区吸引力，刺激市郊进一步开发，有利于卫星城的形成。另一方面，市郊铁路的建设加快了城市中心区向新建城区和郊区疏散，减少市中心区人口，为旧城改造减少拆迁工作量，有利于中心区改建。

5）新交通系统

都市新交通系统一般是指自动导航运输系统（Automated Guideway Transit，AGT），即已完全自动操作的车厢沿着具有专用路权的固定轨道载运人员的快速轨道交通系统，固定轨道可为地下或高架方式，也可以敷设于地面，但必须完全与街道中的车辆及人行交通隔离。AGT 车辆多采用电力驱动，污染较小。

根据服务容量及路径形式，AGT 可分为三类，即穿梭或环路交通系统、群体系统及个人系统。穿梭或环路交通系统在两地之间往返或沿环状路径绕圈行驶，除可作两点间直接运输外，还可中途设站停留，这一系统通常适用较大型车厢，单车容量可达 100 人。群体系统主要服务于具有相同出发点及目的地的群体乘客，通常采用载客量为 12~70 人的中型车厢，故可视为一种自动形式的公共汽车。由于单车容量较小，因此除可以有较密的班次外，还可设置分叉路线，以便选择性地绕行主线，收集支线的乘客，而服务方式则可分定时排班或中途不停留的区间捷运。

但 AGT 轨路两侧需要安装导轨以诱导车辆运行，并且车速调整、车门启闭、紧靠站台等完全采用自动控制与侦测，技术含量较高，建设成本难以降低，同时 AGT 运量也不大。

12.5.4　快速公交

1. 快速公交概述

1）快速公交的定义

快速公交是指利用改良型公交车辆，运营在公共交通专用道路空间上，保持轨道交通特性且具备普通公交灵活性的一种便利、快速的公共交通方式；其是一种高品质、高效率、低能耗、低污染、低成本的公共交通方式，充分体现了以人为本，构建和谐社会的发展理念。

2）快速公交的起源

快速公交系统起源于巴西的库里蒂巴市。在 20 世纪 70 年代，库里蒂巴市为缓解城市交通拥堵状况，在缺乏足够资金建设轨道交通的情况下，决策者及其城市规划人员大胆开发并实施了一种新型的公共交通方式。他们的措施就是用投入相当于地铁 1/10 的资金，建设具有轨道交通运营特性的公共交通方式。

3）快速公交的特征

（1）快速公交的车辆运营在专用路权上，运营速度一般在 20~35 km/h，接近轨道交通的运营速度。

（2）快速公交的运量一般可达到单向 1.5 万~2.5 万人次/h，与中运量轨道交通的运输能力相当。高标准快速公交系统的运输能力可高达 4 万人次/h 以上，接近或超过大部分轨道交通的运输能力。

（3）大多数快速公交系统采用 18~25 m 长的新型铰接车，单车的载客人数可高达 200~250 人。

（4）快速公交的车辆一般采用色彩鲜艳标志统一的车辆，以体现其品牌效应。

2. 快速公交组成系统

1）快速公交系统运营的道路空间

快速公交系统的车辆运行在专设的公交专用车道或道路上，使快速公交系统的运营速度不受机动车拥堵的影响，如图 12-5 所示。公交专用道路或车道的设置方式很大程度上决定着快速公交系统的运输速度与运营能力。

图 12-5　快速公交专用道

2）快速公交系统的车站与枢纽

快速公交系统的站点通常设置有收费和公交运营信息管理系统；站台的高度设置为与车辆底板等高，以便乘客水平上、下车；车站一般设计为具有明显特征的建筑，便于乘客辨认快速公交系统车站的位置，如图 12-6 所示。

图 12-6　快速公交车站

3）快速公交车辆

快速公交系统车辆一般采用色彩鲜艳及统一的公交车辆，以体现其品牌效应；采用低地板公交车，以方便乘客上、下车；采用大型铰接车以提高系统的运输能力及减低平均运营成本；许多城市的快速公交系统采用对环境影响比较小的清洁公交车，如图 12-7 所示。

图 12-7　快速公交车辆

4）快速公交路线

快速公交系统的线路可以采用与轨道交通类似的单一线路或多条组合线路。快速公交线路的组成比轨道交通具有更多灵活性,因为快速公交系统的线路可以在主干线上互相组合,以及在主干线的起点或终端向外进一步延伸。

5) 快速公交收费系统

快速公交系统包括与其运营管理体制相一致的收费系统,收费形式包括使用硬币、磁条、票据和智能卡四种。为保证快速公交车辆所有车门能够同时上、下乘客,减少上、下乘客延误时间,进一步提高整个系统的运营能力与效率,收费往往采用与轨道交通相同理念,即在站点上完成。

6) 快速公交的运营保障体系

快速公交系统的运营保障体系包括运营组织机构和运营保障设施两个方面。运营组织机构包括项目前期规划与实施的管理机构和快速公交系统运营期的管理与运营机构。运营保障设施主要是智能化的交通管理手段,如道路交叉口的交通信号灯系统、公交车辆全球定位系统和公交运营车站信息管理系统等。

3. 快速公交的发展优势

1) 最有效的利用道路资源

快速公交人均占用道路资源仅为小汽车的 1/20。

2) 低廉的造价与运营费用

快速公交系统的建设、运营和维护成本很低,建设一个快速公交系统的成本相当于建设同样运输能力地铁的 1/10。

3) 低能耗和低污染

不同交通方式对环境的影响比较如图 12-8 和表 12-6 所示。

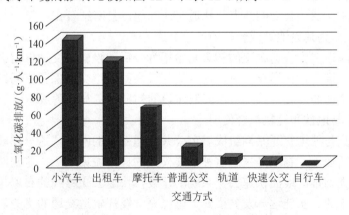

图 12-8 不同交通方式环境影响比较

表 12-6 不同运输方式每 100 万人·km 污染与耗能情况

方式污染物	私家车	出租车	普通公交	快速公交	轨道交通	摩托车
CO_2/t	140.2	116.9	19.8	4.7	7.5	62.0
NO_x/kg	746.0	662.0	168.4	42.0	17.5	90.0
油耗/t	49.2	41.0	6.9	1.6	2.6	21.8

4）见效快、建设周期短

单条线路从立项到完工的时间：快速公交需要 1~2 年，轻轨系统需要 4~6 年，地铁系统需要 8~10 年。

5）速度快、可靠性强

快速公交系统运营在公交专用车道上，因此受其他交通方式干扰较小，车辆速度高，易于和计划时间表保持一致。此外，水平上、下车和车外售票系统使公交车辆在车站内的等待时间减少，行程时间缩短，车辆的平均速度得到进一步提高。

6）有利于城市土地开发

快速公交系统可以促进以公交为轴心的城市土地发展模式（Transit Oriented Development）发展，在快速公交系统沿线修高密度的建筑，可以缩短乘客步行至公交车站的距离，增加公交出行方式的吸引力，为快速公交系统提供充足的客源，实现土地发展和交通系统的良好结合。

4. 快速公交的发展形式

1）快速公交成为整个公交的主体

这种公交发展模式是建立完整的快速公交网络，覆盖大部分的城市。快速公交网络包括公交专用道系统及公交换乘设施。同时，公交票价政策可采用与地铁类似的收费方法，即在整个系统中采用统一的收费标准。

2）快速公交应用于地铁或轻轨的延伸

有些城市在建设轨道交通时盲目地将路线延伸到城市边缘，从城市用地、客流需求或道路交通状况等方面看，建设轨道交通可能是不经济的。由于在城市边缘或城市新开发区，建设快速公交所需要的道路条件较成熟，因此可以使用快速公交作为轨道交通的延伸来降低投资与公共运营成本。快速公交的终点与轨道交通的起点紧密结合在一起。

3）快速公交作为建设地铁或轻轨的过渡交通方式

巴西大多数城市建设快速公交的初衷是希望为今后建设轨道交通保留必要的道路用地。他们将公共专用车道建设在道路中央，为今后建设高架轨道交通保留空间。选用地面快速公交作为建设轨道交通的过渡方式，可以降低建设的初期投资与运营成本。

4）快速公交与地铁和轻轨混合使用

地面快速公交与轨道交通共同组成城市公共交通系统的网络。这一发展战略已被世界上许多大型城市广泛使用，香港是采用这种发展模式的典范城市之一，这些城市在规划与建设轨道交通的同时大力推广地面快速公交系统的建设，快速公交路线的布置与轨道交通的换乘都是紧密结合起来的。实施这一发展模式，可以充分发挥轨道交通的优势，同时可以充分发挥地面快速公交的优势，并且可以降低建设公共交通系统的建设成本与运营维修费用。

5）独立式的快速公交系统

独立式快速公交系统指的是建设一条或多条互不关联的快速公交走廊。这种系统在快速公交建设初期被广泛使用，中国目前大部分的快速公交系统采用这种形式。随着快速公交系统的逐步发展与健全，独立式快速公交可以改变成快速公交网络。

小　　结

本章主要介绍几种主要的客运交通方式，包括行人交通、自行车交通、小汽车交通、公共交通等。随着社会的发展，人们出行多样化要求日益突出，因此需要建立多元化的交通结构体系来满足人们的日常出行。本章主要介绍了各种客运方式（步行、自行车、小汽车、公交）的交通特点，并且对其适用性进行了分析。步行和自行车交通是无污染、低能耗的绿色交通，适合短距离出行，可以作为公共交通的衔接之用。小汽车交通有着门对门的快捷方便的作用，但是其对交通污染、能源消耗、道路资源的占有率也是最大的，对于小汽车交通应该给予合理引导。根据城市规模、形态、经济基础来选择合适的交通方式，引导城市健康发展。通过本章的学习，学生应该了解各种客运交通方式的特点、适用性，了解轨道交通、快速公交等公交系统的发展优势和发展方向。

练　习　题

1. 试分析各种公交方式的适用性。
2. 谈谈你对小汽车交通发展的想法。
3. 快速公交的发展优势与发展方向如何？
4. 谈谈你对自行车交通发展的看法。

第 13 章

交通系统仿真

13.1 概　述

13.1.1 交通系统仿真的定义和作用

交通系统仿真是指用系统仿真技术来研究交通行为，它是一门对交通运动随时间和空间的变化进行跟踪描述的技术。从交通系统仿真所采用的技术手段及所具有的本质特征来看，交通系统仿真是一门在数字计算机上进行交通实验的技术，它还有随机特性，可以是微观的，也可以是宏观的，并且涉及描述交通运输系统在一定期间实时运动的数学模型。通过对交通系统的仿真研究，可以得到交通流状态变量随时间与空间的变化、分布规律及其交通控制变量间的关系。因此，交通系统仿真在道路运输系统各组成部分的分析和评价中发挥着重要的作用。

交通仿真模型与其他交通分析技术（如需求分析、通行能力分析、交通流模型、排队论理论）结合在一起，可以用来对多种因素相互作用的交通设施或交通系统进行分析和评估。这些交通设施或交通系统可以是单个的信号灯控制或无信号控制的交叉口，也可以是居民区或城市中心区的密集道路网、线控或面控的交通信号系统、某条高速公路或高速公路网、双车道或多车道公路系统等。另外，交通系统仿真还可以用来分析和评价交通集散地（如停车场、中转站、机场等）的规划设计及运行状况。

13.1.2 交通系统仿真的分类

1. 仿真分类

交通系统仿真根据仿真对象和仿真目的的不同，可分为微观仿真和宏观仿真。微观仿真以微观模型为基础，宏观仿真以宏观模型为基础。另外，还有一大类更大尺度的宏观仿真，如基于四阶段模型的区域交通规划仿真。

微观仿真通过考察单个驾驶员和车辆及其相互作用特征来描述系统的状态，而宏观仿真则是通过考察交通流特征，即车队的"平均"行为来描述系统的状态。微观仿真和宏观仿真都可用来研究交通流的特征，如交通流量、交通密度、平均车速等。除此之外，微观仿真还可以用来研究每辆车的运动状态，这是宏观仿真所不能办到的。

一般来说，各种类型的交通系统仿真使用的情况如下：

(1) 微观仿真通常适用于动态交通现象，如交通波动分析、可接受空档分析、交织影响分析等，这些分析通常是在非稳定状态下进行的，使用宏观仿真不可能或很难获得结果。

(2) 当交通流中的人-车单元是系统的主要考察对象时，就需要进行非常详细的微观仿真。例如，对不同交通规则影响效果的估计或某一地点交通控制方案的设计等。

(3) 对瓶颈路段进行研究时，如果交通量变化非常大，或交通组成中大型车的比例较高，则需要进行非常详细的微观仿真。

(4) 对交叉口交通状况的研究，宏观仿真和微观仿真都适用。基于排队理论的宏观仿真适用于信号灯前排队长度的研究，而微观仿真更适合于研究信号设置对车辆油耗和交通噪声的影响。

(5) 宏观仿真通常更适合用于道路网交通状态的研究，也可以加入微观的仿真子模型去跟踪显示各个车辆，以及它们在网络中的运行情况。

2. 微观仿真模型的基本要素

微观交通系统仿真模型通常由以下基本要素组成：

1) 道路条件

道路条件通常包括道路几何参数、路面状况、交通标志和标线、交通信号等，根据仿真目的的不同，在仿真过程中，道路条件可以是一成不变的，如研究不同交通流量或交通组成的状况；也可以是不断变化的，如进行道路方案的优化和比选。

2) 车辆到达

对于每一辆到达系统入口处的车辆，模型必须产生一个到达时间。根据仿真目的的需要，还应产生一些其他车辆特征的参量，如车辆类型等，必要时还应包括出行目的地。

到达时间根据每一个入口处的车辆到达间隔分布计算出来。当入口为多车道时，还必须在其他描述车辆特征的参量中给出车道选择。

某些情况下，系统入口处产生的参量仅仅是一个初始值，它们在仿真过程中，将根据道路几何参数或交通条件的变化而改变。

3) 车辆特征

驾驶员的行为受到交通规则和车辆动力性能的限制。描述车辆动力性能的重要参数为最高车速及给定车速的加减速能力，当然，这些参数受车辆特征、道路条件和天气状况的影响。车辆特征通常用发动机功率、车辆容量及空气动力学特性来描述。车辆类型分布在仿真模型中一般采用经验分布。道路条件通过道路几何参数和路面状况来描述。

在微观仿真中，车辆的最高速度将限制车辆的期望速度，而车辆加减速能力参数则用于计算驾驶员决定的执行效果。在仿真模型中，还要对加减速能力充分发挥（如紧急制动或超车）的情况和未充分发挥（如减速停车或干道上逐渐加速）的情况加以区分。

4) 期望车速

车辆在道路上运动主要受车辆期望速度的影响，当交通密度较高时，主要受慢速行驶车辆的车速影响。

实际的期望车速是在低交通量的直线路段上观测出来的，随着交通量的增加，车流中自由行驶车辆数量将会减少，期望车速的观测将变得越来越困难。在构造微观仿真模型时，通常假设期望车速与交通量无关，其分布服从正态分布，据此对小型车和大型车分别建立期望车速分布模型,近年来,则更多地以经验分布代替正态分布。在实际应用时,必须在上述关于期望车速的假设分地点、分车道进行认真的检验。

5) 车辆间的相互作用

在构造微观仿真模型时,要对两种不同类型的人-车单元加以区分,一种类型为运动只受车辆、道路条件和外部因素(如天气状况或速度限制等)影响;另外一种类型为除上述影响因素外,还要受其他人-车单元的影响。

在车辆跟驰模型中,通过一个"感知界限"参量来区分两种类型的人-车单元运动,这一参量也被用于确定什么时候驾驶员将加速或减速,以便与前车保持适当的距离。

构造相互作用模型时,必须对"感知界限"进行观测,并分别计算出两种不同类型的加速度和减速度。此外,还要对每一种道路形式分别进行模型的设置。

6) 车道转换和超车

驾驶员对于来自其他车辆的干扰,一般通过调整自己的车速来体现,当条件允许时,转换车道或超车。

对于描述车道转换和超车的参数很难进行观测,这是因为需要同时记录许多变量。因此,目前这方面的研究成果较少。定性分析表明,当驾驶员离开慢速车道进入超车道时,所能接受的临界空档比由超车道转入慢车道时要小得多。

对于单向行驶道路的车道转换和超车,目前的仿真模型多用于"感知界限"或可接受空档出现的概率或两者结合来描述;对于双向行驶的道路,则要考虑必要的超车距离和对向交通流中产生的空档,有时还要加上视距条件和用于描述驾驶员冒险程度的参数。

3. 宏观仿真模型的基本要素

宏观仿真模型与微观仿真模型的区别主要表现在如下两个基本要素上。

1) 车辆到达

与微观仿真模型一样,在宏观仿真模型中,对于每一辆进入系统入口处的车辆,都要产生一个到达时间,以及相应的特征参量。所不同的是,由于宏观仿真通常用于道路网的交通状态研究,车辆特征参数往往要包括每辆车的出行目的和行驶路线。每辆车的出行目的可以从随时间变化的 OD 矩阵中获得,而行驶路线则可以通过最短路径法计算出来。

2) 相互影响模型

传统的宏观仿真模型应用速度-流量一般关系式来描述车辆在系统中的运动。当道路网系统能够划分为具有相同特征的几个子系统时,也可以将道路几何特征、速度限制和天气状况等因素引入宏观仿真模型。

施威尔德菲格(Schwerdfeger)在 1983 年提出了一个微观和宏观的混合仿真模型,其中既采用了速度-流量的一般关系式,也采用期望车速来计算车辆的实际速度。为避免在相邻路段上出现不连续的情况,在该处采用了平均车速。

13.2 交通仿真的方法和一般步骤

交通系统仿真的对象是含有多种随机成分和各种逻辑关系的复杂的交通系统,因此,它本身就是一个复杂的系统工程。它包括问题分析、模型建立、数据采集、程序编制、仿真运行、输出结果处理等过程，必须按一定的程序和步骤进行。

图 13-1 所示为一般的交通系统仿真流程图，其中包括 11 个步骤，对此将在下面分别进行讨论。当然，由于所讨论问题的不同，研究者思维方式的差异，这 11 个基本步骤也不是一成不变的。

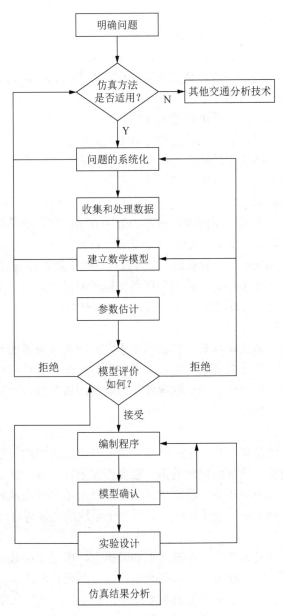

图 13-1　一般的交通系统仿真流程图

第一步：明确问题。

交通系统仿真的第一个步骤是对拟要研究的问题进行详细的了解和描述，明确研究目的，划定系统的范围和边界，以便对各种交通分析技术的适应性做出判断。举例来说，此时要回答下列问题：

（1）希望得到什么样的输出结果？什么样的输入将对输出结果产生影响？

（2）所讨论问题的空间界限和时间界限是什么？

（3）是否存在重要的随机因素？

（4）是否涉及排队现象？是否存在着相互影响的排队过程？

（5）交通条件是否随时间变化？

（6）车辆到达或离去是否服从经典的数学分布？

第二步：确定仿真方法的适用性。

这一步工作的核心是确定在各种交通系统分析技术中，系统仿真对于所讨论问题是最适合的方法。此步应当回答的问题如下：

（1）如果不用仿真方法，所讨论问题如何解决？

（2）为什么仿真方法可以较好地解决所讨论的问题？

（3）是否有仿真研究所需的足够的时间和物质支持？

（4）所讨论问题是否真的可以解决？

第三步：问题的系统化。

一旦确定系统仿真对于所讨论问题是最好的解决方法，就要着手构造一个仿真模型的第一级流程图，其中包括输入、处理、输出三个部分。特别要对输入和输出进行详尽的说明，以便下一步的数据收集和处理。一般来说，输入数据包括交通设施设计参数、交通需求方式、运行规则、控制类型、环境条件等。输出数据则依赖于所讨论问题的类型，通常包括行程时间、延误时间、排队长度、停车次数、交通事故、燃油消耗、尾气污染、交通噪声等。

第四步：数据的收集和处理。

这一步工作的主要内容是根据输入和输出要求收集和处理所需的数据。为此，应当制定观测计划，确保满足最小样本量要求，以便与模型进行标定和有效性检验。接下来是对所收集的数据进行处理，使之符合仿真模型的需要。数据处理通常包括计算均值和方差、确定分布形式和相互关系、进行回归分析和单位转移等。

第五步：建立数学模型。

建立数学模型是系统仿真中最关键的一步，也是最消耗时间的一项工作，通常采用自上而下循序渐进的方法进行。从前面提到的第一级流程图出发，将注意力放在连接输入和输出的处理过程上，建立第二级流程图，确定构成处理过程的主要模块及其相互关系、每一模块的输入和输出。然后，建立第三级流程图，对每一个模块的功能进行详细的描述。

第六步：参数估计。

模型中的参数有两种基本类型，即确定型和随机型。确定型参数可以是常数，也可以根据系统状态的不同，对应于一组常数中的某个值，或按某种回归规律在一定范围内连续变化的值。对于随机型参数，除给出它的均值和方差外，还要指出其分布形式。

第七步：模型评价。

这一步工作的首要任务是对所建模型的各种可能情况进行手工计算，以确定流程中是否出现中断或回路、检验数据输入的适应性和取值范围、检验最终和中间输出结果的合理性。另外，还需要做出一些判断：如是否有必要增加、删除或改变一些变量，是否有必要修正一些确定型和随机型参数，是否有必要对模型的结构进行修改等。如果仅仅需要修正某些变量或参数，则相对来说比较简单，而一旦模型本身存在问题，则需要返回前面的第三步或第五步，有时甚至需要返回第二步，以至有可能放弃系统仿真方法。

第八步：编制程序。

一旦所建的模型被接受，便可着手编制计算机程序。编程工作量大小和难度取决于前面建立的流程图的质量。如果流程图考虑得很周到，模块设计得很详细，则编程仅是简单劳动。这一步工作中最重要的一点是对编程语言和计算机设备的选择。应考虑的因素有开发人员对各种编程包括通用高级语言和专用仿真语言的熟悉程度、计算机编辑器的能力、模型的特征与仿真语言的相容性、仿真程度的可扩展性等。如果所编制的程序将推广应用，如作为商业软件出售，则要考虑留出修改和扩充的余地，同时还要加入必要的注释。

编制程序的最后一项工作是最消耗时间的程序调试工作，程序调试应注意以下几点：

（1）分别调试各子程序，再将它们链接起来进行统调。

（2）先采用确定型数据而不是随机型数据。

（3）采用手工计算结果进行检验。

（4）临时增加一些中间输出。

（5）每一次尽量查出多一些的程序错误，以减少调试次数。

（6）切记程序代码只是反映程序流程图，而非实际问题。

第九步：模型确认。

模型确认包括三项内容，即模型校核、模型标定和有效性检验。

模型校核和程序调试相比，更加详尽也更加费力。其目的是确认程序代码所执行的正是流程图所规定的任务，此时的工作内容并不涉及拟研究的实际问题。

模型标定是以现场观测数据作为输入，检验输出结果是否与实际的观测结果相吻合，检验的重点为输入变量。例如，输入随机分布参数，检验输出的分布形式是否与观测结果一致，如果不一致，则需进行调整，直至与实际情况相吻合。需要指出的是，模型标定时只使用一部分观测数据的质量、计算模型的综合能力和所讨论问题的复杂程度。

有效性检验是将其余未使用的现场观测数据输入仿真程序，并将计算结果与相应的观测结果进行比较。这时，不能再对模型参数进行调整，输出结果与实际观测之间的差异表明了整个仿真程序在所检验条件下的误差。如果这一误差可以被接受，说明仿真程序是可用的，否则就要重新进行标定和有效性检验。

第十步：一旦仿真程序通过有效性检验，便可用来进行仿真实验，在此之前，实验设计是不可忽视的一个步骤。实验设计指的是制定一个详细的实验方案，通常包括如下内容：

（1）选择控制变量。

（2）确定每个控制变量的限制条件或边界条件。

（3）确定每个控制变量的步长。

（4）确定控制变量的层次结构，可考虑先改变初级控制变量，而保持次级控制变量为常数。

（5）如何通过仿真程序中的循环语句自动改变初级控制变量的取值。

（6）如何通过仿真程序中的搜索子程序自动确定最佳条件。

实验设计的难度取决于仿真程序的规模和灵活性，以及所讨论问题的复杂性和状态变化程度。在实验设计时对于随机变量要给予充分的注意，每个随机变量都要经历多次复杂实验。

为此，一是应当确定重复实验的次数；二是每个随机变量都应有独立的随机数发生器产生自己的随机数序列；三是在选择随机数的初始值时要采用灵活多变的方法，以保证其随机性。

第十一步：仿真结果分析。

这一步骤包括三项工作内容，即仿真运行、结果分析和形成文档。

仿真运行过程应当有详细的记录，一般来说，仿真程序自身应当对输出结果加以辨识标记，以便于对其进行分析。

在仿真结果分析时，有可能发现仿真程序中的缺陷，这时应当对其进行修改完善。根据需要，可能还要借助辅助程序输出图形，对仿真结果进行统计检验或生成文本文件。

应当对文档工作给予充分重视。一个完善的仿真软件，应当具备齐全的文档，包括用户使用手册和技术文档。用户使用手册是为除开发者以外的其他使用人员准备的。技术文档应包括所有变量的定义、三级流程图、输出和输入的例题等，必要时还应包括程序清单。

以上介绍了开发交通系统仿真程序的一般步骤，当然，这里的步骤并不是一成不变的，根据开发者风格的不同、问题的复杂程度和软件应用范围的大小，可能会增加或减少一些步骤，要根据情况灵活掌握。

13.3 交通仿真软件简介

13.3.1 常用软件简介

到目前为止，国内外已经推出了几百种交通仿真软件，这些软件包括用于交叉口、城市主干道、高速公路、乡村公路、局部交通网络等类软件，以及一些集成交通仿真软件。在这些交通仿真软件所基于的仿真模型中既有宏观方面的，也有微观方面的，还有中观方面的。

1. 宏观交通模拟软件

1）TranStar

交运之星——TranStar（Transportation Network System's Traffic Analysis Software），是东南大学王炜教授自行开发并具有自主知识产权的交通分析系统软件。TranStar 目前有两个版本：城市交通版与综合交通版。TranStar 软件能为各类交通规划方案提供详细的交通分析与评价指标的预测结果，以及方案实施后交通系统能源消耗与交通环境影响评价结果，包括交通运输需求、网络交通流量、车辆行驶速度、网络交通质量等，为规划方案的制定提供可靠的决策依据。TranStar 是中国自行开发具有自主知识产权的交通分析软件之一，是目前唯一商品化能与国外交通分析软件在中国市场上抗衡的国产软件，已拥有 80 多个国内外正式用户。

2）CORFLO

CORFLO 由美国联邦公路局开发，是 TRAF 模拟系统的一个组成部分，该系统用于城市道路网或连接道路的宏观分析，并且具有交通分配功能。它是唯一可处理快速路或城市道路上汽车、卡车、公交车和合乘车在单一道路或整个道路网环境下运行的仿真软件。

3）TRANSYT-7F

作为 TRAF 仿真软件系统的一部分，由美国联邦公路局开发的 TRANSYT-7F 是一个模拟信号配时优化过程的宏观仿真软件。它是应用于二维路网交通信号配时和分析中全面、广泛的工具之一。从本质上来说，TRANSYT-7F 具有宏观性，但是可以模拟微小时间段的交通流运行情况。

4）TransCAD

TransCAD 软件由美国 Caliper 公司开发，也是目前世界上唯一包含 GIS 和交通运输规划的模型，具有强大的空间分析功能（GIS-T）和开发工具（GISDK），其在国内的研究和开发日益深入，并在某些城市的交通总体规划和交通体系规划中得到应用。

2. 中观交通仿真软件

目前世界上应用比较成熟的中观交通仿真模型包括 DYNAMIT、DYNEMO、DYNASMART 和 METROPOLIS。

1）DYNEMO

与静态模型不同，DYNEMO 的交通分配是动态的，即基于实时交通条件分配交通量，例如，在信号交叉口形成排队或快速路部分路段发生阻塞。动态交通分配使在某一特定研究时段内的交通分配结果更加符合实际情况。除了动态交通分配功能，DYNEMO 还能以活泼的动画形式供技术人员和非技术人员分析不同方案的影响。其主要特征为

（1）基于交通控制的动态交通分配。
（2）交通信号配时。
（3）停车标志设置位置。
（4）匝道测定。
（5）建立实时出行者信息系统。
（6）现场动画制作。
（7）直接从 EMME/2 中导出 OD 矩阵。
（8）直接从微观交通运输仿真软件 VISSIM 中输出交通分配结果。

2）DYNASMART

DYNASMART（Dynamic Network Assignment Simulation Model for Advanced Road Telematics）由得克萨斯大学交通研究中心开发，在 ITS 研究领域中既是一种分配模型，又是一种仿真模型。该模型基于连续流方程和修正的 Greenshields 速度-密度关系模拟交通流，还可以模拟道路交通信号、匝道设置和紧急事件。

3）DYNAMIT

DYNAMIT 由马萨诸塞工业大学 Moshe Ben Akiva 等人开发，是一种用于交通预测和交通诱导的实时动态交通分配系统。

3. 微观交通仿真软件

1）VISSIM

VISSIM 软件是德国 PTV 公司的产品，它是一个离散的、随机的、以 10 s 为时间步长的微观仿真软件。车辆的纵向运动采用了心理-生理跟车模型，横向运动采用了基于规则的算法。VISSIM 软件提供了图形化的界面，采用 2D 和 3D 动画向用户直观显示车辆运动状态，应用动态交通分配进行路径选择。它能够模拟城市道路和郊区公路的交通状况，特别适合于模拟

各种城市交通控制系统。其主要应用：①有车辆激发（Vehicle-Actuated）信号控制的设计、检验、评价；②公交优先方案的通行能力分析和检验；③收费设施的分析；④匝道控制运营分析；⑤路径诱导和可变信息标志的影响分析等。

2）TSIS

TSIS（Traffic Software Integrated System）是一个大型的集成化的交通模拟工具箱，TSIS 适用于信号控制的城市道路、高速公路，或由信号系统与高速公路所组成的更复杂的路网系统。与其他仿真软件相比，它能够模拟各种交通条件下的诸多细节问题。TSIS 主要包括以下功能：土地使用与交通影响研究，高速公路与城市道路的立体交叉、信号配时及协调控制，无信号交叉口、高速公路交织区的车道控制，公共汽车站点与行驶路线，匝道控制，事故检测与事故管理，收费站及货车超重，交通分配，对其他仿真软件的校验，原始数据的收集，对公众的演示等。

3）CORSIM

CORSIM 软件由美国联邦公路署开发，综合了两个微观仿真软件，即用于城市道路的 NETSIM 和用于高速公路的 FRESIM。因此，CORSIM 可以模拟城市道路和高速公路的交通流。CORSIM 的目标是交通系统管理的开发和评价。CORSIM 软件的主要缺点是缺少交通分配算法，使评价匝道控制、事故、出行者信息发生变化引起的交通量转移难以实现。

4）TRANSYT

TRANSYT 是目前世界各国流传最广、应用最为普遍的一种协调配时模拟方法，作为一种微观仿真模型，用以确定定时交通信号参数的最优值，但是模型的灵活性和描述能力较为有限，仿真结果的表达也不够理想。

13.3.2 VISSIM 仿真软件

1. VISSIM 交通模型

VISSIM 由交通仿真器和信号状态产生器两部分组成，它们之间通过接口交换检测器数据和信号状态信息。VISSIM 既可以在线生成可视化的交通运行状况，也可以离线输出各种统计数据，如行程时间、排队长度等。

交通仿真器是一个微观交通仿真模型，它包括跟车模型和车道变换模型。信号状态产生器是一个信号控制软件，基于一个微小时间间隔（0.1 s）从交通仿真器中提取检测器数据，用以确定下一仿真秒的信号状态。同时，将信号状态信息回传给交通仿真器。

交通仿真模型的精确性主要取决于车辆模型的质量，如路网车辆行驶理论。与其他不太复杂的模型采用连续速度和确定的跟车模型不同，VISSIM 采用的跟车模型是 Wiedemann 于 1974 年建立的生理-心理驾驶行为模型。该模型的基本思路：一旦后车驾驶员认为他与前车之间的距离小于其心理（安全）距离，后车驾驶员开始减速。由于后车驾驶员无法准确判断前车车速，后车车速会在一段时间内低于前车车速，直到前后车间的距离达到另一个心理（安全）距离时，后车驾驶员开始缓慢地加速，由此周而复始，形成一个加速、减速的迭代过程。车速和空间阈值的随机分布能够体现出驾驶员的个体驾驶行为特性。

德国卡尔斯鲁厄工业大学进行了多次实地测试以校准该模型的参数。定期进行的现场测试和模型参数更新，能够保证驾驶行为的变化和车辆性能的改善在该模型中得到充分的反映。

在多车道路段上，VISSIM 允许驾驶员超越本车道车辆（默认为 2 辆），也允许其超越临近车道的两辆车。此外，在距离交叉口停车线 100 m 处，驾驶员警惕性会提高。

VISSIM 通过在路网中移动"驾驶员-车辆-单元"来模拟交通流。具有特定驾驶行为的驾驶员被分配到特定的车辆，驾驶员的驾驶行为与车辆的技术性能一一对应。VISSIM 采取三种方式描述"驾驶员-车辆-单元"的特征属性。

（1）车辆的技术参数，如车辆长度、最大车速、可能的加速度、路网中所处位置、实际车速和加速度。

（2）"驾驶员-车辆-单元"的行为：驾驶员的生理-心理反应（判断能力和行动能力）阈值、驾驶员的记忆力、基于当前车速和驾驶员期望车速的加速度。

（3）"驾驶员-车辆-单元"的内在联系、本车道和临近车道的前车和后车、当前车辆所在路段和下一个交叉口、下一个交通信号。

2. VISSIM 软件仿真步骤

VISSIM 进行交通仿真的步骤简单概括起来如下：

（1）根据实测的几何数据画出路网图，包括车道（Link）、接头（Connector）等组成元素。

（2）根据与交叉口连接道路车辆的行车要求（如直行、转向等）添加或编辑行车路线（Define Routing），必要情况下定义方向选择（Direction Decision），但路径选择比方向选择更为有效。

（3）添加或编辑车辆类型（Vehicle Types），相当于定义车辆功能的物理性能，包括车型、选定车型几何尺寸、颜色、期望速度及加减速性能等，期望速度可以在交通组合中编辑。

（4）添加或编辑车辆类别（Vehicle Class），一种或几种车辆类型可组成一个车辆类别，速度、评价、路径选择行为和其他交通网络元素都是直接针对车辆类别而言的。默认情况下，一个车辆类别指向同名的一种车辆类型。多种车辆类型只要它们具有相似驾驶行为仅仅是特性不同才能组成同一个车辆类别，例如，BUS 因为其有不同的长度因而将它们分为不同的类型，但因为其有相同的驾驶行为所以可以组成一个车辆类别。

（5）定义交通流组成（Traffic Composition），它定义每一进入交通网络的交通流的车辆组成（类别及混合比或流量），值得注意的是，公交车辆的流量将在公交车路径里单独定义而不能包括在此流量中。

（6）定义进入交通网络的交通流量，交通流量可因路段或时间段的不同而不同。

（7）建立信号控制（Signal Controller）和信号组（Signal Groups），并在同交叉口相连接的车道上（Lane）设立交通控制灯（Signal Head）。

（8）选定要输出的统计文件（如记录排队长度及延误文件），并调整有关模拟参数对整个交通网络进行仿真模拟。

小　　结

交通系统仿真是在计算机上进行交通实验的先进技术，是交通领域研究的一大热点。利用交通仿真模型，不仅可以动态地、逼真地仿真交通流和交通事故等各种交通现象，深入地分析车辆、驾驶员和行人、道路及交通流的交通流特征，有效地进行交通规划、交通组织和管理，还能用于其他模型有效性的验证。由于道路交通的复杂性，以及解析和经验模型的局限性，为了更全面地了解交通运行情况，更准确地评价改善方案的效果，通常将仿真运用于交通分析。本章介绍了交通系统仿真的定义及作用，总结了交通系统仿真的一般步骤；简要介绍了常见的宏观、中观、微观交通仿真软件，重点说明了 VISSIM 仿真软件的交通模型及操作方法。

练 习 题

1. 谈谈你对交通系统仿真作用和发展的认识。
2. 谈谈 VISSIM 仿真软件与其他软件相比有何优势和不足。
3. 简述交通仿真的步骤。

第 14 章

智能运输系统

14.1 概 述

14.1.1 ITS 的概念

ITS 是近几十年发展起来的新型交通理念,迄今为止,国际上没有公认的定义。在第一届 ITS 世界大会上,大会主席对 ITS 做了如下描述:"ITS 是较完善的道路基础设施之一,将先进的信息技术、通信技术、控制技术、传感器技术及系统综合技术有效地集成并应用于地面交通系统,从而建立起大范围内发挥作用的,实时、准确、高效的地面交通系统。"又有专家给出解释,其一为"ITS 是为了出行安全方便和提高交通资源的效率,运用实时监测、信息技术、通信技术、计算机控制等技术创造的具有人类智慧特征的交通系统"。其二为"ITS 是随着情报通信技术的发展,灵活运用信息通信及控制技术,使人、车、路融为一体,提高交通设施的利用率,削减交通出行,从而达到建立安全、高效、快速、舒适,并有利于环境的交通运输系统"。

从对 ITS 的描述来看,推进 ITS 的目的是使出行安全、方便和提高交通资源的利用效率,应着眼于系统,强调系统具有人类智慧特征。ITS 在传统交通系统基础上发展起来的,具有新理念,在处理交通问题时,探索采用高新技术来改造现有道路系统和交通管理体系,充分发掘现有路网潜力,尽量提高交通资源的利用效率,降低能耗,减少交通环境污染,在促进交通发展的同时做到保护环境。在进行交通管理时,更强调服务的理念,将管理与服务相结合,以服务促进管理,向用路人提供广泛的信息交换,使之有选择的可能。

ITS 强调系统,强调众多组织协调发展,共同研究、开发、调控,各子系统间实现有效的信息交换和共享,研究开发智能化、集成化的技术与方法,才有发展的可能。

14.1.2 ITS 的产生与发展

1. ITS 的概念、地位和作用

广义地说,交通是指人、物及信息的空间的移动;实际上,人们一般把人和物的移动划分到交通领域,而把信息的传递划分到通信领域。

ITS 目前尚无公认的定义。一方面是因为不同的研究者从不同的角度考虑,对 ITS 的认识不同;另一方面,ITS 本身正处于迅速发展时期,其内涵和外延都处于发展变化中。ITS 起始于美欧,成熟于日本。20世纪60年代末期,美国最早开始了ITS领域的研究。经过几十年的发展,美国、欧洲、日本成为世界ITS研究的三大阵营。目前,其他国家和地区的ITS研究也有相当规模,如澳大利亚、加拿大、中国等。可以说,全球正在形成一个新的ITS产业。

ITE、日本汽车道路交通智能化协会(Vehicle, Road and Traffic Intelligence Society, VERTIS)及我国的交通工程学者都曾给ITS进行过定义。

ITE:ITS是把先进的检测、通信和计算机技术综合应用于由汽车和道路形成的道路交通运输系统中。

VERTIS:ITS是运用最先进的信息、通信和控制技术,信息化、智能化解决道路交通中的交通事故、交通阻塞和环境破坏等各种问题的系统,是人、车、路之间接收和发送信息的系统。

我国交通工程学者:ITS是在关键基础理论模型研究的前提下,把先进的信息技术、数据通信技术、电子控制技术及计算机处理技术等有效地综合运用于地面交通管理体系,从而建立起一种大范围、全方位发挥作用、实时、准确、高效的交通运输管理系统。由于该系统可以使汽车与道路的功能智能化,是目前国际公认的解决城市及高速公路交通拥挤,改善行车安全,提高运行效率,减少空气污染等的最佳途径。ITS将成为21世纪现代化地面交通运输体系的模式和发展方向,是交通运输进入信息时代的重要标志。

2. ITS是科技发展的必然产物

交通运输的发展史是人类社会发展史的一个重要组成部分,是一部科技的发展史,交通运输业的发展更是科学技术发展的象征。

路是人走出来的,从有人类开始就有了道路,人类转入定居生活以后,以住地为中心的步行交通的历史就开始了。但是,这一阶段生产力发展水平低下,水上和陆路运输都是利用天然的运输工具,原始运输方式主要依靠人力搬运和动物驮载。

大约公元前4000年,马车被发明出来。它改变了原始的运输方式,是运输史上新的里程碑。马车的出现,使道路交通进入了马车交通阶段。

1765年,英国人詹姆士·瓦特总结前人的经验,研制出了世界上第一台具有独立性的动力机械——蒸汽发动机,这使当时汽车研制者看到了希望之光,蒸汽机的出现构成了交通运输领域的第一次革命。

1866年,奥托公司生产的"活塞式四冲程奥托内燃机"向蒸汽机提出了有力挑战,为汽车制造业的发展开辟了广阔的道路。内燃机车、汽车和飞机都是内燃机应用于交通运输领域的成果,它们的发明和使用使交通运输的发展又进入了一个新的阶段。

1885~1889年,戴姆勒和他的助手制造了装有内燃机的四轮实验汽车,并配上了变速器。这是世界上第一辆汽车,它的出现标志着汽车运输时代的开始。

1886~1920年,是汽车交通发展的早期阶段。这一时期汽车数量不多,公路运输仅是铁路、水路运输的辅助手段。该时期是世界铁路大发展的时期,因而也称为铁路运输时代。

1920~1945年,是铁路发展的中期阶段。这一时期,公路运输不仅是短途运输的主力军,而且在中、长运输中开始崭露头角,与铁路、水路竞争,并且出现了早期的高速公路(1919年)。

1945年至现在的70多年间,公路发展十分迅速,欧洲各国、美国、日本先后建成了比较完善的公路网，许多国家打破了一个多世纪以来以铁路为中心的交通运输格局，公路运输已在综合交通运输体系中起着主导作用。

电力的发明也是 20 世纪伟大的科学技术成果之一，在交通运输方面也实现了车辆动力牵引的电力化。现在，电车、地铁、轻轨已成为大城市交通的重要载客工具。

实践证明，交通运输史是科学技术发展史的缩影，交通运输业从产生到发展的每一步，都凝结着科学技术的成果。交通运输业的每一次革命，无论是交通工具的更新换代，还是运输方式的拓展变革，都与科学技术成果直接相连。科学技术的发展推动了交通运输的发展，ITS 正是现代科学技术发展的必然产物。

3. ITS 是信息化社会发展的必然要求

一般认为，人类社会的发展要经历原始社会—农业社会—工业社会—信息社会。由于经济技术的发展，部分国家已步入了信息化社会。信息化是当今世界经济和社会发展的大趋势，是产业升级和实现工业化、现代化的关键环节。信息化水平也是城市竞争力和实现可持续发展的重要标志。以微电子技术、计算机技术等为核心而引发的数字化、网络化、智能化科学技术发展迅速，极大地改变了人们的思维方式、生活方式和交流方式，有力地推动着社会生产力的发展。伴随着人类向信息化社会的迈进，交通运输业也面临着一次重大的变革，为实现信息化社会发展的需要，交通运输必须信息化。

ITS 是高科技发展的必然结果，也是信息化社会发展的必然要求。

4. ITS 是世界经济发展的必然要求

没有良好的环境，就没有经济的发展。交通运输系统是构成社会基础结构的一个核心要素，它是一个动态系统，是社会经济发展的通道和载体，决定着社会经济的运行状态。建立 ITS 是交通运输系统实现现代化的一项重要举措，ITS 能够促进社会经济环境的进一步优化，是世界经济发展的必然要求。

5. ITS 是解决交通问题的最佳途径

1）交通问题的概念和现状

一般认为，交通问题是指对社会或经济未能产生正效益，交通本身的机能也未充分发挥的状态。20 世纪 60~70 年代，世界各国经济发展进入了高速增长时期，汽车数量急剧增加，导致已有的道路难以满足经济发展的需要，进而带来了负面影响，产生一系列的交通问题。最近的一项研究表明，仅美国的主要城市每年由于交通拥挤而造成的浪费就超过 475 亿美元，每年因交通拥挤浪费了多达 143.5 亿升的燃料和 27 亿工作小时。在日本，人口密度比较大，每天昼夜行驶的汽车有 7 000 万辆，每年交通事故死伤人数达 100 余万人，大量的汽车交通需求，在各地区均造成了交通拥挤，每年仅时间损失就达 53 亿小时，经济损失达 12 兆日元，给社会和经济带来沉重的负担，此外，还会导致沿路环境恶化、能源消耗增加等严重问题。另据介绍，日本交通事故的死亡人数从 1988 年以后连续 8 年每年达到 1 万人以上。我国道路交通死亡人数每年达 10 万人左右，直接经济损失近 20 亿。所有交通问题的现状说明：现代的交通运输已经对人类生命、财产和生存环境构成威胁。

2）解决交通问题的方法

交通问题的存在就是人、车与路之间的矛盾问题，解决这一对矛盾的办法有以下几个：

第一，控制需求。最直接的方法就是控制车辆的增加，或改变车型，使车辆数量减少，但在相当长的时期内，舍弃车辆是不可能的。

第二，增加供给，也就是修路。修建道路是解决交通问题的一个途径。由于城市之间的交通拥挤往往可以在建设了足够的城市间的（高速）公路后得到解决，因此相当一段时期内，很多国家无一例外地采取了增加供给，即靠大量修筑道路基础设施来缓解当前的交通问题。我国这几年实施的以积极的财政政策进行公路基础建设来拉动经济发展的国策，将使我国的道路网很快具有相当的规模。从已经运营的国家公路网来看，多数城市间的高速公路处于较高的服务水平。但是，在城市内部，一是历史原因导致我国大城市的城市规划普遍不尽合理，改造现有道路任重道远；二是土地面积有限，城市内特别是城市中心区可供修建道路的空间越来越少；三是经济的发展必然带来出行的增加，即使加快修路，道路建设的步伐还是赶不上车辆的增加速度。因此，限制车辆的增加或通过大量修路都不是解决交通问题的好办法。特别地，我国人口众多，出行次数必然很大，短时间内修太多的路也难以做到。所以，相当一段时间内，还存在着混合交通，要解决交通拥挤、减少交通事故、彻底消除交通的混乱等局面，必须采取第三种方式——实施 ITS。

第三，实施 ITS。城市交通系统是一个复杂的大系统，城市交通规划和城市交通信号控制仅仅是城市交通网络建设和道路交通管理的重要环节，单独从车辆方面考虑或单独从道路方面的考虑都是片面的，凭借它们尚不足以经济而高效地解决交通拥挤和交通安全问题。所以，把人、车、路综合起来考虑，充分应用现代科学技术的 ITS 为解决城市交通问题提供了全新的方法。

可以预料，ITS 将成为 21 世纪现代化交通运输体系的管理模式和发展方向，是交通运输进入信息时代的重要标志。ITS 这一崭新概念伴随着科学技术的进步而出现、发展，并为解决交通问题带来了新的前景。

随着我国 ITS 研究和开发进程的不断推进，必然会出现一些和我国经济、社会、交通等特点相伴随的特有理论和技术问题。因此，开展与我国国情相适应的、具有中国特色的 ITS 理论和应用技术的研究具有迫切性和必要性。

ITS 的发展可以追溯到 20 世纪 70~80 年代的一系列车辆道路系统新技术开发与应用。在美国，由政府、企业、学术机构等参与，共同酝酿提出 IVHS。1991 年，美国国会通过 ISTEA，俗称"冰茶法案"，从此美国的 IVHS 研究所开始进入宏观运作阶段。1994 年，美国将 IVHS 更名为 ITS，之后欧洲、日本等相继加入这一行列。经过 30 年的发展，美国、欧洲、日本成为世界 ITS 研究的三大基地。

在欧洲，有关车辆和道路的研究，最早是分别按 PROMETHEU（Program for European Traffics with Highest Efficiency Safety）计划和 DRIVE（Dedicated Road Infrastructure for Vehicle Safety in Europe）计划进行的。前者面向汽车技术，使先进的信息、通信技术与汽车技术结合，重点放在车辆的改进上；后者面向道路和交通控制技术，这一计划的第一阶段致力于研究、规划、试验，尝试将人工智能技术应用公路系统，第二阶段继续第一阶段的工作，主要致力于运行测试与评价研究。1991 年，成立了欧洲道路交通通信协作组织（European Road Transport Telemetric Implementation Coordination Organization，ERTICO），该组织的成立使欧洲将车辆和道路的研究结合为一体，开始了欧盟的 ITS 研究与开发的进程。

20 世纪 70 年代，日本开始车载动态路线指示系统的研究；20 世纪 80 年代，日本开始有关道路、通信系统的研究，以及运动交通通信系统的研究；1990 年，日本开始研究开发车辆信息与通信系统；1994 年，日本成立了 VERIS，以期求得各方合作，共同推进日本的研究进程。

我国学者从 20 世纪 90 年代初开始关注国际上 ITS 的发展，交通部从 1996 年开始，安排落实了一系列的研究项目和示范工程项目，如进行了公路智能化交通系统发展战略研究，同时，建立 ITS 实验室及开展测试基地建设、网络环境下不通车收费系统示范工程等。1999 年 11 月，我国正式组建国家 ITS 工程技术研究中心，主要工作包括推进交通领域 ITS 的工程应用，协助国家制定 ITS 领域的标准和规范，研究和开发 ITS 领域的新技术、新产品，并促进 ITS 的产业化发展。2000 年 2 月，我国成立了全国 ITS 协调指导小组及办公室，标志着我国政府正式进入 ITS 的建设，我国 ITS 建设步入统一协调、规范发展的阶段。2000 年 7 月，我国公布了《中国智能交通系统体系框架》。近年来，我国组织了一系列国内外和国际的学术、技术、产品交流活动。

1994 年，在巴黎召开了第一次 ITS 世界大会，欧洲各国、日本、美国都参加了此次大会，发表论文 500 多篇，以后每年都在不同国家召开 ITS 世界大会。在北京，1999 年，由科技部、公安部和交通部共同主办了"1999 国际智能运输（ITS）技术交流和产品展示会"；2000 年 7 月，又由亚太地区 ITS 协会主办，中国科技部、中国智能交通系统协调指导小组共同承办了第四届亚太地区智能交通系统年会暨技术产品展示会。

14.2　ITS 的组成

ITS 的实质就是将先进的车辆控制技术、信息技术、数据通信传输技术、电子控制技术及计算机技术等综合运用于整个道路交通运输管理体系，使人、车、路更加协调地结合在一起，建立一种实时、准确、高效的管理体系，从而提高道路交通运输效率，最终使道路交通运输实现智能化。例如，可以运用全球卫星定位系统（Global Positioning System，GPS）及 GIS，并采用在 GSM 网络平台的基础上，对系统内的运营车辆进行全方位、实时、准确的监控调度，从而保证车辆安全快捷地实现驾驶任务，提高整个交通系统的效率。

14.2.1　先进的交通管理系统

先进的交通管理系统就是充分利用现代的计算机和通信技术手段实现交通运输状况的综合管理，在交通管理中心生成交通管理方案，将各种交通管理手段系统地以不同方式表现出来，如自动化信号计时、可变信息标志、大屏幕投影仪、公共信息板等，从而对整个交通系统进行综合协调的管理，达到改善路网运行状况，提高道路利用率，减少交通事故的发生率，缩短出行时间，提高燃油利用率等的目标。

1. 城市交通控制

城市交通控制是智能交通应用的核心。交通控制系统的核心是减少交通拥堵，降低污染及减少交通事故的发生，进而节约能源，保护环境。

城市交通控制系统的基本功能模板如下：

（1）利用各种传感器，自动收集交通信息，如交通流量、阻塞信息等。

（2）基于实时信息的交通信号控制。

（3）通过人机界面及其他设备，为驾驶员提供实时交通状态信息。

（4）实时信息从交通控制中心到分交通控制中心的传送。

在世界上，计算机控制的交通系统越来越普及，范围小到十字路口的微处理器，大到复杂的城市交通网络集成控制系统。这些系统依靠交通视频设备、车辆检测设备等信息源实现控制交叉路口灯光配时，改变信号循环配时。

2. 高速公路管理系统、匝道控制及交通需求管理

高速公路管理系统能够监控交通状态，为出行者提供可供选择的出行线路，调节车速。该系统可以让信息管理者执行多种控制策略，如匝道控制、车道控制等。

匝道控制是指在进入高速公路路口时，交通信号的控制。高速公路管理系统的目的就是要控制进入公路的车辆，如果控制得当，可以达到平缓车流的目的，提高车辆的通行能力。根据公路上不同的交通流密度改变车辆行驶速度，也可以大大提高车流量。

减少交通拥堵的方法之一就是对交通需求进行管理。这包括根据车流量对交通配时进行管理，从而控制车流量；还有通过对车辆单双牌号进行限制管理。同时一些其他措施也在交通拥堵的环境下应用。

3. 计算机与远程传感器之间的数据交换技术

在交通信息传递过程中涉及大量的数据传输，包括原始信息采集、信息处理、相关信息的发布。

使用计算机技术与远距离传感器进行数据交换项目，远距离交通监测器与工作站之间可以通过陆地线路或无线方法进行数据交换，陆地线路可以租借电话线路、光纤电缆或双轴电缆，无线方法包括无线电电波、微波及分布光谱。

该系统在数据流方向能得到最好的描述。这个项目的目的是传送由交通监视仪收集的数据给位于某个中心，如一个交通管理中心的工作站，利用其转换网络。

4. 电子收费系统

先进的交通管理系统中一个重要的子系统就是电子收费系统（Electronic Toll Collection，ETC）。电子收费系统是充分运用现代通信技术、电子技术、计算机网络技术等高新技术，对车辆实行不停车自动收费。根据不同的服务系统，电子收费主要分为以下几种类型：①通关电子收费，主要应用于城市道路、公路、桥梁、隧道等的收费路口；②泊车电子收费，车辆停车场收费使用，以电子货币的形式支付停车费；③乘车电子收费，主要应用于公共交通工具上；④信息服务电子收费，信息使用者通过电子支付的形式有偿使用 ITS 数据信息。

自动电子收费系统可以产生巨大的社会效益，目前在各国方兴未艾，未来的效果不可低估，是未来智能交通系统中不可或缺的一个方面。

14.2.2 先进的交通信息系统

先进的交通信息系统是指把采集到的实时道路交通信息、社会服务公共信息等，经过分析分类处理后，通过先进的车载信息系统、道路指示说明标志、无线电广播传播方式向信息使用者传达相对精确的交通服务信息，为出行者提供便捷的交通服务，从而可以大大提高运输效率、车辆行驶安全性。先进的交通信息系统作为 ITS 开发的主要领域之一，为车辆驾驶员提供了与 ITS 联系的主要手段。

先进的驾驶员信息系统为驾驶员提供人、车、路大系统信息，提高道路安全，该系统可以向用户提供多种有关户外出行辅助信息，如选择最优出行线路、实时的途中车流信息、目的地地理环境信息、实时的线路诱导方案等。从技术角度来讲，其中双向通信的车载自动导航系统是目前先进的交通信息系统之一，该系统通过对大量信息的融合、分类、处理，在信息采集、处理、传输和用户终端之间建立一个双向的交互信息通道，使车辆既成为信息的使用者，又成为信息的发布者，进一步丰富了信息的来源，增强了信息的实时性，切实提高了驾驶便捷性，是实现在未来智能交通信息网络环境下智能车辆安全行驶不可缺少的一环。在设计制造自适应控制布局、实时显示信息，设计道路环境和智能车辆的智能仪器间的联系、先进信息显示的时效性等驾驶员生态人机界面时，应该考虑驾驶员潜在的有效信息，考虑高效率的驾驶员人机界面特性。根据目前车载信息系统发展，可以将车载信息服务分为以下几类。

1. 车载路径与导航系统功能的能力

车载路径与导航系统功能在于给驾驶员提供关于如何从一个地方到另一个地方及相关距离。当该系统与先进的交通管理系统结合起来，它能提供经常和较少发生交通阻塞路段的信息，并且能够计算、选择和显示实时交通数据的最优路径。该系统可以分为以下四个方面：

（1）旅行计划。旅行计划主要指在旅行中给出计划线路方案。通过识别外界环境、名胜景点、饭店、酒店等，车载服务信息给驾驶员提供乘员关心的旅行信息。

（2）多模式旅行协调。多模式旅行协调功能能够为出行者提供不同组合的出行方式，如公交车、火车、地铁等，丰富车辆出行行为。该信息包括实时的外界更新信息，提供旅行优化选择，估计旅行时间等。

（3）驾驶路径和出行预定。驾驶路径和出行预定功能能够根据驾驶员的意图来预先选择到达目的地的出行线路，相关信息包括目的地的选择、旅行时间、到达目的地的线路等，其他相关信息包括实时的、历史的阻塞信息、估计旅行时间、线路优化等。

（4）路径引导。路径引导功能通过在驾驶员前视屏上提供车辆转弯图标信息、航向图标信息，并可提供及时声音提示信息等来实现辅助驾驶。

2. 车辆使用者服务信息系统的功能

车载车辆使用者服务信息系统功能在于给车辆使用者提供有关车辆旅馆、饮食设施和服务车站的标志，并且提供其他车内标志指导车辆使用者到娱乐场所、名胜古迹等。此外，该系统也能为用户提供路径信息。车载车辆使用者服务信息系统基本包括如下内容：

（1）语音信息服务。语音信息服务功能与路边指示信息相似，提供的信息内容与交通、风景名胜目录信息类似,驾驶员在行车过程中可以直接从语音中得到驾驶路段的相关驾驶信息。

(2) 目录服务信息。目录服务信息提供汽车旅馆、加油站、维修站、急诊所、娱乐场、健身房等服务信息和其他重要的服务资源。

(3) 多目的地优化。多目的地优化功能使驾驶员在多任务的情况下,合理安排行车路线,并可以进行酒店、宾馆预订服务。

(4) 通信服务。通信服务功能能够使驾驶员在驾车过程中进行通信。目前,蜂窝电话已经提供这种功能。在未来,先进交通信息系统可以预设发送信息、实时接收信息,提高信息接收发送质量。

3. 车载安全咨询与警告系统

车载安全咨询系统与警告系统在紧急情况下,为驾驶员提供警告信息,在前方道路发生变化时及时告知驾驶员。这个系统能够提供超前的警示信息,留给驾驶员足够的时间做出相关反应,也能够提供自动和手动两种选择方式。

(1) 危险警告信息。危险警告信息功能为驾驶员提供关于危险位置、危险形式、车辆所在的危险态势等信息,能够为驾驶员提供即将到来的危险车辆信息及道路前方的紧急信息。

(2) 道路环境信息。道路环境信息功能提供预定驾驶线路的道路信息,如拥堵情况、建设情况等。

(3) 自动援助信息。自动援助信息功能是指在手动功能失效的情况下,提供紧急救难信息。信号内容包括位置信息、相关乘员危险程度信息等。

(4) 驾驶员操纵援助信息。驾驶员操纵援助信息功能是在紧急情况下,通过车载系统及时通知警察、救护车、援助车辆及消防部门等。这样驾驶员就可以不用寻找电话、电话号码等非重要信息。

4. 车载标志信息系统的功能

车载标志信息系统的功能在于为车辆提供描述外部路面标志的非商业的路径、警告、规章和咨询信息,依据系统显示的信息,传达相关标志信息。车载标志信息系统的基本功能主要是引起驾驶员的注意。

(1) 道路标志导向信息。道路标志导向信息包括车道标志、交叉口平面布局、线路指示、距离标等。

(2) 道路标志指示信息。道路标志指示信息警告驾驶员潜在的危险、道路即将发生的变化,还包括并线标志、道路限速及转弯图标等。

(3) 道路标志规章信息。道路标志规章信息包括速限标志、停车标志、转向标志等,进一步辅助驾驶员驾驶。

14.2.3 先进的车辆控制系统

先进的车辆控制系统是高度安全的系统,它通过车载信息设备实现对外综合感知,同时与外部进行信息交流,在辨识道路车辆运行四维环境的基础上,实现车辆安全智能驾驶。

该系统充分利用先进的传感、通信和自动控制技术,给驾驶员和车辆提供及时、准确的安全保护措施。该系统可以实现危险预警、视觉强化、纵向避撞、横向避撞、交叉口避撞等功能。先进的车辆控制系统是实现人、车、路一体化的技术核心之一，这里涉及大量的车辆控制技术、信息交换技术、数据处理算法，在整个系统中，是具有研究价值的方向之一。

当今电子信息技术在车辆上主要用于车辆安全系统、网络、通信、导航系统和移动多媒体系统等方面。

1. 车辆安全系统

通过应用电子信息技术，使车辆实现高度智能化，极大地改善车辆人机系统的安全性，避免事故的发生和减少伤害程度。

（1）自适应巡航控制系统。自适应巡航控制系统可以设定希望的驾驶速度、车距，用雷达、声呐或激光波束对前方路面进行扫描，必要时自适应巡航控制系统将自动减少节气门开度，降低挡位，实施制动，以保持安全车距。奔驰 S 级 2000 是世界上第一个配用自适应巡航控制系统的车辆。

（2）防撞警告系统和撞车通告系统。其工作原理与自适应巡航控制系统很相似，利用雷达、声呐和激光波束扫描潜在障碍，在将要发生撞车事故的危险时，发出警告信号，未来的系统可能会引入自动制动技术。如果与 GPS 接收机结合使用，撞车通告系统还可以给救助机构提供车辆精确位置信息。

（3）集成安全系统。该系统由 50 项技术构成，包括电子设备、微控制器、传感器等已经或即将推出的技术与产品。该系统凭借先进的电子技术和专业集成，着眼于驾驶的各个环节，如帘式头部气囊、安全带预张紧和过张紧装置、自适应能量吸收转向柱、主动膝部护膝等，调动车辆上所有安全因素，从而为车上乘员提供全面、全程防护。

（4）被盗车辆寻回系统。这种技术提供了一种基于自动车辆跟踪的反盗方法。一些被盗车辆寻回系统需要车主授权才能起动发动机，并进行自动车辆跟踪，而另一些系统则在车辆遭到入侵或未经允许被开走时，自动起动发射器进行车辆跟踪。

2. 网络、通信、导航系统

（1）网络通信系统。该系统在驾驶员眼不离前进方向、手不离转向盘的情况下，通过便携式计算机和无绳电话接收网络新闻、电子邮件和其他信息，通过声控传达给驾驶员，人们只要触动转向盘上的按钮即可起动。这种车载网络通信可通过两种形式，一是通过数字式显示器来阅读邮件文本，另一种是将文本转换为语音文件的形式，以电子语音的方式来读出邮件内容，邮件回复或以音频文件的形式发出，或以语音识别系统将其转换为文本文件后再发送。

（2）电子导航系统。车载 GPS 导航功能突出，可以帮助驾驶员在错综复杂的城市交通道路网中及时迅速地到达目的地，运用多层引导式菜单方便地按地区、城市、设施功能分类选定目标，导航系统立刻测算出最短的行车路线，并以线条展示在二维或三维电子地图上，一旦汽车起动，代表汽车实时位置的标志会自动沿着已设定的路线行进。当遇到前方道路堵车或意外情况需改变行车路线时，卫星导航系统会自动复位，并于数秒后自动设置新的行车路线，重新恢复导航功能。

（3）交通信息频道（Traffic Message Channel，TMC）。TMC 是欧洲辅助 GPS 导航的功能系统，是在播报实时交通及天气信息中的一种应用。数据信息由配备 TMC 的车载无线接收终端或导航设备接收并解码，以各种方法传达给驾驶员。TMC 在欧洲是成熟的车载智能交通导航技术，能实时反映区域内交通路况，指示最佳、最快捷的行驶路线，提高道路和车辆的使用效率。

3. 移动多媒体系统

（1）后排座娱乐系统。移动多媒体技术主要开发后排座娱乐系统，这种后排座音响图像技术包括 7 in（1 in≈2.54 cm）全彩屏幕、游戏设备、DVD 播放机、电源、CD 机、录像机和放唱机。移动多媒体技术还体现在智能无线产品、远程通信设备和信息处理产品等方面，其中包括提供语音识别系统，支持多种语言，使驾驶员不用手动操作智能信息/娱乐系统，从而腾出双手控制转向盘，还能将因特网的功能集成到车辆中，使人在车上就可以上网浏览、收发邮件、进行股票交易，同时采用"即插即用"的方式使汽车消费者可以方便、快捷地更新他们的多媒体产品，享受更丰富的全新服务。

（2）显示器技术。显示器技术的进步表现在平板显示器、平显显示器和可配置显示器的研制上。平显显示器最初为战斗机飞行员开发，是一种旨在使其易于读看重要信息的军用技术，将平显显示器用于车辆上，文本或图像文件将投射到车辆前风窗玻璃的全部或部分区域上，这种显示可使驾驶员在目视前方路面时，即可读取如车速或下一个转弯位置所在的多种信息。

14.2.4 先进的公共交通系统

公共交通是指城市空间内地面上的、地下的与地上架空的，按规定路线行驶，有固定的停靠站，行车空间间隔小，客流量大，随上随下的客运交通，如公共汽车、公共无轨电车、地铁、轻轨等交通。公共交通的车辆与小汽车相比，占用道路空间小，客运能力大。公共交通是解决城市拥挤的一个重要方面。先进的公共交通系统是畅通的公共交通系统，能够实施复杂公交系统的实时线路诱导、自动调度、排除拥堵，从而提高公共交通的效能、吸引力和经济性，方便人们的出行，提高整个社会的效率。

该系统用以提高公共交通的可靠性、安全性及生产效率，创建绿色公交，从而增强公共交通系统对用户的吸引力。系统将公共交通管理部门同驾驶员直接连接起来，进行实时调度和线路调整，降低运输成本，提高运输效率。先进的公共交通系统是未来智能交通系统中最为实用的社会性系统，具有极大的现实价值，是未来发展的重点方向之一。

1. 先进的公交综合信息技术

先进的公共交通系统的目的就是通过以信息技术等对传统公共交通系统进行技术改造，从而落实公共交通优先发展的战略，提高公共交通系统的服务水平和管理水平，争取实现在城市客运交通中占有较大的运量，达到城市土地空间资源、能源的高效使用，保证系统的安全运行，提供高品质的客运服务。

2. 先进的公交综合服务系统

先进的公交综合服务系统包括公共运输辅助管理、公共运输信息，满足个人需要的非定线或准定线公共运输、公共运输的安全。

3. 公交信息系统

公交信息系统的发展目标就是提高乘车的效率，在出行之前为出行者提供出行相关信息，特别是那些经常性的出行者方便其选择最佳的路线和出行模式。公交信息系统包括出行前旅行信息、合伙乘车信息、乘车一体化票务系统、多模式预定和综合付费系统等内容。

4. 出行者信息系统

该系统的目标就是使出行者更加方便地获得信息，包括系统运行状态、到站时间、付费方式等。

14.2.5 先进的商用车辆运营系统

先进的商用车辆运营系统主要涉及长距离驾驶的货运运输，达到提高商用车辆和车队运营安全、效率的目的。

14.2.6 先进的乡村运输系统

先进的乡村运输系统主要包括应用 ITS 技术解决乡村交通系统的特殊需要，如紧急通知和快速反应、车辆定位和出行信息等。

1. 边远山区的 ITS 救难信号系统

救难信号系统是专门为边远地区接受救难信号设计的。这种系统包括传统的蜂窝式无线电系统和一种新式的高频带无线电系统。当传统的蜂窝式无线电系统无法接通时，救难信号可通过高频无线电发射。这种系统在边远山区得到了应用。

2. 农村的 ITS 冰雪铲除监管系统

当今，铲雪车是铲除乡村道路上冰雪的主要载运工具，但铲雪车在铲雪过程中并不了解哪里最需要作业，每一次暴风雪天气都会对全面铲除在不同地区出现的积雪提出挑战。如果利用当地天气状况及路面积雪状况的实时画面，进而利用彩色代码地图去帮助铲雪，将会大大提高效率。

3. 乡村 ITS 冰路面警告系统

这个系统也能安装在载货车、商务车和急救车上，向驾驶员告知前方路面的危险路况，如冰、雪等不安全路况。对于那些载有危险性材料，如爆炸物、汽油、核材料的载货车来讲，这个系统提供了及时安全的保护。

14.3 ITS 中应用的关键技术

ITS 的研究对象是交通问题，但 ITS 研究开发所利用的工具不仅是传统的交通工程理论，还包括所有相关的高新技术。这些技术是 ITS 中应用的关键技术。各相关专业共同构成了 ITS

的专业技术基础，因此 ITS 具有多学科交叉的特点，ITS 的研究而开发需要各个相关专业人士的加盟，设计的相关专业技术包括信息技术、计算机技术、通信技术、多媒体技术、自行控制技术等。

1. 计算机技术在 ITS 中的应用

智能交通系统可以有效运行的关键因素之一即是实现广泛的信息交换与共享，信息需要采集、传输、处理、存储和发布，而计算机在信息存储、信息处理等方面起着重要作用。利用计算机数据库技术可以建立有关领域的数据库、知识库和方法库，利用计算机数据处理软件处理各类信息，进而建立各类信息系统。ITS 中大量的信息、交换需要依靠计算机网络加以实施。目前，在智能交通系统广泛应用的管理信息系统（Management Information System，MIS）、决策支持系统（Decision-making Support System，DSS），GIS 中无一不是以计算机技术为基础的。

2. 通信技术在 ITS 中应用

在 ITS 中，通信技术是极其重要的共用技术，是信息传输的媒介。它能保证在信息采集、信息加工处理、信息反馈、信息发布的一系列环节中准确快速地传递信息。因此，多种通信方式、通信技术都可以应用于智能交通系统。

在 ITS 中主要应用无线通信和有线通信两种方式，应用的无线通信技术主要有全球移动通信系统（Global System for Mobile Communication，GSM）、码分多址技术（Code Division Multiple Access，CDMA）、蜂窝式数字分组数据（Cellular Digital Packet Date，CDPD）等陆基移动通信技术及卫星通信技术；有线通信技术有 Internet，综合业务数字网（Integrated Services Digital Network，ISDN），异步传输模式（Asynchronous Time Division Multiplexing，ATM），管线分布式数据接口（Fiber Distributed Data Interface，FDDI）等。

3. 信息技术在 ITS 中的应用

研究信息提取、信息交换、信息储存的理论称为信息论。信息需要通过载体才可以真正实现信息流动，而对各类信息进行加工处理后才能应用于各个领域，ITS 的核心是交通的信息化，在智能交通系统中各类信息系统的重要作用不言而喻。例如，利用 MIS 对道路信息、交通状态信息、交通管制信息和交通事故信息加以管理和控制；应用 DSS，利用各种城市路网信息、地名信息、公安业务信息等静态信息和报警信息、交通路况信息、超前控制的决策等动态信息，对城市道路交通实施超前计划和控制。

其他应用还有 GPS 和 GIS。GPS 主要应用于车辆调度、目标跟踪、车辆导航和动态交通流数据的采集（装有 GPS 的车辆进行跟车法调查，可得到交通流速、流向等时空信息）等领域。GIS 可以应用于车辆定位与导航系统、交通监控系统、交通控制指挥系统、公交智能化调度系统和综合物流系统等系统的专用电子地图。

4. 多媒体技术在 ITS 中的应用

多媒体技术是通过计算机、电视、通信等技术结合实现的，它将信息以文字、声音、图像等多种方式呈现出来，与 ITS 相关的多媒体技术主要有多媒体图像采集技术、多媒体图像数据压缩技术、多媒体通信技术等，广泛应用于 ITS 中的现代交通监控系统、智能化的电子收费系统、违章识别管理系统、车型分类、车牌号识别等多个领域中。

5. 自行控制技术

交通检测、监视和控制是提高交通运输系统运行效率，提高交通安全水平的有效手段。有效、准确检测实时交通状态的各类传感器是检测与监控的前提。在 ITS 中广泛应用高灵敏度、高精度的智能化、集成化的新型传感器，可以改善交通检测与监控的有效程度，提高运行效率。ITS 还将广泛应用变结构控制、模糊控制、神经元网络控制等自动控制新技术进行交通管理和控制，采用动态实时控制，与交通量动态预报相结合，更有效地提高道路通行能力和服务水平。建立分布式集散控制系统对高速公路实施匝道控制、主线控制、走廊控制和网络控制等多种方式的集成控制策略，对城市道路实施绿波或区域优化控制，以改善高速公路和城市道路的交通状况，减少拥堵，降低事故发生率。

14.4　ITS 的发展趋势

14.4.1　国外 ITS 的发展趋势

目前，国外 ITS 的研究、开发与利用主要集中在城市交通和高速公路两个方面，对于区域交通和综合运输涉及较少，仅欧盟和美国有少量研究。国外 ITS 的发展趋势可以概括为以下几个方面。

1. 美日欧竞相重点开发 ITS 体系结构

对于 ITS 的总体规划和设计来说，最重要的任务就是 ITS 体系结构的开发，它也是历届 ITS 世界大会的一个主题。

美国国家 ITS 体系结构的研究始于 1992 年。1994—1995 年，ITS 优先项目中排第一位的便是系统体系结构开发。美国国家 IVHS/ITS 体系结构开发从 1993 年 9 月—1996 年 7 月历时三年才完成第一版，共耗资 2 500 万美元。此后经多次修订，于 1999 年末完成了其第二版，建立了由出行及交通管理、出行需求管理、公共交通运营、电子付费服务、商用车辆营运、应急管理、先进的车辆控制与安全系统七大系统构成的国家 ITS 体系结构。

日本于 1998 年在四省一厅的支持下开始开发 ITS 体系结构，1999 年完成，建成了一个由先进的导航系统、电子收费系统、辅助安全驾驶、优化交通管理、道路管理效率化、协助公交车辆运营、商用车效率化、协助行人、协助紧急车辆运营九大领域构成的国家 ITS 体系结构。

欧盟是一个相对松散的主权国家联合体，因而 ITS 的研究一般由各国独立承担，采取自下而上的推进模式。该模式的优点是便于信息传递，决策及时，灵活性大，有利于适应不断变化的环境。但是，这种模式的缺点也很明显，即子系统间的协调十分困难，而运输本身是一个连续的过程，因此该模式不利于 ITS 向更高、更完善的层次发展。基于此，欧盟在经过了 DRIVE I 之后，不得不以加强各国的协调，制定统一的规范和协议为主导方向，起动了

DRIVE Ⅱ 计划，1998 年又开始了全欧的 ITS 体系结构项目 KAREN，揭开了欧盟 ITS 研究新的一页，这足以说明系统结构开发在 ITS 中的重要地位。

2. 美日欧日益重视 ITS 标准化研究

ITS 是先进的信息技术、通信技术、电子技术和交通运输管理系统相结合的大系统，其最基本的特征是"集成"，而标准化是系统集成的重要基础。然而，在 ITS 的开发热潮中，曾一度忽视标准化的工作，ITS 的国际标准化组织 ISO/TC 204 的建立就比 ITS 的发展本身滞后。各国在 ITS 开发与利用的实践中越来越清晰地认识到，没有标准化，就不可能实现有效的 ITS。ITS 标准化日益受到各国重视，目前已有 50 多个国家加入了 ISO/TC 204。

各国都在积极推进 ITS 标准化工作，其中美日欧在 ITS 标准化工作方面成效显著。美国为了保证标准化的发展能在产业界集思广益，先是通过各民间组织制定标准，然后由 ITS America 和美国运输部共同确定了各标准研究的优先级，并确定以"国际合作、完善标准、培训人员"为资助重点。显然，美国想利用其技术优势、经济优势变美国标准为世界标准，抢占国际 ITS 市场。日本尽管国家 ITS 体系结构起步相对较晚，但 ITS 标准化工作并不落后，积极地在国内推进标准化，极力使自己的标准发展为国际标准。欧洲虽然没有统一的 ITS 体系结构，但高度重视 ITS 标准的国际化，主张建立一个开放的、柔性的标准化体系结构，保证全欧范围不同系统和应用之间的互操作性。美日欧竞相向国际标准化组织提出 ITS 的系统方案，以便使之成为标准。

3. ITS 建设出现了从单一的道路运输智能化向综合运输智能化的方向发展的趋势

目前，世界 ITS 的发展主流是道路运输的智能化。但是，要根本解决交通运输问题，必定要实现整个综合运输系统的智能化。20 世纪 90 年代中期开始，多式联运智能化在国际范围尤其是欧盟和美国运输界引起高度关注。欧盟率先于 1995 年制定了多式联运智能化具体计划，其实施结果日益显示出综合 ITS 较之道路 ITS 能提供更有效、更安全、更少污染、更具有吸引力的服务。多式联运智能化在美国受到广泛关注，目前正在积极探讨推进多式联运智能化的有效途径。日本由于在大城市通勤客运方面早已以公共运输为主，所以至今在综合运输智能化方面尚未取得明显进展。但是无论如何，综合运输智能化的出现预示着未来 ITS 的发展方向，并将日益显示其是解决交通问题的根本途径。

14.4.2 国内 ITS 的发展趋势

"十三五"时期我国 ITS 的发展趋势主要体现在以下几个方面：

1. 综合交通智能化协同与服务

国外发达国家从基础设施与装备一体化、多种运输装备集成设计、运营调度与服务一体化等多个方面，充分实现综合货物运输方式间的信息共享，不断提高智能化信息服务水平。近年来，我国各种运输方式得到了快速发展，但多种运输方式间的信息交互服务滞后，制约了综合交通协同与高效服务的发展。未来随着综合交通的发展和便捷出行的要求，信息共享和智能化服务技术将得到充分发展和应用。

2. 交通运输系统安全运行智能化保障

交通安全是我国交通领域长期面临的严峻问题，交通运输系统安全运行的智能化保障将是未来智能交通发展的重要方向。交通安全涉及交通系统的多个要素，仅研究单一因素不能从根本上改善交通安全水平，未来交通运输系统安全运行的智能化保障将重点集中于运用现代信息技术来分析事故成因、演化规律、管控策略及设计主动安全技术和管理方法，从人-车-路协调的角度实现交通安全运行防控一体化。

3. 合作式智能交通和自动驾驶将成为智能交通的重点

合作式智能交通是近年来国际智能交通界关注的重要方向，它将无线通信、传感器和智能计算等前沿技术综合应用于车辆和道路基础设施，通过车与车、车与路信息交互和共享，首先保障车辆运行的安全，其次实现绿色驾驶和交通信息服务。它是安全辅助驾驶、路径优化、低碳高效等多目标统一的新服务。发达国家在这个领域已经做了大量的实际道路测试，基本实现了产业化。

另外，值得重视的方向是自动驾驶汽车，这虽然是从智能交通诞生起就在研究的领域，但是其近几年的发展极为迅速，在高速公路和城市道路上的测试试验已经在发达国家普遍开展。自动驾驶汽车在无人干预的条件下自动运行几千公里的例子比比皆是。低速无人驾驶汽车在发达国家的开发和试验也接近实用，在特殊区域、开放道路、居民社区已经进行了大量运行试验，新出行模式的萌芽已经开始显现。

4. 智能交通的特殊要求推动信息技术发展

智能交通最大的特点是高速移动的交通工具间、交通工具与基础设施间的可靠数据交互和流数据的计算。这些特殊要求对宽带移动通信技术和计算技术的进步起到了强大的推动作用。例如，超高速无线局域网和 5G 移动通信都把低延时作为一个重要指标，5G 甚至提出延时不超过 1 ms，这个指标是直接对应于交通安全应用要求的。再如，快速移动车辆在通信网络内要求不中断数据连接，以保证流数据的计算，这就对通信的传输控制协议和流计算技术提出了新要求。这些新技术近年来取得了不少突破，给实现智能驾驶和自动驾驶提供了支撑。

5. 智能交通系统技术体系和标准化体系的完善

我国现有的智能交通系统体系框架和标准化体系是 20 世纪末借鉴国际智能交通系统发展的经验，结合我国实际国情制定的。应该说，这个体系框架和标准体系对引领我国智能交通系统的建设发展发挥了重要的作用，是符合技术发展走向和我国的应用实际的。

近年来，在交通运输部和国家标准委的安排下，对智能交通标准体系进行了修订，将智能交通领域的通信应用技术、车路和车车合作技术、移动互联交通应用技术、交通信息安全管理等内容补充到标准体系中。

6. 智能交通产业生态圈的跨界融合

随着新技术的发展和应用，为出行者提供更加精细、准确、完善和智能的服务将是智能交通系统面向公众服务的重要方向。这些服务的提供将加速交通产业生态圈的跨界融合，汽车制造业、汽车服务业、交通运营服务、互联网、信息服务、智能交通等行业的融合发展将是大趋势。

未来的智能交通系统，在缓解交通拥堵、提高安全保障的同时，将更加关注效率、服务、主动安全、环保、交互体验和基础设施智能化等多个目标的协同。为此，要积极推动智能交通技术协同创新体系建设，发挥市场机制作用，强化行业协会和产业联盟等的作用，通过行业技术标准、知识产权保护等规范智能交通市场，形成专业分工、协同发展的智能交通产业链，构建智能交通产业健康可持续发展的生态环境。

小　结

智能运输系统是包含诸多学科和领域的综合系统，学习前需要有一定的计算机、通信、信息和控制方面的知识储备。交通信息与管理系统、公共交通系统、车辆辅助控制系统等智能交通应用系统正在飞速发展，给交通运输带来了革命性的变化。

练　习　题

1. 什么是智能运输系统？其服务领域包括哪些内容？
2. 请简述交通管理系统的组成。

参 考 文 献

[1] 王炜，过秀成. 交通工程学[M]. 南京：东南大学出版社，2000.
[2] 徐吉谦. 交通工程总论[M]. 3版. 北京：人民交通出版社，2008.
[3] 中国公路学会《交通工程手册》编委会. 交通工程手册[M]. 北京：人民交通出版社，1998.
[4] 王建军，严宝杰. 交通调查与分析[M]. 北京：人民交通出版社，2007.
[5] 渡边新三，佐佐木纲，毛利正光. 交通工程[M]. 赵恩棠，张文魁，译. 北京：人民交通出版社，1980.
[6] 丹尼尔·鸠洛夫，马修丁·休伯. 交通流理论[M]. 蒋璜，任福田，肖秋生，译. 北京：人民交通出版社，1983.
[7] 王殿海. 交通流理论[M]. 北京：人民交通出版社，2002.
[8] 交通部公路科学研究所. 公路通行能力研究报告[R]. 2000.
[9] 张起森，张亚平. 道路通行能力分析[M]. 北京：人民交通出版社，2002.
[10] 王炜，邓卫. 公路通行能力研究：交叉口通行能力研究分报告[R]. 2000.
[11] 王炜. 交通规划[M]. 北京：人民交通出版社，2007.
[12] 肖秋生，徐尉慈. 城市交通规划[M]. 北京：人民交通出版社，1990.
[13] 杨晓光. 城市道路交通设计指南[M]. 北京：人民交通出版社，2003.
[14] 刘灿齐. 现代交通规划学[M]. 北京：人民交通出版社，2001.
[15] 吴兵，李晔. 交通管理与控制[M]. 北京：人民交通出版社，2005.
[16] 尹红兵，徐建国. 道路交通控制技术[M]. 广州：华南理工大学出版社，2000.
[17] 何勇，唐琤琤. 道路交通安全技术[M]. 北京：人民交通出版社，2008.
[18] 许洪国. 道路交通事故分析与处理[M]. 北京：人民交通出版社，2004.
[19] 毛保华，姜帆，刘迁. 城市轨道交通[M]. 北京：科学出版社，2001.
[20] 孙章，何宗华，徐金祥. 城市轨道交通概论[M]. 北京：中国铁道出版社，2000.
[21] 过秀成. 城市停车场规划与设计[M]. 北京：中国铁道出版社，2008.
[22] 王元庆，周伟. 停车设施规划[M]. 北京：人民交通出版社，2003.
[23] 李峻利. 交通工程设施设计[M]. 北京：人民交通出版社，2001.
[24] 陆锡明. 快速公交系统[M]. 上海：同济大学出版社，2005.
[25] 中国土木工程学会城市轨道交通技术推广委员会. 中国城市轨道交通新技术[C]. 北京：中国科学出版社，2007.
[26] 陈小鸿. 城市客运交通系统[M]. 上海：同济大学出版社，2008.
[27] 刘运通. 交通系统仿真技术[M]. 北京：人民交通出版社，2002.
[28] 吴娇蓉. 交通系统仿真及应用[M]. 上海：同济大学出版社，2004.
[29] 陆化普. 智能运输系统[M]. 北京：人民交通出版社，2002.